新版 一冊でわかるイラストでわかる

図解 世界史

808万人
カナダ
4749万人
アメリカ
1188万人
メキシコ
920万人
イギリス
797万人
フランス
1255万人
ドイツ
ポーランド
ウクライナ
1165万人
1096万人
ロシア
カザフスタン
ウズベキスタン
トルコ
1219万人
サウジアラビア
アラブ首長国連邦
パキスタン
780万人
バングラデシュ
1006万人
中国
1644万人
インド
オマーン
クウェート
マレーシア
シンガポール
インドネシア
689万人
オーストラリア
皇帝
諸侯
朝廷
国
郡
県
郷
里
王
邑
北アメリカ
南アメリカ
グリーンランド
ラブラドル
ニューファンドランド
カボット（1497～98年）
イギリス
ヴァージニア
フロリダ
サン＝サルバドル島
コロンブス（1492～93年）
メキシコ
アカプルコ
キューバ
パナマ
太平洋
大西洋
トルデシリャス条約による境界
アメリゴ＝ヴェスプッチ（1501～02年）
マゼラン（1519～22年）
リオデジャネイロ
ブエノスアイレス
ブラジル
カブラル（1500～02年）
ポルトガル
リスボン
ディアス
キプチャク＝ハン国
ビザンツ帝国
コンスタンティノープル
イル＝ハン国
サマルカンド
ハドリアヌスの長城
ブリタニア
ロンディニウム
コロニア＝アグリッピナ
ガリア
ブルディガラ
アキレイアの遺跡
アキレイア
スプリト
マッシリア
ナルボ
タラコ
コルシカ
ティヴォリ
ローマ
ネアポリス
ローマの歴史地区
サルディニア
シチリア
カルタゴ
ダキア
トラキア
黒海
ビザンティウム
コンスタンティノープル（330年～）
アテネ
コリント
エフェソス
クレタ
キプロス
地中海
レプティス＝マグナ
レプティス＝マグナの遺跡
アレクサンドリア
ティルス
エジプト
ローマ帝国の最大版図

成美堂出版

ここでは、世界のおもな国と地域について、
どのような国家・勢力が変遷してきたかをまとめています。

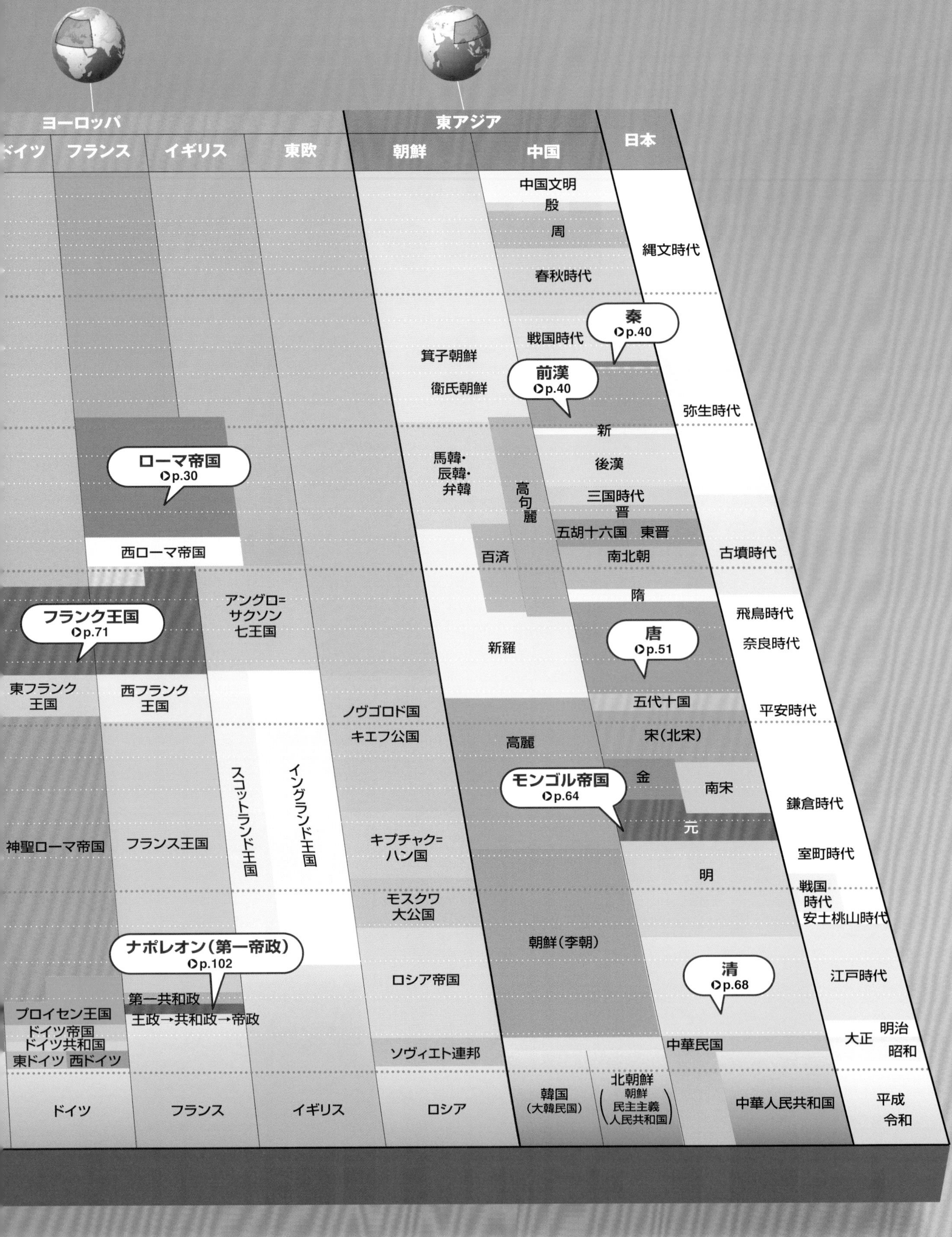
ヨーロッパ
東アジア
ドイツ
フランス
イギリス
東欧
朝鮮
中国
日本
中国文明
殷
周
春秋時代
戦国時代
秦
p.40
前漢
p.40
新
後漢
三国時代
晋
五胡十六国
東晋
南北朝
隋
唐
p.51
五代十国
宋(北宋)
金
南宋
モンゴル帝国
p.64
元
明
清
p.68
中華民国
中華人民共和国
箕子朝鮮
衛氏朝鮮
馬韓・
辰韓・
弁韓
高句麗
百済
新羅
高麗
朝鮮(李朝)
韓国
(大韓民国)
北朝鮮
(朝鮮民主主義人民共和国)
縄文時代
弥生時代
古墳時代
飛鳥時代
奈良時代
平安時代
鎌倉時代
室町時代
戦国時代
安土桃山時代
江戸時代
明治
大正
昭和
平成
令和
ローマ帝国
p.30
西ローマ帝国
フランク王国
p.71
東フランク王国
西フランク王国
神聖ローマ帝国
フランス王国
アングロ=サクソン七王国
スコットランド王国
イングランド王国
ノヴゴロド国
キエフ公国
キプチャク=ハン国
モスクワ大公国
ロシア帝国
ソヴィエト連邦
ナポレオン(第一帝政)
p.102
第一共和政
王政→共和政→帝政
プロイセン王国
ドイツ帝国
ドイツ共和国
東ドイツ
西ドイツ
ドイツ
フランス
イギリス
ロシア

さがしやすい わかりやすい 地域別 世界略年表

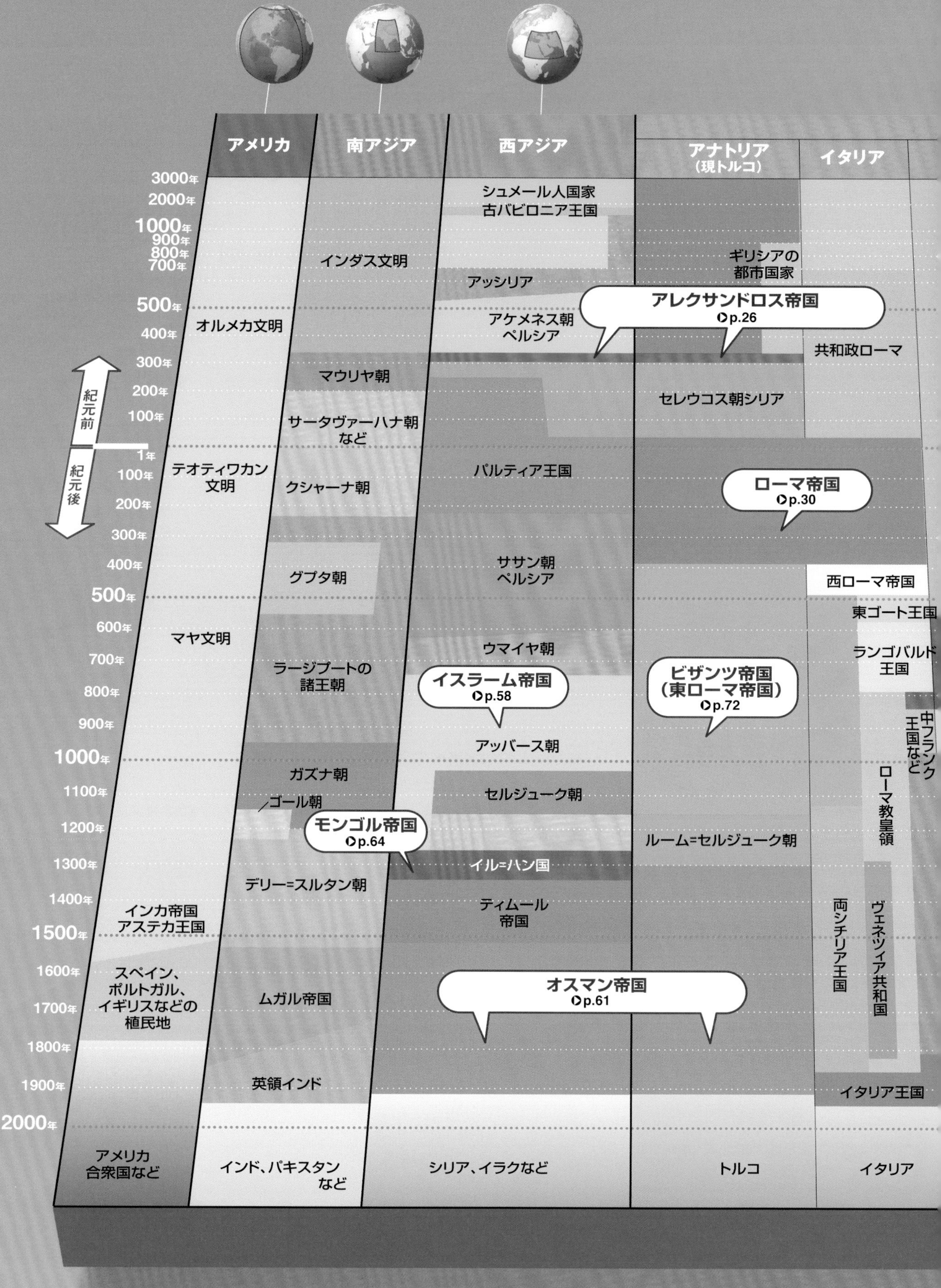

アメリカ
南アジア
西アジア
アナトリア（現トルコ）
イタリア
3000年
2000年
1000年
900年
800年
700年
500年
400年
300年
200年
100年
1年
100年
200年
300年
400年
500年
600年
700年
800年
900年
1000年
1100年
1200年
1300年
1400年
1500年
1600年
1700年
1800年
1900年
2000年
紀元前
紀元後
オルメカ文明
テオティワカン文明
マヤ文明
インカ帝国
アステカ王国
スペイン、ポルトガル、イギリスなどの植民地
アメリカ合衆国など
インダス文明
マウリヤ朝
サータヴァーハナ朝など
クシャーナ朝
グプタ朝
ラージプートの諸王朝
ガズナ朝
ゴール朝
デリー=スルタン朝
ムガル帝国
英領インド
インド、パキスタンなど
シュメール人国家
古バビロニア王国
アッシリア
アケメネス朝ペルシア
パルティア王国
ササン朝ペルシア
ウマイヤ朝
アッバース朝
セルジューク朝
イル=ハン国
ティムール帝国
シリア、イラクなど
ギリシアの都市国家
セレウコス朝シリア
ルーム=セルジューク朝
トルコ
共和政ローマ
西ローマ帝国
東ゴート王国
ランゴバルド王国
中フランク王国など
ローマ教皇領
両シチリア王国
ヴェネツィア共和国
イタリア王国
イタリア
アレクサンドロス帝国 p.26
ローマ帝国 p.30
イスラーム帝国 p.58
ビザンツ帝国（東ローマ帝国） p.72
モンゴル帝国 p.64
オスマン帝国 p.61

文明の誕生以後、さまざまな国家が興亡をくり返し、
そのうちのいくつかは巨大な帝国へと発展を遂げた。
ローマ帝国、イスラーム帝国、モンゴル帝国などは、世界帝国ともよばれる。

前5000年紀〜前3000年紀　四大文明の誕生

紀元前5000年紀以降、メソポタミア、エジプト、インダス、中国の各文明が誕生。四大文明ともよばれるこれらは、いずれも大河流域の肥沃な農業地帯に成立し、都市文明を発達させた。

中国文明
(黄河《こうが》・長江《ちょうこう》文明)
太平洋
メソポタミア文明
インダス文明
地中海
エジプト文明
大西洋
インド洋
太平洋
2 メソポタミア文明
3 エジプト文明
14 インダス文明
17 黄河文明と殷・周

1〜2世紀　ローマ帝国、後漢の繁栄

ローマ帝国が地中海の周囲を支配下におさめ、最大の版図となる。東アジアは後漢、ペルシアはパルティア王国、インドはクシャーナ朝が栄え、これらはシルクロードによってローマ帝国と結ばれていた。

漢《かん》(後漢《ごかん》)
太平洋
パルティア王国
ローマ帝国
地中海
クシュ王国
アクスム王国
クシャーナ朝
アステカ王国
マヤ文明
大西洋
インド洋
太平洋
6 パルティアとササン朝ペルシア
12 ローマ帝国の繁栄
21 シルクロード
22 海のシルクロード

世界勢力変遷図

前5000年紀～14世紀

7～8世紀 「イスラーム世界」の誕生、唐の繁栄

イスラーム教の誕生からまたたく間にイスラーム勢力が領土を拡大、イベリア半島、北アフリカから西アジアまで支配するウマイヤ朝が登場した。西ヨーロッパ世界の基礎をつくったフランク王国と東アジアの帝国・唐とぶつかることとなった。

唐《とう》
太平洋
ビザンツ帝国
吐蕃《とばん》
フランク王国
地中海
ウマイヤ朝
ヴァルダナ朝
ガーナ王国
アクスム王国
大西洋
インド洋
太平洋
26 唐
32 イスラーム帝国
41 フランク王国
42 ビザンツ（東ローマ）帝国

13～14世紀 モンゴル帝国の繁栄

モンゴル帝国がユーラシア大陸の大部分を支配し、史上最大の帝国となる。周辺にマムルーク朝などのイスラーム王朝が栄え、ヨーロッパでは神聖ローマ帝国が広域を支配。アメリカ大陸にはアステカなどの王国が誕生している。

ビザンツ帝国
モンゴル帝国
太平洋
神聖ローマ帝国
ナスル朝
地中海
デリー=スルタン朝
マムルーク朝
アステカ王国
大西洋
マリ王国
インド洋
太平洋
チムー王国
36 モンゴル帝国
43 カノッサの屈辱
49 大航海時代以前のアメリカ大陸

※地図中の赤い文字の国や地域は、各時代の主要なものです。

大航海時代以後、ヨーロッパによる世界支配が確立し、ヨーロッパ以外は植民地化が進んだ。現在は超大国アメリカが世界の覇権を握っている。

15世紀　大航海時代の到来

大航海時代の到来で、ヨーロッパの世界進出がはじまり、その先陣を切ったスペインやポルトガルが、広大な植民地を領有する。一方で、東方の大帝国（オスマン帝国、サファヴィー朝、ムガル帝国、明）も繁栄していた。

34 オスマン帝国の誕生
35 ムガル帝国
37 明
50 大航海時代

18世紀　ロシアと清の繁栄、アメリカ合衆国の誕生

ロシアがシベリアを征服して大帝国となり、東アジアでは清が最盛期を迎える。北アメリカではアメリカ合衆国が誕生し、西へ向かって領土を拡大しはじめる。アフリカやアジアの植民地化はまだこれからである。

39 清
59 プロイセン・ロシアの台頭
62 アメリカ独立戦争

世界勢力変遷図

15世紀～現在

20世紀初頭　帝国主義の時代

帝国主義の時代を迎え、アフリカとアジアの植民地化が進む。世界は列強によって完全に分割され、南極を除いて支配者のいない地域はなくなった。アフリカで植民地化されなかったのはエチオピアとリベリアだけだった。

日本
朝鮮
太平洋
清《しん》
台湾
ベルギー
オランダ
ロシア帝国
アラスカ
（アメリカ合衆国領）
カナダ
イギリス
ドイツ
アフガニスタン
（イギリス領）
フィリピン
（アメリカ合衆国領）
ビルマ
（イギリス領）
フランス
イタリア
オスマン帝国
イラン
イギリス領
インド
仏領
インドシナ
アメリカ合衆国
ポルトガル
スペイン
オマーン
（イギリス領）
アルジェリア
（フランス領）
リビア
（イタリア領）
エジプト
（イギリス領）
大西洋
オランダ領東インド
リオ=デ=オロ
（スペイン領）
ハドラマウト
（イギリス領）
セイロン
メキシコ
スーダン
（イギリス領）
プエルト=リコ
（アメリカ合衆国領）
フランス領
西アフリカ
ナイジェリア
（イギリス領）
エチオピア
ソマリランド
（イタリア領）
インド洋
オーストラリア
ウバンギ=シャリ
（フランス領）
東アフリカ
（イギリス領）
イギリス領ギアナ
オランダ領ギアナ
フランス領ギアナ
アシャンティ
（イギリス領）
カメルーン
（ドイツ領）
リベリア
ベルギー領
コンゴ
タンガニーカ
（ドイツ領）
マダガスカル
（フランス領）
ガボン
（フランス領）
太平洋
モザンビーク
（ポルトガル領）
アンゴラ
（ポルトガル領）
北ローデシア
（イギリス領）
ブラジル
南西アフリカ
（ドイツ領）
南ローデシア
（イギリス領）
南アフリカ連邦

68 ヴィクトリア時代
70 ロシアの南下
77 帝国主義の誕生

現在

第二次世界大戦後の植民地の独立や、冷戦終結をきっかけにした独立などもあり、2020年には196の国が存在する。一方でグローバル化が進み、国の枠組みを超えるような急速な変化の時代を迎えている。

日本
モンゴル
太平洋
ロシア
カザフスタン
中華人民共和国
カナダ
イギリス
ドイツ
フィリピン
北アメリカ
フランス
トルコ
イラン
タイ
イタリア
インド
アメリカ合衆国
ポルトガル
スペイン
地中海
サウジアラビア
エジプト
インドネシア
アルジェリア
メキシコ
キューバ
エチオピア
オーストラリア
大西洋
インド洋
アフリカ
コンゴ
民主共和国
コロンビア
ナイジェリア
太平洋
ペルー
南アメリカ
ブラジル
南アフリカ共和国
アルゼンチン

94 第三世界の台頭
100 ポスト冷戦のはじまり
109 グローバル=リスク

※地図中の赤い文字の国や地域は、
各時代の主要なものです。

新版
一冊でわかる　イラストでわかる

図解 世界史

地域別世界略年表 …… 2
世界勢力変遷図 …… 4

第1篇 文明の誕生 …… 14

1 文明の誕生 「農業革命」と都市の出現で誕生した文明 …… 16

第1章 オリエント「世界」の誕生 …… 17

2 メソポタミア文明 シュメール人の都市国家建設から始まった文明 …… 18
3 エジプト文明 2500年も繁栄し続けた古代エジプト王国 …… 19
4 オリエントの統一 オリエントを統一した「世界帝国」の誕生 …… 20
5 ユダヤ教の誕生 2つの「世界宗教」を生んだユダヤ教 …… 21
6 パルティアとササン朝ペルシア 東西交易で栄えたペルシアの帝国 …… 22

第2章 地中海「世界」の誕生 …… 23

7 ギリシア世界の誕生 ポリス社会の誕生で確立したギリシア世界 …… 24
8 ペルシア戦争とペロポネソス戦争 対ペルシアの結束からポリス間の対立へ …… 25
9 ビジュアル アレクサンドロスの東方遠征 ギリシアからインドまで征服したアレクサンドロス大王 …… 26
10 共和政ローマ 一都市国家ローマが地中海の支配者に …… 28
11 帝政ローマの誕生 三頭政治をへて誕生した帝政ローマ …… 29
12 ビジュアル ローマ帝国の繁栄 パックス=ロマーナ、「ローマの平和」とよばれた時代 …… 30
13 キリスト教の誕生 ローマ帝国中に広まり、ついにキリスト教を公認 …… 32

第3章 南アジア「世界」の誕生 …… 33

14 インダス文明 インド古代文明を生んだ2つの大河 …… 34
15 仏教の誕生 インドで生まれ、アジアに広まった仏教 …… 35
16 ヒンドゥー教の誕生 インドの民族宗教ヒンドゥー教の誕生 …… 36

第4章 東アジア「世界」の誕生 37

17 中国初期王朝の誕生 黄河流域で生まれた中国古代王朝、殷と周 …… 38
18 春秋・戦国時代 春秋五覇、戦国の七雄が争った戦乱の時代 …… 39
ビジュアル
19 秦・漢の中華統一 秦が統一し、漢が確立した中華世界の秩序 …… 40
20 秦の中国支配システム 秦の中国統一を可能にした始皇帝の中央集権システム …… 42
21 シルクロード 後漢とローマ帝国を結んだシルクロード …… 43

始皇帝

第2篇 融合する文明

…… 44

22 海のシルクロード 海上でも展開した東西世界の交流 …… 46

第5章 東アジアの変容 47

23 三国時代・五胡十六国 長い戦乱に苦しんだ『三国志』の時代 …… 48
24 南北朝時代 北の異民族王朝と南の漢民族王朝が並立 …… 49
25 隋 40年足らずで終わった隋の中国再統一 …… 50
26 唐 「世界帝国」大唐帝国の誕生 …… 51
27 宋 官僚が支配した帝国・宋 …… 52
28 南宋 北方民族の圧力に屈した宋 …… 53
29 新羅の朝鮮半島統一 唐と結んで朝鮮を統一した新羅 …… 54

敦煌の莫高窟

楊貴妃

第6章 イスラーム世界の誕生と拡大 55

30 イスラーム教の誕生 アラブ世界で生まれたイスラーム教 …… 56
31 アラブ帝国 急激に拡大したアラブ帝国 …… 57
ビジュアル
32 イスラーム帝国 イスラーム教に則った「世界帝国」の繁栄 …… 58

イスラーム礼拝

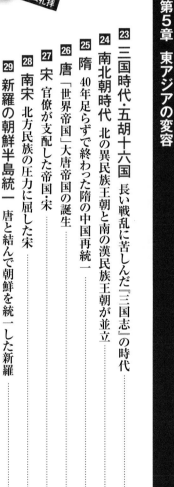

33 トルコ人のイスラーム化 イスラーム世界を支配したトルコ系王朝……60
34 オスマン帝国の誕生 ヨーロッパにも進出したオスマン帝国……61
35 ムガル帝国 インドにも誕生したイスラーム帝国……62

第7章 ユーラシア世界の再編……63
ビジュアル
36 モンゴル帝国 遊牧民がつくった史上最大の「世界帝国」……64
37 明 モンゴルを追い払い、中華帝国を回復した明……66
38 明時代の東アジア 明の東アジア支配に挑んだ豊臣秀吉……67
39 清 北方民族の帝国・清による中国支配……68

第8章 ヨーロッパの誕生……69
40 ゲルマン人の大移動 ゲルマン人の大移動で終焉した西ローマ帝国……70
41 フランク王国 フランク王国の誕生で成立した西欧世界……71
42 ビザンツ(東ローマ)帝国 1000年続いた東のローマ帝国……72
43 カノッサの屈辱 ローマ教皇の権威に対抗した王権……73
ビジュアル
44 十字軍の遠征 十字軍の遠征で拡大した西欧社会……74
45 西ヨーロッパ封建社会 荘園制の解体で崩壊する封建社会……76
46 身分制議会の誕生 議会政治の源流となった身分制議会……77
47 百年戦争 百年戦争で強化された英仏の王権……78
48 モスクワ大公国 ロシアの基礎を築いたモスクワ大公国……79

第3篇 ヨーロッパ「世界」の時代……80
49 大航海時代以前のアメリカ大陸 高度な科学知識と技術のアメリカ大陸の文明……82

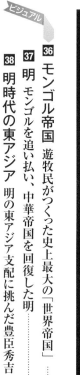

オランダ商船

ルイ14世

第9章 大航海時代 83

ビジュアル
50 大航海時代 ヨーロッパ中心の世界を生んだ大航海時代……84
51 ポルトガルの繁栄 インド航路の開拓で繁栄したポルトガル……86
52 スペインの繁栄 中南米を征服して繁栄したスペイン……87
53 三角貿易 大西洋を舞台に三角貿易が成立……88

第10章 近世ヨーロッパ 89

54 ルネサンス 西欧の文化を発展させたルネサンス……90
55 宗教改革 宗教改革で生まれた新しいキリスト教……91
56 スペインの没落 続かなかったスペインの栄華……92
57 オランダの繁栄 世界へ進出した商人国家オランダ……93
58 絶対主義の台頭 国王権力の強化で生まれた絶対王政……94
59 プロイセン・ロシアの台頭 台頭する新興国プロイセンとロシア……95
60 ピューリタン革命と名誉革命 2つの革命で生まれたイギリス議会政治……96

第11章 国民国家の出現 97

61 イギリスの産業革命 世界経済を変えたイギリス産業革命……98
62 アメリカ独立戦争 革命でもあったアメリカ独立戦争……99
63 フランス革命 「国民国家」を生んだフランス革命……100
64 中南米の独立 フランス革命の影響でラテンアメリカが独立……101
ビジュアル
65 ナポレオン戦争 フランス革命の理念をヨーロッパに広めたナポレオン……102
66 ウィーン体制 フランス革命前に逆戻りしたヨーロッパ……104
67 フランス七月革命・二月革命 2度の革命でウィーン体制が崩壊……105
68 ヴィクトリア時代 絶頂期を迎えた大英帝国の繁栄……106
69 イタリアとドイツの統一 ようやく統一を達成したイタリアとドイツ……107
70 ロシアの南下 凍らない海を求め南下するロシア……108

レオナルド=ダ=ヴィンチ

ナポレオン

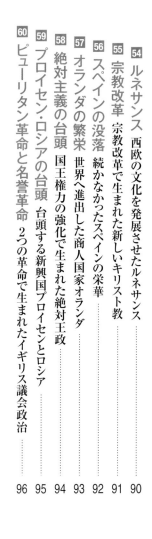

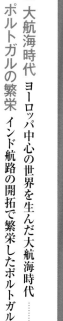

第12章　帝国主義の台頭　109

71 オスマン帝国の衰退　衰退し、解体へ向かうオスマン帝国……110
72 イギリス領インドの成立　イギリスに収奪される植民地インド……111
73 アヘン戦争　アヘンの密輸で侵される中国……112
74 太平天国とアロー戦争　列強の進出で弱体化する清朝……113
75 主権国家「日本」の誕生　明治維新と国境・領土の画定……114
76 日清戦争　朝鮮半島をめぐり日本と中国が衝突……115
ビジュアル 77 帝国主義の成立　世界を分割した帝国主義列強……116
78 日露戦争　列強の代理戦争だった日露戦争……118
79 辛亥革命　辛亥革命で中華民国が成立……119

日露戦争

レーニン

第4篇　地球世界の形成……120

80 南北戦争　南北戦争をへて発展したアメリカ……122

第13章　世界戦争の時代　123

81 バルカン戦争とサライェヴォ事件　「ヨーロッパの火薬庫」から始まった第一次世界大戦……124
82 第一次世界大戦　ヨーロッパ中を巻き込んだ史上初の世界大戦……125
83 ロシア革命　ロシアで世界初の社会主義革命成功……126
84 ソヴィエト連邦の成立　対ソ干渉戦争に「世界革命」で対抗……127
85 ヴェルサイユ体制　禍根を残した戦後国際体制……128
86 ワシントン体制　日本を牽制するアメリカの思惑……129
87 西南アジアの独立運動　トルコの近代化とインドの独立運動……130
88 中国の民族運動　国民党が軍閥を打倒し、中国を統一……131
89 世界恐慌とファシズム　世界恐慌で崩壊した戦後の国際協調体制……132
90 日中戦争　満州事変をきっかけに日中全面戦争へ……133
91 第二次世界大戦　史上最大の犠牲者を出した第二次世界大戦……134
92 国際連合の設立　戦勝国による戦後処理と国際連合の設立……136

ヤルタ会談
チャーチル（イギリス）
ローズヴェルト（アメリカ）
スターリン（ソ連）

凡例

- ● 首都および国の中心的な都市
- 🏛 世界遺産
- ◗p.104 参照ページ
  このマークがついた項目をくわしく解説しているページを表しています。

- ● 紀元前の年号は「前XX年」と表記しています。表記や説明が紀元前と紀元後にまたがる場合は、紀元後の年号を「後XX年」と表記しています。
- ● 河川、湖沼、山地、海など自然地形の名称は、現在の呼び名で表記している所もあります。
- ● 時代によって変化のはげしい河川、湖沼、海岸などは、現在の状態を図示しています。

第14章 東西冷戦の時代 …… 137

93 ビジュアル 東西冷戦時代 米・ソを中心とした東西対立の時代 …… 138
94 ビジュアル 第三世界の台頭 植民地の独立ラッシュで登場した第三の世界 …… 140
95 中東戦争 ユダヤ人の国が生まれアラブとの対立が激化 …… 142
96 ドル=ショックとオイル=ショック 世界経済をかえた2つの危機 …… 143
97 イラン革命 世界に衝撃を与えたイスラーム教による革命 …… 144
98 冷戦終結とソ連崩壊 東西対立が終わり超大国ソ連が消えた …… 145
99 中国の改革開放政策 共産主義から転換し急成長した中国 …… 146

第15章 ポスト冷戦体制とグローバル化 …… 147

100 ビジュアル ポスト冷戦のはじまり 超大国の「冷たい戦争」から世界各地で噴出する紛争の時代へ …… 148
101 地域統合 地域ごとに集まって安定と発展を目ざす …… 150
102 インターネットの拡大 世界を大きく変えたインターネットの力 …… 151
103 ビジュアル アメリカの一極支配 冷戦後に最強国家となり世界を振り回したアメリカ …… 152
104 核問題 エスカレートする核兵器の開発競争 …… 154

第16章 不安定化する21世紀 …… 155

105 アメリカ同時多発テロ アメリカを襲ったテロという新たな敵 …… 156
106 経済大国中国の誕生 世界の覇権に挑む大国・中国 …… 157
107 宗教の再登場 対立が融和か 再び存在感を増す宗教 …… 158
108 多極化する世界 揺らぐ最強国アメリカと混迷化する世界 …… 159
109 ビジュアル グローバル=リスク 地球規模で急速に広がる21世紀の危機 …… 160
110 気候変動 全人類が向き合う課題 地球温暖化 …… 162

用語索引 …… 167

ベルリンの壁

ビジュアル このマークがついている項目は、図版を大きく用いて見開き2ページで解説しています。

※本文中に使われている現在の世界地図は、本書製作時の2020年の情報に基づいています。

第1篇

文明の誕生

南アジア	東アジア
	前5000年ごろ　中国文明（黄河・長江文明）がおこる
前2600年ごろ　インダス文明起こる	
	前1600年ごろ　殷がおこる
	前11世紀ごろ　周が殷を滅ぼす
	前770年　春秋時代がはじまる
前500年ごろ　仏教がおこる	
	前403年　戦国時代がはじまる
前317年ごろ　マウリヤ朝が成立	
	前221年　秦が中国を統一
	前202年　漢が中国を統一
	25年　後漢が成立
1世紀　クシャーナ朝が成立	
320年ごろ　グプタ朝が成立	
7世紀　ヴァルダナ朝が北インドを統一	
8世紀～　ラージプートの諸王朝時代	

第3章
南アジア「世界」の誕生

第4章
東アジア「世界」の誕生

ヨーロッパ		オリエント世界	
西地中海	東地中海	エジプト	西アジア

前3000年ごろ
エーゲ文明がおこる

前3000年ごろ
エジプト第1王朝が成立

前3000年ごろ
シュメール文明がおこる

第2章
地中海「世界」の誕生

第1章
オリエント「世界」の誕生

前8世紀ごろ
ポリス（都市国家）が成立

前7世紀前半　アッシリア帝国がオリエント統一

前6世紀末
共和政ローマが成立

前6世紀ごろ
ユダヤ教が確立

前550年
アケメネス朝ペルシアが成立

前334年　アレクサンドロスが東方遠征を開始

前27年　帝政ローマのはじまり

30年ごろ
キリスト教が誕生

313年
キリスト教がローマ帝国で公認される

224年
ササン朝ペルシアが成立

395年　ローマ帝国が東西分裂

476年
西ローマ帝国が滅亡

「農業革命」と都市の出現で誕生した文明

前8000年ごろ〜前4000年ごろ

約700万年にわたって、ゆっくりと進化してきた人類は、農業の普及とそれにともなう都市の出現により、劇的な発展を開始した。

人類の生活を飛躍的に発展させた「農業革命」

約1万年前に氷期が終わり、地球が現在とかわらない温暖な気候になると、やがて人類は文明の誕生につながる画期的な転換期を迎えることとなる。作物の栽培や家畜の飼育に成功し、それまでの狩猟・採集を中心とした採集経済から生産経済へと移行したのである。

紀元前8000年ごろには、西アジアで麦の栽培による農耕中心の生活が行われるようになったことが確認されているほか、その後の数千年間で、おもに亜熱帯を中心とした各地で麦や稲、トウモロコシ、ジャガイモなどが栽培されるようになった。この人類史上の大転換を「**農業革命**」とよぶ。

農耕中心の生活は、食糧事情の改善によって飛躍的な人口増加をもたらすと同時に、人々は定住して集落を形成し、協力して灌漑《かんがい》農業を行うなど、共同生活を営むようになっていった。

都市の出現と青銅器、文字の発達による文明の誕生

農業生産技術が向上し、余剰生産物が増えると、各地域間で物資の交換が行われるようになり、前4000年ごろからはそうした交易の中心地に都市が出現しはじめた。これらの都市は城壁で囲まれ、商人や職人、神官、戦士などが暮らしていたが、やがて富を蓄《たくわ》えた神官や戦士が権力を握る支配階級となり、階級分化が進んだ。また、都市のなかには周辺の都市や集落を支配下におさめて、強大な**都市国家**へと成長するものもあった。

各地に都市が出現しはじめたころ、農具や武器、装身具などとして**青銅器**が用いられるようになったほか、祭祀《さいし》や会計事務などの必要から**文字**が発達するなど、都市生活から生み出された諸文化が複合して文明が誕生した。特に大河川の沿岸では灌漑による豊かな農業地域が広がり、それらの中心として多くの都市が発展し、**古代文明**が花開くこととなった。

「地球の歴史」における「人類の歴史」

約46億年という地球の歴史に比べると、約700万年前に出現したとされる人類の歴史はごくわずかなものにすぎない。地球の誕生から現在までを1年に換算した、いわゆる「地球カレンダー」でみると、人類が出現したのは12月31日の14時30分ごろ、農耕の開始に至っては23時58分を過ぎたころになる。

農業の始まり

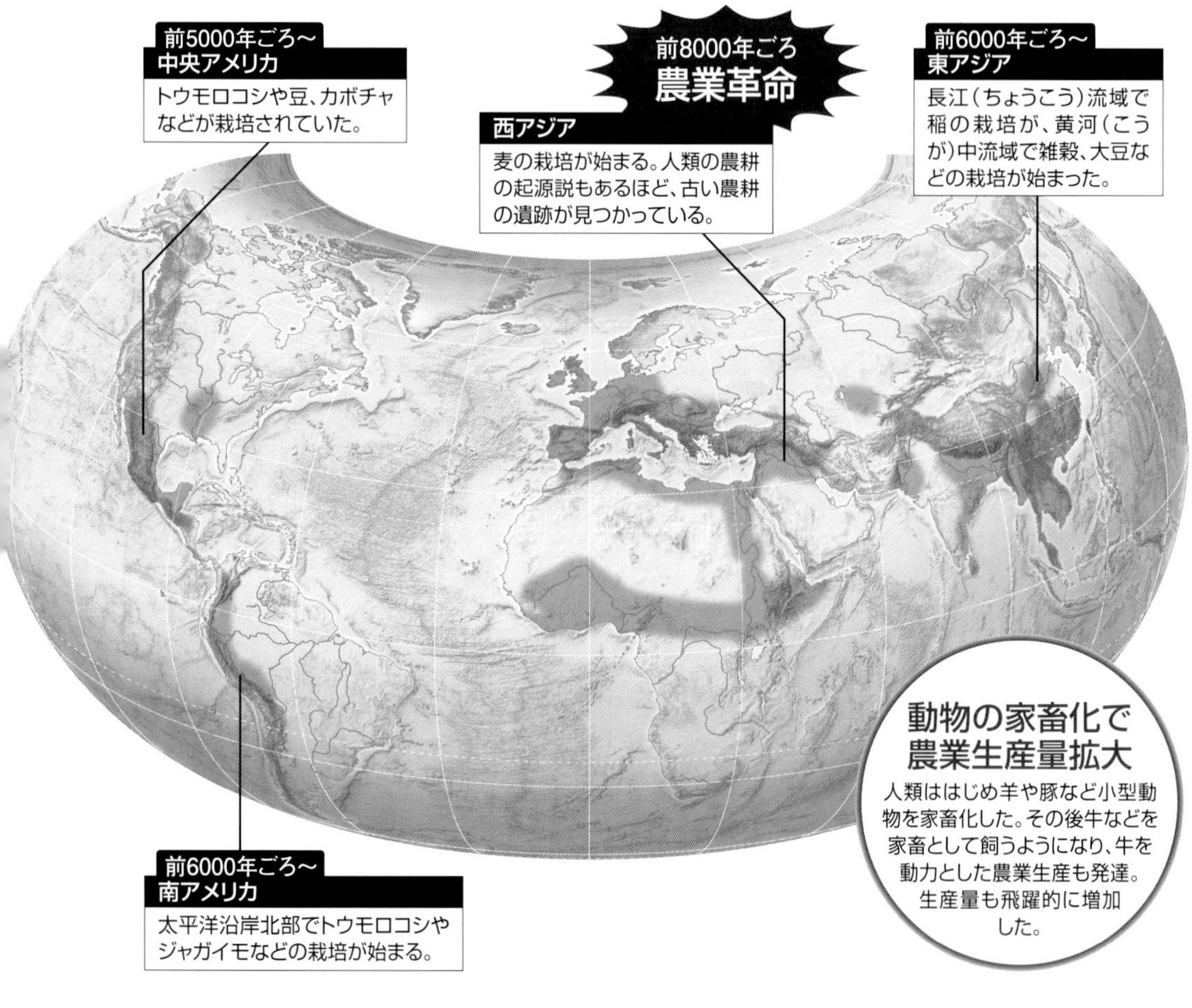
前5000年ごろ〜
中央アメリカ
トウモロコシや豆、カボチャなどが栽培されていた。
前8000年ごろ
農業革命
西アジア
麦の栽培が始まる。人類の農耕の起源説もあるほど、古い農耕の遺跡が見つかっている。
前6000年ごろ〜
東アジア
長江(ちょうこう)流域で稲の栽培が、黄河(こうが)中流域で雑穀、大豆などの栽培が始まった。
前6000年ごろ〜
南アメリカ
太平洋沿岸北部でトウモロコシやジャガイモなどの栽培が始まる。
動物の家畜化で農業生産量拡大
人類ははじめ羊や豚など小型動物を家畜化した。その後牛などを家畜として飼うようになり、牛を動力とした農業生産も発達。生産量も飛躍的に増加した。

WORD 農業革命
アメリカの社会学者A=トフラーは、著書の『第三の波』のなかで人類史を大きく「三つの波」に分け、前8000〜前1650年ごろの農耕と定住開始を「第一の波」として「農業革命」とよび、「第二の波」を18世紀後半に起こった「産業革命」、そして「第三の波」を20世紀後半に起こった「情報革命」であるとした。一般的には、イギリスで起きた囲い込みによる農業上の大変革をさす。

第1章

オリエント「世界」の誕生

2 メソポタミア文明
3 エジプト文明
4 オリエントの統一
5 ユダヤ教の誕生
6 パルティアとササン朝ペルシア

2 メソポタミア文明

シュメール人の都市国家建設から始まった文明

前3000年ごろ
〜
前16世紀ごろ

2つの川に挟まれたメソポタミアに多くの民族が侵入し、興亡を繰り返した。

メソポタミアの興亡

前3000年ごろ
都市国家 成立
シュメール人の文明が誕生
楔形文字《くさびがた》を発明
前2500年ごろ
ウル第1王朝
シュメール人の統一王朝
前24世紀ごろ
アッカド王国
アッカド人がメソポタミアを統一
前19世紀
古バビロニア王国
ハンムラビ王の時代に最盛期を迎える
ハンムラビ法典
ヒッタイト
侵入
前16世紀
滅亡
ハンムラビ王が制定し「目には目を、歯には歯を」で有名。
楔形文字で石柱に刻まれた法典
黒海
カスピ海
古バビロニア王国
遊牧民族のアムル人の王国。バビロンを中心に栄え、ハンムラビ王のときに全メソポタミアを支配した。
ヒッタイト
侵入
アナトリア
メソポタミア
ティグリス川
肥沃な三日月地帯
メソポタミアからシリア・パレスチナにかけての地域。古くから農業が発達していた肥沃な土地。
地中海
バビロン
ユーフラテス川
ウルク
ラガシュ
ウル
現在の海岸線

豊かな三日月地帯に生まれたシュメール人文明

　前3000年ごろ、**ティグリス川**と**ユーフラテス川**に挟まれたメソポタミア地方の肥沃《ひよく》な沖積《ちゅうせき》平野に、**シュメール人**によって、ウル、ウルク、ラガシュといった**都市国家**が築かれた。これが**メソポタミア文明**の始まりである。

　城壁で囲まれたそれぞれの都市は、中心には守護神を祀《まつ》る神殿と**ジッグラト**（聖塔）が置かれた。政治も商業もその神殿で行われ、王は神官でもあった。都市同士は領土や交易をめぐって互いに争い、会計記録などの必要性から、シュメール人は**楔形《くさびがた》文字**を発明した。

　前2500年ごろ、都市国家群を統一するウル第1王朝が誕生したが、さまざまな民族の流入が続き、前24世紀ごろにはサルゴン1世率いる中央集権的なセム語系民族のアッカド人に征服された。

メソポタミア全体を統一した古バビロニアのハンムラビ王

　アッカド王国の滅亡後のメソポタミアは、再びシュメール人の統一国家ができたが、やがて混乱期に入った。前19世紀、南部に移住してきたセム語系のアムル人によって**古バビロニア王国**（首都はバビロン）が建てられ、**ハンムラビ王**の時代には全メソポタミアを支配した。

　ハンムラビ王は灌漑《かんがい》や運河建設を進めて農業生産力や輸送力の増強を図り、**ハンムラビ法典**を定めた。法典は各地の慣習法を集大成したもので、序文・282条の条文・結びから成り、刑法・商法・税法・民法などが書かれていた。「目には目を、歯には歯を」という、同じ方法での復讐《ふくしゅう》を許す原則や、同じ犯罪でも身分によって刑罰が違っているのが特徴である。

　しかし、300年続いた古バビロニア王国も、鉄製の武器を使うインド=ヨーロッパ語系の**ヒッタイト人**の侵入を受け、前16世紀に滅んだ。

戦車にのるヒッタイト兵

鉄はいつから？ さかのぼった製鉄のはじまり

　2017年、中近東文化センター附属アナトリア考古学研究所の発掘調査によって、トルコ中部のカマン・カレホユック遺跡の紀元前2250〜前2500年の地層から最古級の人工的な鉄の塊が発見された。

　この発掘調査によって、これまでヒッタイトが鉄の製造をはじめ鉄器によって大国化したといわれていたが、アナトリアの先住民がヒッタイト以前に製鉄の技術をもち、ヒッタイトはその先住民から技術を引き継いだという説が注目を集める。

WORD 楔形文字《くさびがた》

前3000年ごろからシュメール人が使用していた粘土板などに刻まれた文字。オリエント各地に伝わり、前50年ごろまで使われ続けた。会計記録のほか、「ギルガメシュ叙事詩」のような文芸作品も発見された。これらから『旧約聖書』の「洪水伝説」の原型は、シュメールの伝承だといわれている。

3 エジプト文明

2500年も繁栄し続けた古代エジプト王国

前3000年ごろ～前6世紀ごろ

ナイル川の豊かな自然に育まれ、巨大なピラミッドや高度な学問など独自の文明を生み出した。

上下エジプトを統一した古代エジプト王国

ナイル川下流のデルタ地帯は、毎年夏になると洪水に見舞われ、水が引いたあとに残された肥沃《ひよく》な土壌が農地として利用された。**エジプト文明**は、こうしてできた農地を基盤に生まれ、ヘロドトスにより「ナイルの賜物《たまもの》」とよばれた。

ナイル川の周囲にノモス（部族的独立集落）が形成され、やがてナイル川上流の上《かみ》エジプトと下流の下《しも》エジプトにまとまった。前3000年ごろに統一され**古代エジプト王国**が誕生した（初期王朝）。さらに、前27世紀から始まる**古王国**時代に、古代エジプト文明の礎が築かれたのち、**中王国**時代、**新王国**時代からアッシリア帝国による支配をへて、前6世紀にアケメネス朝ペルシアに征服されるまで、古代エジプトの王朝が約2500年の間続いた。

高度な学問が生まれ、強大な神権政治を支えた

そもそもエジプト地方は自然資源が豊富だったうえに、東西が砂漠、北は海、南は密林に囲まれて周囲から隔てられていたため異民族の侵入が少なく、国土の統一が容易だったのである。

王はファラオとよばれ、太陽神ラーの化身として政治を行い、神官が支配階級を形成した。特に古王国時代には、王の権力の大きさを象徴する巨大な**ピラミッド**が次々と建設された。

古代エジプト人は、霊魂不滅の信仰から遺体をミイラにしたといわれる。新王国時代には死者の再生復活を祈る呪文などが書かれた「**死者の書**」も副葬品とされた。

古代エジプトで使用された文字は、**ヒエログリフ**（神聖文字）という、人や鳥、獣、魚などの絵からなる象形《しょうけい》文字である。ナイル川岸に茂っていたパピルスの草からつくられた紙が普及し、また簡略化されたヒエラティック（神官文字）やデモティック（民衆文字）なども生まれた。また天文学や数学、医学などの学問が発達し、ナイル川の洪水期を知るために行われた精密な測量から、1年を365日とする**太陽暦**が用いられた。

古代エジプト王国の変遷

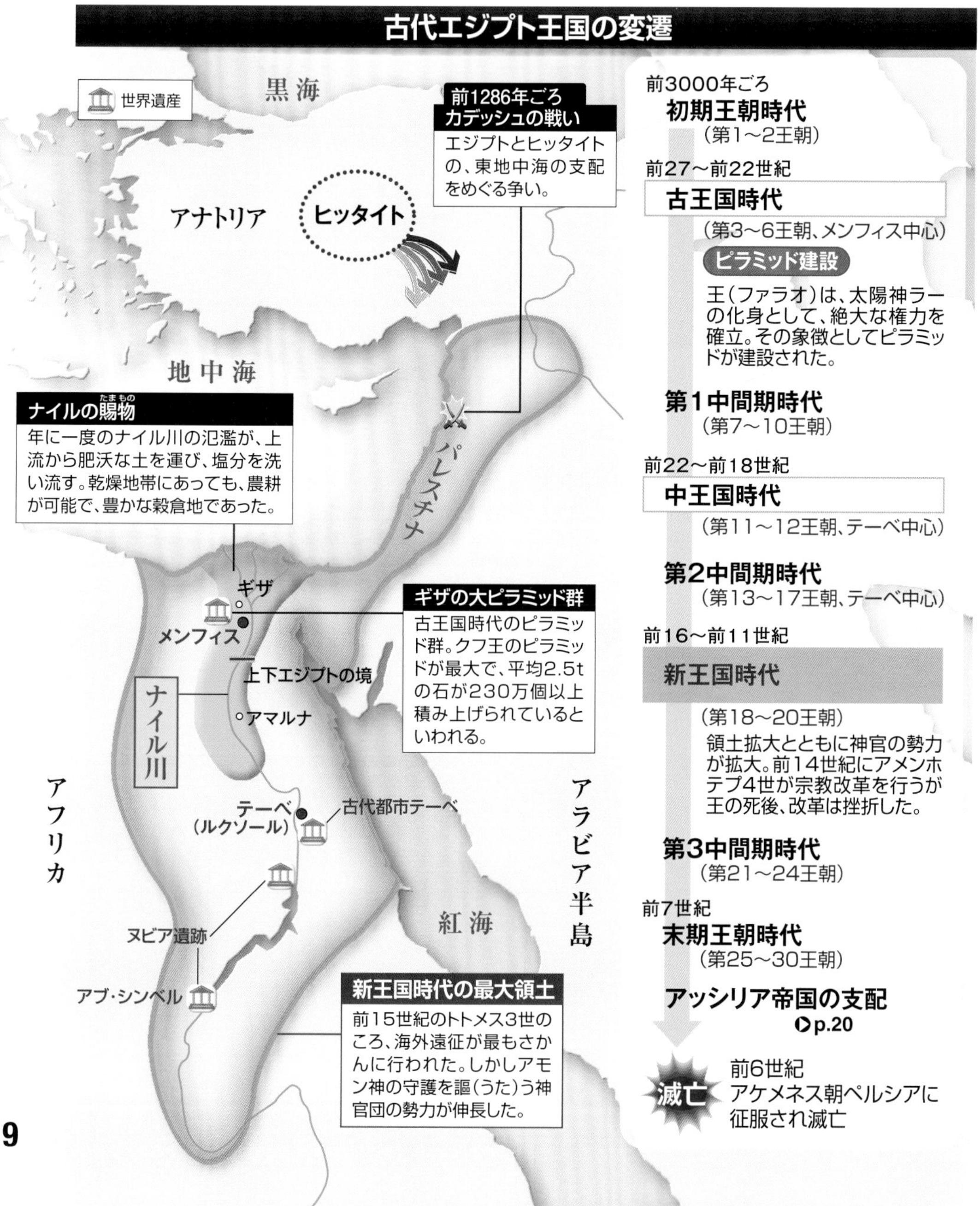
世界遺産
黒海
アナトリア
ヒッタイト
地中海
パレスチナ
前1286年ごろ カデッシュの戦い
エジプトとヒッタイトの、東地中海の支配をめぐる争い。
ナイルの賜物《たまもの》
年に一度のナイル川の氾濫が、上流から肥沃な土を運び、塩分を洗い流す。乾燥地帯にあっても、農耕が可能で、豊かな穀倉地であった。
ギザ
メンフィス
上下エジプトの境
アマルナ
ナイル川
ギザの大ピラミッド群
古王国時代のピラミッド群。クフ王のピラミッドが最大で、平均2.5tの石が230万個以上積み上げられているといわれる。
アフリカ
アラビア半島
紅海
テーベ（ルクソール）
古代都市テーベ
ヌビア遺跡
アブ・シンベル
新王国時代の最大領土
前15世紀のトトメス3世のころ、海外遠征が最もさかんに行われた。しかしアモン神の守護を謳(うた)う神官団の勢力が伸長した。
前3000年ごろ
初期王朝時代
（第1～2王朝）
前27～前22世紀
古王国時代
（第3～6王朝、メンフィス中心）
ピラミッド建設
王（ファラオ）は、太陽神ラーの化身として、絶大な権力を確立。その象徴としてピラミッドが建設された。
第1中間期時代
（第7～10王朝）
前22～前18世紀
中王国時代
（第11～12王朝、テーベ中心）
第2中間期時代
（第13～17王朝、テーベ中心）
前16～前11世紀
新王国時代
（第18～20王朝）
領土拡大とともに神官の勢力が拡大。前14世紀にアメンホテプ4世が宗教改革を行うが王の死後、改革は挫折した。
第3中間期時代
（第21～24王朝）
前7世紀
末期王朝時代
（第25～30王朝）
アッシリア帝国の支配
p.20
滅亡
前6世紀
アケメネス朝ペルシアに征服され滅亡

4 オリエントの統一

オリエントを統一した「世界帝国」の誕生

前7世紀前半～前330年

「太陽の昇る方向」を意味するオリエント。メソポタミアとエジプトの2つの文明がまとまり一大文化圏を形成した。

オリエントを統一した最初の「世界帝国」アッシリア

ティグリス川上流のアッシュールを拠点にしていた**アッシリア王国**は、一時期ミタンニ王国のもとに隷属《れいぞく》していたが、独立を勝ち取って勢力を拡大。前8世紀後半からは、鉄製兵器を装備した軍事力で領土の拡大を始め、シリアからバビロニア、アナトリア、パレスチナと進軍、前7世紀前半にエジプトを制圧してオリエントを統一、最初の「**世界帝国**」を実現したのである。

アッシリア帝国は広い領土に多くの異民族を服属させていたため、支配力の維持にはさまざまな政策を必要とした。まず、異民族の宗教を否定し、反乱を抑えるために大規模な強制移住を実行した。

最盛期のアッシュルバニパル王の時代にはエジプトのテーベまでも攻略したが、重税と強制移住が被征服民の反乱をまねき、前612年滅亡した。その後4つの王国へと分裂してしまった。

エーゲ海からインダス川まで広大なアケメネス朝ペルシア

次にオリエントを統一したのは**アケメネス朝ペルシア**である。インド＝ヨーロッパ語系のペルシア人は、4つの王国分立の時代、メディア王国支配下にあった。前550年ごろメディアを滅ぼしたアケメネス朝は、リディア、新バビロニア、エジプトの3王国を次々と征服し、**ダレイオス1世**の時代にはエーゲ海からインダス川にいたる「世界帝国」を築いた。

アケメネス朝の政策は、アッシリアと違い、兵役と納税を果たすことを条件に、異民族に自治と信教の自由を与える寛容なものだった。**ダレイオス1世**は、全領土を20余州に分け、各州にサトラップ（総督《そうとく》）を任命して徴税と治安維持にあたらせた。また現在の国道にあたる「**王の道**」の建設など、交通網を整備。同時に貨幣を発行、交易を保護した。帝国の支配は200年以上続いたが、ギリシアのポリス連合と戦った**ペルシア戦争**で敗北、衰退の兆しをみせ、前330年**アレクサンドロス大王**の東方遠征（**P26参照**）で滅亡した。

オリエントに生まれた2つの「世界帝国」

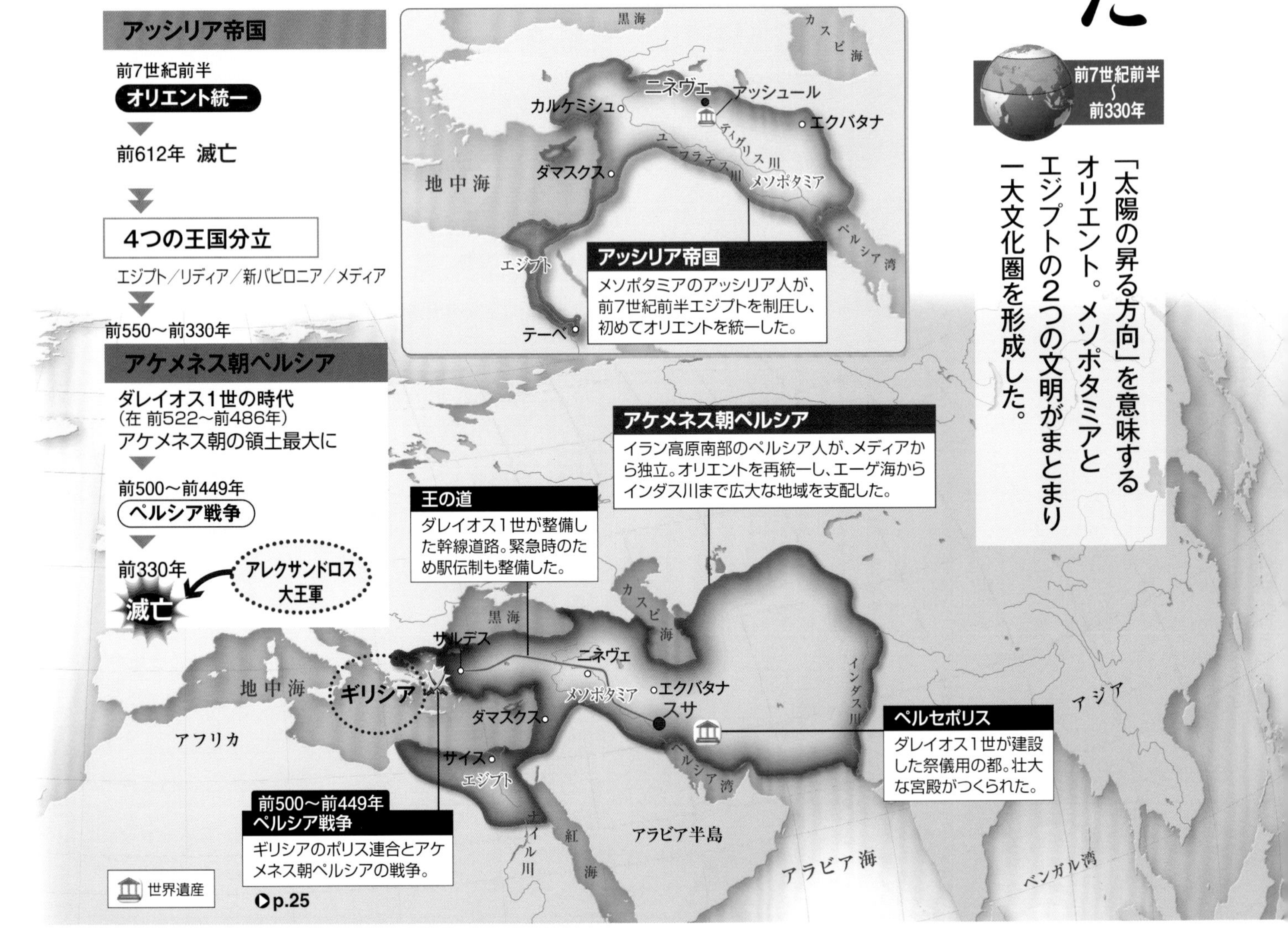
アッシリア帝国
前7世紀前半
オリエント統一
前612年 滅亡
4つの王国分立
エジプト／リディア／新バビロニア／メディア
前550～前330年
アケメネス朝ペルシア
ダレイオス1世の時代
(在 前522～前486年)
アケメネス朝の領土最大に
前500～前449年
ペルシア戦争
前330年
滅亡
アレクサンドロス大王軍
黒海
カスピ海
カルケミシュ
ニネヴェ
アッシュール
エクバタナ
ティグリス川
ユーフラテス川
メソポタミア
ダマスクス
地中海
エジプト
テーベ
ペルシア湾
アッシリア帝国
メソポタミアのアッシリア人が、前7世紀前半エジプトを制圧し、初めてオリエントを統一した。
アケメネス朝ペルシア
イラン高原南部のペルシア人が、メディアから独立。オリエントを再統一し、エーゲ海からインダス川まで広大な地域を支配した。
王の道
ダレイオス1世が整備した幹線道路。緊急時のため駅伝制も整備した。
サルデス
ギリシア
スサ
サイス
アフリカ
ナイル川
紅海
アラビア半島
アラビア海
インダス川
アジア
ベンガル湾
ペルセポリス
ダレイオス1世が建設した祭儀用の都。壮大な宮殿がつくられた。
前500～前449年
ペルシア戦争
ギリシアのポリス連合とアケメネス朝ペルシアの戦争。
p.25
世界遺産

WORD ペルシア戦争
支配下のギリシア系のポリスの反乱を機に、大帝国アケメネス朝ペルシアが仕掛けた戦争。圧倒的な武力を誇るペルシア軍は、一時アテネを占領したが、サラミスの海戦に大敗し、前449年、和議が結ばれた。専制支配王国のペルシア軍に対して、兵力は劣りながらも自分たちの国家を守ろうとするギリシア自由市民の軍が勝利をおさめた戦いとして有名。

2つの「世界宗教」を生んだユダヤ教

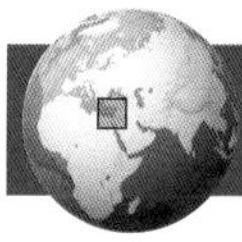
前6世紀ごろ

土地を失い、離散しながら、神に選ばれた民として民族の誇りを保たせたヘブライ人の宗教。

「十戒」から生まれたヘブライ人の教え

ユダヤ教は多神教を否定し、天地を創造したのは唯一の神だと唱えた一神教の宗教である。

その始まりは、前13世紀、隷属《れいぞく》状態にあったヘブライ人（ユダヤ人、イスラエル人）を率いて預言者《よげんしゃ》**モーセ**がエジプトを脱し、シナイ山で唯一神**ヤハウェ**と契約を結んだ（**出《しゅつ》エジプト**）ことによる。このときモーセによってもたらされた「**十戒《じっかい》**」には、ヘブライ人は神に選ばれた聖なる民であり、「わたし（ヤハウェ）のほかに、なにものをも神としてはならない」「わたしを愛しその命令を守るならば、子々孫々まで守護する」など、のちのユダヤ教の教義と倫理が書かれてあったという。

こうした信仰を中心に、前11世紀、パレスチナにヘブライ王国が建設されたが、前10世紀末イスラエル王国とユダ王国に分裂。イスラエル王国はアッシリアによって滅ぼされ、さらに残ったユダ王国も新バビロニアに滅ぼされ、前586年に住民はバビロニアへ強制移住させられた（**バビロン捕囚《ほしゅう》**）。相次ぐ受難のなか、異郷において民族のアイデンティティーを求めるために、唯一神ヤハウェへの信仰を強くし、民族としての結束を固めることでユダヤ教は確立された。ユダヤ教の聖典は、のちに**キリスト教**に引き継がれ、キリスト教徒がまとめた『新約聖書』に対し『**旧約聖書**』とよばれるようになった。

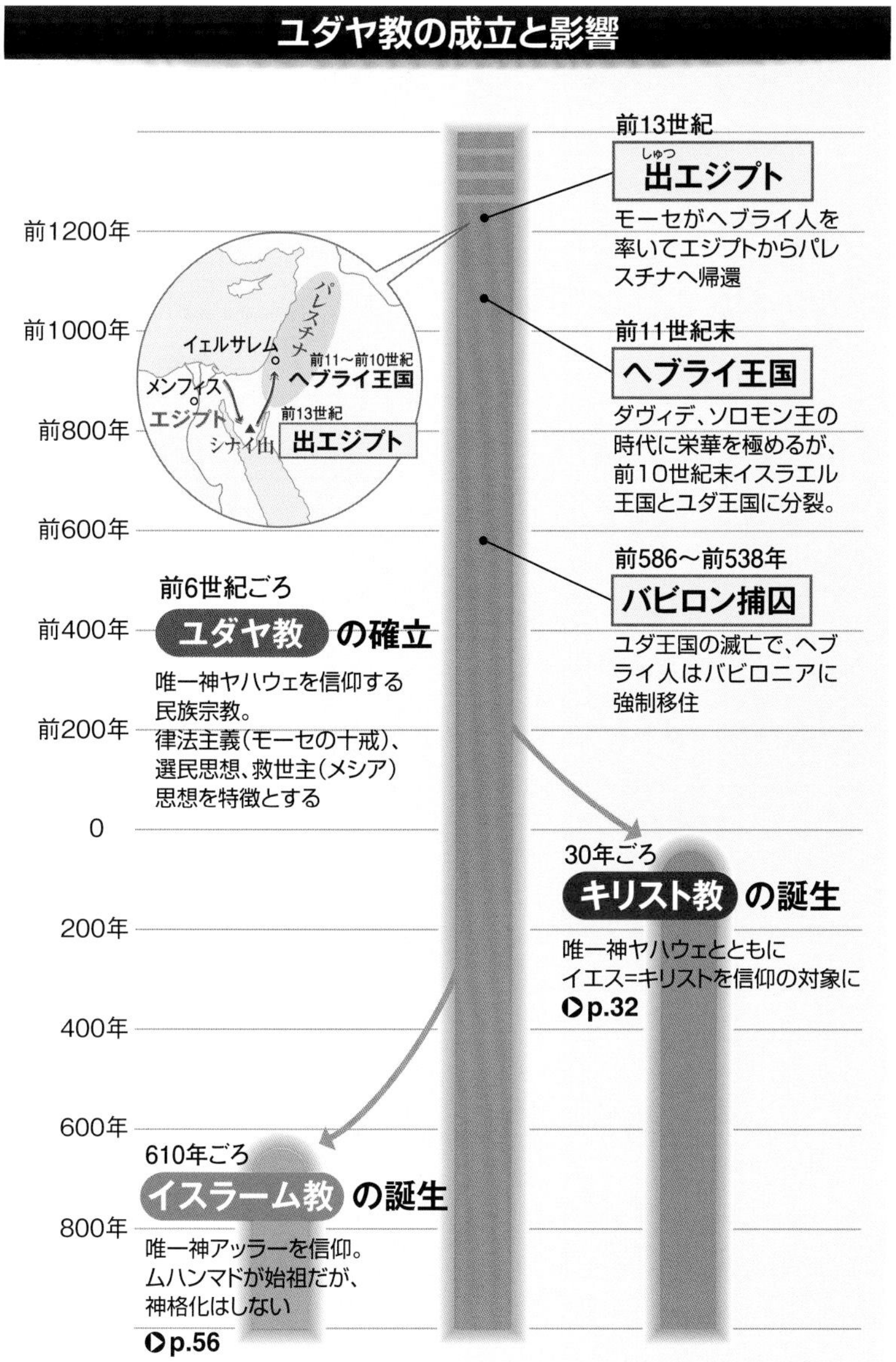
ユダヤ教の成立と影響
前1200年
前1000年
前800年
前600年
前400年
前200年
0
200年
400年
600年
800年
前13世紀
出《しゅつ》エジプト
モーセがヘブライ人を率いてエジプトからパレスチナへ帰還
パレスチナ
イェルサレム
前11～前10世紀
ヘブライ王国
メンフィス
エジプト
前13世紀
出エジプト
シナイ山
前11世紀末
ヘブライ王国
ダヴィデ、ソロモン王の時代に栄華を極めるが、前10世紀末イスラエル王国とユダ王国に分裂。
前586～前538年
バビロン捕囚
ユダ王国の滅亡で、ヘブライ人はバビロニアに強制移住
前6世紀ごろ
ユダヤ教の確立
唯一神ヤハウェを信仰する民族宗教。
律法主義（モーセの十戒）、選民思想、救世主（メシア）思想を特徴とする
30年ごろ
キリスト教の誕生
唯一神ヤハウェとともにイエス=キリストを信仰の対象に
p.32
610年ごろ
イスラーム教の誕生
唯一神アッラーを信仰。ムハンマドが始祖だが、神格化はしない
p.56

キリスト教、イスラーム教を生んだユダヤ教

こうしたユダヤ教の一神教的世界から、2つの世界宗教が生まれたのである。

30年ごろ十字架刑に処せられたイエスが復活したという信仰から、のちにイエスは神の子で、『旧約聖書』のなかで待望されているメシア（キリスト＝救世主）であるとするキリスト教（**P32参照**）が生まれた。また、7世紀には、ユダヤ教やキリスト教の唯一神をアラビア語でアッラーとし、自らを「最終で最大の預言者」としたムハンマドが**イスラーム教**（**P56参照**）を起こした。

3つの宗教の聖地イェルサレム

イェルサレムは、ヘブライ王国の都として栄えたあと、何度も支配者が交代してきた。破壊と再生をへた現在のイェルサレムは、ユダヤ教、キリスト教、そしてイスラーム教の3つの宗教の聖地となっている。

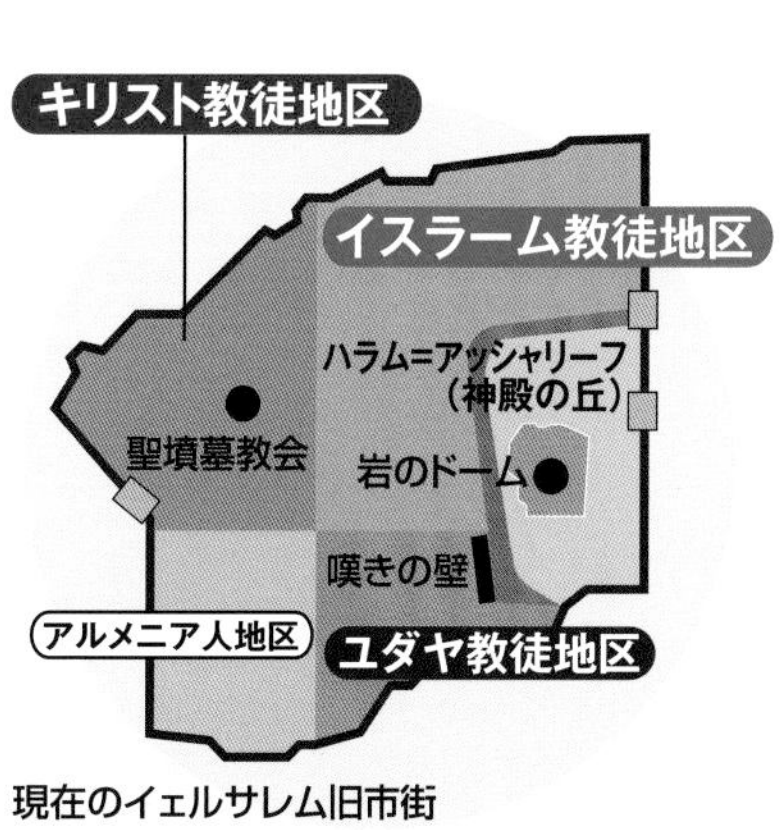
キリスト教徒地区
イスラーム教徒地区
ハラム=アッシャリーフ（神殿の丘）
聖墳墓教会
岩のドーム
嘆きの壁
アルメニア人地区
ユダヤ教徒地区

現在のイェルサレム旧市街

WORD 世界宗教

世界宗教とは、国家や民族を超えて信仰されている宗教をいう。なかでも、キリスト教、イスラーム教、そして仏教の3つは、世界三大宗教とよばれている。一方、キリスト教、イスラーム教に影響を与えたユダヤ教や、仏教より多くの信徒を抱えるヒンドゥー教は、特定の国や民族の伝統と習慣にもとづいているため、民族宗教と定義される。

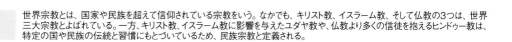

6 パルティアとササン朝ペルシア

東西交易で栄えたペルシアの帝国

前248年ごろ～後651年

東西文明の十字路に生まれ、最先端の美術と宗教を世界中に流行させた、パルティアとササン朝ペルシア。

東西交易の要地にできたササン朝ペルシア

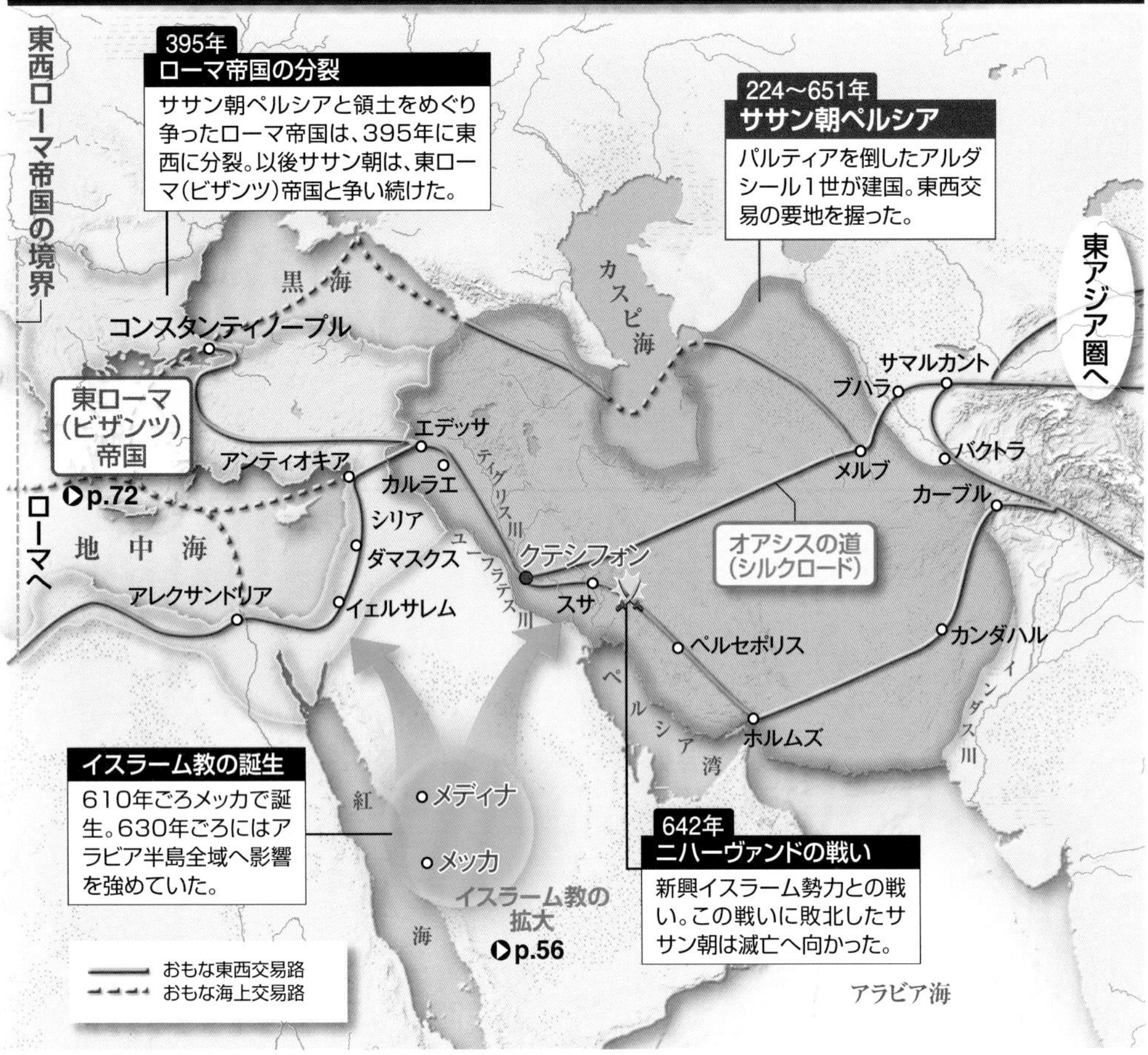

東西ローマ帝国の境界
395年
ローマ帝国の分裂
ササン朝ペルシアと領土をめぐり争ったローマ帝国は、395年に東西に分裂。以後ササン朝は、東ローマ（ビザンツ）帝国と争い続けた。
224～651年
ササン朝ペルシア
パルティアを倒したアルダシール1世が建国。東西交易の要地を握った。
東アジア圏へ
黒海
カスピ海
コンスタンティノープル
東ローマ（ビザンツ）帝国
p.72
ローマへ
地中海
エデッサ
アンティオキア
カルラエ
シリア
ダマスクス
ティグリス川
ユーフラテス川
クテシフォン
スサ
アレクサンドリア
イェルサレム
サマルカント
ブハラ
メルブ
バクトラ
カーブル
オアシスの道（シルクロード）
カンダハル
インダス川
ペルセポリス
ホルムズ
ペルシア湾
イスラーム教の誕生
610年ごろメッカで誕生。630年ごろにはアラビア半島全域へ影響を強めていた。
メディナ
メッカ
紅海
イスラーム教の拡大
p.56
642年
ニハーヴァンドの戦い
新興イスラーム勢力との戦い。この戦いに敗北したササン朝は滅亡へ向かった。
おもな東西交易路
おもな海上交易路
アラビア海

強大な軍事力を誇り絹の取引で豊かなパルティア

前248年ごろ、セレウコス朝シリア支配下のカスピ海南東部にいたイラン系遊牧民が、**パルティア王国**（アルサケス朝。中国では安息《あんそく》とよばれた）を建国。馬と弓を生かした軍隊で次々と領土を拡大し、前2世紀なかばには、メソポタミアからインダス川までを支配する大帝国へ成長した。

パルティアは、**シルクロード**（P43参照）の要所を支配し、絹の交易を押さえることで栄えていた。また、当時信仰されていた太陽神ミトラは、西のローマではミトラ教として、東では仏教と融合した弥勒《みろく》信仰として日本にまで伝えられた。

前1世紀以降、前53年のカルラエの戦いを皮切りに、メソポタミアやアルメニアなどをめぐってローマ帝国と長い抗争を続けたが、224年、**ササン朝ペルシア**のアルダシール1世によって滅ぼされた。

東西交通路を支配し、工芸品が発達したササン朝

ササン朝ペルシアは、西アジアで前6から前4世紀に栄えた、アケメネス朝ペルシア（P20参照）の復興を掲げ勢力を拡大。またたく間に、北インドからメソポタミアを支配する大帝国を築き上げた。2代目の王**シャープール1世**は、ローマ帝国と争って260年のエデッサの戦いでは大勝利をおさめたが、それ以後も、ローマ帝国（のちには東ローマ帝国）との抗争はササン朝の滅亡まで続いた。

最盛期を迎えたのは、6世紀の**ホスロー1世**の時代で、東ローマ帝国からシリアを奪って最大領土を獲得し、中央アジアの**エフタル**を滅ぼしてインドのグプタ朝（P36参照）などとの交易で繁栄した。しかし、南から侵入してきたアラブ人イスラーム教徒に**ニハーヴァンドの戦い**などで敗れ、651年に滅亡した。

ササン朝も、ローマやインド、中国などと活発に交流した。3世紀にこの地で生まれた**マニ教**は、ササン朝の国教**ゾロアスター教**に、キリスト教や仏教が融合して生まれたもので、のちに中央アジアや中国などへ広まった。また洗練されたガラス器や銀製品、織物など当時最先端のササン朝美術も世界中に伝わった。

日本にも伝わったササン朝美術

現在、奈良の東大寺正倉院《しょうそういん》に納められている漆胡瓶《しっこへい》や金銅八曲長杯《こんどうのはっきょくちょうはい》、法隆寺の獅子《しし》狩文錦《かりもんきん》などは、もともとはササン朝が生んだインダストリアルデザインだ。

ササン朝では宮廷貴族のために簡潔で象徴的なデザインが大きく発達した。特に重要なのは金属工芸で、高度な技術が発達して杯や皿、水差しなどに精密な文様デザインが施された。こうした工芸品は運搬が簡単だったので、シルクロードにのって西のローマや東の中国・日本にまでほぼ同時代で伝わり、後世ではイスラーム美術などに影響を与えている。

WORD ゾロアスター教
アケメネス朝ペルシアで信仰されていた宗教で、拝火教（はいかきょう）ともいわれる。ササン朝でも国教として厚く保護されていた。「善悪の二神による戦い」の二元論を特徴とし、「最後の審判」で善き人々の魂が天国へ導かれるという信仰は、ユダヤ教、キリスト教そしてイスラーム教などの一神教にも影響を与えたといわれている。

第2章

地中海「世界」の誕生

7 ギリシア世界の誕生
8 ペルシア戦争とペロポネソス戦争
9 アレクサンドロスの東方遠征
10 共和政ローマ
11 帝政ローマの誕生
12 ローマ帝国の繁栄
13 キリスト教の誕生

ポリス社会の誕生で確立したギリシア世界

前8世紀ごろ

オリエント文明やエーゲ文明の影響を受け地中海世界に誕生した古代ギリシア文明。

ギリシアのポリスの誕生

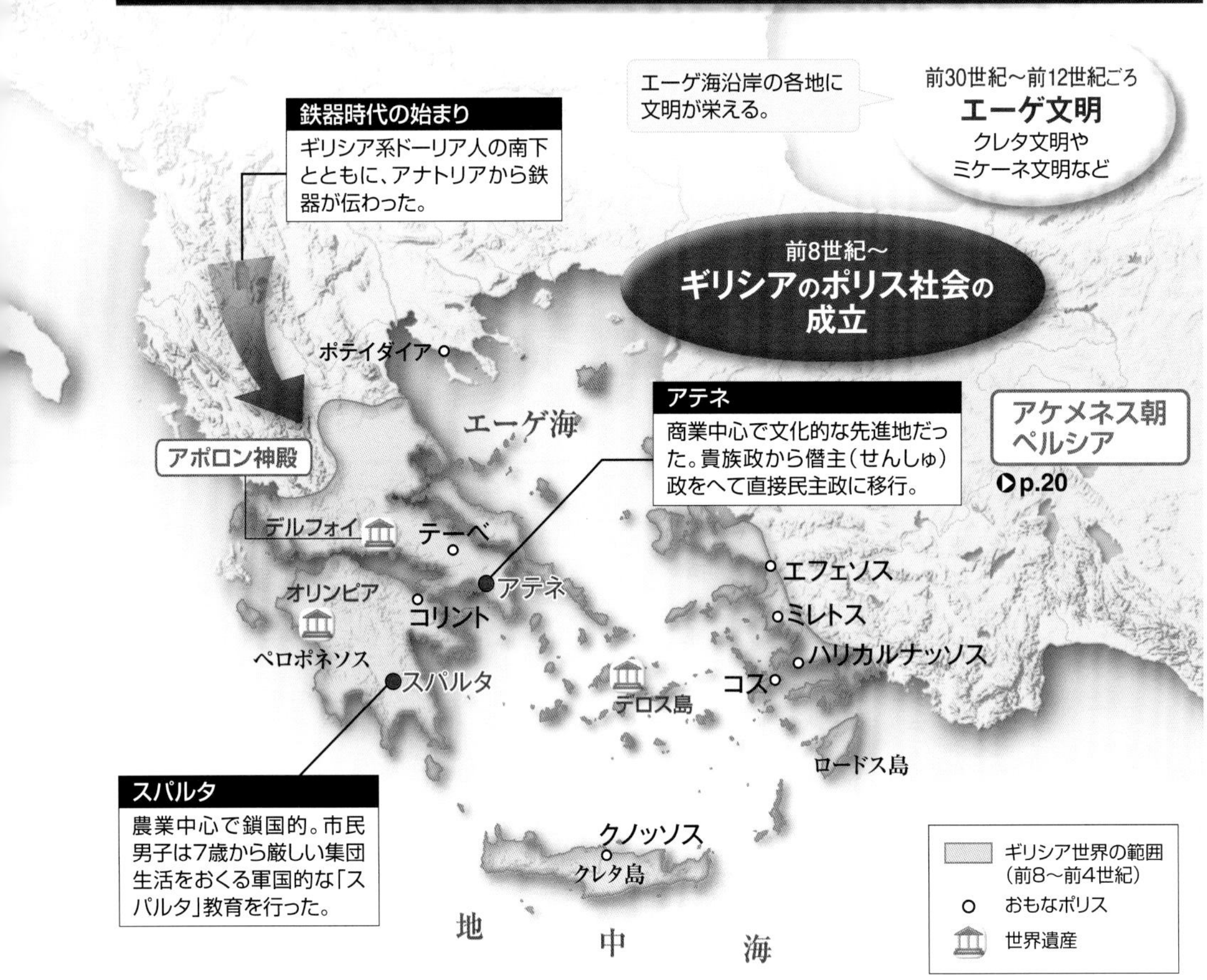

鉄器時代の始まり
ギリシア系ドーリア人の南下とともに、アナトリアから鉄器が伝わった。
エーゲ海沿岸の各地に文明が栄える。
前30世紀〜前12世紀ごろ
エーゲ文明
クレタ文明やミケーネ文明など
前8世紀〜
ギリシアのポリス社会の成立
ポテイダイア
エーゲ海
アテネ
商業中心で文化的な先進地だった。貴族政から僭主（せんしゅ）政をへて直接民主政に移行。
アケメネス朝ペルシア
p.20
アポロン神殿
デルフォイ
テーベ
アテネ
オリンピア
コリント
ペロポネソス
スパルタ
エフェソス
ミレトス
ハリカルナッソス
コス
デロス島
ロードス島
スパルタ
農業中心で鎖国的。市民男子は7歳から厳しい集団生活をおくる軍国的な「スパルタ」教育を行った。
クノッソス
クレタ島
地中海
ギリシア世界の範囲（前8〜前4世紀）
おもなポリス
世界遺産

海上交易で結ばれた地中海世界の都市国家

前1200年ごろ、エーゲ海周辺で成立した青銅器文明の一つ、**ミケーネ文明**が、災害や「海の民」とよばれる外部勢力の侵入などの要因で滅亡した。その後「**暗黒時代**」とよばれる400年にわたる混乱期を迎えた。その間**ギリシア人**は各地へ移動し、ヒッタイトなどからもたらされた鉄器時代へと入った。前8世紀ごろ、各地にたくさんの**ポリス**（都市国家）を形成しはじめた。ポリスは人口数百から数千で、中心市街に住む貴族や商人と、郊外に住む平民（農民）に分かれ、それぞれ奴隷をもっていた。各ポリスはさかんに交易活動を行い、地中海や黒海の沿岸に**植民市**を建設した。前7世紀、貨幣が流通するようになると、裕福な平民が台頭し、支配層の貴族との対立が生まれた。

商業のアテネ、軍事のスパルタ 2大ポリスの台頭

アッティカ地方の**アテネ**でも前6世紀初め、貧富の差が広がり、借財を抱えて奴隷になる中小農民も現れた。借財の帳消しや財産に応じて参政権が決まる財産政治の実施などの改革を敢行したが、混乱が続いた。平民の貴族への不満を背景にした独裁的な**僭主**《せんしゅ》による政治が行われたが、のちに暴政が行われるようになり、支持を失った。その後、ペルシア戦争後の前5世紀なかば、**直接民主政**が導入された。

一方、ペロポネソス半島の**スパルタ**は、たびたび近隣を侵略し、征服した土地を少数のスパルタ市民で分配し、被征服民は商工業に従事する**ペリオイコイ**（周辺民）と、農奴《のうど》として農業に従事する**ヘイロータイ**として隷属させていた。少数のスパルタ市民による支配を安定させるため、鎖国政策や、市民男子への幼年期からの厳しい軍事訓練といった、軍国主義的な体制（リュクルゴス体制）が敷かれた。

豊かな海洋文明のエーゲ海

エーゲ文明は、オリエントの影響を受けながら、ギリシア文明以前にエーゲ海周辺に成立した青銅器文明の総称だ。クレタ島に大規模な宮殿を築いたクレタ文明（ミノア文明）や、バルカン半島南部にギリシア系の人々が築いたミケーネ文明などがある。ミケーネ文明は地方から中央へ特産品を貢納させる支配構造をもっていた。

おもなエーゲ文明
トロイア
エーゲ海
アテネ
ミケーネ文明
ミケーネ
スパルタ
クレタ文明
クノッソス
クレタ島

WORD **シュリーマン**［1822〜90年］

ドイツの考古学者。子どものころから古代の世界に憧れ、詩人ホメロスが描いたトロイアの実在を信じて、1870年、48歳にしてついにその遺跡を発見、世界に衝撃を与えた。現在もその情熱は受け継がれ、木馬作戦で有名なトロイア戦争がはたして史実であるのか、発掘調査は続いている。また、シュリーマンはミケーネ地方の発掘も行っている。

対ペルシアの結束からポリス間の対立へ

前500年〜前404年

大敵ペルシアを前に連合したアテネとスパルタだったが、やがて、ギリシア世界の覇権をめぐり、対立を深めていった。

大国ペルシアを悩ませたギリシアのポリス連合軍

前499年、**アケメネス朝ペルシア**（**P20参照**）の支配下にあったミレトスなど、イオニア地方の諸ポリスが同盟を結んで、反乱を起こした。翌年、それを支援していた**アテネ**などギリシア本土のポリスにペルシアが侵攻、ペルシア対ポリス連合の**ペルシア戦争**の始まりである。

前490年、エーゲ海から侵攻してきたペルシア軍を、アテネ軍はアテネ北東岸のマラトンで撃退した（**マラトンの戦い**）。前480年には、前回を上回る大軍で攻めてきたペルシア軍に、ギリシア側はスパルタとアテネを中心にしたポリス連合軍で立ち向かった。ギリシア中部テルモピレーを守っていたスパルタ軍が敗れ、一時はアテネも占領されたが、アテネの知将テミストクレスの指揮のもと連合軍は**サラミスの海戦**でペルシア大艦隊を撃破し、さらに翌年プラタイアイの陸戦でも勝利、ペルシア軍を撤退させた。

ペロポネソス戦争をきっかけに崩壊に向かうポリス社会

前478年ごろ、次のペルシアの来襲に備え、アテネを盟主に**デロス同盟**を結成し、最大時には約200のポリスが加わった。アテネは同盟市への支配を強め、スパルタ率いる**ペロポネソス同盟**との対立が深刻化、前431年、**ペロポネソス戦争**が起こる。

ペロポネソス同盟軍のアテネへの侵攻で、市内に籠城していたアテネ市民の間に、悪疫が流行した。直接民主政を実現した指導者ペリクレスも病死。それでも同盟の支配をあきらめられないアテネは、扇動《せんどう》政治家が市民を操る**衆愚《しゅうぐ》政治**に陥って戦争を続行した。しかし、前405年、ペルシアの援助を受けたペロポネソス同盟軍に敗れて制海権を失い、翌年デロス同盟の解体を条件に、アテネは降伏した。

以後、ポリス間の抗争が続いたが、前338年、北部から侵攻してきたフィリッポス2世率いる新興国マケドニアとの**カイロネイアの戦い**に、アテネ・テーベの連合軍が敗れると、ギリシアのポリス世界は崩壊した。

崩壊へ向かうポリス

ペルシア帝国支配下のポリスの反乱をきっかけに、アテネを中心にしたポリス連合対ペルシアの戦争へ発展。
前500〜前449年
ペルシア戦争
ギリシア・ポリス連合
VS
アケメネス朝ペルシア
アテネとスパルタの戦い
ペルシア戦争中にアテネを中心としたデロス同盟が結成された。ペルシア戦争終結後、しだいにアテネに権力が集中し、それに反発したスパルタを中心としたペロポネソス同盟側と戦いが勃発。
前431〜前404年
ペロポネソス戦争
マケドニア
アブデラ
ビザンティオン
アナトリア
テッサリア
エーゲ海
ペルガモン
アケメネス朝ペルシア
p.20
イオニア
デロス同盟
アテネ
テーベ
コリント
エフェソス
ミレトス
VS
デロス島
スパルタ
ペロポネソス同盟
地中海
ロードス島
クレタ島
前338年
カイロネイアの戦い
マケドニア
VS
アテネ・テーベ連合
マケドニアの台頭
アテネ・テーベ連合軍が敗れると、マケドニアを盟主にコリント同盟が結ばれ、ポリス社会は崩壊した。
アテネとその同盟市
スパルタとその同盟市

ギリシアからインドまで征服したアレクサンドロス大王

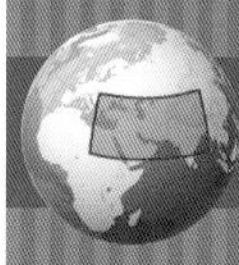

前334年〜前323年

バルカン半島の小国、マケドニアの王アレクサンドロスはたった11年でインダス川流域まで制圧。ヘレニズム時代を築いた。

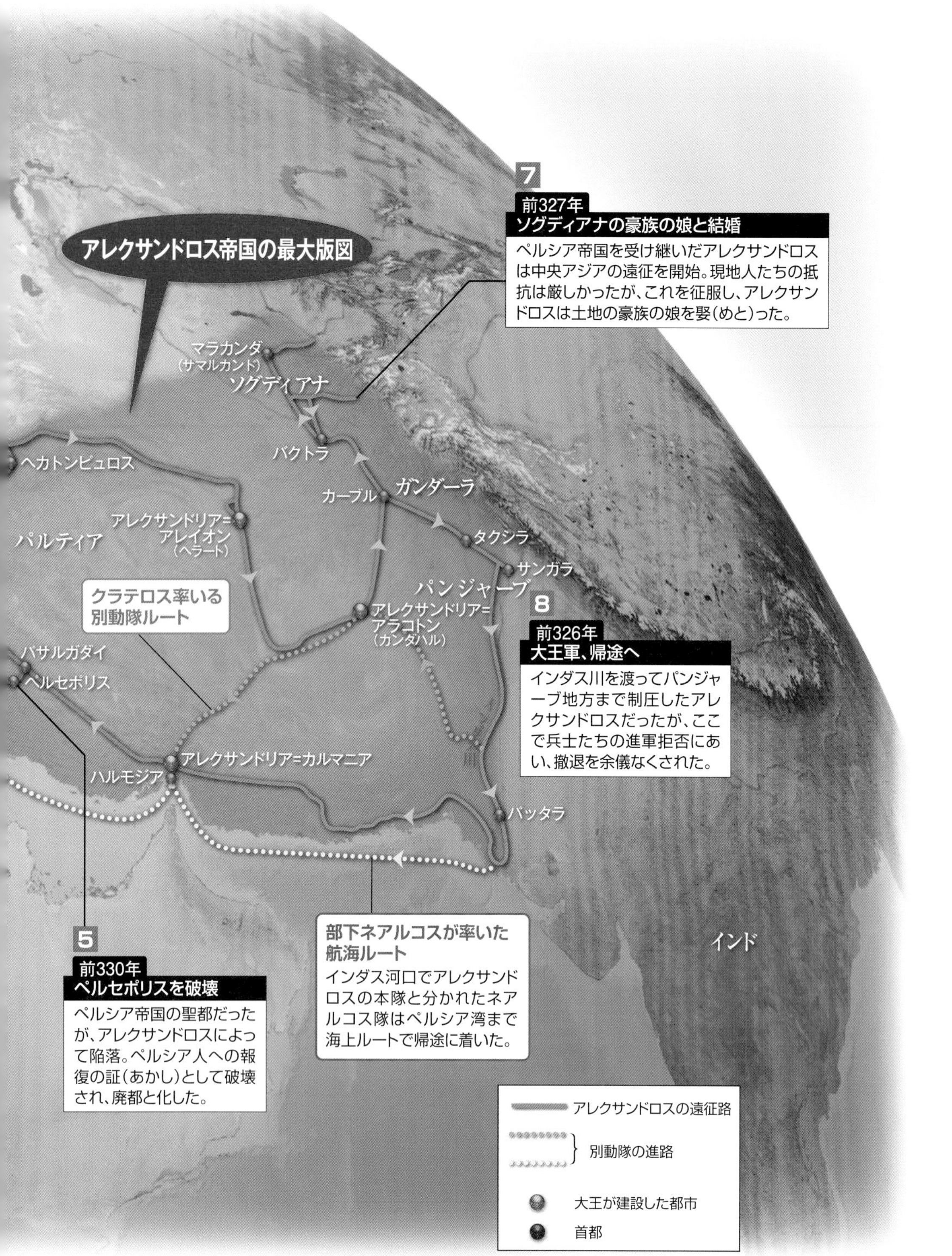
アレクサンドロス帝国の最大版図
7
前327年
ソグディアナの豪族の娘と結婚
ペルシア帝国を受け継いだアレクサンドロスは中央アジアの遠征を開始。現地人たちの抵抗は厳しかったが、これを征服し、アレクサンドロスは土地の豪族の娘を娶(めと)った。
マラカンダ
(サマルカンド)
ソグディアナ
バクトラ
ヘカトンピュロス
カーブル
ガンダーラ
アレクサンドリア=アレイオン
(ヘラート)
パルティア
タクシラ
サンガラ
パンジャーブ
クラテロス率いる別動隊ルート
アレクサンドリア=アラコトン
(カンダハル)
8
前326年
大王軍、帰途へ
インダス川を渡ってパンジャーブ地方まで制圧したアレクサンドロスだったが、ここで兵士たちの進軍拒否にあい、撤退を余儀なくされた。
パサルガダイ
ペルセポリス
アレクサンドリア=カルマニア
ハルモジア
川
パッタラ
インド
5
前330年
ペルセポリスを破壊
ペルシア帝国の聖都だったが、アレクサンドロスによって陥落。ペルシア人への報復の証(あかし)として破壊され、廃都と化した。
部下ネアルコスが率いた航海ルート
インダス河口でアレクサンドロスの本隊と分かれたネアルコス隊はペルシア湾まで海上ルートで帰途に着いた。
アレクサンドロスの遠征路
別動隊の進路
大王が建設した都市
首都

東西文化の融合を進めたアレクサンドロスの遠征

前4世紀後半、バルカン半島中央部に台頭した**マケドニア**は、フィリッポス2世の時代にギリシアのポリス世界を掌握《しょうあく》した(**P25参照**)。そして前334年、その息子**アレクサンドロス**は、ペルシアへの報復戦争(**東方遠征**)を開始した。遠征軍は**イッソスの戦い**、**アルベラの戦い**などでペルシア軍を次々と撃破し、スサ、ペルセポリスを占領した。アレクサンドロスはペルシア帝国の後継者を名乗り、さらに中央アジアからインダス川流域まで征服して大帝国を築いた。

アレクサンドロスは、遠征中に70以上の都市を建設し、ギリシア人を移住させ、公用語に古代ギリシア語(コイネー)を採用。オリエント文明のなかに広くギリシア文明が浸透し、**ヘレニズム文明**が生まれた。

前323年、アレクサンドロスがバビロンで急死すると、**ディアドコイ**(後継者)たちの争いとなり、**セレウコス朝シリア**、**プトレマイオス朝エジプト**、**アンティゴノス朝マケドニア**などに分割された。いずれもギリシア人が現地人を支配するヘレニズム国家で、前2世紀以降、しだいにローマに征服されていった。アレクサンドロスの東征から前30年にプトレマイオス朝が滅ぶまでを**ヘレニズム時代**とよぶ。

1
前334年
アレクサンドロス大王、東征開始
ギリシア周辺を固めたアレクサンドロスは、父フィリッポス2世の遺志を継ぎ、マケドニア・ギリシア連合軍でペルシア討伐の遠征を開始した。
アレクサンドロス大王
バルカン半島
黒海
東方遠征前のマケドニア
ペラ
ビザンティオン
エーゲ海
ギリシア
サルデス
ミレトス
ゴルディオン
2
前333年
イッソスの戦い
ペルシアのダレイオス3世との初めての直接対戦で、アレクサンドロスが大勝した。ペルシアの王族を捕虜にし、ダレイオスの和議も一蹴して、さらに進軍。
地中海
4
前331年
アルベラの戦い
ペルシア全土から総動員されたダレイオス3世の大軍と再び対戦し、またもやアレクサンドロスが大勝した。遠征の成功を決定づけた戦いだった。
6
前330年
対ペルシア戦争終結宣言
さらに東方へ
カスピ海
ガウガメラ
メソポタミア
エクバタナ
ユーフラテス川
バビロン
ガバイ（イスファハン）
スサ
ダマスクス
ティルス
アレクサンドリア
アンモニオン
メンフィス
エジプト
ペルシア湾
10
前323年
アレクサンドロス大王、死去
バビロンに入ったアレクサンドロスは、アラビア遠征計画などを練っていたが、熱病にかかり、32歳の若さで急死した。
3
前331年
大王の都、アレクサンドリア
ペルシア人からの解放者として歓迎されたアレクサンドロスは、ナイル河口に自らの名を冠した都を建設した。のちにプトレマイオス朝の首都として栄えた。
アラビア
ナイル川
紅海
9
前324年
マケドニア貴族とペルシア女性の大結婚式
スサまで戻ったアレクサンドロスは、東西融合の理想を実現するため、マケドニア人貴族とペルシア人女性を大量に結婚させる政策をとり、自らもダレイオス3世の娘と結婚した。
西から東へ駆け抜けたアレクサンドロス大王
アレクサンドロスは、王位についてから32歳で急死するまで、たった11年でギリシアからインダス川流域までを支配下におさめた。

NASA's Earth Observatory

東へ、東へと伝わったヘレニズム文明

ギリシア文明とオリエント文明が融合したヘレニズム文明は、インドで生まれた仏教とガンダーラ地方で出会い、さらに時代をへて、中国、そして日本へ仏教とともに伝わっていった。

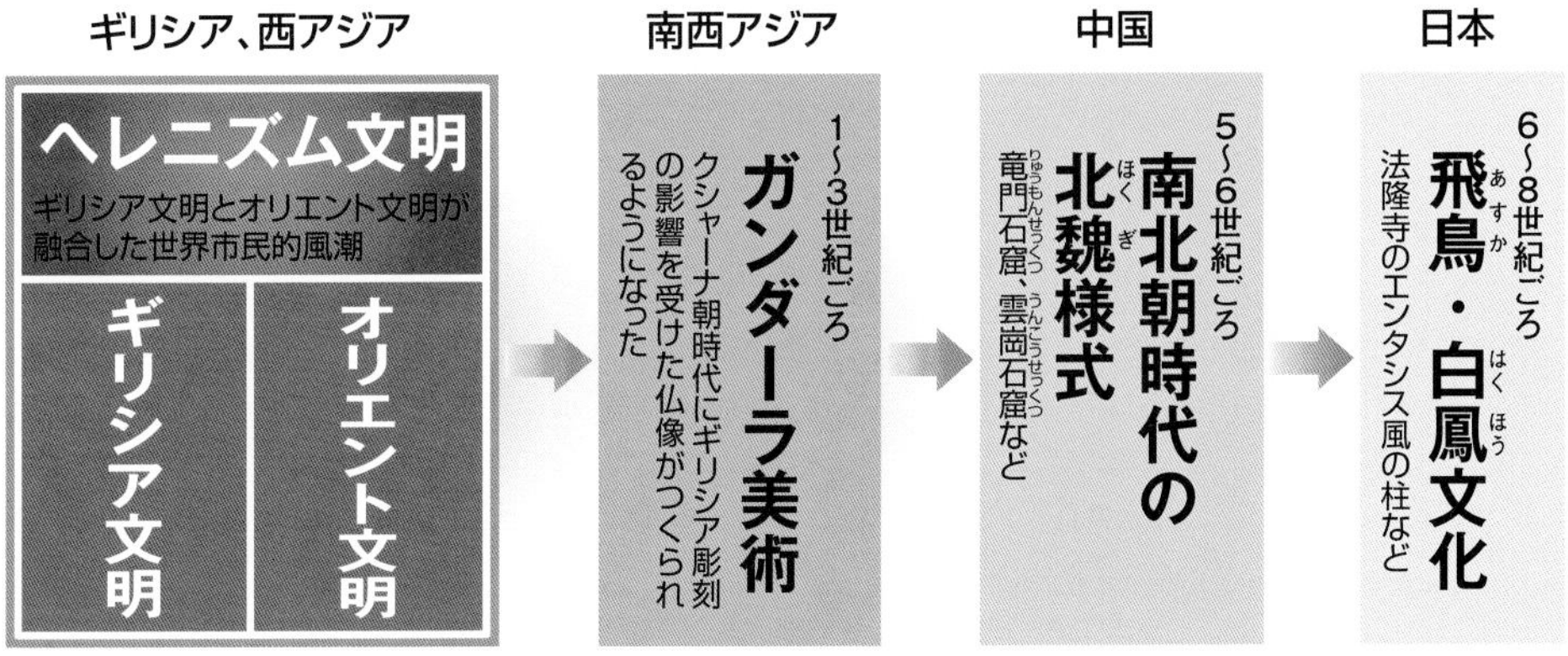
ギリシア、西アジア
ヘレニズム文明
ギリシア文明とオリエント文明が融合した世界市民的風潮
ギリシア文明
オリエント文明
南西アジア
1～3世紀ごろ
ガンダーラ美術
クシャーナ朝時代にギリシア彫刻の影響を受けた仏像がつくられるようになった
中国
5～6世紀ごろ
南北朝時代の北魏《ほくぎ》様式
竜門石窟《りゅうもんせっくつ》、雲崗石窟《うんこうせっくつ》など
日本
6～8世紀ごろ
飛鳥《あすか》・白鳳《はくほう》文化
法隆寺のエンタシス風の柱など

10 共和政ローマ

一都市国家ローマが地中海の支配者に

前6世紀末
～
前2世紀

1つの都市国家がイタリア半島を統一。のちに地中海世界の覇者となる共和政ローマが誕生。

共和政を導入したローマ、イタリア半島を統一

オオカミに育てられた双子の兄弟ロムルスとレムスが建国したという伝説をもつ古代**ローマ**。前6世紀末、ラテン人の都市国家ローマが支配者のエトルリア人の王を追放し、**共和政**を開始した。

共和政は、2人の**コンスル**（執政官《しっせいかん》）と貴族によって組織された**元老院**によって指導されたが、前5世紀に入ると、貴族と平民の対立が激化し、平民の権利を守る**護《ご》民官《みんかん》**を選出する平民会が設置された。前5世紀半ばには、貴族による法の独占を打破する**十二表法**が制定された。また前4～前3世紀には、公職の平民への開放（**リキニウス=セクスティウス法**）や、平民会の議決を国法と認める（**ホルテンシウス法**）など、平民の権利が拡張され、裕福な平民が新貴族となり、従来の貴族とともに新たな支配層に加わることとなった。

ローマは対外的には、前4世紀以降、近隣の都市や諸民族と戦い、領土拡大を続けていた。前3世紀前半、南部のタレントゥムを占領し、イタリア半島を統一した。このときローマが行った他都市の支配は、都市ごとに格差をつけた処遇をほどこす**分割統治**といわれるもので、こうした政策がのちのローマ帝国による支配の原型となった。

カルタゴとのポエニ戦争で勝利 ついに地中海の覇者へ

さらに、ローマは西地中海の制海権を求めて、北アフリカの**カルタゴ**と3回にわたる**ポエニ戦争**を起こした。第1回の戦争（前264～前241年）に勝利し、シチリア島とサルディニア島などを獲得。第2回（前218～前201年）ではゾウの軍隊を率いて北から進攻してきた敵将**ハンニバル**に苦戦するが、ザマの戦いに勝利し、イベリア半島南部などを奪い属州とした。そして、第3回の戦い（前149～前146年）でついにカルタゴを滅亡させた。同年にマケドニア、その後もシリア、ガリア、エジプトを征服し、ローマは「地中海世界」の覇者となった。

カルタゴの名将 ハンニバル

その戦略のうまさ、用兵の巧みさで、古代史上に名高い名将ハンニバル。第2回ポエニ戦争、別名ハンニバル戦争で雪のアルプスを越えて北イタリアへ侵入し、ローマ軍を次々と破って、一時は首都ローマへも迫った。最も偉大な将軍は誰かと聞かれ、「第1にアレクサンドロス大王、第2にエペイロスのピュロス、そして第3に自分だ」と答えたという。

共和政ローマの拡大

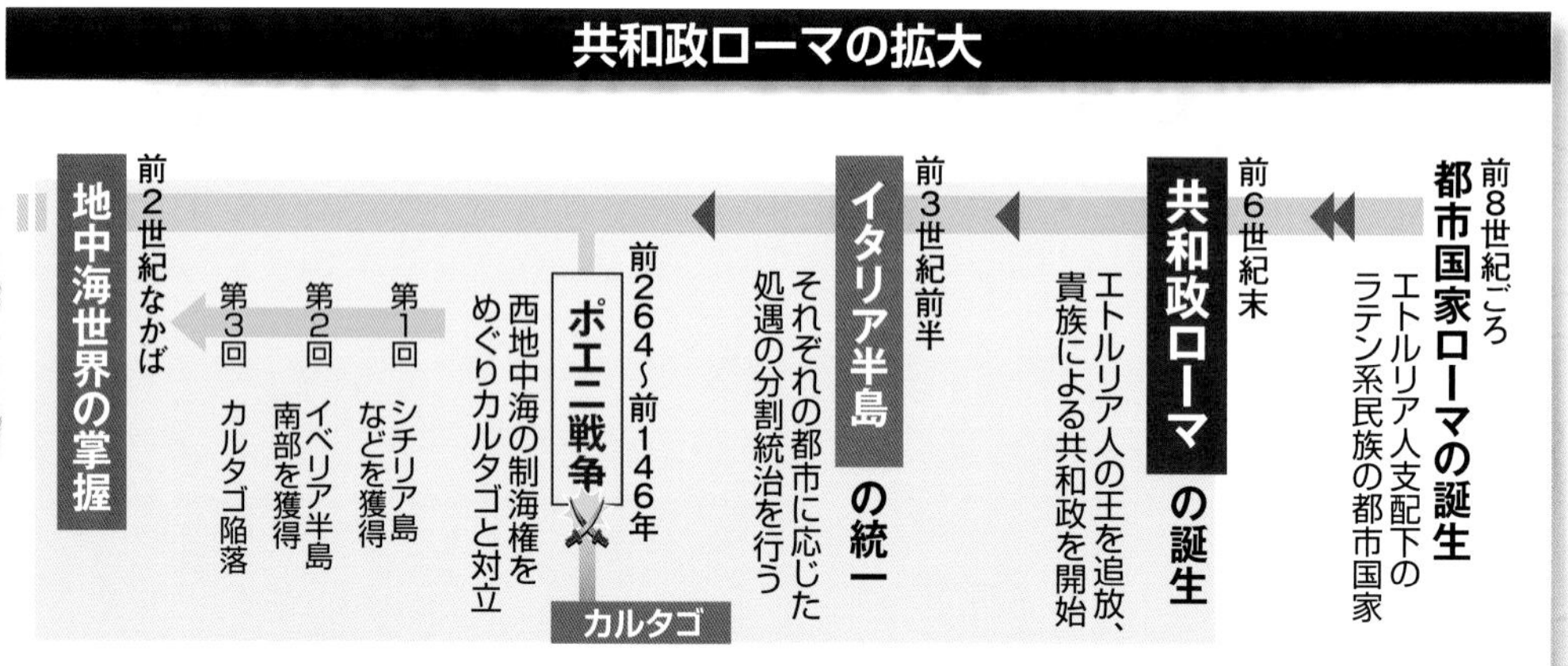

前8世紀ごろ
都市国家ローマの誕生
エトルリア人支配下のラテン系民族の都市国家
前6世紀末
共和政ローマの誕生
エトルリア人の王を追放、貴族による共和政を開始
前3世紀前半
イタリア半島の統一
それぞれの都市に応じた処遇の分割統治を行う
前264～前146年
ポエニ戦争
西地中海の制海権をめぐりカルタゴと対立
カルタゴ
第1回 シチリア島などを獲得
第2回 イベリア半島南部を獲得
第3回 カルタゴ陥落
前2世紀なかば
地中海世界の掌握

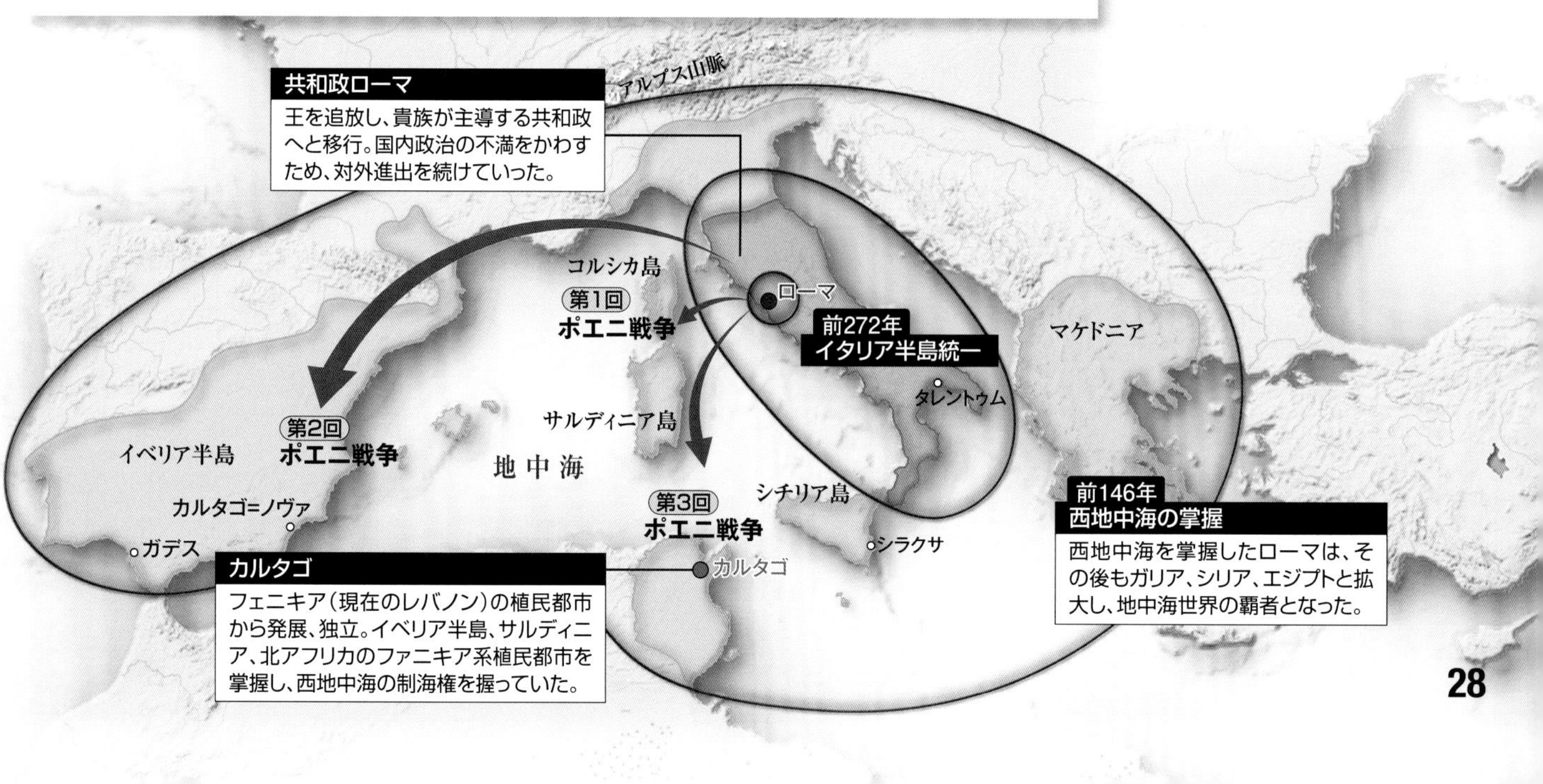

共和政ローマ
王を追放し、貴族が主導する共和政へと移行。国内政治の不満をかわすため、対外進出を続けていった。
アルプス山脈
コルシカ島
ローマ
第1回 ポエニ戦争
前272年 イタリア半島統一
マケドニア
タレントゥム
サルディニア島
第2回 ポエニ戦争
イベリア半島
地中海
カルタゴ=ノヴァ
シチリア島
第3回 ポエニ戦争
ガデス
シラクサ
カルタゴ
カルタゴ
フェニキア（現在のレバノン）の植民都市から発展、独立。イベリア半島、サルディニア、北アフリカのファニキア系植民都市を掌握し、西地中海の制海権を握っていた。
前146年 西地中海の掌握
西地中海を掌握したローマは、その後もガリア、シリア、エジプトと拡大し、地中海世界の覇者となった。

10 共和政ローマ
11 帝政ローマの誕生

共和政ローマから帝政ローマへ
前2～前1世紀
ポエニ戦争以後
共和政ローマの混乱
ガリア遠征
ガリア遠征で功績を挙げたカエサルに対し、ポンペイウスが警戒を強め、両者の対立が表面化。
前60～前53年
第1回 三頭政治《さんとうせいじ》
カエサル
ポンペイウス
クラッスス
ガリア
有力者同士の権力争いが続くなか、3人による共同統治体制が開始。
カエサルの死で、再び権力争いが激化するなか、第2回三頭政治で事態の収束を図った。
前46～前44年
カエサルの独裁
ポンペイウスを倒したカエサルが独裁官に。
前43～前36年
第2回 三頭政治《さんとうせいじ》
暗殺
オクタウィアヌス
(カエサルの養子)
アントニウス
(カエサル軍の将軍)
レピドゥス
前30年にインペラトルの称号を得る。
前31年
アクティウムの海戦
クレオパトラと結んだアントニウスと、オクタウィアヌスが対立。オクタウィアヌスが勝利した。
前27年
オクタウィアヌス、事実上皇帝に
帝政ローマの誕生
エジプト

11 帝政ローマの誕生

三頭政治をへて誕生した帝政ローマ

前2世紀～前27年

共和政ローマの混乱は2回の三頭政治をへてオクタウィアヌスを初代ローマ皇帝に導いた。

国内不安で揺らぐ共和政から共同統治の「三頭政治」へ

前2世紀、地中海各地を属州に収めたローマだったが、兵士として征服戦争に駆り出された平民の中小農民が没落し、無産市民となって都市へ流入していった。その一方で荒れた農地を買い集め、属州から流れ込んだ奴隷労働力を使役する富裕層が生まれた。このような大土地所有制（**ラティフンディア**）の広がりは、格差の拡大や軍事力の低下を招き、ローマ共和政が大きく揺らぐこととなった。

グラックス兄弟による土地再配分などの改革も、元老院の妨害にあって頓挫《とんざ》し、あくまで元老院を守ろうとする**閥族派**《ばつぞく》と**平民会**を根拠とする**平民派**が対立した。また剣闘士（剣奴《けんど》）スパルタクスの蜂起や属州の奴隷反乱も相次いで、約1世紀の間、ローマは内乱状態となった。

権力闘争が続くなか、前60年、東方を平定した将軍**ポンペイウス**と平民派**カエサル**、大富豪**クラッスス**が密約を結び、元老院と対立する**三頭政治**《さんとうせいじ》を開始した。

アクティウムの海戦で勝利 オクタウィアヌスの帝政開始

しかし、クラッススの死後、三頭政治は崩れ、前46年、ガリアを治めて勢いにのったカエサルが元老院と結んだポンペイウスとの戦いに勝利して独裁官となった。カエサルは、貧民救済や植民事業、太陽暦（ユリウス暦）の採用などさまざまな改革を行ったが、共和政信奉派のブルートゥスらによって前44年に暗殺された。カエサル暗殺後の混乱を収拾したのは、カエサルの養子**オクタウィアヌス**、カエサルの武将**アントニウス**、**レピドゥス**による第2回三頭政治だった。東方の統治にあたったアントニウスがエジプトの女王**クレオパトラ**と結び、ローマの分断を図ったためにオクタウィアヌスと対立、前31年の**アクティウムの海戦**へと至った。これに敗れたアントニウスとクレオパトラは翌年に自殺し、エジプト王国は滅亡。勝利したオクタウィアヌスは前27年、元老院から**アウグストゥス**（尊厳者）の称号を贈られ、事実上の皇帝となり、ここにローマの帝政（元首政）が誕生した。

エジプト存続を賭けたクレオパトラの結婚

その美貌で有名なエジプトの女王クレオパトラ。最初の結婚は、17歳のとき、9歳の弟プトレマイオス13世とだ。これはエジプト共同統治のための政略結婚で、2人はすぐに党派に分かれて争い合った。そこにやってきたのがローマのカエサル。彼女はカエサルと密会するや、夫をナイル川で溺死させてしまった。次には、5歳の弟プトレマイオス14世と結婚した。裏ではカエサルとの情事を重ね、カエサリオンを産んでいる。カエサルの死後、実子カエサリオンをその後継にできないとわかるや、今度はアントニウスと愛を交わし、オクタウィアヌスに対抗。そしてアクティウムの海戦に敗れ、最後は毒蛇に身を咬《か》ませて死んだといわれている。

WORD カエサルの暗殺

「ブルートゥス、お前もか!」シェークスピアの台詞（せりふ）で有名なカエサル暗殺事件。独裁官となったカエサルに権力が集中し、共和政崩壊の危機感をもった共和政信奉派が暗殺を実行した。ブルートゥスたち共和政信奉派はその後の政争に敗れ、マケドニアに逃走するが、オクタウィアヌスとアントニウスの連合軍に敗れた。

パックス＝ロマーナ、「ローマの平和」とよばれた時代

前27年〜後395年

広大な領土の支配者となった帝政ローマの時代、ローマの人々は、地中海を「われらの海」とよんだ。

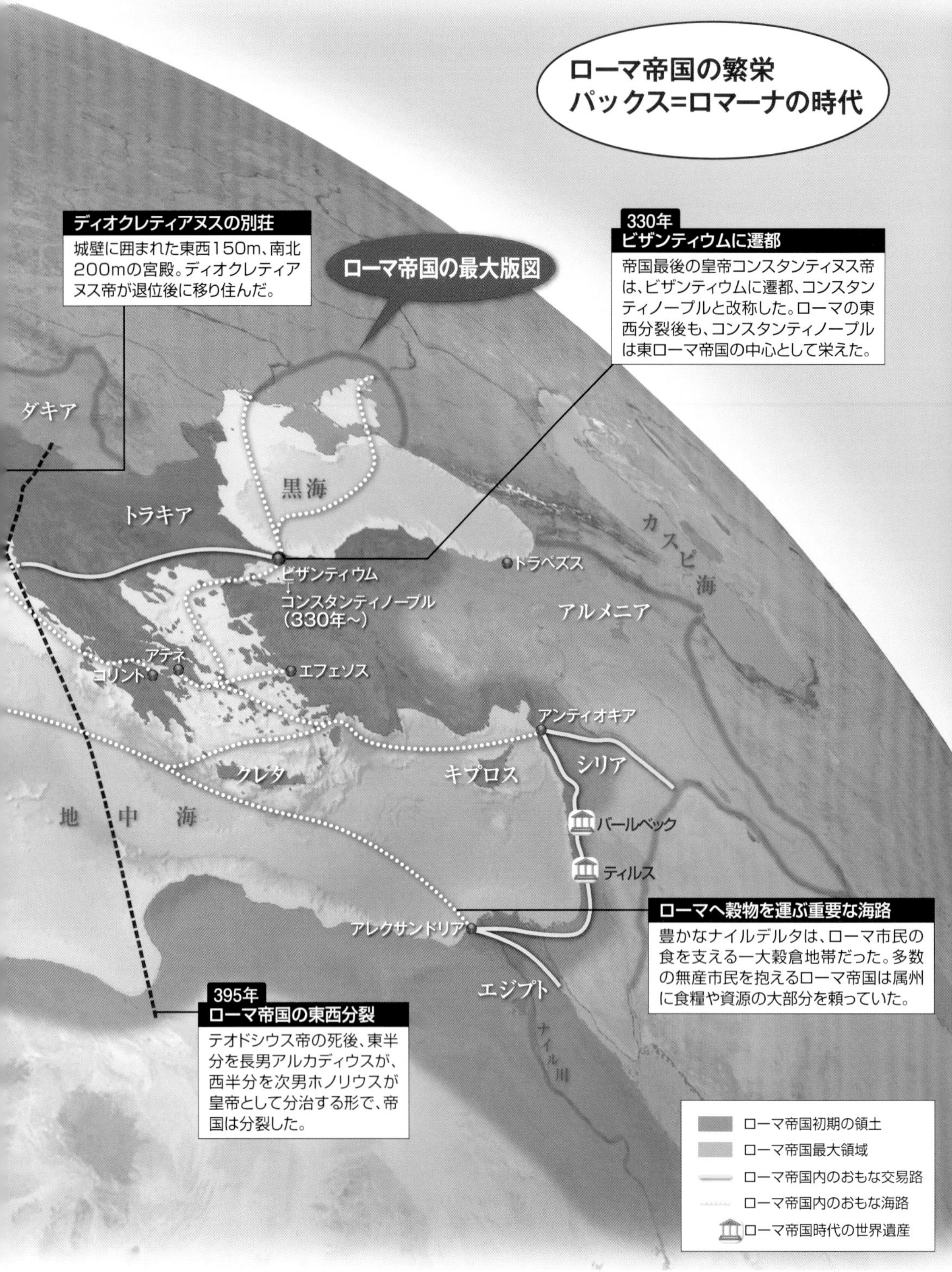
ローマ帝国の繁栄
パックス＝ロマーナの時代
ローマ帝国の最大版図
ディオクレティアヌスの別荘
城壁に囲まれた東西150m、南北200mの宮殿。ディオクレティアヌス帝が退位後に移り住んだ。
330年
ビザンティウムに遷都
帝国最後の皇帝コンスタンティヌス帝は、ビザンティウムに遷都、コンスタンティノープルと改称した。ローマの東西分裂後も、コンスタンティノープルは東ローマ帝国の中心として栄えた。
ダキア
黒海
トラキア
カスピ海
トラペズス
ビザンティウム
↓
コンスタンティノープル
（330年〜）
アルメニア
アテネ
コリント
エフェソス
アンティオキア
シリア
クレタ
キプロス
地中海
バールベック
ティルス
ローマへ穀物を運ぶ重要な海路
豊かなナイルデルタは、ローマ市民の食を支える一大穀倉地帯だった。多数の無産市民を抱えるローマ帝国は属州に食糧や資源の大部分を頼っていた。
アレクサンドリア
エジプト
ナイル川
395年
ローマ帝国の東西分裂
テオドシウス帝の死後、東半分を長男アルカディウスが、西半分を次男ホノリウスが皇帝として分治する形で、帝国は分裂した。
ローマ帝国初期の領土
ローマ帝国最大領域
ローマ帝国内のおもな交易路
ローマ帝国内のおもな海路
ローマ帝国時代の世界遺産

パックス＝ロマーナ時代 人類史上空前の繁栄を謳歌した

オクタウィアヌスが事実上の皇帝独裁を開始した前27年以降、古代ローマは約200年にわたって平穏な時代を迎えることとなる。この時代は「**パックス＝ロマーナ**」（**ローマの平和**）とよばれ、ローマ人は完全に支配権を掌握した地中海世界のなかで泰平を謳歌《おうか》し、産業や商業が発達するなど、経済的にも繁栄した。

特に後96年から180年の**五賢帝《ごけんてい》時代**にローマ帝国は最盛期を迎え、五賢帝の一人、**トラヤヌス帝**の時代には最大版図となった。そしてローマ支配下の広大な領土の各地には、ローマ風の都市がつくられた。それら属州の都市には劇場や水道施設、公共浴場などが建設され、ローマ的な生活様式が取り入れられるようになった。今も栄えるウィーンやパリ、ロンドンなども、この時代に建設された都市である。

しかし、各属州が繁栄するにしたがい、首都ローマの優位は揺らぎはじめ、力をもった属州の軍隊のなかには勝手に皇帝を擁立する勢力も現れるようになった。3世紀には次々と軍人出身者が皇帝になる**軍人皇帝時代**となり、また属州の反乱やササン朝ペルシア（**P22参照**）との抗争などにより、ローマの社会・経済は混乱することとなった。

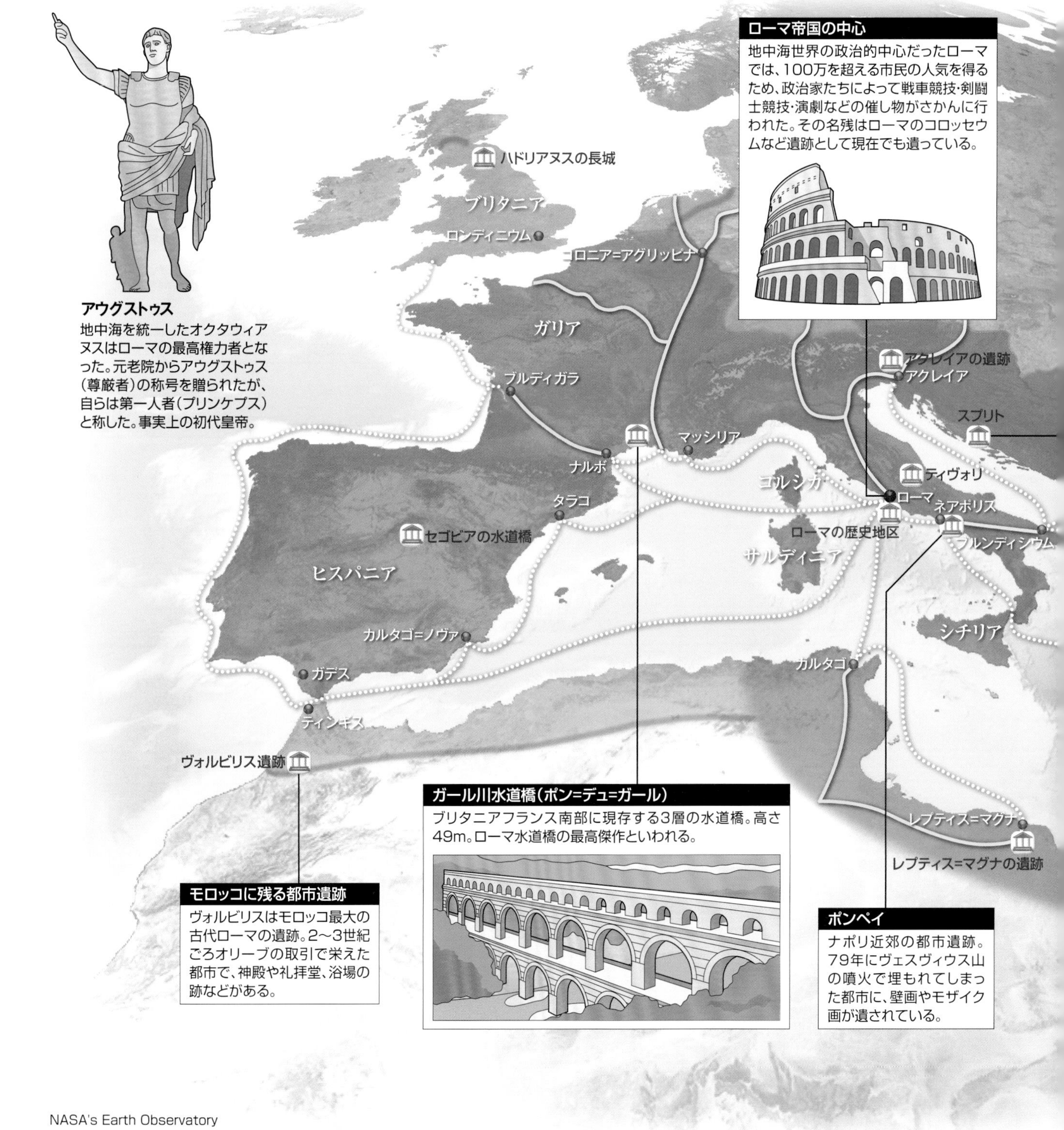
ハドリアヌスの長城
ブリタニア
ロンディニウム
コロニア=アグリッピナ
ガリア
ブルディガラ
マッシリア
ナルボ
タラコ
セゴビアの水道橋
ヒスパニア
カルタゴ=ノヴァ
ガデス
ティンギス
ヴォルガビリス遺跡
コルシカ
サルディニア
アクレイアの遺跡
アクレイア
スプリト
ティヴォリ
ローマ
ネアポリス
ローマの歴史地区
ブルンディシウム
シチリア
カルタゴ
レプティス=マグナ
レプティス=マグナの遺跡
NASA's Earth Observatory

アウグストゥス

地中海を統一したオクタウィアヌスはローマの最高権力者となった。元老院からアウグストゥス（尊厳者）の称号を贈られたが、自らは第一人者（プリンケプス）と称した。事実上の初代皇帝。

ローマ帝国の中心

地中海世界の政治的中心だったローマでは、100万を超える市民の人気を得るため、政治家たちによって戦車競技・剣闘士競技・演劇などの催し物がさかんに行われた。その名残はローマのコロッセウムなど遺跡として現在でも遺っている。

モロッコに残る都市遺跡

ヴォルビリスはモロッコ最大の古代ローマの遺跡。2～3世紀ごろオリーブの取引で栄えた都市で、神殿や礼拝堂、浴場の跡などがある。

ガール川水道橋（ポン=デュ=ガール）

ブリタニアフランス南部に現存する3層の水道橋。高さ49m。ローマ水道橋の最高傑作といわれる。

ポンペイ

ナポリ近郊の都市遺跡。79年にヴェスヴィウス山の噴火で埋もれてしまった都市に、壁画やモザイク画が遺されている。

分裂するローマ 東へ移った政治・経済の中心

こうした混乱に対処するため、284年に即位した**ディオクレティアヌス帝**は**専制君主政**を敷き、2人の正帝・副帝による帝国の四分統治制を導入するなどの改革を行った。また、**コンスタンティヌス帝**は**キリスト教**（P32参照）を公認して支配に利用したほか、330年には首都を**コンスタンティノープル**に遷都《せんと》した。新首都では**ソリドゥス金貨**とよばれる良質な貨幣が鋳造《ちゅうぞう》されたため、政治のみならず、経済の中心も東方へ移ることとなった。

4世紀後半になるとゲルマン人の侵入（P70参照）や宗教対立などで帝国内の混乱は深まり、395年に**テオドシウス帝**が死去するとローマ帝国は東西に分裂した。その後、**東ローマ帝国**（**ビザンツ帝国**、P72参照）は15世紀まで存続したが、**西ローマ帝国**は476年、ゲルマン人出身の傭兵《ようへい》隊長オドアケルによって皇帝が廃位されたことで滅亡した。

19世紀まで続いた「ローマ帝国」

ローマ帝国は1453年のビザンツ帝国の滅亡によって歴史から姿を消したが、名目上は「神聖ローマ帝国」として19世紀まで存続した。962年にオットー1世が教皇から帝冠を授けられたことに始まるこの帝国は、復興したローマ帝国としての権威を支配に利用した。しかし、近世になると神聖ローマ帝国は完全に名目的なものと化し、1806年、ナポレオン1世がライン同盟を結成したことで名実ともに解体されることとなった。

13 キリスト教の誕生

ローマ帝国中に広まり、ついにキリスト教を公認

30年ごろ

ユダヤ教から生まれたキリスト教は迫害をへて、やがてローマ帝国全域へ広がっていった。

「イエスこそ救世主」使徒たちによって広まった信仰

キリスト教は、ローマ帝国の時代に生まれた世界宗教である。

「私は律法《りっぽう》を破壊するために来たのではない。完成させるために来たのだ」

イエスは、当時のユダヤ教の形式的な律法主義を批判して、神の国の前では、ユダヤ教徒であることは特権ではなく、各人の信仰が問題であること、また神は、ユダヤ教のいうような嫉妬し怒れる者ではなく、恵みを与える者であるとし、神への愛、隣人への愛を説いた。

しかし、こうした言動に憤ったユダヤ教の指導者らに反逆者として密告され、30年ごろ、ローマのユダヤ属州総督《そうとく》ピラトゥスによってイエスは十字架刑に処せられた。その後イエスが復活したという信仰が生まれ、使徒ペテロや伝道者パウロなど弟子たちは、迫害されながらも、教会をつくり、イエスこそが神の子**キリスト**（メシアのギリシア語）で、その死は全人類を救済するための贖罪《しょくざい》の死であったと、地中海各地に宣教していった。

信徒の増加から国教化へ、やがて三位一体説が確立

キリスト教徒は当初、ローマの大火の犯人とされ**ネロ帝**の迫害を受けたり、また帝国の伝統的な祭儀や皇帝崇拝を拒んだため敵視されながらも、カタコンベ（地下墳墓《ちかふんぼ》）などに逃れて信仰を続けた。そうして3世紀になるころには、ローマ帝国内でしだいに信者を増やしていった。303年、伝統的なローマの神々への信仰を重んじ、皇帝崇拝を強制したディオクレティアヌス帝が大迫害を行ったが、313年、コンスタンティヌス帝は**ミラノ勅令《ちょくれい》**によってキリスト教を公認。キリスト教会を利用して帝国の統一と支配の強化を図った。教会組織が整えられ、聖職者の身分が生まれた。

組織化のなかで教義の対立が深刻となり、325年、**ニケーア公会議**で、イエスを神と同一視する**アタナシウス派**を正統とし、イエスを人間とする**アリウス派**は異端となった。そして、392年、ローマ帝国はすべての異教を禁じ、キリスト教を国教と定めた。同じころ、現在の形の教典**『新約聖書』**が成立した。

また、5世紀に神とイエス（子）と聖霊を3つの位格とする**三位《さんみ》一体説《いったいせつ》**が確立し、異端とされたネストリウス派は東へ伝播《でんぱ》した。

キリスト教の誕生と変遷

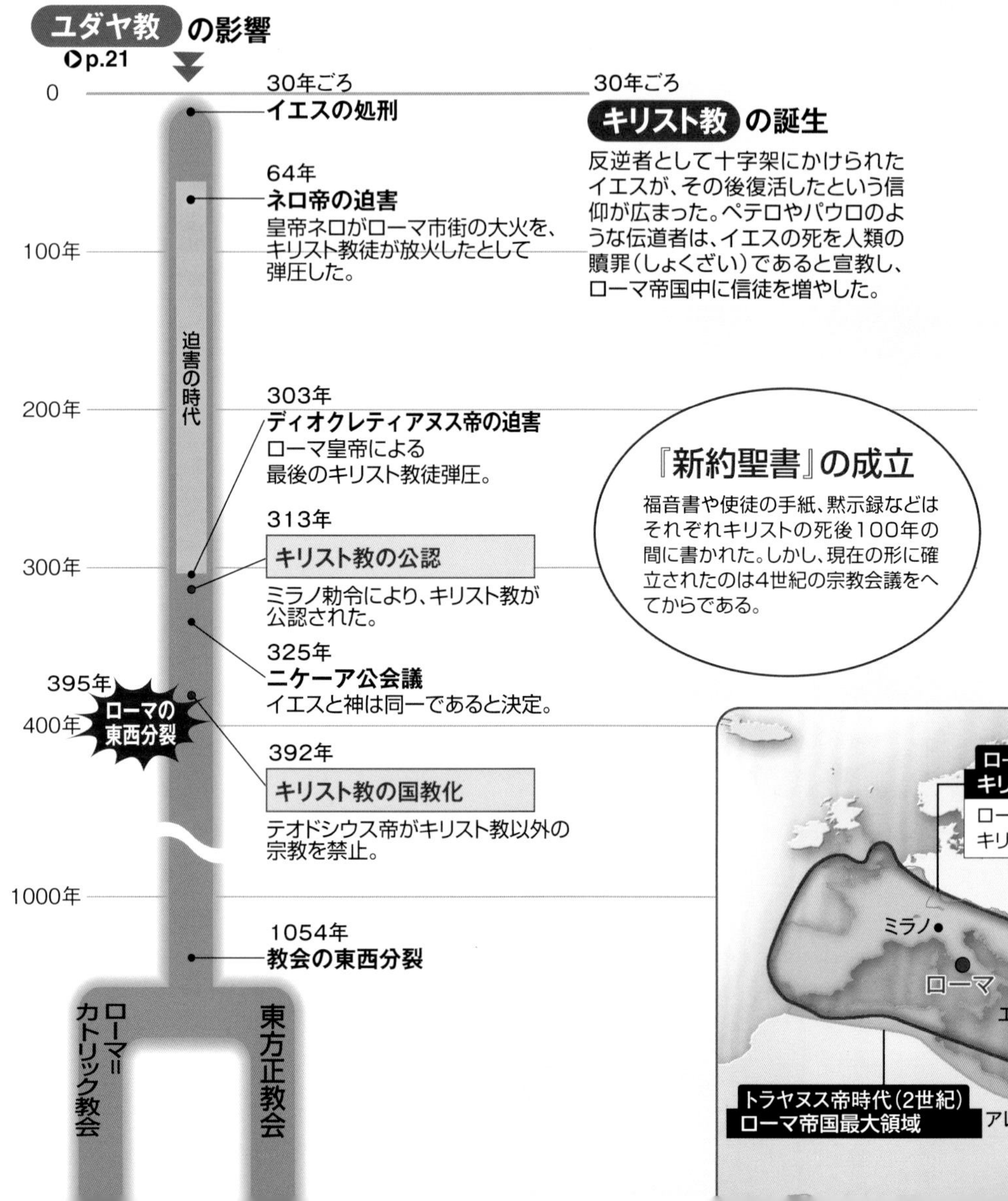

ユダヤ教 の影響
p.21
0
100年
200年
300年
400年
1000年
30年ごろ
イエスの処刑
64年
ネロ帝の迫害
皇帝ネロがローマ市街の大火を、キリスト教徒が放火したとして弾圧した。
迫害の時代
303年
ディオクレティアヌス帝の迫害
ローマ皇帝による最後のキリスト教徒弾圧。
313年
キリスト教の公認
ミラノ勅令により、キリスト教が公認された。
325年
ニケーア公会議
イエスと神は同一であると決定。
395年
ローマの東西分裂
392年
キリスト教の国教化
テオドシウス帝がキリスト教以外の宗教を禁止。
1054年
教会の東西分裂
ローマ＝カトリック教会
東方正教会
30年ごろ
キリスト教 の誕生
反逆者として十字架にかけられたイエスが、その後復活したという信仰が広まった。ペテロやパウロのような伝道者は、イエスの死を人類の贖罪（しょくざい）であると宣教し、ローマ帝国中に信徒を増やした。
『新約聖書』の成立
福音書や使徒の手紙、黙示録などはそれぞれキリストの死後100年の間に書かれた。しかし、現在の形に確立されたのは4世紀の宗教会議をへてからである。

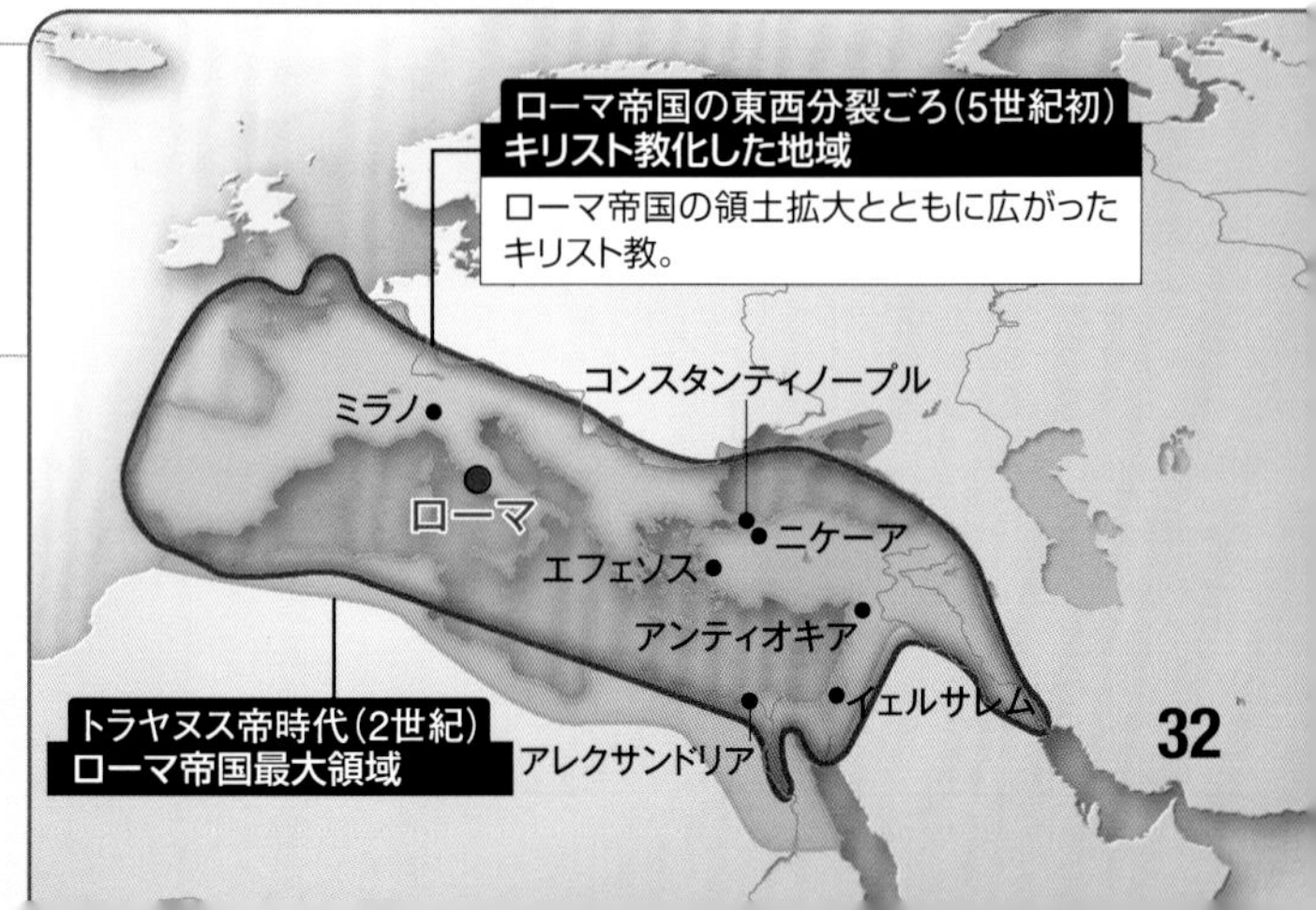

ローマ帝国の東西分裂ごろ（5世紀初）キリスト教化した地域
ローマ帝国の領土拡大とともに広がったキリスト教。
ミラノ
コンスタンティノープル
ローマ
ニケーア
エフェソス
アンティオキア
イェルサレム
アレクサンドリア
トラヤヌス帝時代（2世紀）ローマ帝国最大領域

第3章

南アジア「世界」の誕生

14 インダス文明

15 仏教の誕生

16 ヒンドゥー教の誕生

インド古代文明を生んだ2つの大河

前2600年ごろ〜前1000年ごろ

古代インドでは、インダス川で古代文明が栄え、その後ガンジス川流域にアーリヤ人の文明が成立した。

インダス川流域に計画的な都市を築いたインダス文明

前2600年ごろ、インド北西部（**ハラッパー**や**モヘンジョ=ダロ**など）インダス川流域中心に南アジアの文明が生まれた。綿密な計算の上に都市をデザインした**インダス文明**である。

都市は城塞《じょうさい》と市街地に分けられ、浴場や会議場などの公共施設があり、市街地の外には墓地が置かれていた。市街地は、整然と碁盤目状に区画された大通りや小路に、焼煉瓦《やきれんが》でできた家々が建ち、井戸や炊事場、洗濯場があった。大通りの地下には下水道が整備され、清掃用のマンホールもあった。だが、権力を象徴するような王宮や王墓、神殿が発見されておらず政治の様子はわかっていない。

また、赤地に黒の彩文《さいもん》土器、石器、青銅製の武器や人像、石製の印章（そこに刻まれたインダス文字は未解読）を使用し、メソポタミア（**P18参照**）とも海上交易を行っていた。

インダス文明はドラヴィダ系の民族が担っていたと考えられ、その遺物に、ヒンドゥー教のシヴァ神に似た像も見つかっており、現在まで続く南アジア文化へ影響を与えたと推察される。そして、**アーリヤ人**の移住以前、前1800年ごろから、環境破壊による砂漠化や洪水、河川流路の変更などさまざまな理由によって衰退へと向かっていった。

遊牧民アーリヤ人が築いたガンジス川の文明

イラン高原で遊牧をしていたアーリヤ人が、インダス川上流のパンジャーブ地方に入ってきたのは、前1500年ごろである。アーリヤ人はインド=ヨーロッパ語系の民族で、都市をつくらず、牧畜と農耕を営みながら先住民を支配していった。

さらに前1000年ごろ、アーリヤ人は肥沃《ひよく》なガンジス川流域へ進出し、稲作を開始、定住生活を始めるとともに、階層社会を形成した。最上位に司祭の**バラモン**、ついで王侯・戦士の**クシャトリヤ**、庶民で農工商人からなる**ヴァイシャ**、被征服民を**シュードラ**（隷属民）とする**ヴァルナ制**で、これが、インドで現在まで続く**カースト（ジャーティ）制度**の原型である。

この時期、インド最古の聖典『**リグ=ヴェーダ**』をはじめ、サンスクリット語で編纂《へんさん》された多くのヴェーダを聖典とし、バラモン階級を中心にして発展した宗教を、**バラモン教**とよぶ。

インダス文明とアーリヤ人の移住

前1500年ごろ
アーリヤ人の移住
ヒンドゥークシュ山脈
パンジャーブ地方
チベット高原
ヒマラヤ山脈
モヘンジョ=ダロ
インダス川
ガンジス川流域
ガンジス川
デカン高原
前2600ごろ〜前1800年ごろ
インダス文明
インダス川流域に栄えた古代文明。石器と青銅器を併用し、さまざまな公共施設を備えた都市を建設した。
前1000年ごろ
ガンジス川流域の文明
アーリヤ人が肥沃なガンジス川流域で、本格的に稲作を開始し定住。バラモン教をもとにヴァルナ制階層社会を形成した。
世界遺産
セイロン島

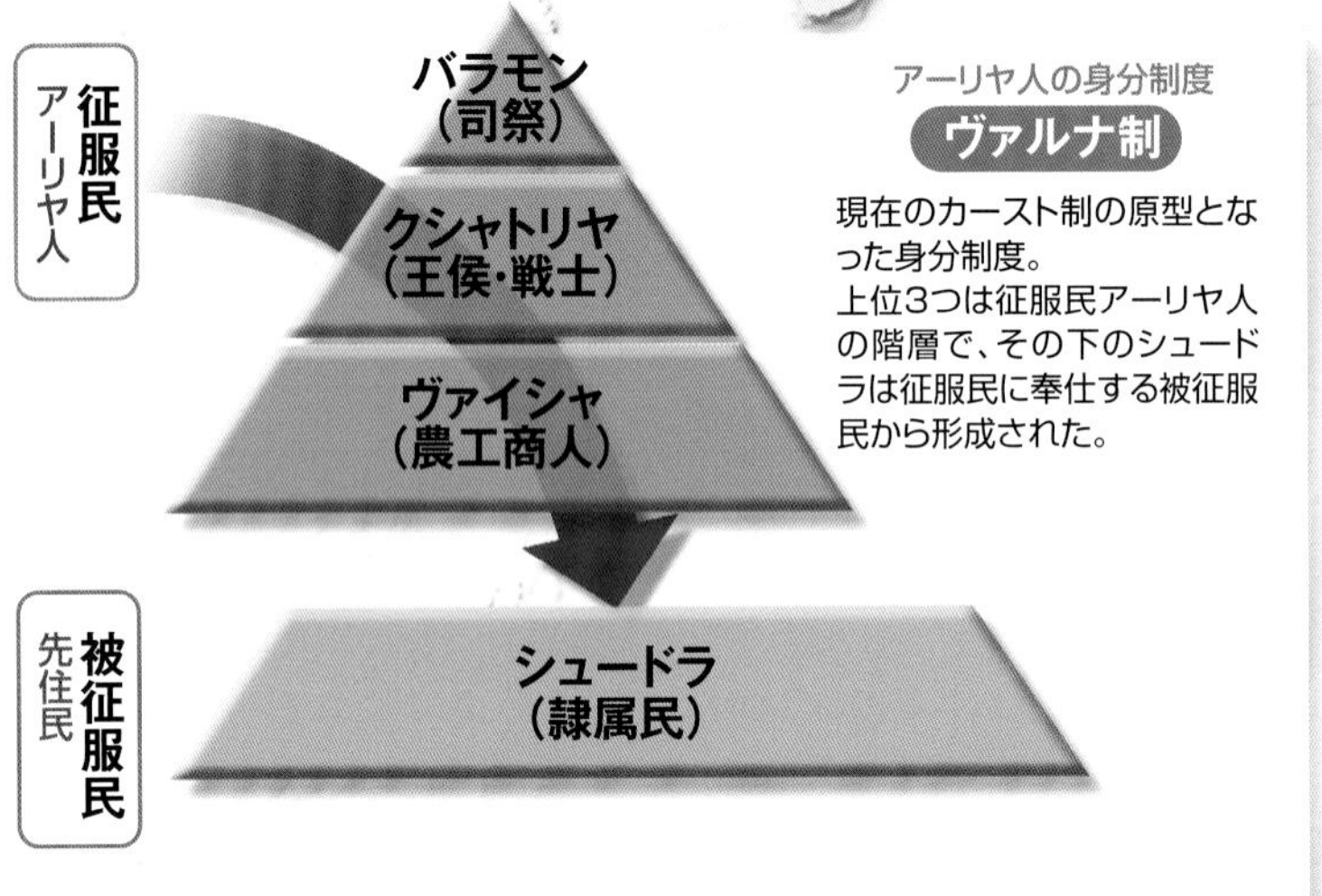

アーリヤ人の身分制度
ヴァルナ制
現在のカースト制の原型となった身分制度。
上位3つは征服民アーリヤ人の階層で、その下のシュードラは征服民に奉仕する被征服民から形成された。
征服民
アーリヤ人
バラモン（司祭）
クシャトリヤ（王侯・戦士）
ヴァイシャ（農工商人）
シュードラ（隷属民）
被征服民
先住民

WORD モヘンジョ=ダロ
1922年に発見された遺跡。ハラッパーとともにインダス文明の政治・経済的な中枢だった。発掘されたのは、西側の小高い城塞と東側の広い市街地など。城塞の12m×7mの大沐浴（もくよく）場や穀物倉、市街地の公共下水道や大通り、井戸など、すべてが均一な煉瓦でつくられている。1980年に世界文化遺産に登録された。

15 仏教の誕生

インドで生まれ、アジアに広まった仏教

前5世紀ごろ

アジアへ広まった個々の修行を重視する上座部仏教と、民衆の救済を求める大乗仏教は、発祥地インドでは定着しなかった。

この世の苦から逃れる方法を実践的に説いた世界宗教

「もろもろの現象はすべて滅び行くものだ。怠ることなく精進《しょうじん》せよ。」そう言い遺《のこ》し、沙羅双樹《さらそうじゅ》の下で涅槃《ねはん》へと至った**ガウタマ＝シッダールタ**は、ブッダ（悟りを得た者）とよばれて**仏教**の祖となった。

前5世紀ごろ、シャカ族の王子として生まれたブッダは、この世の苦から解脱《げだつ》するために29歳で出家し、35歳で悟りを開き、80歳で生涯を終えるまでガンジス川中流域を説法して歩いた。入滅《にゅうめつ》後もその教えは弟子たちに口伝され、のちに仏典にまとめられた。

前3世紀、インド初の統一王朝**マウリヤ朝**の第3代**アショーカ王**に保護された仏教はインド各地で栄えた。ブッダの入滅後、肥大化した教団は保守派の上座部《じょうざぶ》と進歩派の大衆部《だいしゅ》に分裂、それぞれがいくつかの部派へと分かれた（部派仏教）。このうち**上座部仏教**はセイロン島を経由して、ビルマやタイなどへ伝わった。

マウリヤ朝の崩壊後、1世紀の**クシャーナ朝**の時代に、**大乗仏教**《だいじょう》が生まれた。大乗仏教は、仏教学者**ナーガールジュナ**（竜樹《りゅうじゅ》）によって体系化され、チベットや中央アジアを経由して中国や日本などへ伝わったが、インドでは仏教はヒンドゥー教に吸収され、定着しなかった。

仏教の誕生とインド王朝

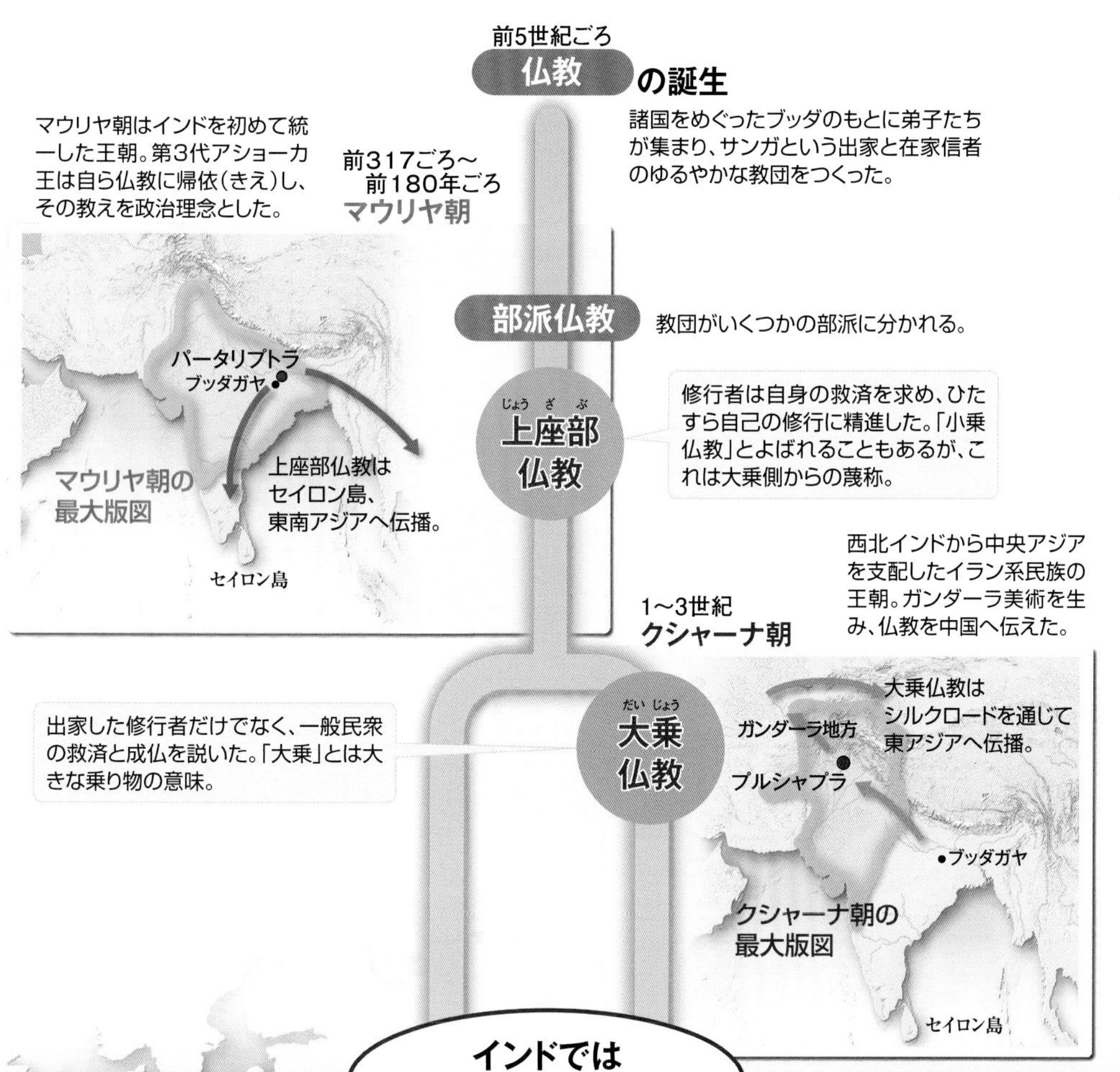
前5世紀ごろ
仏教の誕生
諸国をめぐったブッダのもとに弟子たちが集まり、サンガという出家と在家信者のゆるやかな教団をつくった。
マウリヤ朝はインドを初めて統一した王朝。第3代アショーカ王は自ら仏教に帰依（きえ）し、その教えを政治理念とした。
前317ごろ～前180年ごろ
マウリヤ朝
パータリプトラ
ブッダガヤ
上座部仏教はセイロン島、東南アジアへ伝播。
マウリヤ朝の最大版図
セイロン島
部派仏教
教団がいくつかの部派に分かれる。
上座部《じょうざぶ》仏教
修行者は自身の救済を求め、ひたすら自己の修行に精進した。「小乗仏教」とよばれることもあるが、これは大乗側からの蔑称。
西北インドから中央アジアを支配したイラン系民族の王朝。ガンダーラ美術を生み、仏教を中国へ伝えた。
1～3世紀
クシャーナ朝
出家した修行者だけでなく、一般民衆の救済と成仏を説いた。「大乗」とは大きな乗り物の意味。
大乗《だいじょう》仏教
大乗仏教はシルクロードを通じて東アジアへ伝播。
ガンダーラ地方
プルシャプラ
ブッダガヤ
クシャーナ朝の最大版図
セイロン島

インドでは
ヒンドゥー教に吸収
チベット仏教
インドの後期密教が土着のボン教と融合して形成。
1世紀
4世紀
バクトラ
バーミヤン
敦煌《とんこう》
洛陽《らくよう》
長安《ちょうあん》
6世紀
飛鳥《あすか》
ラサ
前3世紀
ブッダガヤ
エローラ
前3世紀
5世紀
アンコール＝ワット
ボロブドゥール
日本への仏教伝来
6世紀、朝鮮半島経由で大乗仏教が伝来。中国との国交でさらに発展した。
東南アジアの仏教
上座部仏教が、ビルマ、タイなど東南アジアに伝わり栄えた。厳しい修行と戒律の厳守が特徴。
仏教伝播のルート
上座部仏教の伝播
大乗仏教の伝播
● 仏教伝播におけるおもな拠点・都市
現在のおもな宗教分布
上座部仏教
大乗仏教
チベット仏教
ヒンドゥー教
イスラーム教

インドの民族宗教ヒンドゥー教の誕生

4世紀ごろ〜8世紀

現代インド社会に影響を残すヒンドゥー教の誕生とカースト（ジャーディ）制度の確立。

ヒンドゥー教の誕生と定着

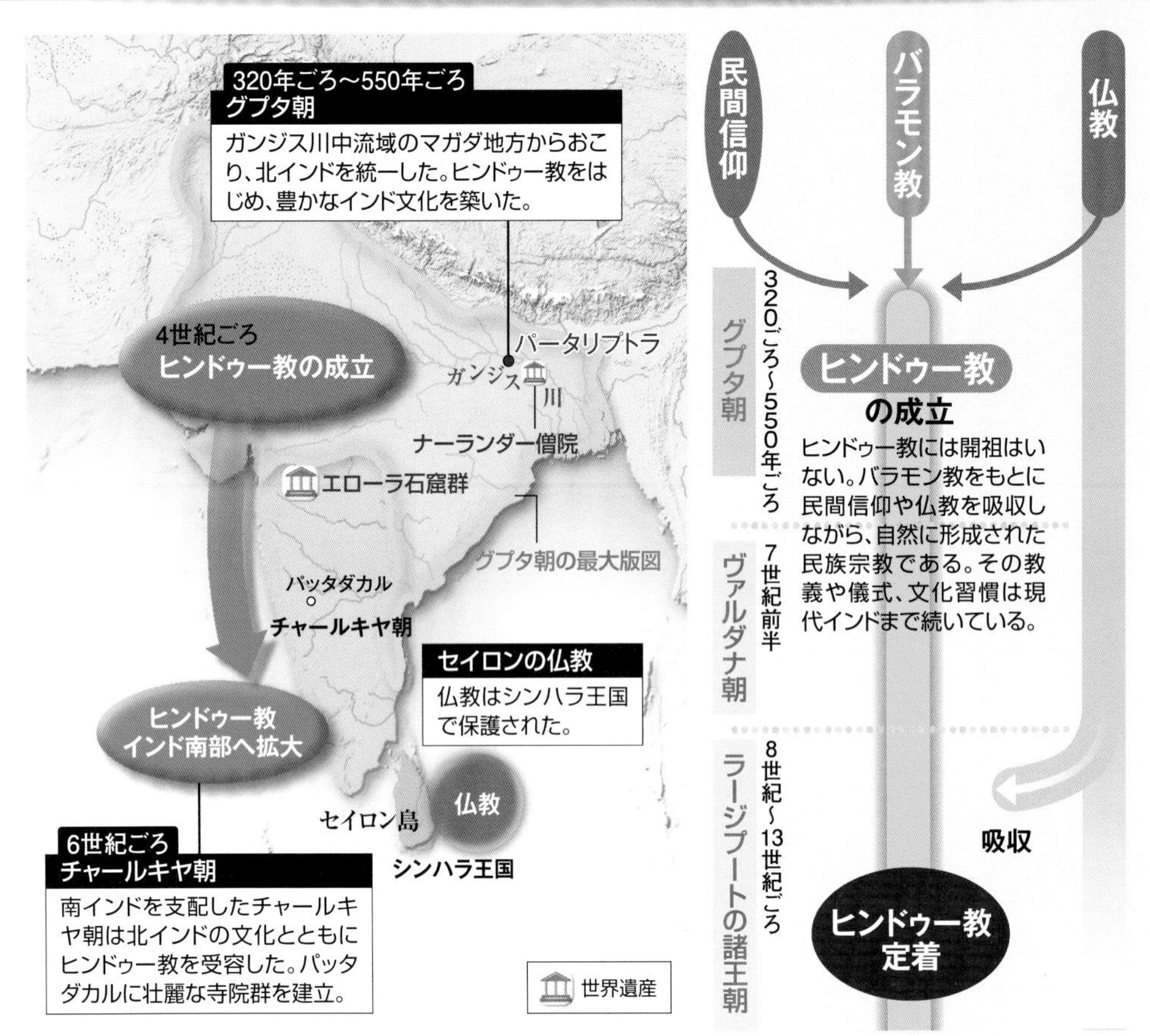
320年ごろ〜550年ごろ
グプタ朝
ガンジス川中流域のマガダ地方からおこり、北インドを統一した。ヒンドゥー教をはじめ、豊かなインド文化を築いた。
4世紀ごろ
ヒンドゥー教の成立
パータリプトラ
ガンジス川
ナーランダー僧院
エローラ石窟群
グプタ朝の最大版図
バッタダカル
チャールキヤ朝
セイロンの仏教
仏教はシンハラ王国で保護された。
ヒンドゥー教
インド南部へ拡大
セイロン島
仏教
シンハラ王国
6世紀ごろ
チャールキヤ朝
南インドを支配したチャールキヤ朝は北インドの文化とともにヒンドゥー教を受容した。バッタダカルに壮麗な寺院群を建立。
世界遺産
民間信仰
バラモン教
仏教
グプタ朝
320ごろ〜550年ごろ
ヒンドゥー教
の成立
ヒンドゥー教には開祖はいない。バラモン教をもとに民間信仰や仏教を吸収しながら、自然に形成された民族宗教である。その教義や儀式、文化習慣は現代インドまで続いている。
ヴァルダナ朝
7世紀前半
ラージプートの諸王朝
8世紀〜13世紀ごろ
吸収
ヒンドゥー教
定着

インド文化の黄金期に民衆に広まったヒンドゥー教

4世紀前半に誕生した**グプタ朝**は、3代目の王、**チャンドラグプタ2世**の時代に北インド全域を統一。地方分権的な統治を続け、東西交易で繁栄したが、5世紀に中央アジアの遊牧民**エフタル**の侵入で衰退し、6世紀なかばに滅亡した。

また、当時仏教（P35参照）やジャイナ教の出現によって弱体化していたバラモン教（P34参照）が、民間信仰や慣習、仏教などを取り込みながら変貌して**ヒンドゥー教**へと発展したのがこの時代である。ヒンドゥー教は**ヴィシュヌ神**と**シヴァ神**などを信仰する多神教として、支配者層から民衆にまで広がった。

グプタ朝はまたインド文化の黄金期でもあった。ヒンドゥー教の聖典ともみなされる国民的2大叙事詩『**マハーバーラタ**』『**ラーマーヤナ**』や、生活規範を記した『**マヌ法典**』などを生み出したほか、天文学、数学、医学が発達した。特に数学では、十進法による数字の表記法やゼロの概念などがのちにイスラーム世界を介してヨーロッパへも伝わっている。

ラージプート時代に確立したカースト制度

7世紀前半に成立した**ヴァルダナ朝**は短命に終わり、北インドは小国が分立・抗争する時代に入った。それぞれの小国を治める王たちは、クシャトリヤ（王侯・戦士）層の子孫を意味する**ラージプート**（王の子）と名乗ることで、その王権を正当化したため、ラージプート時代とよばれる。

8世紀なかばに東インドでおこったパーラ朝の時代に、教学的な仏教がさかんになったが、王朝の衰退とともに力を失っていった。一方、農村部では、ヒンドゥー教が隆盛となり、村落内の職業の分業関係や上下関係と結びついた**カースト制度**が広がった。前世の業《ごう》で、現世の生まれが決まり、カーストの義務を果たすことで「よりよい来世」が得られると説いたヒンドゥー教の観念とともに、カースト制度は、この時代に定着したのである。

3つの宗教が共存するエローラ石窟群

7世紀に開窟されたエローラ石窟群《せっくつぐん》には、仏教、ヒンドゥー教、ジャイナ教と3つの宗教の石窟寺院が併存している。ここにあるものが、インドでつくられた仏教の石窟寺院として最後のものとなった。

この寺院群のなかでは、ヒンドゥー教のカイラーサナータ寺院が最大の規模で、8〜9世紀ごろの建造だ。

WORD 『マハーバーラタ』 『ラーマーヤナ』と並ぶ古代インドの叙事詩で、18編約10万詩節からなる。バラタ族の王位と領土をめぐり親族間に起こった争いを主題とし、神話や伝説、哲学、宗教などさまざまな要素が組み込まれている。周辺地域へも伝えられ、日本でも『今昔物語』の「一角仙人」の物語などが知られている。

第4章

東アジア「世界」の誕生

17 中国初期王朝の誕生
18 春秋・戦国時代
19 秦・漢の中華統一
20 秦の中国支配システム
21 シルクロード

17 中国初期王朝の誕生

黄河流域で生まれた中国古代王朝、殷と周

前5000年ごろ〜前770年ごろ

肥沃な黄河流域で文明が開花。やがて、都市国家を統合し王朝が誕生した。

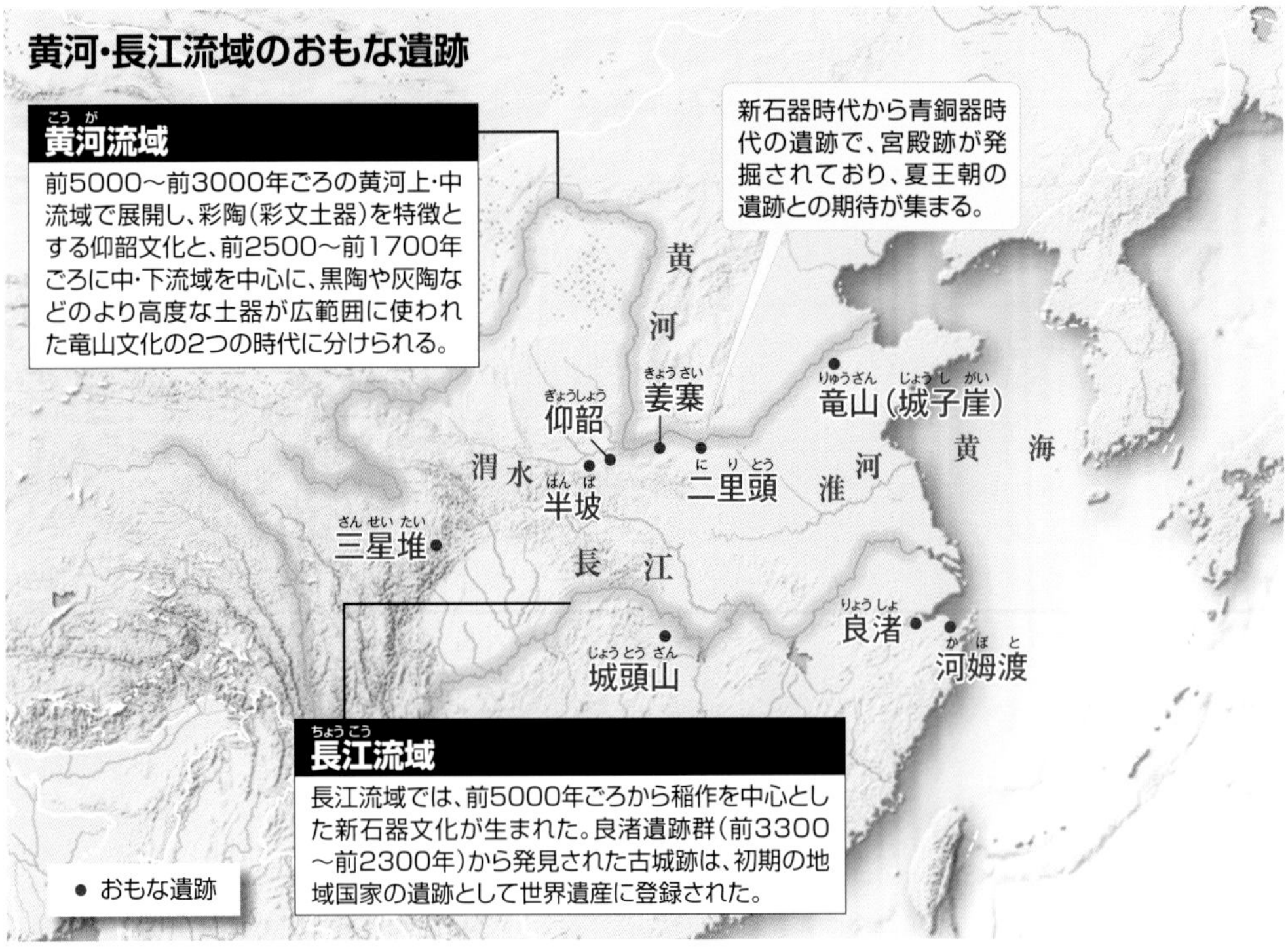

黄河・長江流域のおもな遺跡
黄河流域《こうが》
前5000〜前3000年ごろの黄河上・中流域で展開し、彩陶（彩文土器）を特徴とする仰韶文化と、前2500〜前1700年ごろに中・下流域を中心に、黒陶や灰陶などのより高度な土器が広範囲に使われた竜山文化の2つの時代に分けられる。
新石器時代から青銅器時代の遺跡で、宮殿跡が発掘されており、夏王朝の遺跡との期待が集まる。
黄河
姜寨《きょうさい》
仰韶《ぎょうしょう》
竜山《りゅうざん》（城子崖《じょうしがい》）
渭水
半坡《はんぱ》
二里頭《にりとう》
淮河
黄海
三星堆《さんせいたい》
長江
良渚《りょうしょ》
河姆渡《かぼと》
城頭山《じょうとうざん》
長江流域《ちょうこう》
長江流域では、前5000年ごろから稲作を中心とした新石器文化が生まれた。良渚遺跡群（前3300〜前2300年）から発見された古城跡は、初期の地域国家の遺跡として世界遺産に登録された。
● おもな遺跡

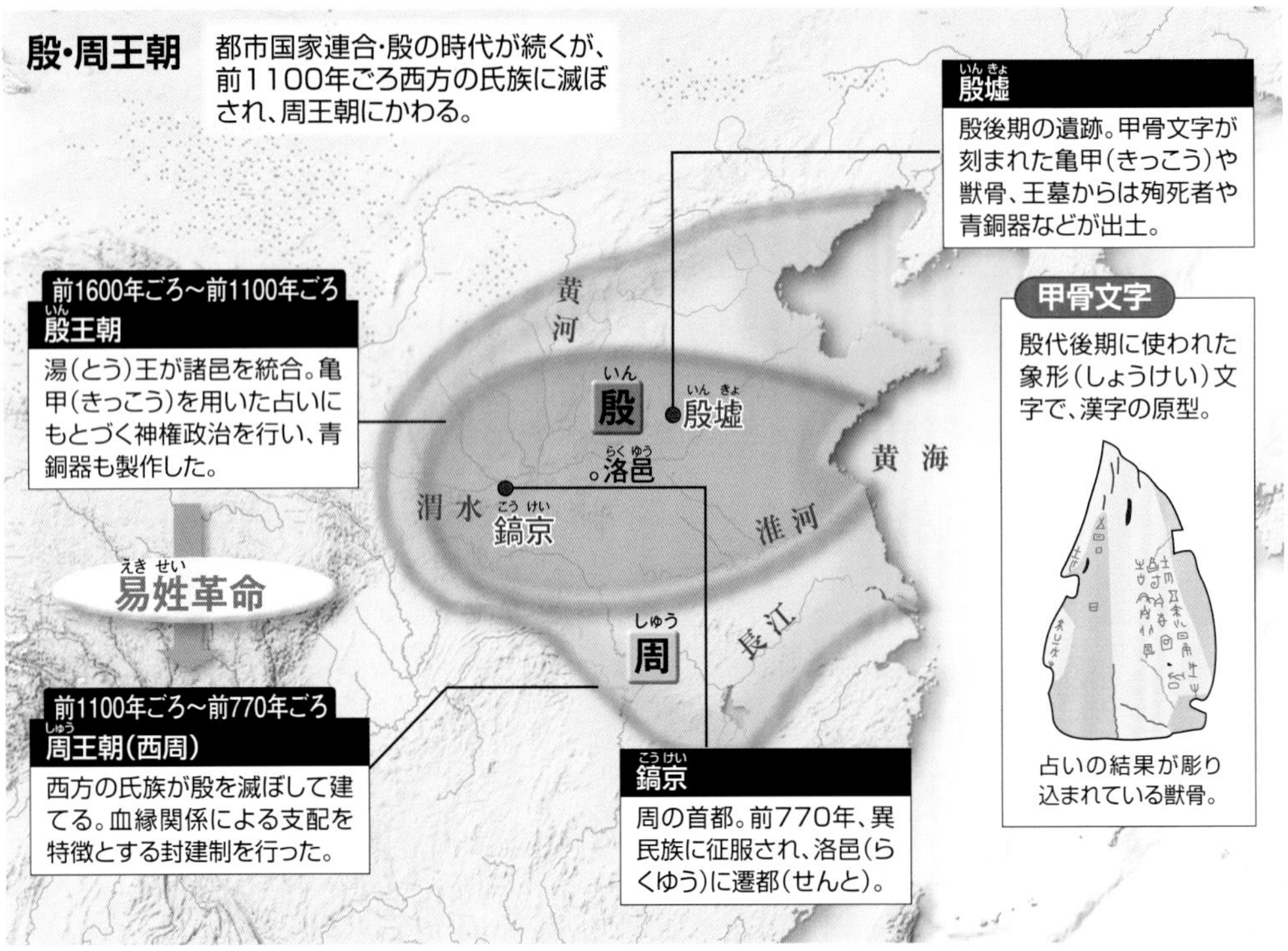

殷・周王朝
都市国家連合・殷の時代が続くが、前1100年ごろ西方の氏族に滅ぼされ、周王朝にかわる。
殷墟《いんきょ》
殷後期の遺跡。甲骨文字が刻まれた亀甲（きっこう）や獣骨、王墓からは殉死者や青銅器などが出土。
前1600年ごろ〜前1100年ごろ
殷王朝《いん》
湯（とう）王が諸邑を統合。亀甲（きっこう）を用いた占いにもとづく神権政治を行い、青銅器も製作した。
易姓革命《えきせい》
前1100年ごろ〜前770年ごろ
周王朝《しゅう》（西周）
西方の氏族が殷を滅ぼして建てる。血縁関係による支配を特徴とする封建制を行った。
黄河
殷《いん》
殷墟《いんきょ》
洛邑《らくゆう》
渭水
鎬京《こうけい》
淮河
黄海
周《しゅう》
長江
鎬京《こうけい》
周の首都。前770年、異民族に征服され、洛邑（らくゆう）に遷都（せんと）。
甲骨文字
殷代後期に使われた象形（しょうけい）文字で、漢字の原型。
占いの結果が彫り込まれている獣骨。

大邑（都市国家）を統合して殷王朝が誕生

前5000年ごろ、東アジアでは黄河《こうが》・長江《ちょうこう》流域に高度な文明が誕生した。淮河《わいが》の南は湿潤な気候で、長江流域では稲作を中心とした文化となった。

淮河の北、華北《かほく》とよばれる黄河流域は、乾燥した気候で、季節風で運ばれる黄土《こうど》が堆積《たいせき》する畑作に適した地域だ。雑穀を中心に農耕と牧畜をする黄河文明が生まれた。

黄河文明は、2つの文化期、**仰韶文化**《ぎょうしょう》と**竜山文化**《りゅうざん》に分けられ、やがて小規模な共同体の**邑**《ゆう》から**大邑**《だいゆう》（都市国家）へ発展した。

前1600年ごろ、商という大邑を中心とする連合体として、現在確認されている最初の王朝である**殷**《いん》（伝説上の夏王朝を実在とする説もある）が誕生する。殷では、占いによって政治・軍事などの決定がなされ、その内容は**甲骨文字**《こうこつ》で記録されている。また、青銅器の製作も始まり、精巧な祭器類が広範囲で出土している。

易姓革命により、封建制の周に王朝が交代

前1100年ごろ、西方の渭水《いすい》流域におこった氏族が殷を滅ぼし、鎬京《こうけい》を都とする**周王朝**《しゅう》（西周《せいしゅう》）を建てる。これを**易姓**《えきせい》**革命**という。周は、天帝の神意によって王権を得たと称し、その権威によって諸侯を従えた。周王は一族や有力氏族らを**諸侯**とし、各邑を**封土**《ほうど》（領地）として与えてその統治を任せた。諸侯ら支配層はさらに一族や功臣を卿《けい》・大夫《たいふ》・士と序列化した。王から士に至る支配階級は、宗族《そうぞく》という血縁集団を構成し、宗法《そうほう》という規範で結束した。こうした体制を**封建制**《ほうけん》という。

WORD **甲骨文字**《こうこつもじ》

亀甲（きっこう）や獣骨に刻まれた殷（いん）時代の象形文字で、現存最古の中国の文字。殷の王は亀甲や獣骨を火であぶったときに生じたひびで、政治や軍事、農業などの重要事項を占った。占いの結果は甲骨文字で、骨に刻んで記録された。甲骨文字が刻まれた亀甲や骨は殷墟（いんきょ）から多数発掘されており、漢字のもとになる文字が確認されている。

18 春秋・戦国時代

春秋五覇、戦国の七雄が争った戦乱の時代

前770年
〜
前221年

周王朝が衰え、有力諸侯が覇者を目ざす春秋時代をへて「戦国の七雄」の時代へ。

異民族の侵入を機に長い戦乱の時代へ突入

前770年、異民族が周の都、鎬京《こうけい》に侵入、周は都を東の洛邑《らくゆう》に遷《うつ》した（東周《とうしゅう》）。遷都以降、周《しゅう》王の権威は衰え、自立した諸侯が各地で覇権争いを展開する、戦乱の時代となる。

春秋時代《しゅんじゅう》（東周の前期）には、200余りの諸侯があったが、**春秋の五覇**《ごは》という有力諸侯に併合されていく。彼らは覇者とされ、周王を尊び、夷狄《いてき》（異民族）を退ける尊王攘夷《そんのうじょうい》を名目として勢力拡大に努めた。

やがて、諸侯の下の大夫《たいふ》層が実力で政権を奪う下剋上《げこくじょう》が起こるようになり、前403年、大国晋《しん》が3国に分裂した。諸侯が王と称して領土拡大を図るこれ以降の時代を**戦国時代**という。諸侯間の争いの結果、**戦国の七雄**《しちゆう》とよばれる7大国が分立し、それぞれ富国強兵策《ふこくきょうへい》をとった。

この時代には、鉄製農具や牛耕《ぎゅうこう》の登場により農業生産力が向上し、それにともなって青銅貨幣が鋳造《ちゅうぞう》されるなど、商工業も発達した。諸侯は、治水や灌漑《かんがい》、未開地の開墾《かいこん》、新都市の建設を進めた。諸国は支配地の邑《ゆう》を県という行政単位に置きかえ領内支配を強めた。

また、戦乱の世では、支配体制を強固にするための人材と思想が求められ、**諸子百家**《しょしひゃっか》と称される思想家たちが活躍した。

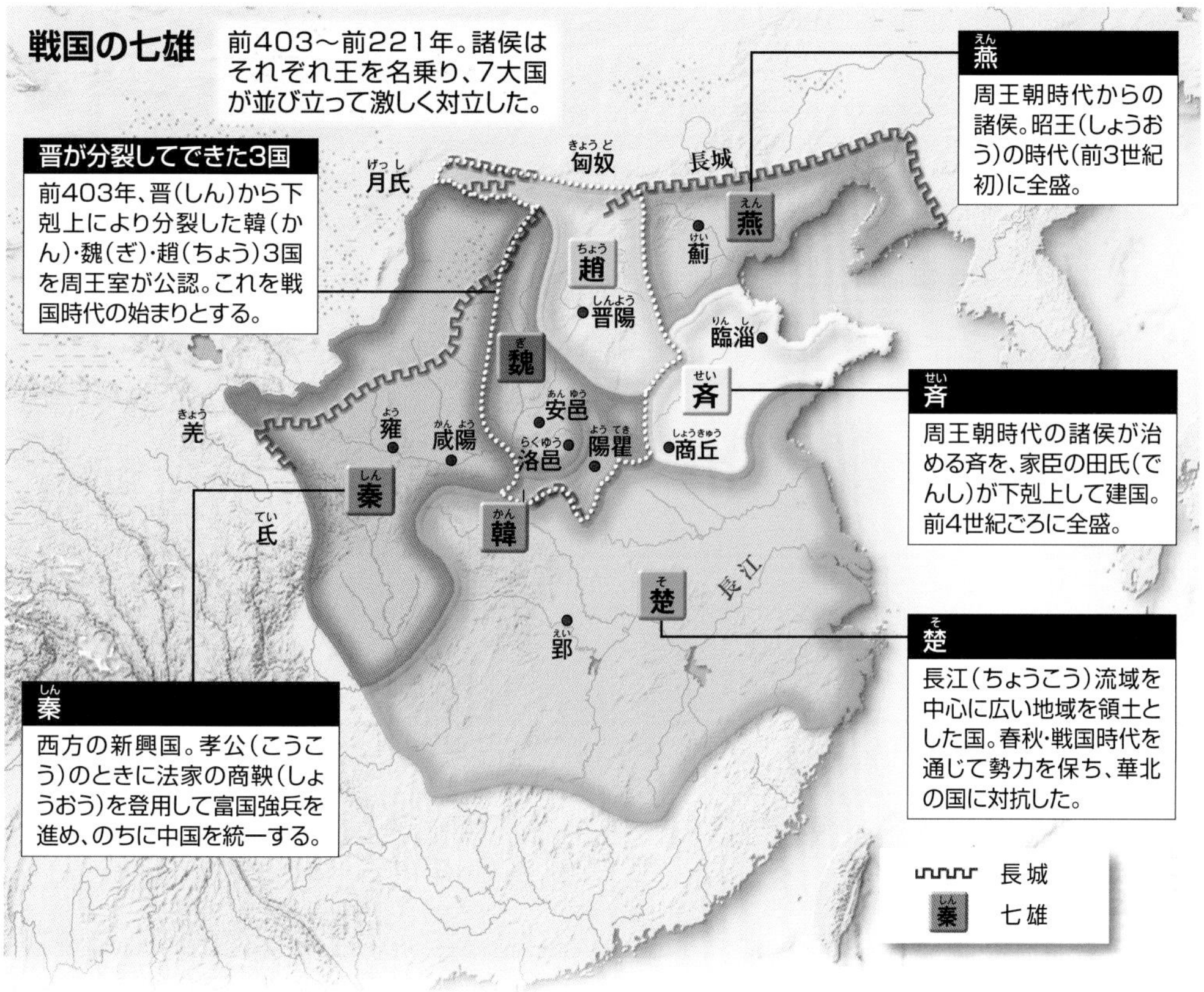
戦国の七雄
前403〜前221年。諸侯はそれぞれ王を名乗り、7大国が並び立って激しく対立した。
晋が分裂してできた3国
前403年、晋（しん）から下剋上により分裂した韓（かん）・魏（ぎ）・趙（ちょう）3国を周王室が公認。これを戦国時代の始まりとする。
燕《えん》
周王朝時代からの諸侯。昭王（しょうおう）の時代（前3世紀初）に全盛。
斉《せい》
周王朝時代の諸侯が治める斉を、家臣の田氏（でんし）が下剋上して建国。前4世紀ごろに全盛。
楚《そ》
長江（ちょうこう）流域を中心に広い地域を領土とした国。春秋・戦国時代を通じて勢力を保ち、華北の国に対抗した。
秦《しん》
西方の新興国。孝公（こうこう）のときに法家の商鞅（しょうおう）を登用して富国強兵を進め、のちに中国を統一する。
月氏《げっし》
匈奴《きょうど》
長城
燕《えん》
薊《けい》
趙《ちょう》
晋陽《しんよう》
臨淄《りんし》
魏《ぎ》
斉《せい》
羌《きょう》
雍《よう》
咸陽《かんよう》
安邑《あんゆう》
洛邑《らくゆう》
陽翟《ようてき》
商丘《しょうきゅう》
秦《しん》
氐《てい》
韓《かん》
楚《そ》
長江
郢《えい》
長城
秦《しん》 七雄

戦国の世に生まれた諸子百家《しょしひゃっか》

春秋・戦国時代に、各地で活躍した思想家たちを総称して諸子百家という。この時代は中国の社会・経済ともに大きな変動期で、それまでの封建制の崩壊により、新しい思想を生むことになった。

儒家《じゅか》

孔子を祖とする学派。家族に対する孝悌（こうてい）を重んじ、それを他に及ぼす仁（じん）を最高の道徳とする。孔子のあと、孟子（もうし）、荀子（じゅんし）を輩出、前漢時代には官学となった。

孔子《こうし》

前551ごろ〜前479年。魯（ろ）に生まれ、周を理想として政治家を志すがかなわず、諸国放浪ののち、弟子の育成に専念。

法家《ほうか》

法にもとづく厳格な政治を行い、権力を君主に集中させ富国強兵を図ることを説く学派。商鞅（しょうおう）、韓非（かんぴ）らに代表される。

韓非《かんぴ》

?〜前233年。法家の思想を大成した。秦で重用されることをねたむ李斯（りし）に謀られ、自殺。

墨家《ぼっか》

墨子を祖とする学派。手工業従事者や農民を中心とし、博愛主義の兼愛、絶対平和の非攻を唱え、儒家と並ぶ勢力となった。

墨子《ぼくし》

前480ごろ〜前390年ごろ。宋（そう）の工人の出身とされるが、くわしい経歴は不明。

道家《どうか》

万物は「道」に従ってあるがままにあるとし、ただ道にのみ従って生きる無為自然の立場に身を置くことを説いた。

老子《ろうし》

道家の祖とされるが、実在を疑問視する説もある。

荘子《そうし》

前4世紀ごろの思想家。ものの是非や善悪を超え、あるがままに生きることを説いた。

WORD **臥薪嘗胆**《がしんしょうたん》

春秋時代末期、越（えつ）王勾践（こうせん）に父を討たれた呉（ご）王夫差（ふさ）は、常に薪（まき）の上に寝て復讐（ふくしゅう）の思いを心に刻み続け、ついに父の仇（あだ）を討つ。敗れた勾践は室内に胆（きも）をかけてこれを嘗（な）め、その苦さで敗戦の恥辱を思い出してついに夫差を滅ぼした。この故事から、敵を討とうとして苦労、努力すること、目的を達するため苦労を重ねることをいう。

19 秦・漢の中華統一

秦が統一し、漢が確立した中華世界の秩序

前221年～後8年

始皇帝の強大な権力を裏づけとして秦が中国支配体制を確立。短命に終わった秦を見本に漢は長期政権を築いた。

万里の長城
北方民族の侵入を防ぐために築かれた城壁。戦国時代から築かれていたものを始皇帝が整備・延長した。
前221～206年
秦《しん》の中華帝国誕生
西方の強国秦が、約500年以上にわたり混乱していた中国を統一。政王が、初めて皇帝を称する（始皇帝）。
始皇帝《しこうてい》
秦王の政（せい）が、中国を統一。初の皇帝（始皇帝）を名のる。厳しい法を用い、自らの巨大な墳墓を築かせるなど圧政を敷いた。
渤海《ぼっかい》
渤海
楽浪《らくろう》
邯鄲《かんたん》
黄河
黄海
洛陽《らくよう》
前202年
垓下《がいか》の戦い
秦滅亡後、項羽と劉邦が対立した。はじめは項羽が優勢であったが、人望のあった劉邦が盛り返し、垓下の戦いでついに項羽を破った。
秦《しん》
長江
呉
前209年
項羽《こうう》の挙兵
秦末の動乱期、各地で反乱勢力が挙兵。楚の貴族である項羽は秦の主力軍を破り、咸陽に迫った。
閩中《びんちゅう》
前209～前208年
陳勝《ちんしょう》・呉広《ごこう》の乱
中国初の農民による反乱。これを機に、中国全土に反乱の嵐が吹き荒れ、秦は弱体化する。
太平洋
前209年
劉邦《りゅうほう》の挙兵
農民出身で盗賊の首領だった劉邦が地元の民衆におされ挙兵。

中国史上初の統一王朝秦の誕生と始皇帝の威光

「戦国の七雄《しちゆう》」といわれた強国のうち、西方に位置した**秦《しん》**は、商鞅《しょうおう》らの改革（変法《へんぽう》）などにより富国強兵に成功していた。そして政《せい》王の代に他の6国を滅ぼし、前221年、史上初めて中国を統一した。

統一を遂げた政王は都を咸陽《かんよう》に定め、自ら皇帝を称するようになった（**始皇帝《しこうてい》**）。国内統治は、郡・県を基本行政単位とし、長官として中央から官僚を派遣する**郡県制**（**P42参照**）を適用し、直接統治による強力な中央集権体制の確立を推進した。また、宰相李斯《りし》を用いて**焚書《ふんしょ》・坑儒《こうじゅ》**などの思想統制を行ったほか、行政や徴税の円滑化のために文字、度量衡《どりょうこう》、貨幣、車軌《しゃき》（車軸の長さ）を統一した。さらに、異民族である匈奴《きょうど》の侵入を防ぐため、戦国時代の諸国が建設した長城《ちょうじょう》を修築・連結・延長し、**万里《ばんり》の長城**を築いた。

始皇帝は自らの威光を全国に知らしめるため、5回にわたる巡幸《じゅんこう》を行ったほか、咸陽に壮麗な宮殿を建設した。また、後年始皇帝の陵墓付近で発見された兵馬俑《へいばよう》坑《こう》からは、数千体もの兵士や軍馬の俑（副葬品）が発見され、改めて当時の始皇帝の威勢が示されることとなった。

しかし、前210年に始皇帝が没すると、過酷な支配に対する民衆の反感が高

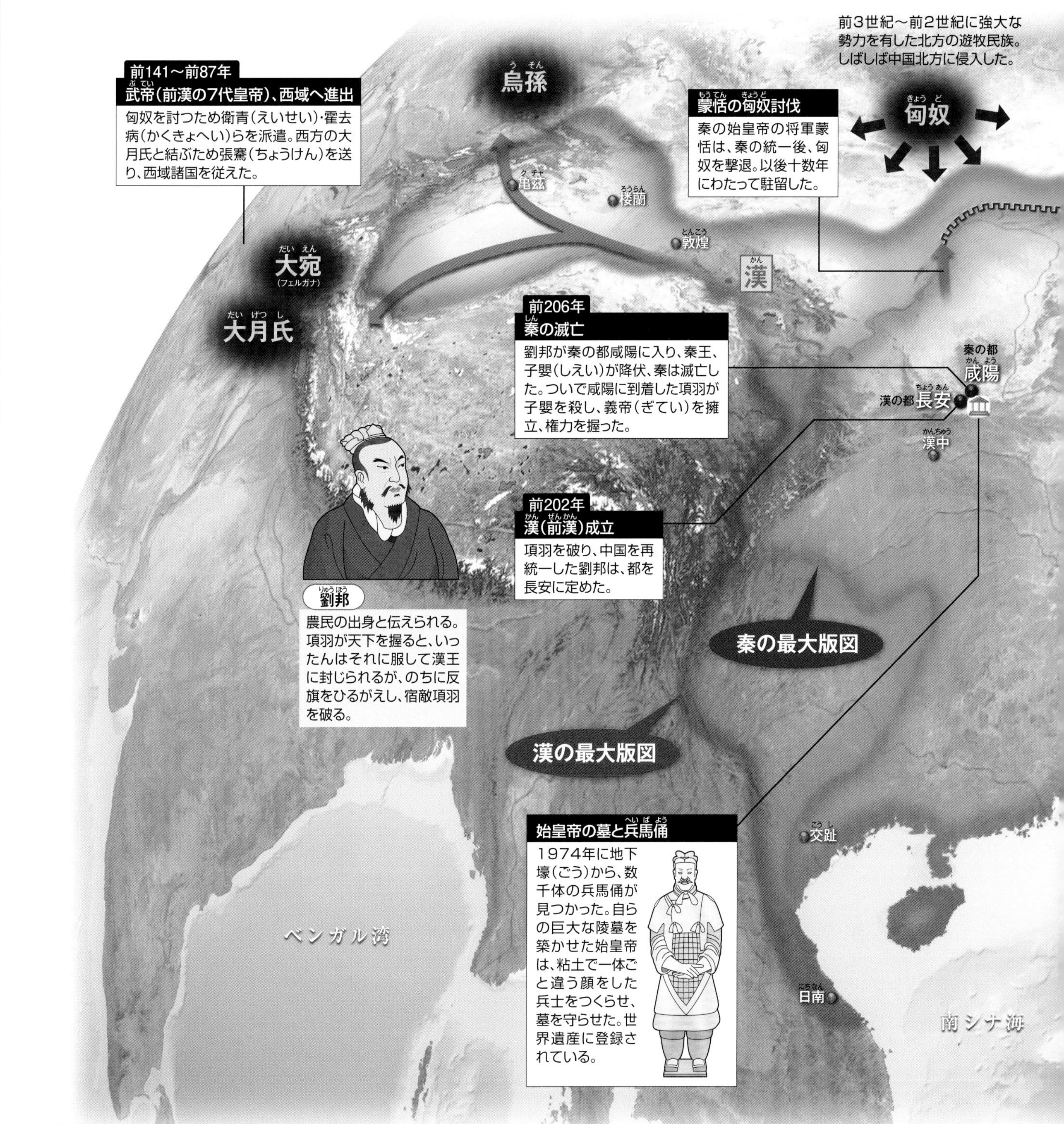
前3世紀～前2世紀に強大な勢力を有した北方の遊牧民族。しばしば中国北方に侵入した。
匈奴《きょうど》
前141～前87年
武帝《ぶてい》(前漢の7代皇帝)、西域へ進出
匈奴を討つため衛青(えいせい)・霍去病(かくきょへい)らを派遣。西方の大月氏と結ぶため張騫(ちょうけん)を送り、西域諸国を従えた。
烏孫《うそん》
蒙恬《もうてん》の匈奴《きょうど》討伐
秦の始皇帝の将軍蒙恬は、秦の統一後、匈奴を撃退。以後十数年にわたって駐留した。
亀茲《クチャ》
楼蘭《ろうらん》
敦煌《とんこう》
漢《かん》
大宛《だいえん》
(フェルガナ)
大月氏《だいげつし》
前206年
秦《しん》の滅亡
劉邦が秦の都咸陽に入り、秦王、子嬰(しえい)が降伏、秦は滅亡した。ついで咸陽に到着した項羽が子嬰を殺し、義帝(ぎてい)を擁立、権力を握った。
秦の都
咸陽《かんよう》
漢の都 長安《ちょうあん》
漢中《かんちゅう》
前202年
漢《かん》(前漢《ぜんかん》)成立
項羽を破り、中国を再統一した劉邦は、都を長安に定めた。
劉邦《りゅうほう》
農民の出身と伝えられる。項羽が天下を握ると、いったんはそれに服して漢王に封じられるが、のちに反旗をひるがえし、宿敵項羽を破る。
秦の最大版図
漢の最大版図
始皇帝の墓と兵馬俑《へいばよう》
1974年に地下壕(ごう)から、数千体の兵馬俑が見つかった。自らの巨大な陵墓を築かせた始皇帝は、粘土で一体ごと違う顔をした兵士をつくらせ、墓を守らせた。世界遺産に登録されている。
交趾《こうし》
ベンガル湾
日南《にちなん》
南シナ海
NASA's Earth Observatory

まりをみせ、**陳勝《ちんしょう》・呉広《ごこう》の乱**を機に反乱が全国に広がり、前206年に秦は滅亡した。

劉邦が秦末の動乱を制し漢が長期政権を樹立する

秦末の動乱のなか、貴族出身の**項羽《こうう》**が一度は天下を手にするが、農民出身の**劉邦《りゅうほう》**(**高祖《こうそ》**)が垓下《がいか》の戦いで項羽を破り、前202年に**漢《かん》**王朝(**前漢《ぜんかん》**)を建てた。

前漢は第7代**武帝《ぶてい》**の時代に最盛期を迎える。武帝は匈奴を挟み撃ちするため大《だい》月氏《げっし》や烏孫《うそん》に使者を派遣するなど、西域を重視したほか、南越《なんえつ》や衛氏《えいし》朝鮮《ちょうせん》を滅ぼして領土を拡大した。また、これらの大遠征によって財政が圧迫されると、塩、鉄、酒の専売、均輸法《きんゆほう》や平準法《へいじゅんほう》の制定などにより財政難を克服しようとした。

しかし、武帝の死後は、大土地所有者が豪族となって勢力を伸ばす一方、朝廷では外戚《がいせき》と宦官《かんがん》の政争が続くなど、漢の政治経済は揺らぎはじめ、後8年、外戚の**王莽《おうもう》**が帝位を奪って**新《しん》**を建て、漢王朝はいったん滅亡する。

漢字の統一で中国の文明も統一

中国では、戦国時代まで、甲骨文字《こうこつもじ》から派生した象形《しょうけい》文字をもとに、各地で字体の異なる文字が使われていた。始皇帝は李斯《りし》に命じて、秦で使われていた大篆《だいてん》を書きやすく改良した小篆《しょうてん》(篆書)を作成、文字を統一した。この政策により、人々は各地の方言にかかわらず、中華意識を共有することになり、中国文明の統一に大きく貢献することとなった。

秦の中国統一を可能にした始皇帝の中央集権システム

前221年〜前206年

2000年以上にわたり維持された中国の統治システムは、秦の始皇帝によって確立された。

秦の中央集権システム

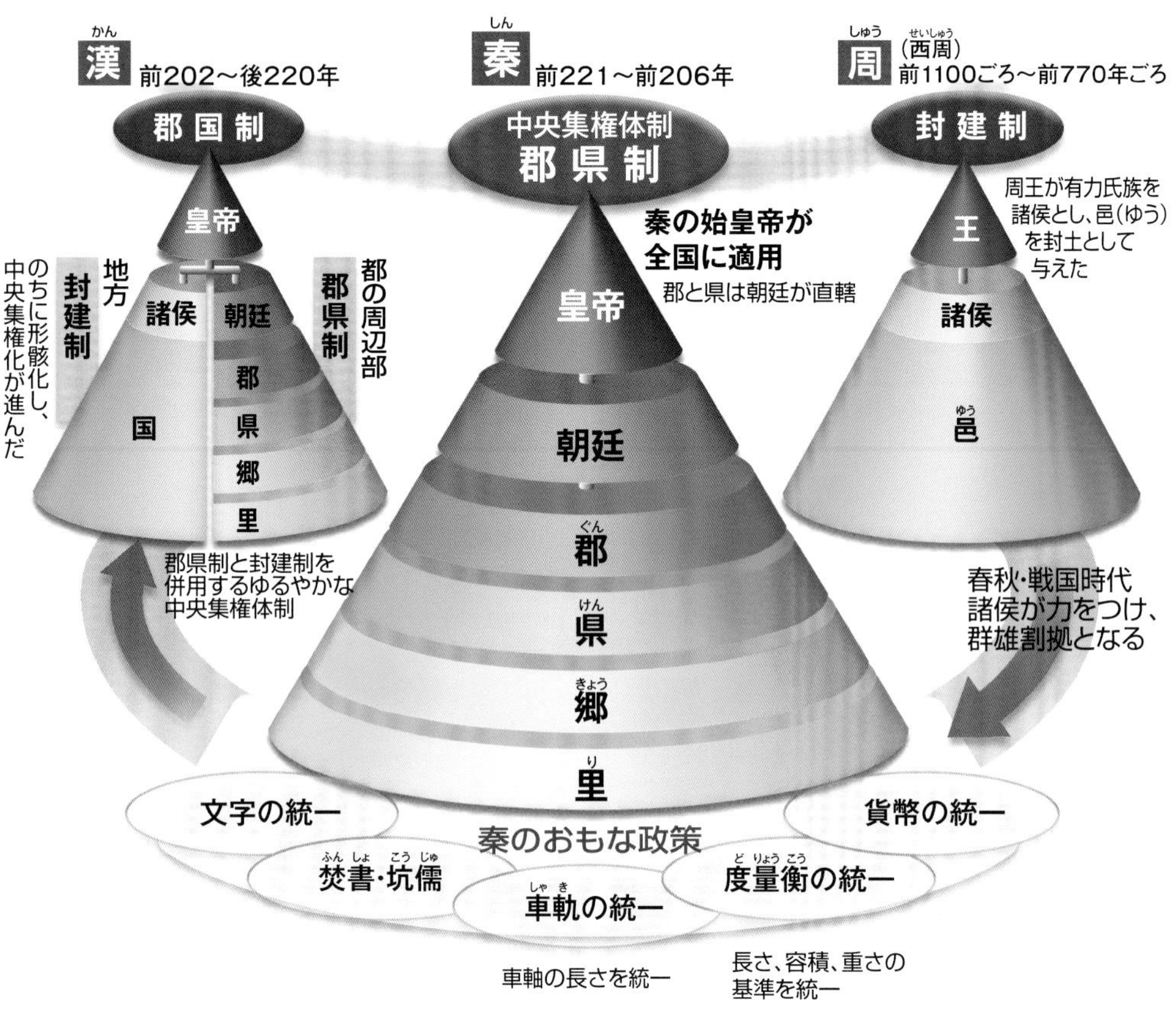
漢《かん》 前202〜後220年
秦《しん》 前221〜前206年
周《しゅう》 (西周《せいしゅう》) 前1100ごろ〜前770年ごろ
郡国制
皇帝
地方
封建制
のちに形骸化し、中央集権化が進んだ
諸侯
国
郡県制
都の周辺部
朝廷
郡
県
郷
里
郡県制と封建制を併用するゆるやかな中央集権体制
中央集権体制
郡県制
秦の始皇帝が全国に適用
郡と県は朝廷が直轄
皇帝
朝廷
郡《ぐん》
県《けん》
郷《きょう》
里《り》
封建制
王
周王が有力氏族を諸侯とし、邑(ゆう)を封土として与えた
諸侯
邑《ゆう》
春秋・戦国時代諸侯が力をつけ、群雄割拠となる
秦のおもな政策
文字の統一
貨幣の統一
焚書《ふんしょ》・坑儒《こうじゅ》
度量衡《どりょうこう》の統一
車軌《しゃき》の統一
車軸の長さを統一
長さ、容積、重さの基準を統一

周が封建制支配を確立するも、戦乱の時代に崩壊へ

中国古代の王朝である**殷**《いん》は、大邑《だいゆう》(都市国家)の連合体であった。一方、殷にかわった**周**《しゅう》は、**封建制**による支配体制を確立した王朝であった。周の封建制(**P38参照**)は、一族や功臣《こうしん》、有力氏族《しぞく》の長を世襲の**諸侯**とし、**封土**《ほうど》を与えて統治を任せる支配制度であり、支配階級は血縁関係をもとにした氏族制《しぞくせい》によって結ばれていた。

しかし、春秋《しゅんじゅう》・戦国《せんごく》時代(**P39参照**)になると、諸侯はしだいに氏族制にとらわれることなく実力のあるものを官僚に起用するようになった。また、このころになると農民も氏族の枠にしばられず、家族単位で農業を営むようになり、封建制は崩壊に向かうようになったのである。

始皇帝が目ざした強大な中央集権システム

戦国時代の動乱を制し、初めて中国の統一を果たした**秦**《しん》の**始皇帝**《しこうてい》は、全国を直接支配する強力な中央集権国家の建設を目ざした。**朝廷**とよばれる中央政府には軍事や行政の官僚制度を整え、地方は郡《ぐん》、県《けん》、郷《きょう》、里《り》といった従属関係にある単位に分け、郡と県には直接中央から官僚を派遣して治めさせる**郡県制**《ぐんけんせい》を適用した。

秦の滅亡後に中国を再統一した**漢**の**高祖**《こうそ》は、強引な中央集権化が秦の滅亡を招いたと考え、比較的ゆるやかな中央集権体制をとることを志した。それは、郡県制と封建制を併用する**郡国制**《ぐんこくせい》で、都周辺は郡県制とし、地方には王国を置いて一族や功臣を諸侯王として統治させるものであった。しかし、**呉楚七国の乱**《ごそしちこくのらん》(前154年)とよばれる諸侯王の反乱が平定されたあとは、諸侯の力はしだいに衰え、武帝の時代には郡県制が復活した。これにより、皇帝に権力が集中する中央集権国家が成立した。

秦代から漢代にかけて確立した皇帝を頂点とする政治・社会制度は、その後2000年以上にわたり中国を統治する支配システムとなったのである。

紀伝体で記された『史記』と『漢書』

歴史書の規範とされる『史記《しき》』は、武帝《ぶてい》の怒りに触れて去勢された司馬遷《しばせん》の筆による中国上古から武帝期までの通史で、本紀《ほんぎ》(年代記)と列伝(伝記)とで構成される紀《き》伝体《でんたい》の形式をとっている。また、後漢《ごかん》の班《はん》固《こ》も前漢《ぜんかん》一代を記録する『漢書《かんじょ》』を紀伝体で著した。『漢書』は、倭《わ》(日本)を記載する最初の文献でもある。

WORD 焚書《ふんしょ》・坑儒《こうじゅ》

秦の始皇帝は、国を治めるにあたり、厳しい思想統制と言論弾圧を行った。中国統一から8年後の前213年、学者たちが昔の先例を引いて今の政治を批判するのを禁ずるために、医薬・占い・農事関係以外の書物を焼き捨てさせた。また翌年、始皇帝に批判的な言論をなす儒学者をはじめ数百人を咸陽(かんよう)で坑(あな)埋めにして殺したという。

21 シルクロード

後漢とローマ帝国を結んだシルクロード

1世紀〜3世紀

王莽に滅ぼされた漢王朝が、光武帝によって復活する。漢の西域進出によって東西世界の交流がさかんとなる。

漢王朝が再興し、西域支配にも乗り出す

25年、新《しん》の王莽《おうもう》を倒した**光武帝**《こうぶてい》によって再び漢王朝(**後漢**《ごかん》)が建てられた。光武帝は外戚《がいせき》や宦官《かんがん》の力を抑制し、儒教《じゅきょう》による政治を推進した。

1世紀末、後漢は外征に力を入れ、西《せい》域都護《いきとご》として**班超**《はんちょう》を派遣して匈奴《きょうど》を討伐し、西域支配にあたらせた。

中国と西アジア、地中海地方を結ぶ「**オアシスの道**」は、中央アジアに点在するオアシスの都市を経由し、ローマで珍重された中国の絹を運ぶ重要ルートであったため、**シルクロード**とよばれるようになった。シルクロードは、前漢《ぜんかん》の武帝《ぶてい》の西域進出、後漢の西域支配などを通じてしだいに整備され、東から絹や工芸品、西からは宝石、ガラス器、貴金属などが運ばれる東西文明の交流における幹線となった。仏教(**P35参照**)、ゾロアスター教、ネストリウス派キリスト教もこのルートを通じて伝播《でんぱ》している。

東西両大国が互いに使者を送り合う交流が生まれる

西域支配にあたった班超は西域の50余国を服属させ、シルクロードの大部分を制するとともに、部下の甘英《かんえい》を大秦国《だいしんこく》(ローマ帝国)に送った。甘英はローマに至らなかったものの、西アジアの事情が中国に伝わることになった。

一方、当時最盛期を迎えていたローマ帝国(**P30参照**)からも漢への使者が送られ、166年、ローマ帝国の皇帝マルクス=アウレリウス(中国名では安敦《あんとん》)の使者が海路で後漢の版図となっていた日南《にちなん》(ベトナム中部)に達している。ローマ帝国が東方の物品を求めることにより海上交易が活発となったと考えられ、ローマ帝国の金貨がアジア各地で出土している。

東西貿易の拠点 オアシスの都市

中央アジアの高山地帯のふもとには、各地に雪どけ水をたたえるオアシスがあり、灌漑《かんがい》による農業が行われたほか、東西の交易の重要な拠点ともなっていた。このオアシス地帯には、西方からイラン系のソグド人が移住し、オアシスの道の要所、サマルカンドを中心に、各地域に城郭都市を形成した。一方、家畜を放牧しつつ各地を移動しながら生活する遊牧民は、騎馬戦用の武器や馬具に優れ、強大な軍事力をもつが、十分な食糧を得られなかった。そこで、オアシスの都市国家と結びつき、のちに経済力と軍事力をもつ遊牧民国家が登場することになった。

東西を結ぶシルクロード

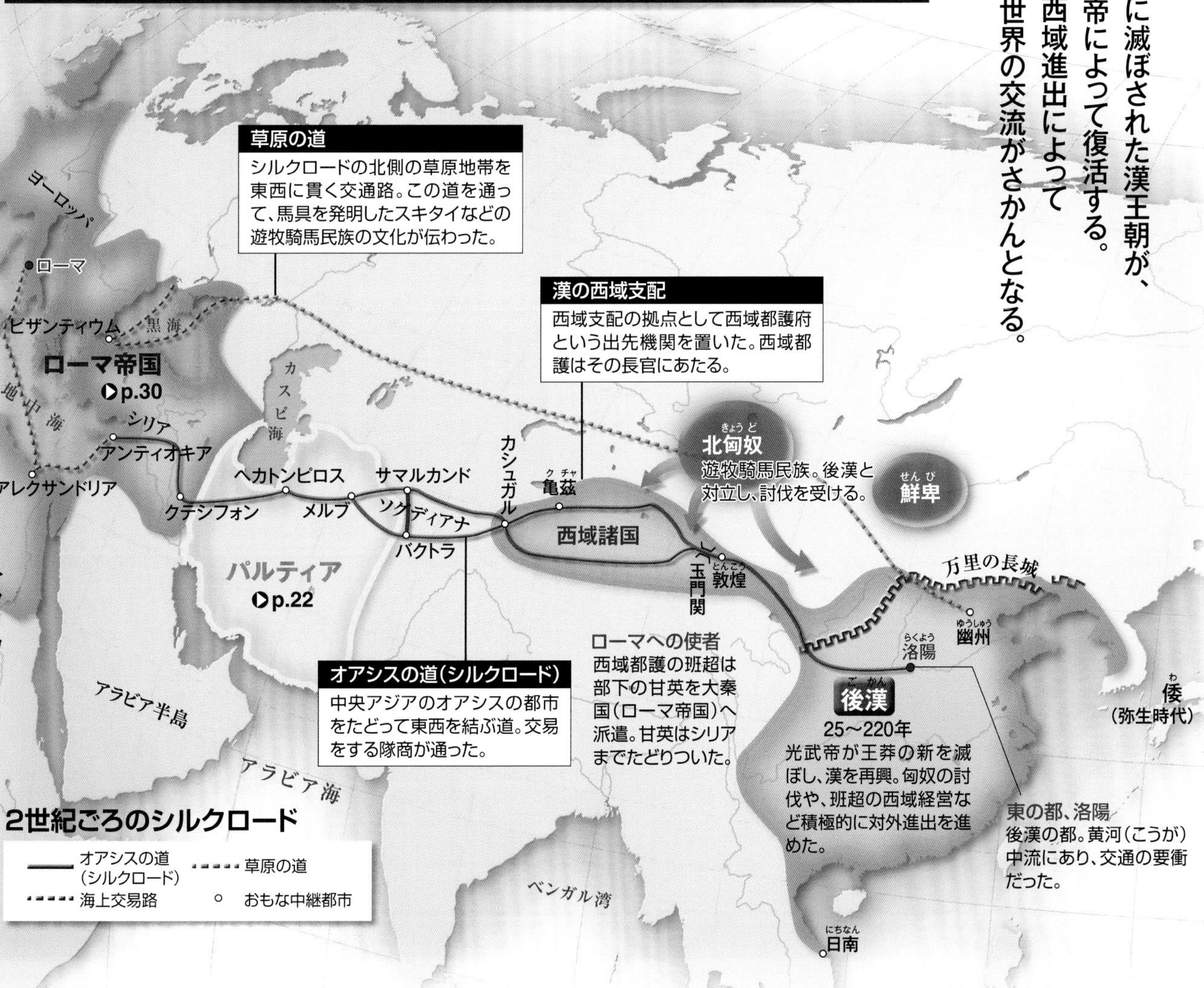
草原の道
シルクロードの北側の草原地帯を東西に貫く交通路。この道を通って、馬具を発明したスキタイなどの遊牧騎馬民族の文化が伝わった。
漢の西域支配
西域支配の拠点として西域都護府という出先機関を置いた。西域都護はその長官にあたる。
ヨーロッパ
ローマ
ビザンティウム
黒海
ローマ帝国
p.30
地中海
シリア
アンティオキア
アレクサンドリア
カスピ海
ヘカトンピロス
クテシフォン
メルブ
サマルカンド
ソグディアナ
バクトラ
カシュガル
亀茲《クチャ》
西域諸国
北匈奴《きょうど》
遊牧騎馬民族。後漢と対立し、討伐を受ける。
鮮卑《せんぴ》
玉門関
敦煌《とんこう》
万里の長城
幽州《ゆうしゅう》
洛陽《らくよう》
パルティア
p.22
アフリカ
アラビア半島
アラビア海
ベンガル湾
オアシスの道(シルクロード)
中央アジアのオアシスの都市をたどって東西を結ぶ道。交易をする隊商が通った。
ローマへの使者
西域都護の班超は部下の甘英を大秦国(ローマ帝国)へ派遣。甘英はシリアまでたどりついた。
後漢《ごかん》
25〜220年
光武帝が王莽の新を滅ぼし、漢を再興。匈奴の討伐や、班超の西域経営など積極的に対外進出を進めた。
倭《わ》
(弥生時代)
東の都、洛陽
後漢の都。黄河(こうが)中流にあり、交通の要衝だった。
日南《にちなん》
2世紀ごろのシルクロード
オアシスの道(シルクロード)
草原の道
海上交易路
おもな中継都市

20 秦の中国支配システム 21 シルクロード

第2篇 融合する文明

西アジア・中央アジア・南アジア	東アジア
	220年～　三国時代
	304年～　五胡十六国時代
	439年～　南北朝時代

第5章 東アジアの変容

589年　隋が中国を統一

610年ごろ　イスラーム教が成立

618年　唐を建国

661年　ウマイヤ朝が成立

676年　新羅が朝鮮半島を統一

750年　アッバース朝が成立

794年　桓武天皇が平安京に遷都

第6章 イスラーム世界の誕生と拡大

960年　宋が成立

1038年　セルジューク朝が成立

1127年　南宋が成立

1185年ごろ　鎌倉幕府が成立

1206年　チンギス=ハンがモンゴルを統一

1206年　北インドにデリー=スルタン朝はじまる

1271年　フビライ=ハンが国号を元と改める

1336年　室町幕府が成立

1368年　明が成立

1370年　ティムール帝国が成立

1392年　朝鮮王朝が成立

第7章 ユーラシア世界の再編

1501年　サファヴィー朝が成立

1526年　ムガル帝国が成立

1603年　江戸幕府が成立

1616年　ヌルハチが金（後金）を建国

西ヨーロッパ	東ヨーロッパ・ロシア

4世紀後半～　ゲルマン人の大移動

418年　西ゴート王国建国

481年　フランク王国がおこる

527年　ビザンツ（東ローマ）帝国で、ユスティニアヌス帝が即位

第8章 ヨーロッパの誕生

800年　カールの戴冠

843年　ヴェルダン条約でフランク王国が3分割

882年　キエフ公国建国

962年　神聖ローマ帝国、オットー1世が戴冠

1054年　東西教会の分裂

1096年　第1回十字軍

1339年　百年戦争がはじまる

14世紀中ごろ　ペストが流行

1453年　ビザンツ帝国滅亡

1462年　イヴァン3世がモスクワ大公になる

22 海のシルクロード

海上でも展開した東西世界の交流

1世紀〜8世紀

アフリカ、アラビア、インド、東南アジア、中国などの交易圏をつなぐ壮大な海の道を通じ、東西の諸文明が交流した。

季節風と海流を利用したインド洋ルートの開通

ユーラシアの東西世界の交流において、海上のルートは、陸上ルートに劣らず重要であった。海は人々の交流をはばむものという先入観があるが、季節風や海流を利用した航海は、人や物の大量かつ迅速な運搬を可能にしてきた。数千キロ、ときには1万キロ以上も離れた場所同士を結ぶ重要な運搬手段として、古くから利用されてきたのである。

ユーラシアでは、インド洋のモンスーン(季節風)と海流を利用して、アラビア半島とインドを直通する海上交流が、1世紀ごろに始まった。これにより、エジプトやシリアの商人が、香辛料や絹などを求めてインドへ進出し、かわりにローマの金貨やガラス・金属製品などをもたらした。この交易により、南インドでは**サータヴァーハナ朝**(アーンドラ王国)などが繁栄した。さらに、インドから東南アジアへの航路も開かれ、東南アジアはインド文化圏に取り込まれていった。

一方、中国でも紀元前後のころには、沿岸づたいに東南アジアやセイロン、インド東部との交易が行われていた。したがって、ユーラシア大陸の東西文明は、インドを中継地としてつながりをもったことになる。2世紀なかばには、ローマ帝国から後漢《ごかん》への使者が、インド洋の海路をたどって現在のベトナムに達している。

海上交易がさかんになると、東南アジアの沿岸部には**林邑**《りんゆう》(チャンパー)、**扶南**《ふなん》などの**港市**《こうし》**国家**が成立し、中継交易で繁栄した。そして、中国やインドとの結びつきが強まるとともに、ベトナムでは漢字などの中国文化が、その他の東南アジアではヒンドゥー教や上座部《じょうざぶ》仏教などのインド文化が浸透していった。

ムスリム商人がユーラシアの海上交易を席巻

8世紀なかば、イスラーム世界にアッバース朝(**P58参照**)が成立すると、海上交易にムスリム商人が進出し、やがてその主導権を握ることになる。ムスリム商人は三角形の帆を張った**ダウ船**に乗り、モンスーンを自在に利用して、紅海・ペルシア湾からインド・東南アジアを経由し、中国に至るルートを定期的に航海した。広《こう》州《しゅう》をはじめ、泉州《せんしゅう》、揚州《ようしゅう》など中国の港市には、ペルシア人やアラブ人の商人が多数居留し、広州には海上貿易を管理する**市舶司**《しはくし》が置かれた。また、アフリカ東岸にも進出した。

このように、インド洋を中心として確立された長大な海上ルートは、東西の諸文明の交流をおおいに促した。これは陸上のシルクロードに対して、**海のシルクロード**あるいは**海の道**とよばれている。

海のシルクロード

1〜2世紀の海のシルクロード

季節風を利用したインド洋航路の開通によって、ユーラシア大陸の東と西を海路で結ぶ「海のシルクロード」が形成された。アラビア半島からもたらされた乳香などから「香料の道」、12世紀以降には、中国の陶磁器が運ばれ「陶器の道」ともよばれた。

ローマ
地
中
海
黒海
ビザンティウム
カスピ海
ローマ帝国
p.30
アレクサンドリア
パルティア王国
アフリカ
紅
ペルシア湾
ホルムズ
クシャーナ朝
アラビア
クシュ王国
オマーン
海
アクスム王国
アデン
アラビア海
インド
マガダ
タムラリプティ
冬の北東季節風
夏の南西季節風
ムジリス
ベンガル湾
シンハラ
インド洋
長安
洛陽
後漢
p.43
長沙
南海(広州)
九真
日南
林邑
扶南
オケオ
南シナ海

インド洋のモンスーン(季節風)
インド洋北部では、モンスーンとよばれる季節風が、夏は南西から、冬は北東から吹く。この季節風を巧みに利用したアラビア〜インド間の直航ルートが1世紀ごろ開拓され、東西交易を大きく発達させた。

西南シルクロード
中央アジアを経由するシルクロードに対し、現在の中国四川省・雲南省からミャンマー北部をへて、インドのベンガル地方に至るルート。険しい山道が続く。

166年 ローマ帝国の使者
大秦国王安敦(〈だいしんこくおうあんとん〉ローマ皇帝マルクス=アウレリウスとみられる)の使者が、「海の道」を通って後漢南部の日南(にちなん)に到達した。

林邑《りんゆう》(チャンパー)
2世紀末、ベトナム中部に成立したチャム人の国家。東南アジアの沿岸航路による交易で栄え、19世紀まで続いた。

扶南《ふなん》
1世紀に現在のベトナム南部からカンボジアの一帯に成立した国家。オケオを外港とし、中継交易で栄えた。

アクスム王国
前2世紀、エチオピア高原に成立した国家。インド洋・紅海と地中海・ナイル川を結ぶ交易で栄え、4世紀にキリスト教を受容。現在のエチオピアへと続く。

第5章

東アジアの変容

23 三国時代・五胡十六国
24 南北朝時代
25 隋
26 唐
27 宋
28 南宋
29 新羅の朝鮮半島統一

23 三国時代・五胡十六国

長い戦乱に苦しんだ『三国志』の時代

220年
～
439年

天下三分の戦乱時代ののち、侵入した異民族の国家が興亡する時代が続く。

群雄割拠の動乱から異民族の侵入、漢民族の大移動へ

後漢《ごかん》(**P43参照**)末期は政治が乱れ、農地の荒廃による飢饉《ききん》が頻発した。高官や豪族が勢力を伸ばし、群雄が割拠する時代となったが、特に大きな勢力となったのは、華北《かほく》の**曹操**《そうそう》、江南《こうなん》の**孫権**《そんけん》、四川《しせん》の**劉備**《りゅうび》であった。220年、曹操の子の曹丕《そうひ》が後漢の献帝《けんてい》に譲位を迫り、**魏**《ぎ》を建国すると、孫権が**呉**《ご》を、劉備が**蜀**《しょく》を建て、三国が並び立つ時代となった。三国の対立は、元《げん》朝末期以後に出た小説『**三国志演義**《さんごくしえんぎ》』に描かれてよく知られるが、民衆は戦乱と飢饉に苦しんだ時代であった。

魏は、屯田制《とんでんせい》や**九品中正法**《きゅうひんちゅうせいほう》によって国力をつけ、蜀を併合するが、有力武将の**司**《し》**馬炎**《ばえん》(武帝《ぶてい》)が帝位を奪い、**晋**《しん》(**西晋**《せいしん》)を建てた。晋は280年に呉を滅ぼし、中国統一を果たすものの、八王《はちおう》の乱とよばれる王族の争いにより内乱状態となった。

この機に乗じて遊牧民の五胡《ごこ》が華北に侵入し、316年に晋が滅亡。華北の漢民族の多くが、戦乱を避けて江南(長江《ちょうこう》流域以南)に移動した。晋の一族である司馬睿《しばえい》は、江南の稲作地帯を基盤とする**東晋**《とうしん》を建てた。

華北では、五胡を中心とする16の王朝がめまぐるしく盛衰したため、この時代を**五胡十六国**《ごこ》とよぶ。

三国時代と五胡十六国《ごこ》

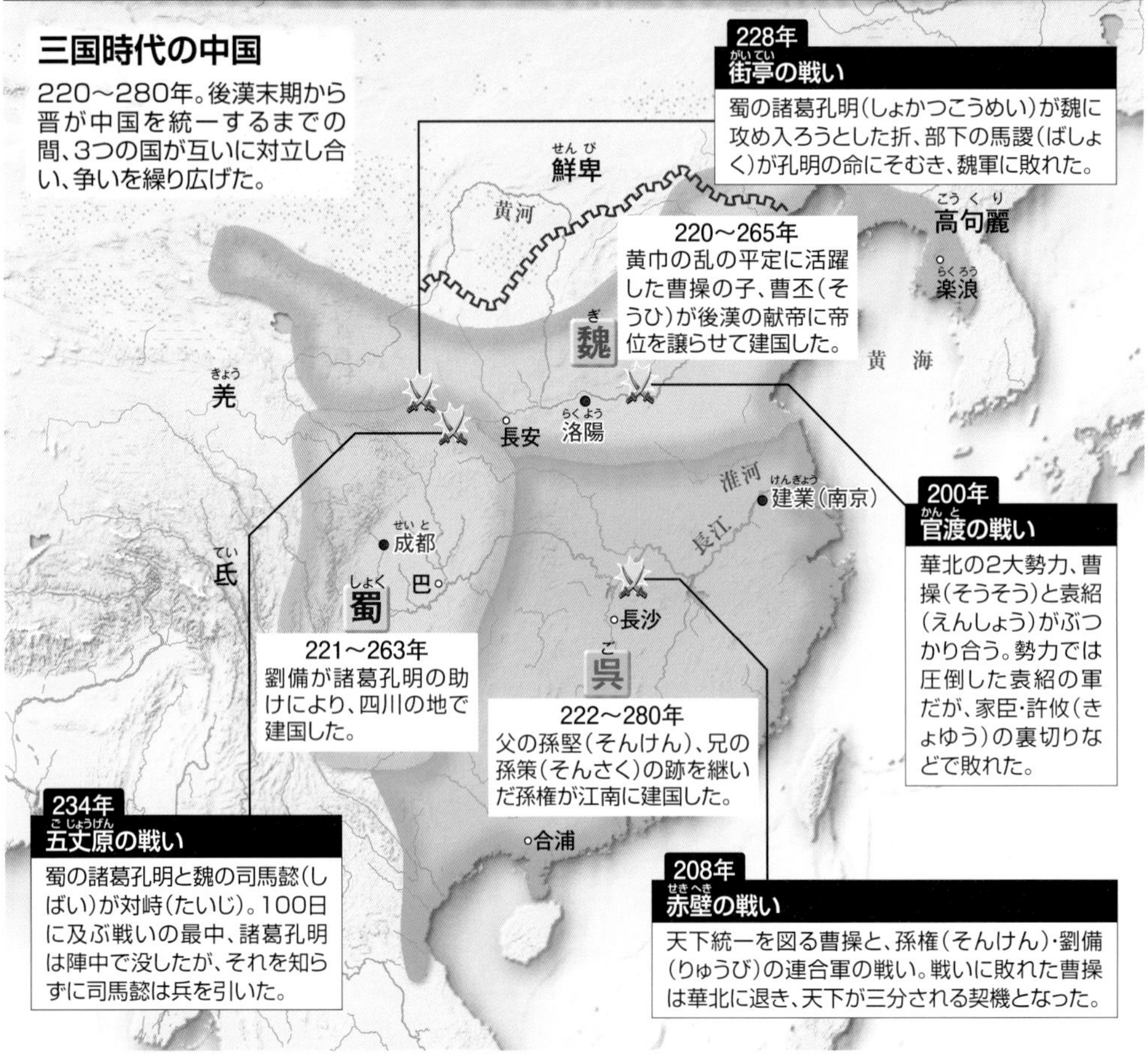

三国時代の中国
220～280年。後漢末期から晋が中国を統一するまでの間、3つの国が互いに対立し合い、争いを繰り広げた。
228年
街亭《がいてい》の戦い
蜀の諸葛孔明(しょかつこうめい)が魏に攻め入ろうとした折、部下の馬謖(ばしょく)が孔明の命にそむき、魏軍に敗れた。
鮮卑《せんぴ》
黄河
220～265年
黄巾の乱の平定に活躍した曹操の子、曹丕(そうひ)が後漢の献帝に帝位を譲らせて建国した。
魏《ぎ》
高句麗《こうくり》
楽浪《らくろう》
黄海
羌《きょう》
長安
洛陽《らくよう》
淮河
建業《けんぎょう》(南京)
200年
官渡《かんと》の戦い
華北の2大勢力、曹操(そうそう)と袁紹(えんしょう)がぶつかり合う。勢力では圧倒した袁紹の軍だが、家臣・許攸(きょゆう)の裏切りなどで敗れた。
氐《てい》
成都《せいと》
巴
蜀《しょく》
長江
長沙
221～263年
劉備が諸葛孔明の助けにより、四川の地で建国した。
呉《ご》
222～280年
父の孫堅(そんけん)、兄の孫策(そんさく)の跡を継いだ孫権が江南に建国した。
234年
五丈原《ごじょうげん》の戦い
蜀の諸葛孔明と魏の司馬懿(しばい)が対峙(たいじ)。100日に及ぶ戦いの最中、諸葛孔明は陣中で没したが、それを知らずに司馬懿は兵を引いた。
合浦
208年
赤壁《せきへき》の戦い
天下統一を図る曹操と、孫権(そんけん)・劉備(りゅうび)の連合軍の戦い。戦いに敗れた曹操は華北に退き、天下が三分される契機となった。

五胡十六国と東晋
304～439年。五胡とよばれる5つの遊牧民族が侵入。16もの国が次々に建国されては滅びていった。
前燕《ぜんえん》
北燕《ほくえん》
鮮卑《せんぴ》
敦煌
西涼《せいりょう》
北涼《ほくりょう》
匈奴《きょうど》
後燕《こうえん》
前涼《ぜんりょう》
南涼《なんりょう》
後涼《こうりょう》
夏《か》
羯《けつ》
後趙《こうちょう》
漢《かん》(前趙《ぜんちょう》)
南燕《なんえん》
黄海
羌《きょう》
西秦《せいしん》
黄河
洛陽
氐《てい》
前秦《ぜんしん》
後秦《こうしん》
漢民族の移動
長江
建康《けんこう》(南京)
成漢《せいかん》
成都
東晋《とうしん》
317～420年
晋の一族の司馬睿(しばえい)が建国。都を建康(南京)に置く。

五胡		十六国	
鮮卑《せんぴ》		前燕(ぜんえん)	[337～370年]
		後燕(こうえん)	[384～409年]
		西秦(せいしん)	[385～431年]
		南涼(なんりょう)	[397～414年]
		南燕(なんえん)	[398～410年]
匈奴《きょうど》		漢(前趙 ぜんちょう)	[304～329年]
		北涼(ほくりょう)	[397～439年]
		夏(か)	[407～431年]
羯《けつ》		後趙(こうちょう)	[319～351年]
羌		後秦(こうしん)	[384～417年]
氐《てい》		成漢(せいかん)	[304～347年]
		前秦(ぜんしん)	[351～394年]
		後涼(こうりょう)	[386～403年]
(漢民族)		前涼(ぜんりょう)	[301～376年]
		西涼(せいりょう)	[400～421年]
		北燕(ほくえん)	[409～436年]

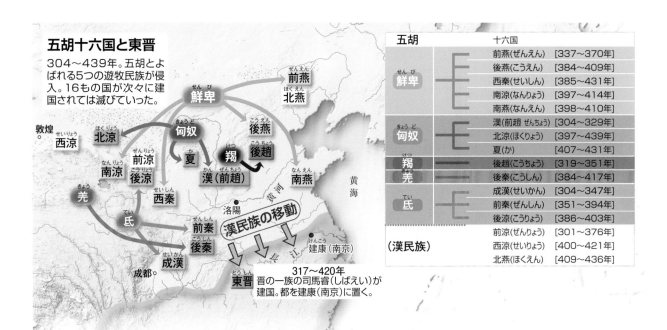

24 南北朝時代

北の異民族王朝と南の漢民族王朝が並立

439年〜589年

華北の北方民族王朝と江南の漢民族王朝が並立。北朝の北方民族は中国化し、南朝では門閥貴族が台頭する。

後漢《ごかん》の滅亡から隋《ずい》による再統一まで

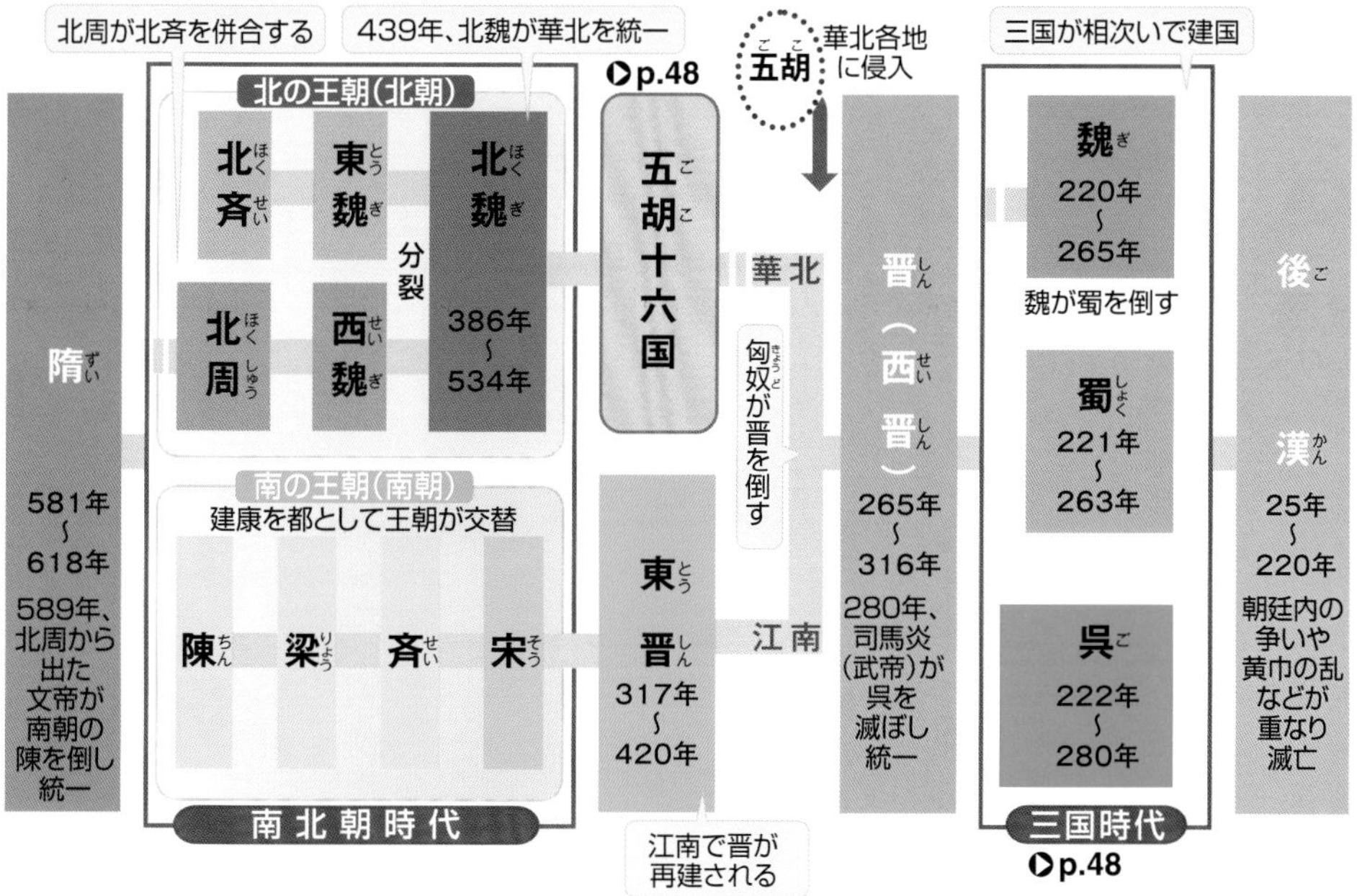
北周が北斉を併合する
439年、北魏が華北を統一
北の王朝(北朝)
北斉《ほくせい》
東魏《とうぎ》
北魏《ほくぎ》
分裂
386年〜534年
北周《ほくしゅう》
西魏《せいぎ》
隋《ずい》
581年〜618年
589年、北周から出た文帝が南朝の陳を倒し統一
南の王朝(南朝)
建康を都として王朝が交替
陳《ちん》
梁《りょう》
斉《せい》
宋《そう》
南北朝時代
p.48
五胡《ごこ》十六国
五胡《ごこ》
華北各地に侵入
華北
匈奴《きょうど》が晋を倒す
東《とう》晋《しん》
317年〜420年
江南
江南で晋が再建される
晋《しん》(西《せい》晋《しん》)
265年〜316年
280年、司馬炎(武帝)が呉を滅ぼし統一
三国が相次いで建国
魏《ぎ》
220年〜265年
魏が蜀を倒す
蜀《しょく》
221年〜263年
呉《ご》
222年〜280年
三国時代
p.48
後《ご》漢《かん》
25年〜220年
朝廷内の争いや黄巾の乱などが重なり滅亡

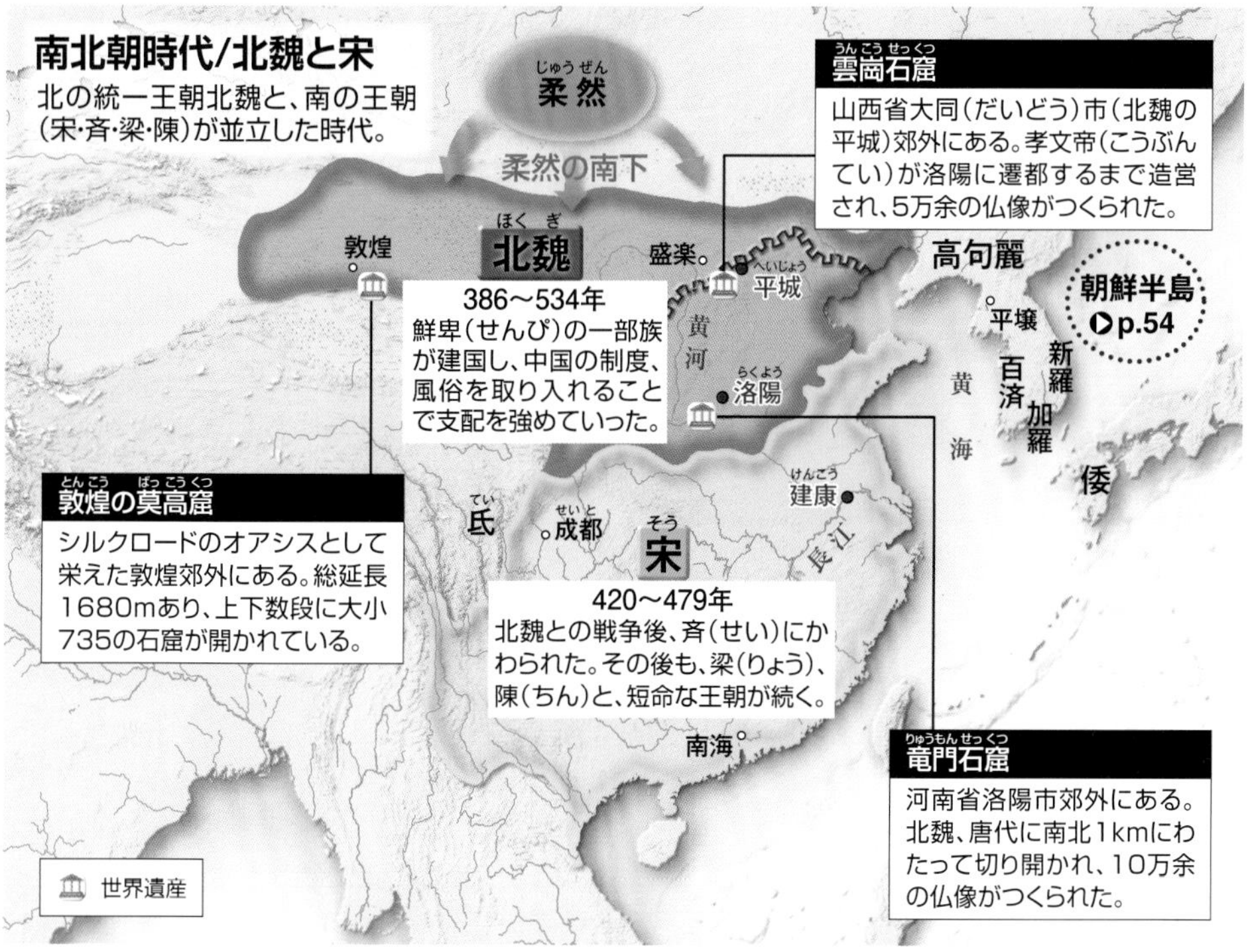
南北朝時代/北魏と宋
北の統一王朝北魏と、南の王朝(宋・斉・梁・陳)が並立した時代。
柔然《じゅうぜん》
柔然の南下
雲崗石窟《うんこうせっくつ》
山西省大同(だいどう)市(北魏の平城)郊外にある。孝文帝(こうぶんてい)が洛陽に遷都するまで造営され、5万余の仏像がつくられた。
敦煌
北魏《ほくぎ》
386〜534年
鮮卑(せんぴ)の一部族が建国し、中国の制度、風俗を取り入れることで支配を強めていった。
盛楽
平城《へいじょう》
黄河
洛陽《らくよう》
高句麗
朝鮮半島
p.54
平壌
百済
新羅
加羅
黄海
倭
建康《けんこう》
氐《てい》
成都《せいと》
宋《そう》
長江
420〜479年
北魏との戦争後、斉(せい)にかわられた。その後も、梁(りょう)、陳(ちん)と、短命な王朝が続く。
敦煌の莫高窟《とんこうのばっこうくつ》
シルクロードのオアシスとして栄えた敦煌郊外にある。総延長1680mあり、上下数段に大小735の石窟が開かれている。
南海
竜門石窟《りゅうもんせっくつ》
河南省洛陽市郊外にある。北魏、唐代に南北1kmにわたって切り開かれ、10万余の仏像がつくられた。
世界遺産

北方民族王朝の北魏は中国化(漢化政策)の道を歩む

439年、華北《かほく》では鮮卑《せんぴ》族の**北魏《ほくぎ》**が統一王朝を建てる。北魏はおよそ150年の間華北を支配し、江南《こうなん》の漢民族の王朝と並び立つ**南北朝《なんぼくちょう》**の時代となる。

北魏は仏教(**P35参照**)を導入。また漢民族の官僚を登用し、中国化していく。6代皇帝の**孝文帝《こうぶんてい》**は、国が農民に土地を公平に分配し租税を徴収する**均田制《きんでんせい》**を取り入れるとともに、都を**洛陽《らくよう》**に移し、皇帝の支配体制を強固にした。

しかし、中国化に抵抗する鮮卑族の反乱が各地で起こり、6世紀前半に、北魏は東魏《とうぎ》と西魏《せいぎ》に分裂する。東魏は北斉《ほくせい》にかわるが、西魏の跡を継いだ北周《ほくしゅう》に併合される。

一方、江南の稲作地帯を基盤とする漢民族王朝では、門閥貴族が大規模荘園の経営を背景に勢力をもったために皇帝の権力は弱く、東晋《とうしん》のあとは、宋《そう》、斉《せい》、梁《りょう》、陳《ちん》の各王朝が数十年ごとに交替した。

仏教が浸透し、貴族文化が花開く

この時代、仏教が国家の庇護《ひご》を受け、雲崗《うんこう》などに石窟寺院が建立された。また、道教も北魏において国教とされ、組織化された。

江南地方では、豊かな自然と経済力を背景に、貴族が担い手となる優雅な文化が花開く。この文化は、3世紀の呉《ご》以来、この地方に6つの王朝が誕生したことから、**六朝文化《りくちょうぶんか》**とよばれ、**陶淵明《とうえんめい》**の詩、**王羲之《おうぎし》**の書、**顧愷之《こがいし》**の絵画に代表される。また、貴族の間で老荘《ろうそう》思想にもとづく清談《せいだん》が流行した。

WORD 中国の仏教

仏教は、漢代に中国に伝来し、西域からやってきた仏図澄(ブドチンガ)が寺院の建立などに努めた。5世紀初めには、鳩摩羅什(クマラジーヴァ)が優れた仏典の漢訳を行い、多くの弟子を育成した。南北朝時代、華北では国家宗教として保護を受けたが、ときに王朝による廃仏毀釈(はいぶつきしゃく)も行われた。江南では貴族の教養としての性格をもった。

25 隋

40年足らずで終わった隋の中国再統一

581年〜618年

長い分裂時代に終止符を打ち、中華帝国を再建した隋は、人民の酷使などに起因する反乱により、あえなく滅び去る。

中華世界を再統一し、中央集権体制を強化

581年、華北の北周《ほくしゅう》の外戚《がいせき》であった楊堅《ようけん》は、皇帝を譲られ、**文帝**《ぶんてい》となって**隋**《ずい》を建てた。589年、隋は南朝の陳《ちん》を滅ぼし、晋《しん》の滅亡以来273年ぶりに中国統一を果たした。

文帝は、北朝の支配体制にならい、**均田**《きんでん》**制**《せい》、**府兵制**《ふへいせい》(徴兵制)を取り入れるとともに、**律令**《りつりょう》(律は刑法、令は行政法)を定めた。さらに、**租調庸**《そちょうよう》の税制(租は穀物、調は絹・綿など、庸は労役)を導入することで皇帝の農民支配を強め、中央集権体制を強化した。

また、官吏登用法として、その後長らく中華王朝で引き継がれることになる**科**《か》**挙**《きょ》(隋では選挙とよんだ)を創設した。科挙は、門閥貴族を生む温床になっていたそれまでの九品中正法《きゅうひんちゅうせいほう》を改め、学科試験によって官吏を採用するもので、皇帝による中央集権体制を強固にするねらいがあった。この制度は、清《しん》朝末期の1905年に廃止されるまで、実に1300年余りにわたって続けられることとなる。

民衆への過重な負担が反乱をまねき、40年たらずで滅亡

文帝の次子である広《こう》は、兄を失脚させて皇太子となり、父を殺害して帝位についたといわれる。これが**煬帝**《ようだい》である。煬帝は、文帝以来の**大運河**を完成させ、これにより、江南《こうなん》の物資の華北への流通が容易になり、南北の統合が進んだ。

しかし、この一大土木工事では100万人を超す民衆が動員され、過重な負担を強いられたばかりでなく、煬帝はこの運河をしばしば遊びに使い、離宮へ行く際には、金銀で飾り立てた巨大な龍の船など、数千隻もの船を農民に曳《ひ》かせた。また、万里の長城の改修や王宮・離宮の造営などにも民衆が動員された。

一方、このころには、ヤマト政権による国家統一をほぼ成し遂げた日本が、煬帝のもとへ遣隋使《けんずいし》を派遣して、対等な国交を求めている。また、文帝は北方の遊牧民である**突厥**《とっけつ》を討ち、東西に分裂させることに成功したが、煬帝は**高句麗**《こうくり》(P54参照)が突厥と結ぶことを恐れ、3度にわたる高句麗遠征を敢行した。しかし、これが失敗に終わると、皇帝の権威は失墜し、各地で農民の反乱が起こる。煬帝による人民の酷使に、飢饉《ききん》や水害が加わったことによるものだった。200もの集団が蜂起し、国内最大の穀物倉庫がある洛陽《らくよう》を占領。煬帝は数十万の軍を送り鎮圧を図ったが、反乱軍の勢いはもはや止められなかった。618年、ついに煬帝は江都《こうと》の離宮で臣下によって殺され、隋帝国はわずか2代40年足らずで滅亡した。

北朝の隋が南朝の陳を滅ぼし中国再統一

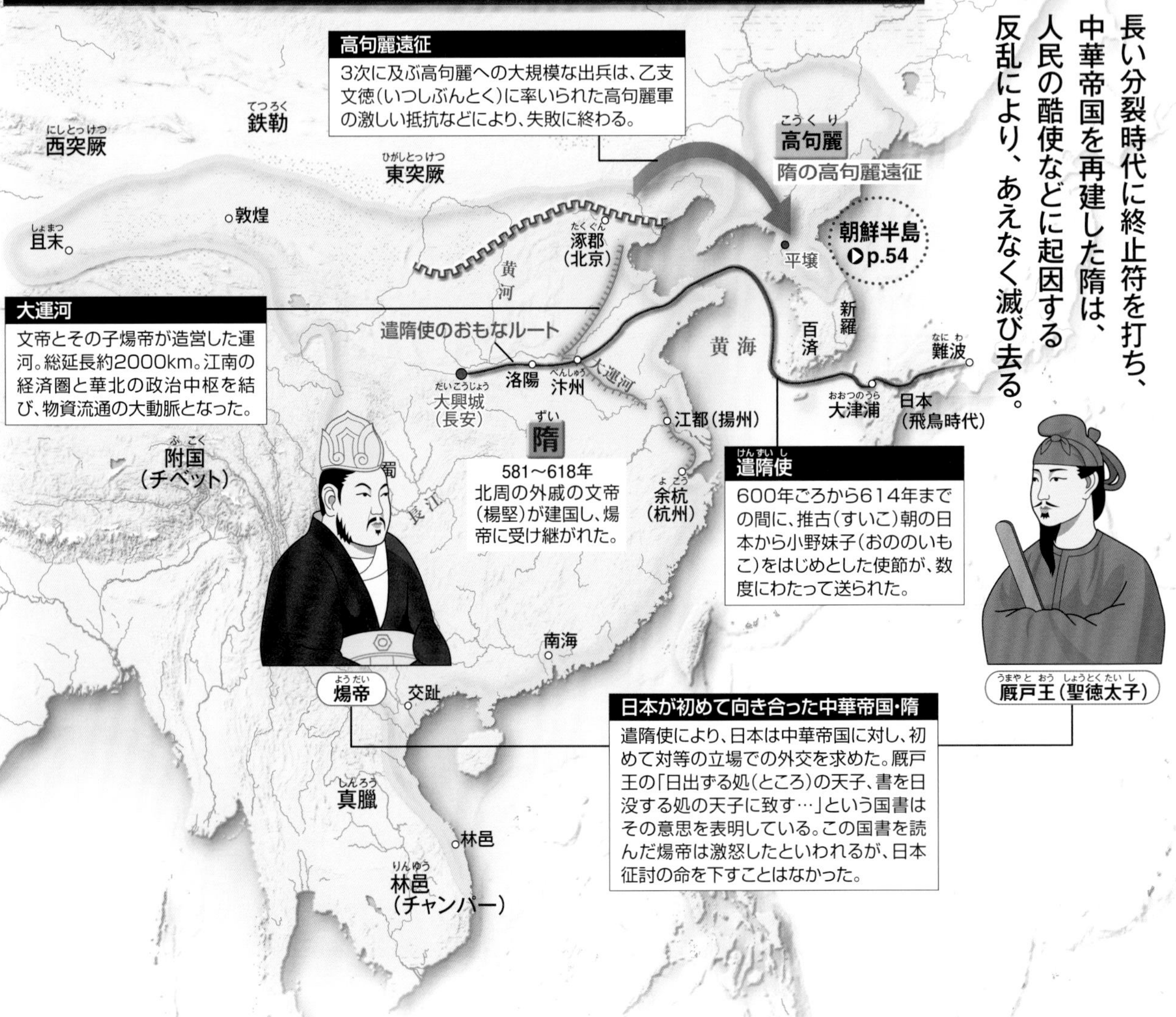

高句麗遠征
3次に及ぶ高句麗への大規模な出兵は、乙支文徳(いつしぶんとく)に率いられた高句麗軍の激しい抵抗などにより、失敗に終わる。
鉄勒《てつろく》
西突厥《にしとっけつ》
東突厥《ひがしとっけつ》
高句麗《こうくり》
隋の高句麗遠征
敦煌
且末《しょまつ》
涿郡《たくぐん》(北京)
朝鮮半島 p.54
平壌
黄河
新羅
大運河
文帝とその子煬帝が造営した運河。総延長約2000km。江南の経済圏と華北の政治中枢を結び、物資流通の大動脈となった。
遣隋使のおもなルート
黄海
百済
難波《なにわ》
洛陽
汴州《べんしゅう》
大運河
大興城《だいこうじょう》(長安)
大津浦《おおつのうら》
日本(飛鳥時代)
江都(揚州)
隋《ずい》
581〜618年
北周の外戚の文帝(楊堅)が建国し、煬帝に受け継がれた。
附国《ふこく》(チベット)
蜀
長江
遣隋使《けんずいし》
600年ごろから614年までの間に、推古(すいこ)朝の日本から小野妹子(おののいもこ)をはじめとした使節が、数度にわたって送られた。
余杭《よこう》(杭州)
南海
煬帝《ようだい》
交趾
厩戸王《うまやとおう》(聖徳太子《しょうとくたいし》)
日本が初めて向き合った中華帝国・隋
遣隋使により、日本は中華帝国に対し、初めて対等の立場での外交を求めた。厩戸王の「日出ずる処(ところ)の天子、書を日没する処の天子に致す…」という国書はその意思を表明している。この国書を読んだ煬帝は激怒したといわれるが、日本征討の命を下すことはなかった。
真臘《しんろう》
林邑
林邑《りんゆう》(チャンパー)

26 唐

「世界帝国」大唐帝国の誕生

618年〜907年

隋を継承した唐は、中央集権体制を整備し、中央アジアに達する広大な版図をもつ世界帝国へ発展する。しかし、安史の乱を境に衰退へと向かう。

中華帝国からイスラーム帝国に並ぶ世界帝国へ発展

隋《ずい》末期に挙兵した**李淵**《りえん》(**高祖**《こうそ》)は、618年に皇帝となり、**長安**《ちょうあん》を都として**唐**《とう》を建てた。第2代皇帝の**太宗**《たいそう》(李世民《りせいみん》)は、隋の制度を受け継ぐ形で唐の支配体制を整備し、その治世は**貞観の治**《じょうがんのち》とよばれた。続く第3代**高宗**《こうそう》は、朝鮮半島の新羅《しんら(しらぎ)》と結んで高句麗《こうくり》を滅ぼし、西方では西突厥《にしとっけつ》を討って、勢力を中央アジアに伸ばし、唐を世界帝国に発展させる。

唐の支配体制は、隋から受け継いだもので、律令格式《りつりょうきゃくしき》により国内を統治、三省《さんしょう》・六部《りくぶ》の中央官制、道、州、県の地方行政を整備し、均田制《きんでんせい》や府兵制《ふへいせい》を採用した。また、隋から踏襲した科挙《かきょ》により、門閥貴族の勢力を抑えた。

高宗の皇后であった**則天武后**《そくてんぶこう》は、高宗の死後、実子である幼帝を退けて中国史上で唯一の女帝となり、一時国号を周《しゅう》と改めた。これに続く武韋《ぶい》の禍《か》とよばれる混乱期をへて、8世紀初めの第6代**玄宗**《げんそう》の時代に、唐は最盛期を迎える。

玄宗の44年に及ぶ治世のうち、はじめの約30年間は**開元の治**《かいげんのち》とよばれる。異民族の侵入に備えて辺境に**節度使**《せつどし》が指揮する軍団を置き、均田制の衰退につながる府兵制をやめて志願兵を募る**募兵制**《ぼへいせい》を採用するなどの改革を行った。

楊貴妃の魅力に傾く帝国

しかし、玄宗は晩年になって**楊貴妃**《ようきひ》を寵愛《ちょうあい》し、楊氏一族を重用するようになる。3つの節度使を任されるなど大きな勢力となっていた**安禄山**《あんろくざん》は、楊氏の排斥を口実に**安史**《あんし》**の乱**を起こし、これ以後、唐は衰退の道を歩む。

安史の乱後は、均田制が崩壊し、農民の所有地や財産に応じて徴税する**両税法**《りょうぜいほう》が採用されるが、これにより、小農民の没落が進んだ。また、節度使の独立性が高まり、中央政権は弱体化した。

9世紀末、塩の密売人の黄巣《こうそう》による**黄巣の乱**が起こると、またたく間に全土にわたる農民反乱へ発展した。

907年、節度使の朱《しゅ》全《ぜん》忠《ちゅう》が後《こう》梁《りょう》を建国。300年近く続いた唐は滅亡し、**五代十国**《ごだいじっこく》の時代を迎える。

中央アジアまで拡大した唐の版図

回紇《かいこつ》
(ウイグル)
ウイグルの南下
アラル海
バルハシ湖
亀茲《クチャ》
渤海《ぼっかい》
営州
長城
甘州
新羅
黄河
黄海
サマルカンド
アッバース朝
p.58
吐蕃《とばん》
(チベット)
長安
揚州
日本
(奈良時代)
唐《とう》
長江
成都
杭州
遣唐使のルート
広州
751年
タラス河畔の戦い
唐とアッバース朝が衝突。この戦いに敗れた唐は、以後、西方への遠征に消極的になった。
755〜763年
安史の乱
楊貴妃(ようきひ)の楊一族を排除すると称して、安禄山(あんろくざん)と部下の史思明(ししめい)が起こした反乱。これを機に唐は混乱の時代に入る。
618〜907年
長安を都とする。李淵(りえん)が隋末の混乱を抑えて建国し、第2代太宗(たいそう)のときに全国を統一した。

人口100万の国際都市・長安

唐の都長安(現在の西安《せいあん》)は、東西9・7㎞、南北8・2㎞の方形を壁で囲み、碁盤目状に道路を走らせた都城で、最盛期には人口100万を数えたと推定される。当時、西域《せいいき》を経由する貿易がさかんで、長安は各地の商人や旅人たちでにぎわう国際都市であった。道路で囲まれた街区を坊《ぼう》とよぶが、坊内には住居のほか、仏教、道教、イスラーム教など各宗教の寺院が建てられていた。また、東西に各種商店や工房のある市《いち》も設けられていた。日本の平城京《へいじょうきょう》や平安京《へいあんきょう》、渤海《ぼっかい》の上京竜泉府《じょうけいりゅうせんふ》などは、長安を模して造営された都城である。

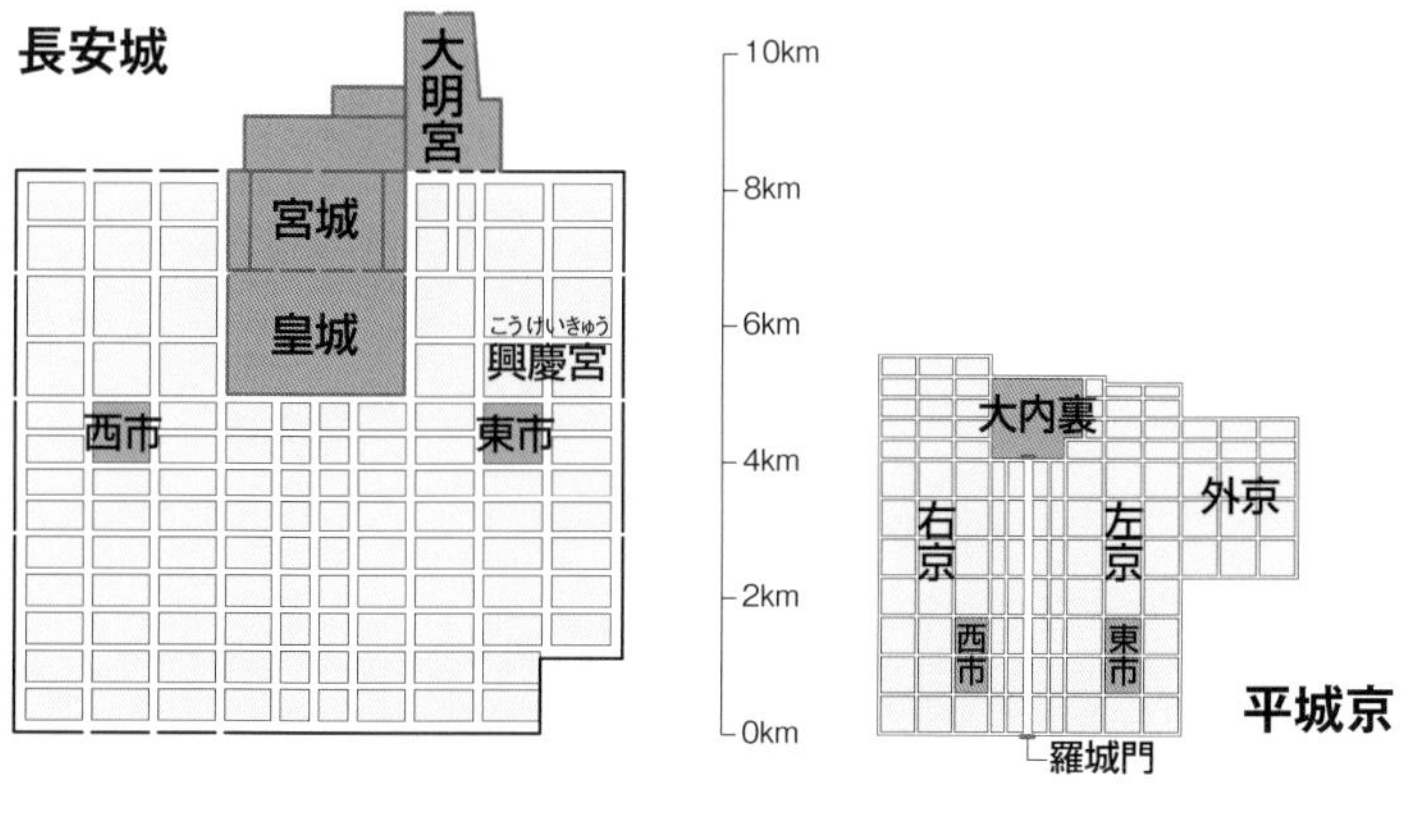
長安城
大明宮
宮城
皇城
興慶宮《こうけいきゅう》
西市
東市
10km
8km
6km
4km
2km
0km
大内裏
外京
右京
左京
西市
東市
羅城門
平城京

WORD
楊貴妃《ようきひ》
[719〜756年]
唐の玄宗皇帝の愛妃。玄宗の息子の妃だったが、美貌と才知により玄宗に見い出された。一族の楊国忠(ようこくちゅう)は宰相に出世するが、楊一族の専横が国の衰亡を招くこととなった。755年、安史の乱に際し、玄宗・楊国忠は楊貴妃をともなって四川(しせん)に逃れようとするが、その途上、反乱兵士が国忠を殺し、玄宗に対して楊貴妃殺害を迫ったため、玄宗はやむなく楊貴妃を自殺させた。

官僚が支配した帝国・宋

960年～1127年

武断政治から文治主義へ転換した宋代。庶民の生活が向上し、経済・文化が発展した陰で、官僚の腐敗が進行した。

科挙による官僚国家体制は、腐敗もともなった

907年に唐《とう》(P51参照)が滅びてからのおよそ50年間は、華北《かほく》で5王朝が交替し、地方には10の国ができた(五代十国《ごだいじっこく》)激動の時代であった。この間に門閥貴族が衰退し、節度使《せつどし》ら武人や、それと結びついた新興地主層が優勢となった。

960年、後周《こうしゅう》の武将**趙匡胤**《ちょうきょういん》(**太祖**《たいそ》)が皇帝となって**宋**《そう》(北宋《ほくそう》)を建てた。宋は武断政治を改めるため、節度使の実権を奪って、皇帝の直属軍である**禁軍**《きんぐん》を置き、文人官僚による**文治主義**《ぶんち》を推し進めた。

官僚登用については、従来の**科挙**《かきょ》に、皇帝自らが試問する**殿試**《でんし》を加え、官僚への統制を強化した。官僚を出した家は**官戸**《かんこ》とよばれ、大きな特権を得たため、多くの新興地主層(**形勢戸**《けいせいこ》)は、競って官戸を目ざした。しかし、官僚への賄賂が横行し、腐敗が進行した。

宋代には、稲作が発達したことに加え、塩、茶、酒などの生産もさかんになり、専売によって国庫を潤した。首都の**開封**《かいほう》は交通の要衝で、大運河を利用して各地の物資が集散した。商業の発展は貨幣経済の浸透を促し、手形の一種である交子《こうし》が紙幣として使われはじめた。

文化面では**宋学**《そうがく》がおこり、科学技術の進歩が三大発明を生んだ。

運河を利用し商業が発達した宋の時代

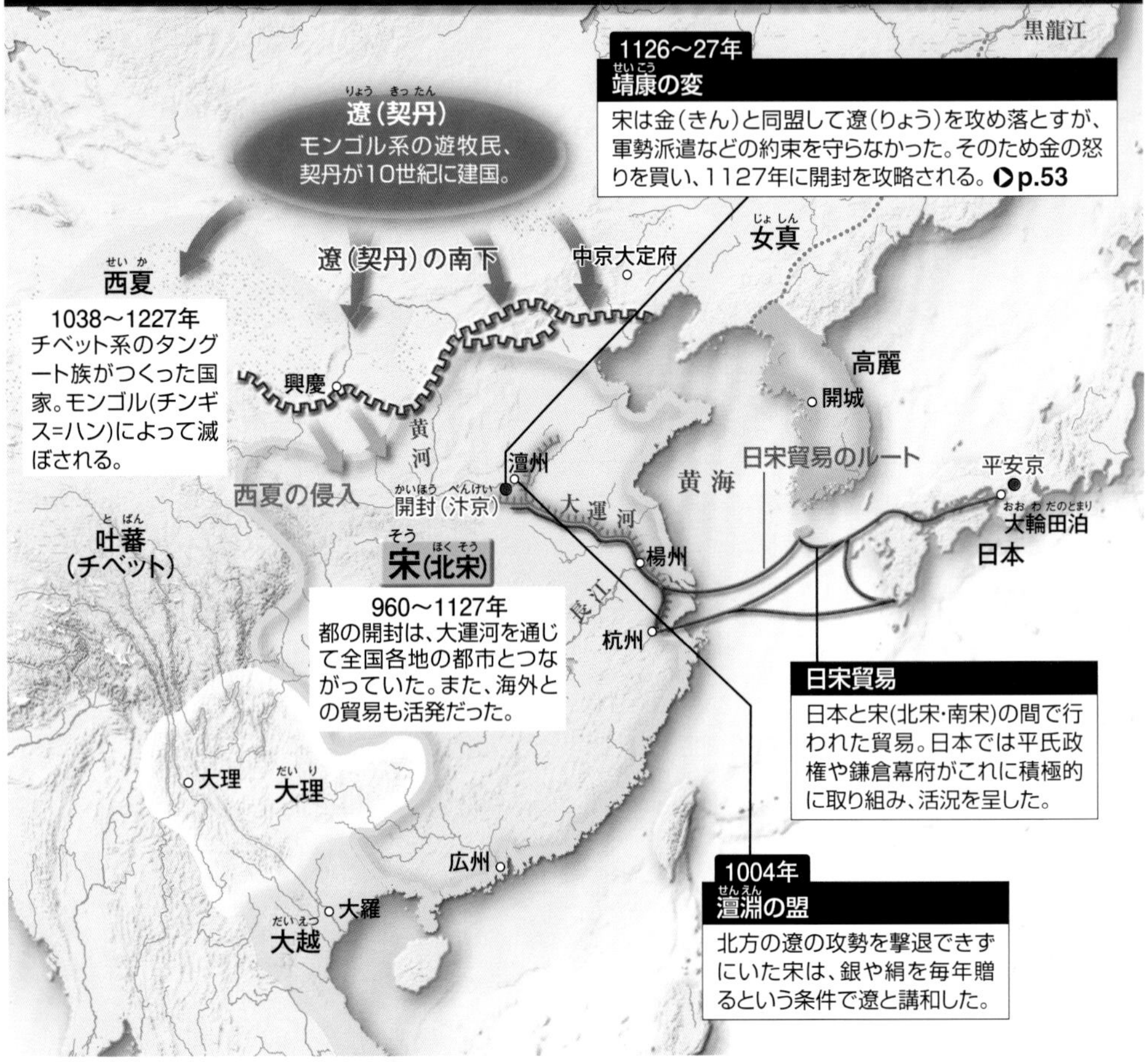

黒龍江
1126～27年
靖康《せいこう》の変
宋は金(きん)と同盟して遼(りょう)を攻め落とすが、軍勢派遣などの約束を守らなかった。そのため金の怒りを買い、1127年に開封を攻略される。▶p.53
遼《りょう》(契丹《きったん》)
モンゴル系の遊牧民、契丹が10世紀に建国。
女真《じょしん》
中京大定府
遼(契丹)の南下
西夏《せいか》
1038～1227年
チベット系のタングート族がつくった国家。モンゴル(チンギス=ハン)によって滅ぼされる。
興慶
黄河
高麗
開城
日宋貿易のルート
黄海
平安京
大輪田泊《おおわだのとまり》
日本
澶州
西夏の侵入
開封《かいほう》(汴京《べんけい》)
大運河
揚州
吐蕃《とばん》
(チベット)
宋《そう》(北宋《ほくそう》)
960～1127年
都の開封は、大運河を通じて全国各地の都市とつながっていた。また、海外との貿易も活発だった。
長江
杭州
日宋貿易
日本と宋(北宋・南宋)の間で行われた貿易。日本では平氏政権や鎌倉幕府がこれに積極的に取り組み、活況を呈した。
大理
大理《だいり》
広州
1004年
澶淵《せんえん》の盟
北方の遼の攻勢を撃退できずにいた宋は、銀や絹を毎年贈るという条件で遼と講和した。
大羅
大越《だいえつ》

科挙《かきょ》

隋(ずい)代に始まった高級官僚登用試験である科挙には、宋代に皇帝自ら行う殿試が加わった。試験は解試、省試、殿試の3段階で行われ、合格時の成績順位が出世に反映された。

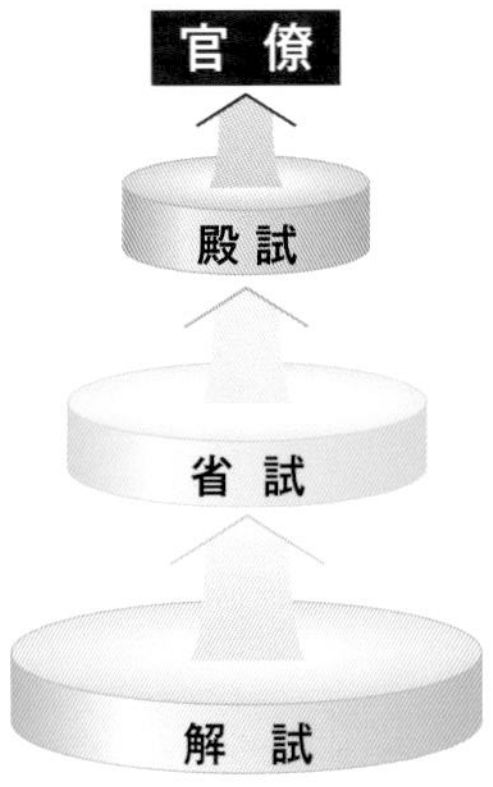

官僚
殿試
省試
解試

殿試《でんし》
皇帝自らが試問する最終試験。

省試《しょうし》
都の礼部《れいぶ》が実施する中央試験。

解試《かいし》**(州試・府試)**
地方で実施される予備試験。

印刷技術
活版印刷がヨーロッパで普及。

火薬
大砲や鉄砲を生む。

羅針盤《らしんばん》**(磁針)**
大航海時代を実現。

宋代の三大発明

印刷技術、火薬、羅針盤《らしんばん》は、いずれも宋代に改良・実用化されたもので、宋代の三大発明とされる。これらの技術はイスラーム商人によってヨーロッパに伝えられ、後世に大きな影響を与えた。

WORD **朱子学**《しゅしがく》

宇宙の原理や人間の本性を追求する新しい儒学(じゅがく)で、北宋の周敦頤(しゅうとんい)らの学説を、南宋の朱熹(〈しゅき〉朱子)が集大成したもの。朱熹の晩年には偽学として弾圧されたが、その死後には官学として迎えられ、中央集権国家を統治する思想として大きな役割を果たした。日本には鎌倉時代に伝わり、江戸幕府によって官学とされた。

28 南宋

北方民族の圧力に屈した宋

1127年～1279年

宋は北方民族の圧力に抗しきれず、華北を明け渡して豊かな江南に南宋を建てる。

27 宋
28 南宋

華南に再興された南宋

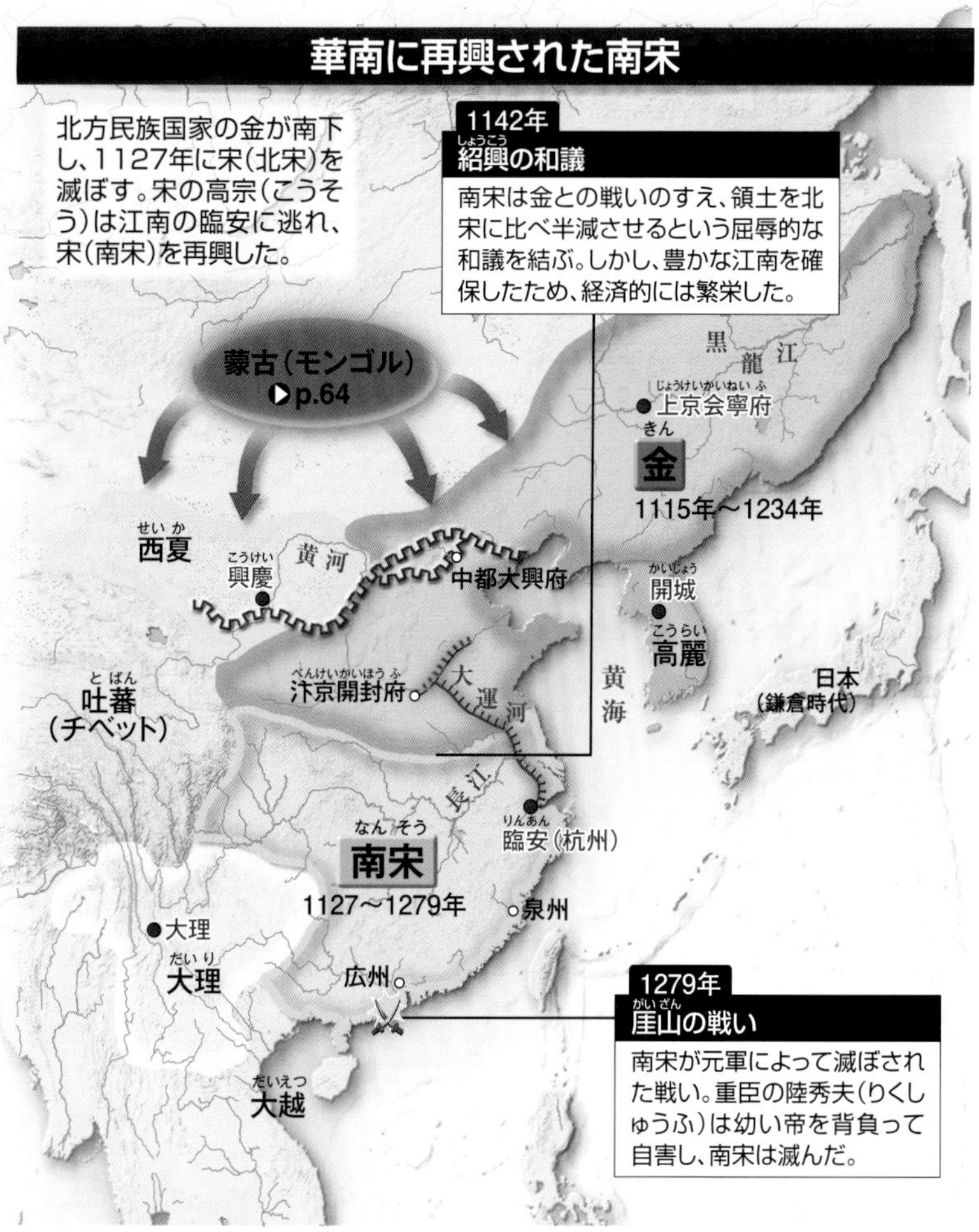
北方民族国家の金が南下し、1127年に宋(北宋)を滅ぼす。宋の高宗(こうそう)は江南の臨安に逃れ、宋(南宋)を再興した。
1142年
紹興《しょうこう》の和議
南宋は金との戦いのすえ、領土を北宋に比べ半減させるという屈辱的な和議を結ぶ。しかし、豊かな江南を確保したため、経済的には繁栄した。
蒙古(モンゴル)
▶p.64
黒
龍
江
上京会寧府《じょうけいかいねいふ》
金《きん》
1115年～1234年
西夏《せいか》
興慶《こうけい》
黄河
中都大興府
開城《かいじょう》
高麗《こうらい》
日本
(鎌倉時代)
吐蕃《とばん》
(チベット)
汴京開封府《べんけいかいほうふ》
大運河
黄海
長江
臨安《りんあん》(杭州)
南宋《なんそう》
1127～1279年
泉州
大理
大理《だいり》
広州
1279年
厓山《がいざん》の戦い
南宋が元軍によって滅ぼされた戦い。重臣の陸秀夫(りくしゅうふ)は幼い帝を背負って自害し、南宋は滅んだ。
大越《だいえつ》

勃興する遊牧民国家 中華世界の覇権は北方民族へ

宋《そう》代には、周辺の遊牧民族が力をつけ、中華王朝を脅かす動きが活発となった。10世紀初頭に**耶律阿保機**《やりつあぼき》が建てた**遼**《りょう》(契丹《きったん》)(**P52参照**)は、五代の後晋《こうしん》から燕雲《えんうん》十六州を割譲させたあと、宋にも迫り、毎年銀や絹を贈ることを約束させた。また、チベット系民族が建てた西夏《せいか》も遼と結んで宋を脅かしたため、宋は銀や絹、茶を贈った。

宋では国防と外交に要する経費が国家財政を圧迫したため、**王安石**《おうあんせき》が新法をもって富国強兵の改革に乗り出したが、保守派の反対にあって挫折、その後の政治は混乱した。

12世紀初め、現在の中国東北地方一帯に女真《じょしん》族が**金**《きん》を建国。宋はこれと同盟して遼を滅ぼしたが、共同して出兵するという金との約束を宋が果たさなかったため、金は開封《かいほう》を陥落させ、**徽宗**《きそう》らを拉致した(靖康《せいこう》の変)。ここに宋は滅び、徽宗の子**高宗**《こうそう》が江南《こうなん》に移って臨安《りんあん》(杭州《こうしゅう》)を首都とする**南宋**《なんそう》を建てた。

圧迫されながらも、経済的には繁栄した南宋

南宋は金の華北《かほく》支配を認め、臣下として大量の銀などを贈ることとなった。しかし、豊かな生産力と諸国との貿易で、経済的には繁栄する。

広州《こうしゅう》、臨安、泉州《せんしゅう》といった港市は東南アジア諸国との貿易港として栄え、ムスリム商人の来航も増えた。日本や朝鮮との間では私貿易もさかんとなり、日本の平氏政権との**日宋貿易**では多くの文物が日本にもたらされた。

しかし、13世紀にはモンゴル高原におこったモンゴル帝国(**P64参照**)がユーラシア大陸を席巻《せっけん》。モンゴル高原から華北へ南下して西夏、金を滅ぼし、ついに南宋をものみ込むことになる。

北方民族の脅威

中国北方を根拠地とする遊牧民族は、高い機動性でたびたび中国王朝を脅かした。歴代の中国王朝は、ときには武力で、ときには宥和《ゆうわ》によって北方民族の侵入を防ぐことに努めた。戦国時代から営々と築かれた万里《ばんり》の長城《ちょうじょう》も、北方民族に備えるものであった。しかし、蒙古《もうこ》の元《げん》、女真《じょしん》(満州《まんしゅう》人)の清《しん》のように、数で圧倒的に勝る漢民族を征服した異民族もあった。

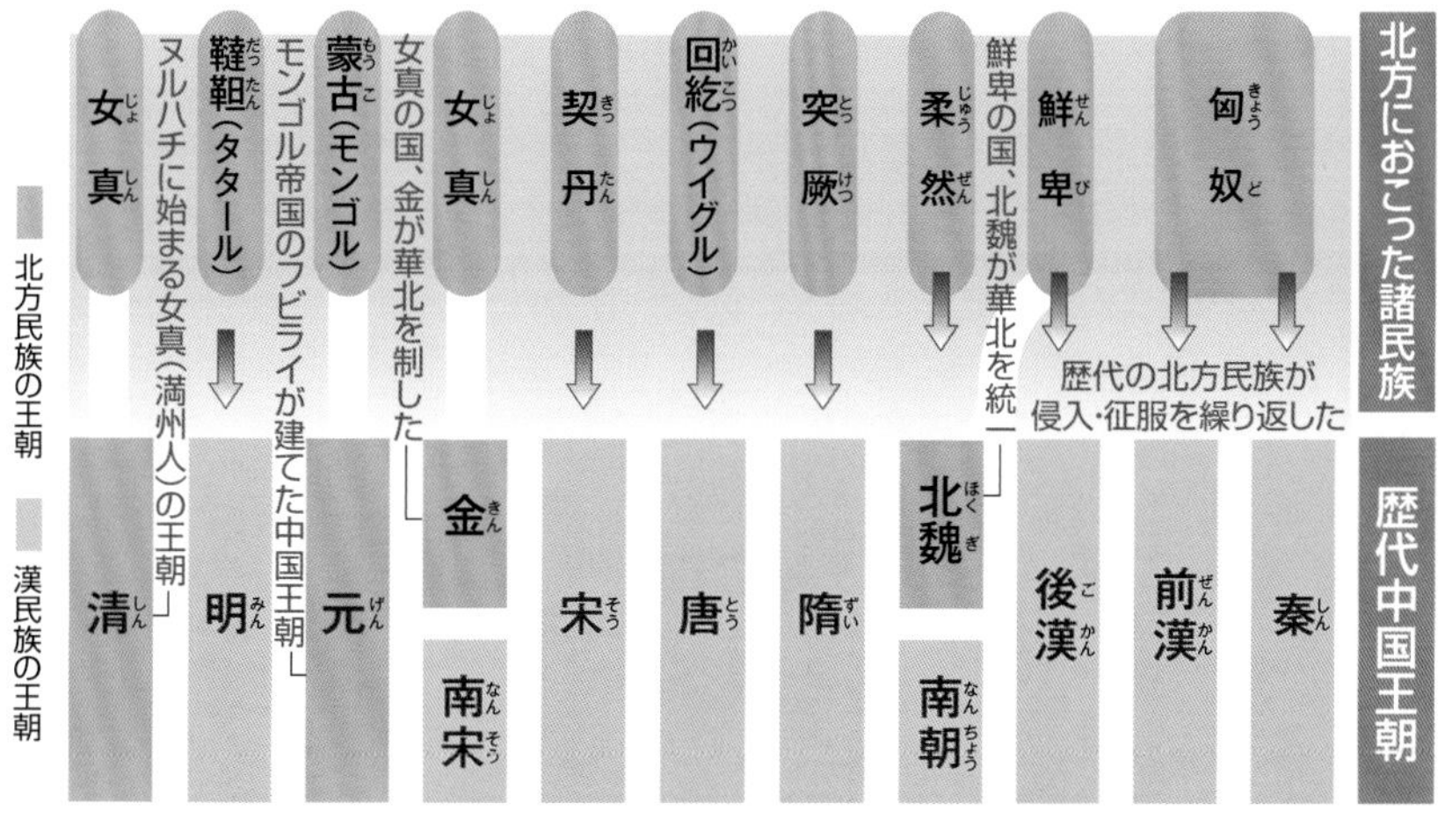
北方におこった諸民族
匈奴《きょうど》
鮮卑《せんぴ》
鮮卑の国、北魏が華北を統一
柔然《じゅうぜん》
突厥《とっけつ》
回紇《かいこつ》(ウイグル)
契丹《きったん》
女真《じょしん》
女真の国、金が華北を制した
蒙古《もうこ》(モンゴル)
モンゴル帝国のフビライが建てた中国王朝
韃靼《だったん》(タタール)
ヌルハチに始まる女真(満州人)の王朝
女真《じょしん》
歴代の北方民族が侵入・征服を繰り返した
歴代中国王朝
秦《しん》
前漢《ぜんかん》
後漢《ごかん》
北魏《ほくぎ》
南朝《なんちょう》
隋《ずい》
唐《とう》
宋《そう》
金《きん》
南宋《なんそう》
元《げん》
明《みん》
清《しん》
北方民族の王朝
漢民族の王朝

WORD **王安石**《おうあんせき》**の改革**
遼や西夏に対する軍事費増大などによる財政難と、社会的動揺を解消するため、6代皇帝の神宗(しんそう)が王安石を登用して富国強兵を目指す改革・新法を実施させた。これにより財政や治安は改善の兆しをみせたが、従来から利益を得ていた大地主・大商人などを代表する司馬光(しばこう)らの反対を受け、間もなく廃止された。

29 新羅の朝鮮半島統一

唐と結んで朝鮮を統一した新羅

676年〜935年

朝鮮半島では、中国の影響を受けつつ国が形成され、新羅が統一を果たす。日本を含む古代東アジアの秩序が確立する。

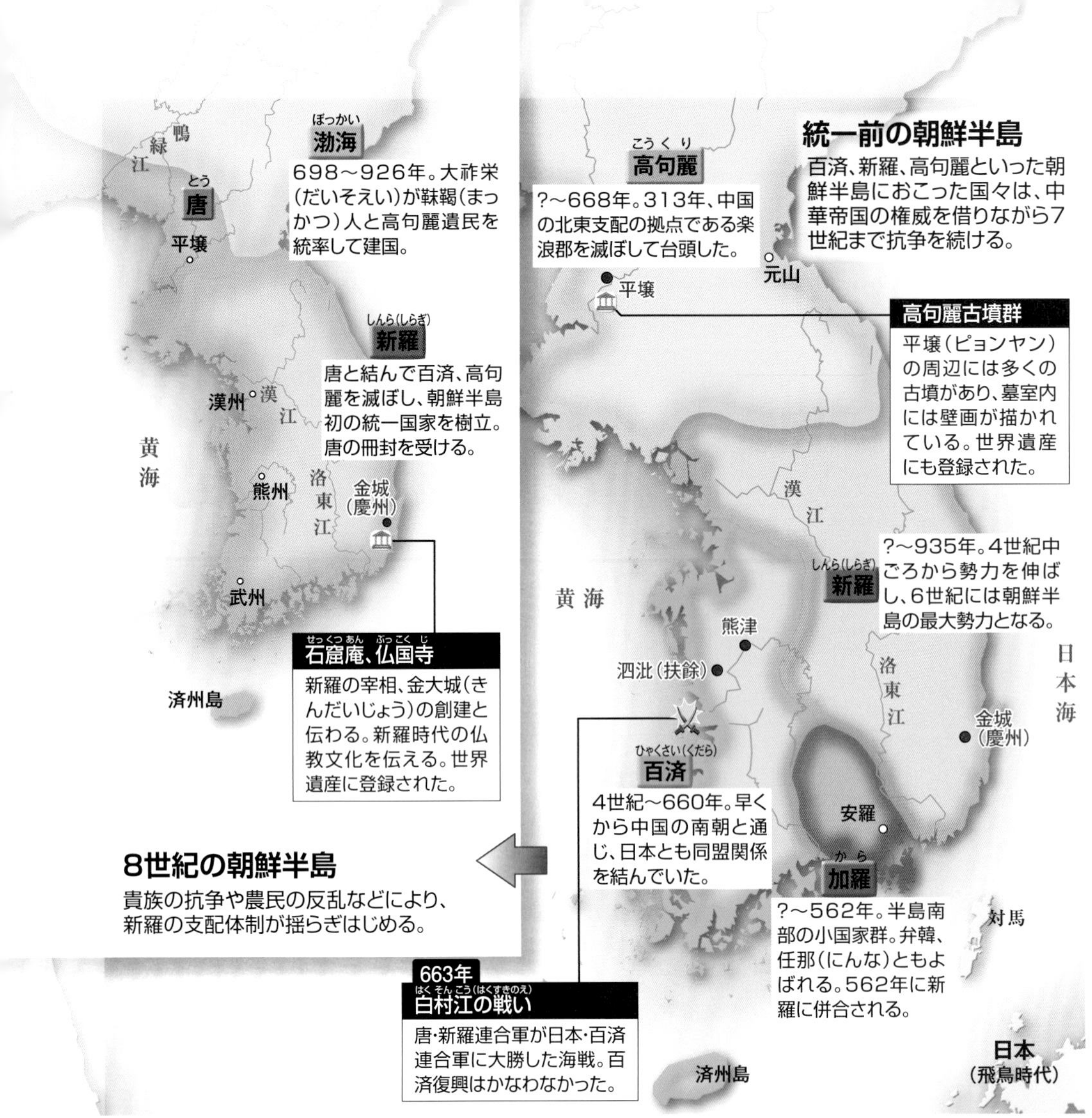

8世紀の朝鮮半島
貴族の抗争や農民の反乱などにより、新羅の支配体制が揺らぎはじめる。
渤海《ぼっかい》
698〜926年。大祚栄(だいそえい)が靺鞨(まっかつ)人と高句麗遺民を統率して建国。
唐《とう》
鴨緑江
平壌
新羅《しんら(しらぎ)》
唐と結んで百済、高句麗を滅ぼし、朝鮮半島初の統一国家を樹立。唐の冊封を受ける。
漢州
漢江
黄海
熊州
洛東江
金城(慶州)
武州
石窟庵《せっくつあん》、仏国寺《ぶっこくじ》
新羅の宰相、金大城(きんだいじょう)の創建と伝わる。新羅時代の仏教文化を伝える。世界遺産に登録された。
済州島
統一前の朝鮮半島
百済、新羅、高句麗といった朝鮮半島におこった国々は、中華帝国の権威を借りながら7世紀まで抗争を続ける。
高句麗《こうくり》
?〜668年。313年、中国の北東支配の拠点である楽浪郡を滅ぼして台頭した。
元山
平壌
高句麗古墳群
平壌(ピョンヤン)の周辺には多くの古墳があり、墓室内には壁画が描かれている。世界遺産にも登録された。
漢江
新羅《しんら(しらぎ)》
?〜935年。4世紀中ごろから勢力を伸ばし、6世紀には朝鮮半島の最大勢力となる。
黄海
熊津
泗沘(扶餘)
日本海
洛東江
金城(慶州)
百済《ひゃくさい(くだら)》
4世紀〜660年。早くから中国の南朝と通じ、日本とも同盟関係を結んでいた。
安羅
加羅《から》
?〜562年。半島南部の小国家群。弁韓、任那(にんな)ともよばれる。562年に新羅に併合される。
対馬
663年
白村江《はくそんこう(はくすきのえ)》の戦い
唐・新羅連合軍が日本・百済連合軍に大勝した海戦。百済復興はかなわなかった。
済州島
日本
(飛鳥時代)

新羅時代の朝鮮と中国・日本

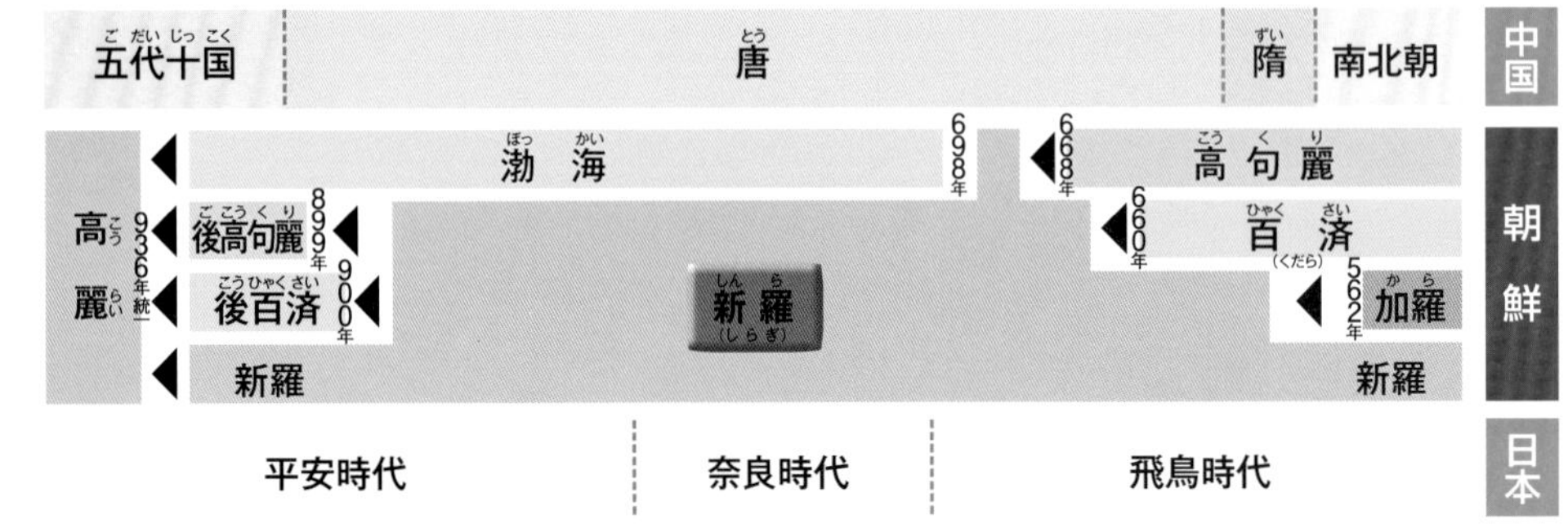

中国
五代十国《ごだいじっこく》
唐《とう》
隋《ずい》
南北朝
朝鮮
渤《ぼっ》海《かい》
698年
668年
高《こう》句《く》麗《り》
高麗《こうらい》
936年統一
後高句麗《ごこうくり》
899年
660年
百《ひゃく》済《さい》
後百済《ごひゃくさい》
900年
新羅《しんら》
(しらぎ)
(くだら)
562年
加羅《から》
新羅
新羅
日本
平安時代
奈良時代
飛鳥時代

唐の力を借りて朝鮮を統一、日本の影響力を排除

朝鮮半島では、前2世紀に衛氏朝鮮《えいし》がおこったが、前108年に前漢の武帝《ぶてい》に滅ぼされ、朝鮮四郡として漢帝国に組込まれることとなった。

朝鮮四郡は後漢《ごかん》末期に楽浪《らくろう》・帯方《たいほう》の2郡に再編されたが、北部を根拠とする**高句麗**《こうくり》が313年に楽浪郡を滅ぼした。

半島南部は韓族の**馬韓**《ばかん》、**辰韓**《しんかん》、**弁韓**《べんかん》にまとまったのち、帯方郡を滅ぼし、4世紀なかばに至って**百済**《ひゃくさい(くだら)》、**新羅**《しんら(しらぎ)》がおこると、高句麗を含めた3国の勢力が拮抗《きっこう》する。中国の南北朝時代、これら3国は、それぞれ北朝、南朝の冊封《さくほう》を受けていたが、隋・唐(**P50、51参照**)によって中華帝国が再建されると、情勢が変化する。

高句麗を脅威とした隋は、3次にわたって遠征軍を送るが、すべて撃退された。しかし、唐が新羅と結ぶと、半島内の勢力関係の均衡が崩れ、百済、高句麗が相次いで新羅に滅ぼされた。676年、新羅は唐の軍勢も排除し、朝鮮半島に初めての統一国家を建てた。

この間、日本(倭《わ》)は、再興を企てる百済の遺臣を援助して半島に軍を派遣したが、**白村江の戦い**《はくそんこう(はくすきのえ)》(663年)で大敗した。

新羅は、改めて唐に朝貢してその冊封を受けつつ、中央集権国家を建設する。また、仏教を保護し、仏教文化が繁栄した。新羅の支配体制は8世紀なかばごろから崩れはじめ、10世紀に**高麗**《こうらい》によって滅ぼされる。

一方、中国東北部から朝鮮半島北部には高句麗の遺民と靺鞨《まっかつ》人による**渤海**《ぼっかい》がおこり、唐の冊封を受け、その文化を取り入れつつ8〜9世紀に栄えた。

WORD **広開土王**《こうかいどおう》 [374〜412年]

高句麗の第19代王。好太王(こうたいおう)ともいう。百済、新羅をたびたび攻撃するとともに、西方の燕(えん)などとも激しく争って領土を拡大、高句麗最盛期の基礎を築いた。また、しばしば朝鮮半島に軍を送った日本(倭)も退けた。その活躍の様子は、息子である長寿王(ちょうじゅおう)が414年に建立した、広開土王碑(中国吉林省集安市にある)に記されている。

第6章

イスラーム世界の誕生と拡大

30 イスラーム教の誕生
31 アラブ帝国
32 イスラーム帝国
33 トルコ人のイスラーム化
34 オスマン帝国の誕生
35 ムガル帝国

30 イスラーム教の誕生

アラブ世界で生まれたイスラーム教

610年ごろ

商業がさかんになったアラビア半島で、預言者ムハンマドがイスラーム教を唱える。

ムハンマドが創始したイスラーム教がアラビア半島に広まる

6世紀の西アジアでは、ビザンツ帝国とササン朝ペルシアの対立が激しくなり、(P22参照)ペルシアから地中海へ抜ける東西交易のルートが衰退していた。かわって利用されるようになったのが、アラビア海から紅海をへて、パレスチナ、地中海へと抜けるルートで、このルートがあるアラビア半島西岸にはアラブ人が住み、**メッカ**やヤスリブ(**メディナ**)が新しい商業都市として急成長を遂げていた。

メッカの名門氏族(クライシュ族)の家に生まれた**ムハンマド**は、610年ごろに自らを唯一神**アッラー**の啓示《けいじ》を受けた預言者であるとして、アッラーへの帰依《きえ》を説いた。当初、その教えに従う者は少数にとどまり、ムハンマドらは迫害を受けたため、622年にメディナへ移住した。これを**ヒジュラ**(聖遷《せいせん》)という。**イスラーム暦**ではこのヒジュラがあった西暦622年を紀元元年とする。ムハンマドはメディナの住民を**イスラーム教**に改宗させ、**ウンマ**とよばれる宗教共同体をつくり上げた。そして630年にメッカを征服、翌年にはアラビア半島のほぼ全域を影響下に置いた。

その後、イスラーム教徒による帝国は北アフリカやペルシアなどを征服し、急速に版図を拡大する。

『コーラン』とスンナにもとづくイスラーム法

イスラーム教は、唯一神アッラーへの絶対的な服従を義務づけ、すべての**ムスリム**(イスラーム教徒)は、アッラーの前では平等であるとする。また、キリスト教などと違い、神と信徒を仲介する聖職者は存在しない。

ムハンマドが受けた神からの啓示が『**コーラン**(クルアーン)』で、**イスラーム法**は、この『コーラン』とムハンマドの言行(**スンナ**)などにもとづいている。イスラーム法はムハンマドの死後体系化され、9世紀ごろに確立した。

イスラーム法は、ムスリムにとっての義務である**六信五行**《ろくしんごぎょう》のほか、社会や国家のあり方も規定しており、現在でも、ムスリムの生活規範や多くのイスラーム国家の法律は、イスラーム法に則《のっと》っている。

イスラーム教の分布・義務・宗派

現在のイスラーム教の分布

世界3大宗教の一つであるイスラーム教は、イスラーム教徒による征服活動と交易により広まっていった。

ロシア
カザフスタン
ウズベキスタン
アルバニア
ボスニア・ヘルツェゴビナ
アゼルバイジャン
タジキスタン
中国
トルコ
トルクメニスタン
モロッコ
チュニジア
地中海
シリア
アフガニスタン
イラク
イラン
バングラデシュ
アルジェリア
ヨルダン
リビア
パキスタン
エジプト
モーリタニア
サウジアラビア
メディナ
紅海
セネガル
マリ
メッカ
インド
ニジェール
アラビア半島
オマーン
ギニア
スーダン
イエメン
ナイジェリア
アラビア海
ソマリア
インドネシア
大西洋

メッカ
イスラーム教最大の聖地。ここにあるカーバ神殿を目ざして全世界からムスリムが巡礼に訪れる。市内への異教徒の立ち入りは禁止。

総人口に占めるイスラーム教徒の割合
- 80%以上
- 50～80%未満
- 10～50%未満
- 10%未満
- 資料なし

六信五行《ろくしんごぎょう》

イスラーム教徒(ムスリム)に義務として課せられている、6つの信仰と5つの行い。

六信	五行	
神(アッラー)	信仰告白	アラビア語で「アッラーのほかに神はなく、ムハンマドはアッラーの使徒なり」と唱える。
天使		
啓典(『コーラン』)	礼拝	1日5回、メッカの方向へ祈る。
預言者(ムハンマド)	喜捨	財産に応じて貧しい者に施す。
来世	断食	断食月は日の出から日没まで飲食をしない。
定命	巡礼	一生に1回は聖地メッカへ巡礼に行く。

イスラーム教のおもな宗派

現在のイスラーム教は、多数派のスンナ派と少数派のシーア派などに大別される。

イスラーム教

- **シーア派**　第4代カリフで暗殺されたアリーを支持する。現在はイラン人とイラク人が主で、全ムスリムの約1割を占める。
- **スンナ派**　ムハンマドのスンナ(言行)に従う人の意。全ムスリムの約9割を占める。
- **ハワーリジュ派**　イスラーム最初の分派で、7世紀に分かれた。現在はオマーンなどに分布。

WORD 『コーラン(クルアーン)』
アラビア語で書かれたイスラーム教の根本聖典。天使ガブリエルを介して預言者ムハンマドに啓示された神アッラーの言葉を記録したものとされ、第3代カリフ(後継者)・ウスマーンの時代にまとめられた。全人類に対する最終かつ最高の聖典とされる。翻訳は認められておらず、アラビア語以外に翻訳されたものはコーランではなく、注釈の一種とされる。

31 アラブ帝国

急激に拡大したアラブ帝国

610年ごろ～750年

アラブ人ムスリムによる征服活動で大帝国、ウマイヤ朝が誕生。内部の不満からアッバース朝が建てられた。

3大陸にまたがる大帝国を築き上げたアラブ人

ムハンマドの死後、ムスリム(イスラーム教徒)の間で選ばれた**カリフ**(後継者)が統治する**正統カリフ時代**となる。

この時代、アラブ人はアラビア半島から進出し各地を征服した。ササン朝ペルシアを滅亡させ、ビザンツ帝国領になっていたシリア、エジプトをも版図に加え、広範囲を支配する**アラブ帝国**が誕生した。アラブ帝国は、アラブ人第一主義をとり、異教徒や異民族ムスリムに、**ジズヤ**(人頭《じんとう》税《ぜい》)と**ハラージュ**(地租《ちそ》)を課した。

661年、第4代カリフの**アリー**が暗殺され、シリア総督の**ムアーウィヤ**がカリフとなり、**ウマイヤ朝**を開いた。ウマイヤ朝を支持する**スンナ派**は、正統カリフとウマイヤ朝以降のカリフを正統としたが、アリーとその子孫を正統なカリフとする**シーア派**はこれを認めず、ウマイヤ朝に対抗した。

ウマイヤ朝の時代にもアラブ軍は各地を征服し、8世紀初めに最盛期を迎える。東はインダス川流域まで、西は北アフリカをへてイベリア半島に進出。西ゴート王国を滅ぼし、フランク王国にも侵入したが、**トゥール・ポワティエ間の戦い**でフランク王国の軍に敗れ、西ヨーロッパ全域の征服は成らなかった。

アラブ帝国からイスラーム帝国へ

ウマイヤ朝は、版図の大きさではのちの**アッバース朝**(**P58参照**)を凌《しの》ぎ、帝国内ではアラブ化、中央集権化が進められた。しかし、カリフ位をウマイヤ家が独占するなど、イスラームの理念にもとる政権運営が行われたため、シーア派などが不満を強めた。750年、ムハンマドの叔父アッバースの子孫が、アラブ人第一主義に不満をもつ勢力などを糾合してウマイヤ朝を倒し、アッバース朝を建てた。ウマイヤ朝のカリフ一族はイベリア半島に逃れ、**後《こう》ウマイヤ朝**を建てることになる。

アッバース朝は、すべてのムスリムは平等というイスラーム本来の理念にもとづき、アラブ人の特権を廃止。こうして、イスラーム法に則《のっと》る世界帝国が誕生するのである。

イスラーム教の成立からアラブ帝国へ

ムハンマドの時代 610年ごろ～632年
- 610年ごろ イスラーム教の成立
- 622年 ヒジュラ(聖遷《せいせん》)
- 630年 メッカを占領
- 632年 ムハマンド死去

正統カリフ時代(アブー=バクル ウマル ウスマーン アリー) 632年～661年
- 633年 ジハード(聖戦)開始
- 650年ごろ 『コーラン』成立
- 651年 ササン朝ペルシア併合
- 661年 アリー暗殺

ウマイヤ朝 661年～750年
- 7世紀後半 シーア派成立
- 732年 トゥール・ポワティエ間の戦いで敗北

アッバース朝 ▶p.58

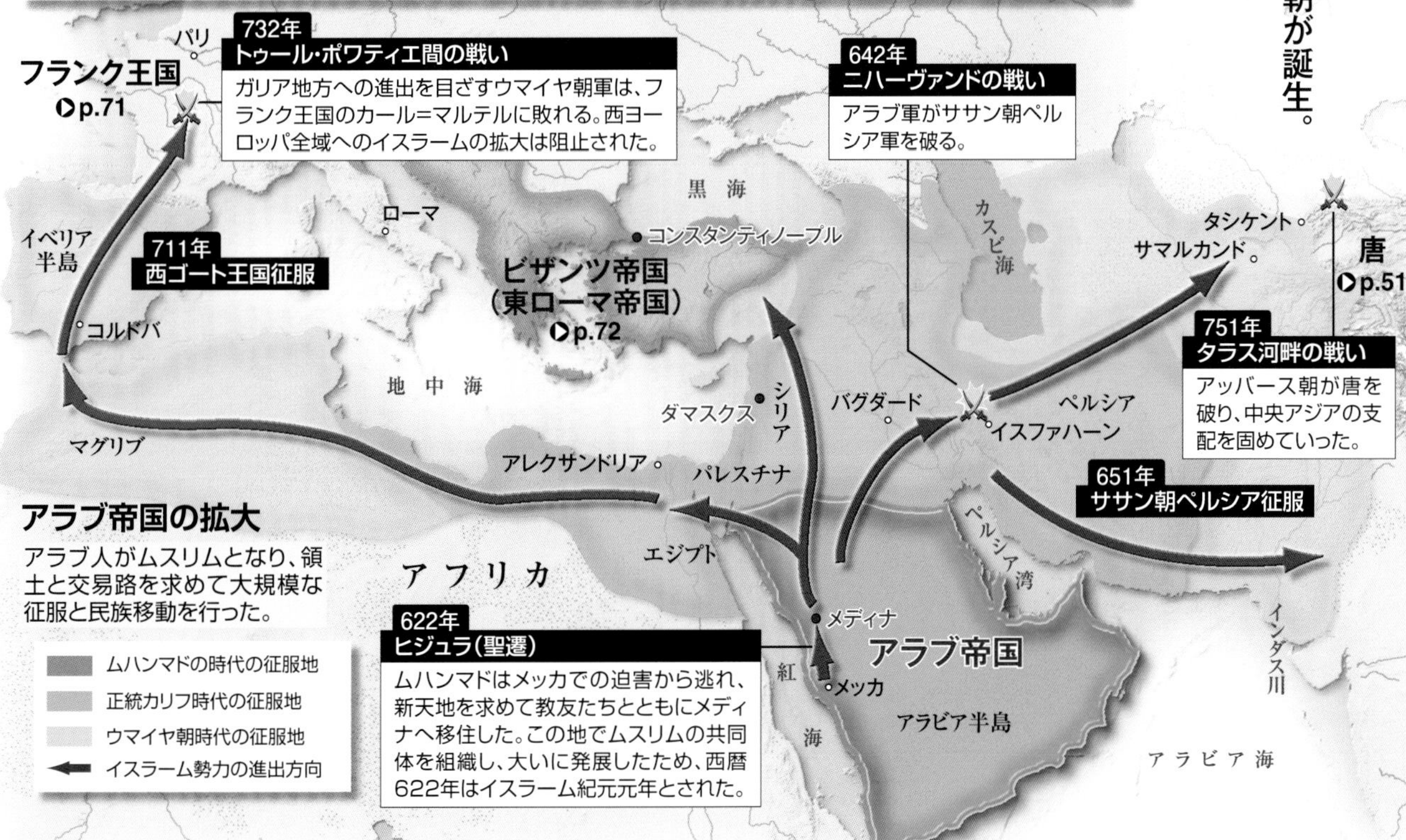

732年
トゥール・ポワティエ間の戦い
ガリア地方への進出を目ざすウマイヤ朝軍は、フランク王国のカール=マルテルに敗れる。西ヨーロッパ全域へのイスラームの拡大は阻止された。
642年
ニハーヴァンドの戦い
アラブ軍がササン朝ペルシア軍を破る。
パリ
フランク王国
▶p.71
黒海
カスピ海
ローマ
コンスタンティノープル
イベリア半島
711年
西ゴート王国征服
ビザンツ帝国(東ローマ帝国)
▶p.72
タシケント
サマルカンド
唐
▶p.51
751年
タラス河畔の戦い
アッバース朝が唐を破り、中央アジアの支配を固めていった。
コルドバ
地中海
シリア
ダマスクス
バグダード
ペルシア
イスファハーン
マグリブ
アレクサンドリア
パレスチナ
651年
ササン朝ペルシア征服
アラブ帝国の拡大
アラブ人がムスリムとなり、領土と交易路を求めて大規模な征服と民族移動を行った。
エジプト
ペルシア湾
アフリカ
インダス川
メディナ
622年
ヒジュラ(聖遷)
ムハンマドはメッカでの迫害から逃れ、新天地を求めて教友たちとともにメディナへ移住した。この地でムスリムの共同体を組織し、大いに発展したため、西暦622年はイスラーム紀元元年とされた。
アラブ帝国
紅海
メッカ
アラビア半島
アラビア海
ムハンマドの時代の征服地
正統カリフ時代の征服地
ウマイヤ朝時代の征服地
イスラーム勢力の進出方向

WORD **ジズヤ**

イスラーム法下における人頭税で、非ムスリムに課せられた。ムハンマドが、ユダヤ教徒、キリスト教徒の自由身分の成人男性に課税したことが始まり。もとは租税一般を意味していたが、ウマイヤ朝末期に地租であるハラージュと区別されて人頭税をさすようになった。少額ではあったが、非ムスリムにとってはイスラームの支配に屈するという意味をもった。

32 イスラーム帝国

イスラーム教に則った「世界帝国」の繁栄

750年〜1258年

8世紀、ウマイヤ朝を破りアッバース朝が成立。国際商業を発達させ、イスラーム教の理念に則った多民族・多文化の「世界帝国」を樹立する。

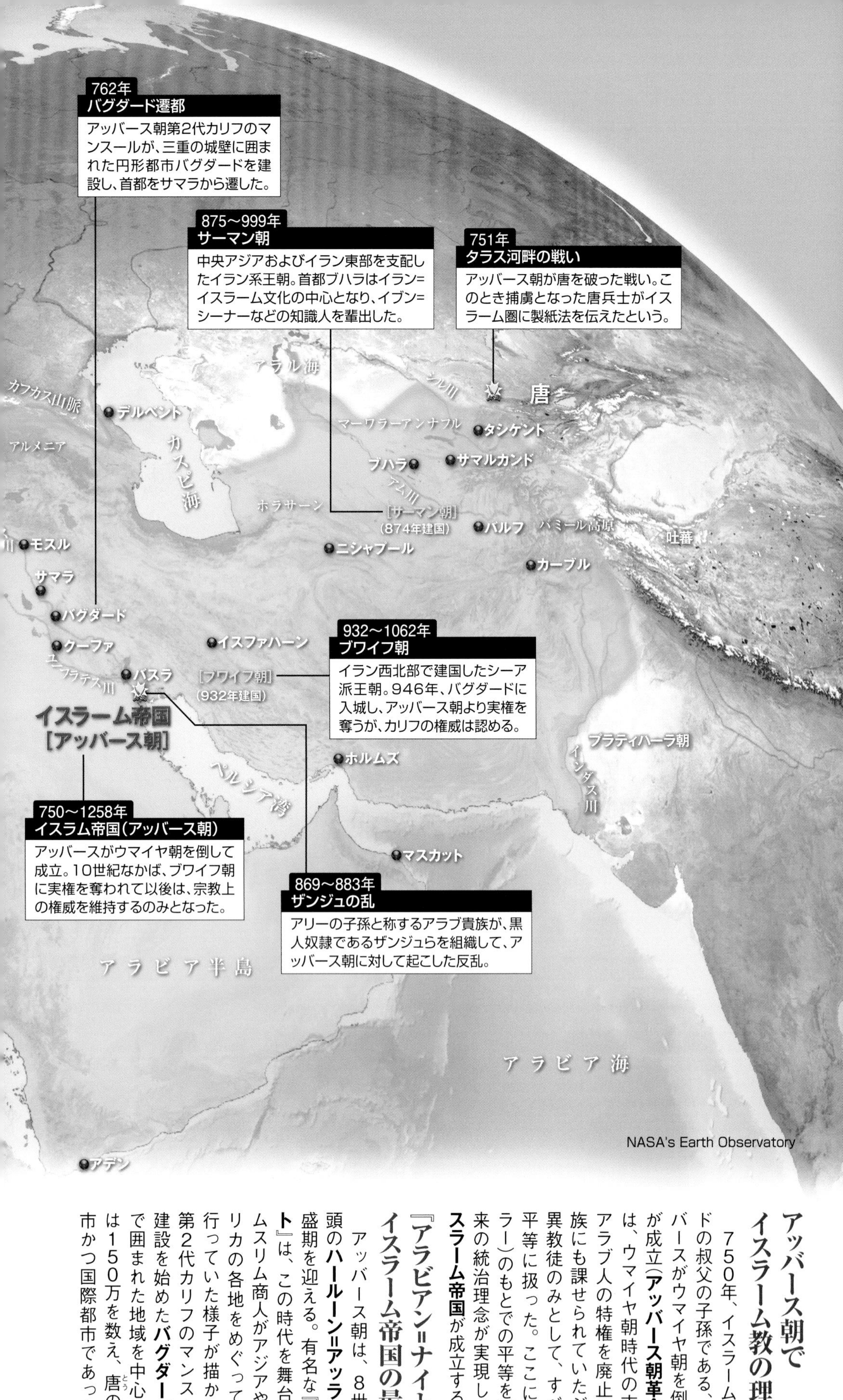
762年
バグダード遷都
アッバース朝第2代カリフのマンスールが、三重の城壁に囲まれた円形都市バグダードを建設し、首都をサマラから遷した。
875〜999年
サーマン朝
中央アジアおよびイラン東部を支配したイラン系王朝。首都ブハラはイラン=イスラーム文化の中心となり、イブン=シーナーなどの知識人を輩出した。
751年
タラス河畔の戦い
アッバース朝が唐を破った戦い。このとき捕虜となった唐兵士がイスラーム圏に製紙法を伝えたという。
アラル海
シル川
唐
カフカス山脈
デルベント
アルメニア
カスピ海
マーワラーアンナフル
タシケント
ブハラ
サマルカンド
アム川
ホラサーン
[サーマン朝]
(874年建国)
バルフ
パミール高原
吐蕃
モスル
ニシャプール
カーブル
サマラ
バグダード
932〜1062年
ブワイフ朝
イスファハーン
クーファ
イラン西北部で建国したシーア派王朝。946年、バグダードに入城し、アッバース朝より実権を奪うが、カリフの権威は認める。
ユーフラテス川
バスラ
[ブワイフ朝]
(932年建国)
イスラーム帝国
[アッバース朝]
プラティハーラ朝
ホルムズ
インダス川
ペルシア湾
750〜1258年
イスラム帝国(アッバース朝)
アッバースがウマイヤ朝を倒して成立。10世紀なかば、ブワイフ朝に実権を奪われて以後は、宗教上の権威を維持するのみとなった。
マスカット
869〜883年
ザンジュの乱
アリーの子孫と称するアラブ貴族が、黒人奴隷であるザンジュらを組織して、アッバース朝に対して起こした反乱。
アラビア半島
アラビア海
NASA's Earth Observatory
アデン

アッバース朝で イスラーム教の理念が実現

750年、イスラーム教の開祖ムハンマドの叔父の子孫である、アブー=アルアッバースがウマイヤ朝を倒し、**アッバース朝**が成立（**アッバース朝革命**）。アッバース朝は、ウマイヤ朝時代の支配階層であったアラブ人の特権を廃止し、改宗した異民族にも課せられていたジズヤ（人頭税《じんとうぜい》）を異教徒のみとして、すべてのムスリムを平等に扱った。ここにおいて、神（アッラー）のもとでの平等を説くイスラーム本来の統治理念が実現し、真の意味での**イスラーム帝国**が成立することとなった。

『アラビアン=ナイト』に描かれた イスラーム帝国の最盛期

アッバース朝は、8世紀末〜9世紀初頭の**ハールーン=アッラシード**の時代に最盛期を迎える。有名な『**アラビアン=ナイト**』は、この時代を舞台にした話が多く、ムスリム商人がアジアやヨーロッパ、アフリカの各地をめぐってさかんに交易を行っていた様子が描かれている。首都は第2代カリフのマンスールが762年に建設を始めた**バグダード**で、円形の城壁で囲まれた地域を中心に繁栄した。人口は150万を数え、唐《とう》の長安と並ぶ大都市かつ国際都市であった。このバグダー

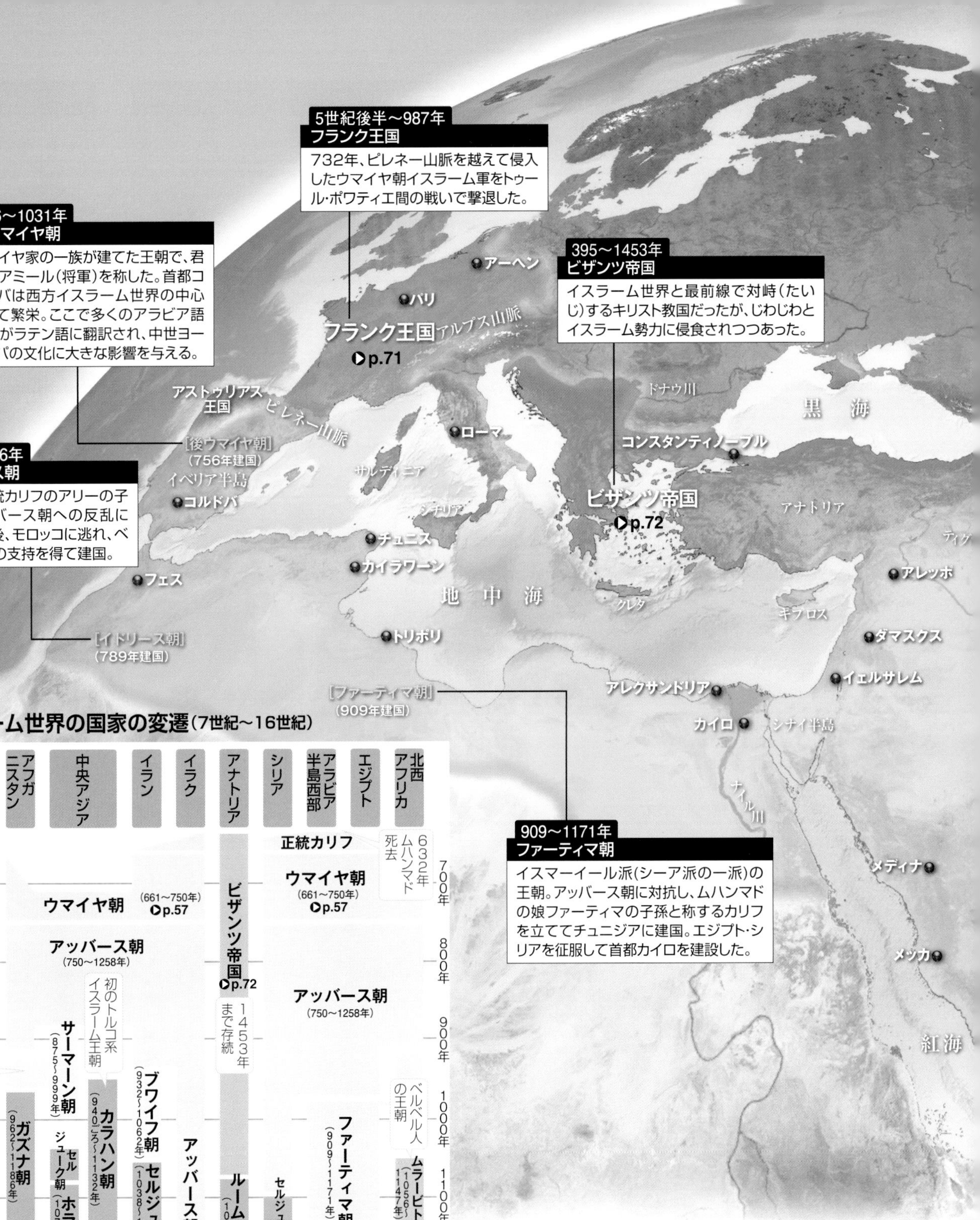
5世紀後半〜987年
フランク王国
732年、ピレネー山脈を越えて侵入したウマイヤ朝イスラーム軍をトゥール・ポワティエ間の戦いで撃退した。
756〜1031年
後ウマイヤ朝
ウマイヤ家の一族が建てた王朝で、君主はアミール（将軍）を称した。首都コルドバは西方イスラーム世界の中心として繁栄。ここで多くのアラビア語文献がラテン語に翻訳され、中世ヨーロッパの文化に大きな影響を与える。
395〜1453年
ビザンツ帝国
イスラーム世界と最前線で対峙（たいじ）するキリスト教国だったが、じわじわとイスラーム勢力に侵食されつつあった。
789〜926年
イドリース朝
第4代正統カリフのアリーの子孫がアッバース朝への反乱に失敗した後、モロッコに逃れ、ベルベル人の支持を得て建国。
909〜1171年
ファーティマ朝
イスマーイール派（シーア派の一派）の王朝。アッバース朝に対抗し、ムハンマドの娘ファーティマの子孫と称するカリフを立ててチュニジアに建国。エジプト・シリアを征服して首都カイロを建設した。
アーヘン
パリ
フランク王国
p.71
アルプス山脈
アストゥリアス王国
ピレネー山脈
［後ウマイヤ朝］
（756年建国）
イベリア半島
コルドバ
ローマ
サルデーニャ
シチリア
チュニス
カイラワーン
フェス
［イドリース朝］
（789年建国）
地中海
トリポリ
クレタ
ドナウ川
黒海
コンスタンティノープル
ビザンツ帝国
p.72
アナトリア
ティグ
アレッポ
キプロス
ダマスクス
イェルサレム
アレクサンドリア
カイロ
シナイ半島
［ファーティマ朝］
（909年建国）
ナイル川
メディナ
メッカ
紅海

イスラーム世界の国家の変遷（7世紀〜16世紀）

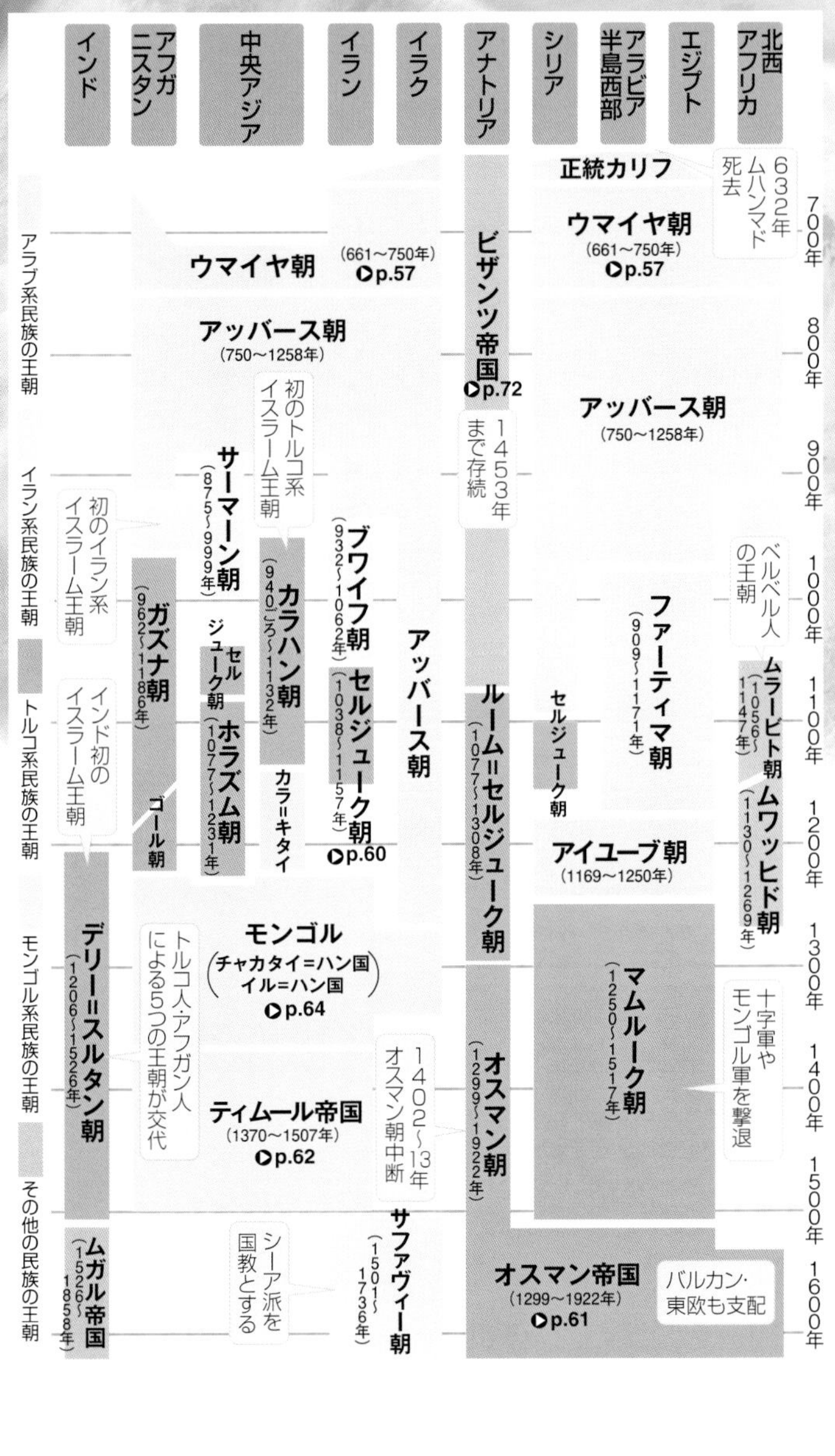
インド
アフガニスタン
中央アジア
イラン
イラク
アナトリア
シリア
アラビア半島西部
エジプト
北西アフリカ
正統カリフ
632年ムハンマド死去
700年
800年
900年
1000年
1100年
1200年
1300年
1400年
1500年
1600年
アラブ系民族の王朝
イラン系民族の王朝
トルコ系民族の王朝
モンゴル系民族の王朝
その他の民族の王朝
ウマイヤ朝
（661〜750年）
p.57
ウマイヤ朝
（661〜750年）
p.57
ビザンツ帝国
p.72
1453年まで存続
アッバース朝
（750〜1258年）
アッバース朝
（750〜1258年）
初のトルコ系イスラーム王朝
サーマーン朝
（875〜999年）
初のイラン系イスラーム王朝
カラハン朝
（940ごろ〜1132年）
ブワイフ朝
（932〜1062年）
ガズナ朝
（962〜1186年）
セルジューク朝
ホラズム朝
（1077〜1231年）
カラ=キタイ
セルジューク朝
（1038〜1157年）
p.60
アッバース朝
ルーム=セルジューク朝
（1077〜1308年）
セルジューク朝
ファーティマ朝
（909〜1171年）
ベルベル人の王朝
ムラービト朝
（1056〜1147年）
ムワッヒド朝
（1130〜1269年）
インド初のイスラーム王朝
ゴール朝
アイユーブ朝
（1169〜1250年）
デリー=スルタン朝
（1206〜1526年）
トルコ人・アフガン人による5つの王朝が交代
モンゴル
（チャカタイ=ハン国
イル=ハン国）
p.64
ティムール帝国
（1370〜1507年）
p.62
1402〜13年オスマン朝中断
オスマン朝
（1299〜1922年）
マムルーク朝
（1250〜1517年）
十字軍やモンゴル軍を撃退
ムガル帝国
（1526〜1858年）
シーア派を国教とする
サファヴィー朝
（1501〜1736年）
オスマン帝国
（1299〜1922年）
p.61
バルカン・東欧も支配

ドを中心にして、帝国全土へ通じる交通路が整備され、広大な帝国を統治するための情報通信網としても活用された。

多くの民族と文化が融合した世界帝国

イスラームの理念に則《のっと》った統治を行ったアッバース朝は、アラブ人以外の民族も官僚や軍人として積極的に登用した。のちにイスラーム世界の覇者となるトルコ人が**マムルーク（奴隷《どれい》軍人）**として活躍しはじめたのも、この時代である。

また、アッバース朝では国際商業の発展を背景に、数学をはじめとする科学が発達し、その水準は同時代のヨーロッパをはるかに上回っていた。

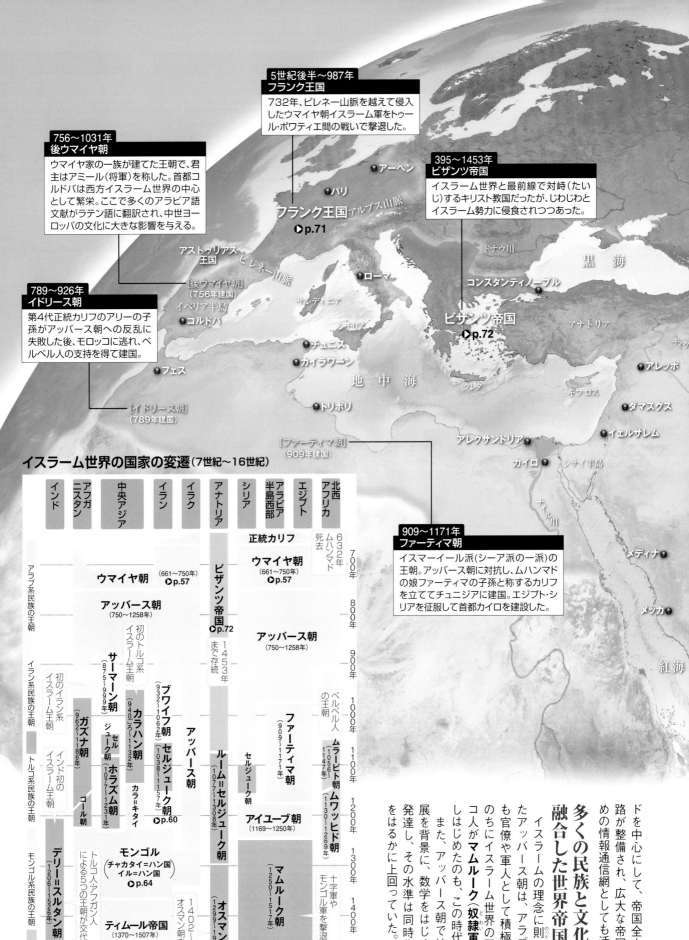

イスラーム世界を支配したトルコ系王朝

10世紀〜12世紀

奴隷軍人だったトルコ人が力をつけ、イスラーム世界の実質的支配者となる。

トルコ人勢力の拡大

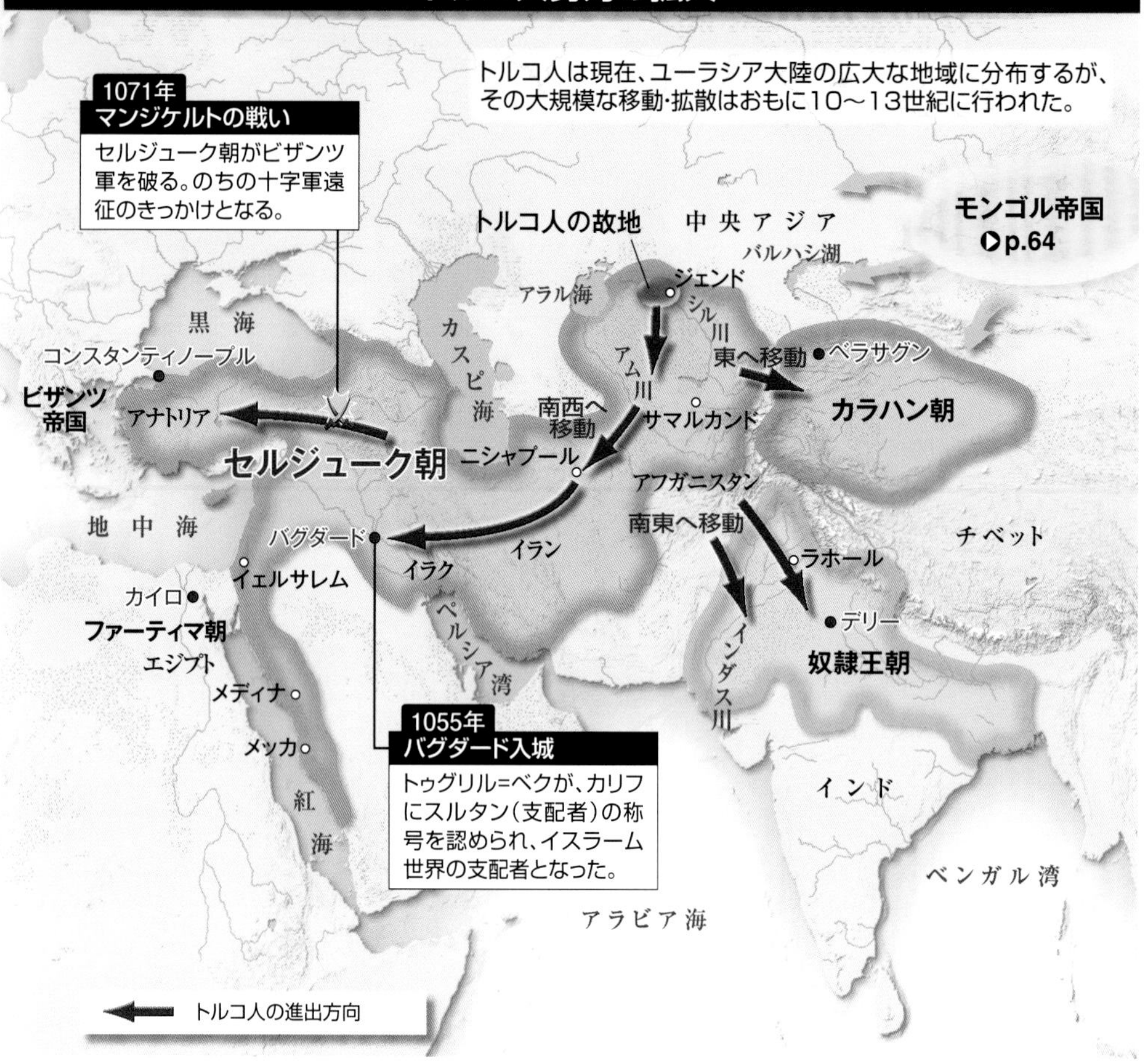
トルコ人は現在、ユーラシア大陸の広大な地域に分布するが、その大規模な移動・拡散はおもに10〜13世紀に行われた。
1071年
マンジケルトの戦い
セルジューク朝がビザンツ軍を破る。のちの十字軍遠征のきっかけとなる。
1055年
バグダード入城
トゥグリル=ベクが、カリフにスルタン（支配者）の称号を認められ、イスラーム世界の支配者となった。
モンゴル帝国
p.64
トルコ人の故地
中央アジア
バルハシ湖
ジェンド
アラル海
シル川
黒海
カスピ海
アム川
東へ移動
ベラサグン
コンスタンティノープル
ビザンツ帝国
アナトリア
南西へ移動
サマルカンド
カラハン朝
セルジューク朝
ニシャプール
アフガニスタン
地中海
バグダード
イラン
南東へ移動
チベット
イラク
ラホール
イェルサレム
カイロ
ペルシア湾
デリー
ファーティマ朝
エジプト
インダス川
奴隷王朝
メディナ
メッカ
紅海
インド
ベンガル湾
アラビア海
トルコ人の進出方向

イスラーム帝国各地でシーア派勢力が台頭

アッバース朝は、8世紀末に最盛期を迎え、首都**バグダード**はおおいに繁栄した。しかし、9世紀末以降は地方政権の自立などによって衰退しはじめた。

10世紀には、チュニジアにシーア派の**ファーティマ朝**がおこり、エジプト、シリアに版図を拡大した。同じころ、ペルシアにシーア派の**ブワイフ朝**が建てられた。この王朝の統治者は**大アミール**と称し、アッバース朝のカリフの権威を認めた。また、また、軍人や官僚に、俸給のかわりに国家所有の分与地（イクター）の徴税《ちょうぜい》権を与える**イクター制**を取り入れた。

トルコ人、奴隷軍人からのし上がり、バグダードを落とす

イスラーム帝国の東部では、**マムルーク**とよばれる奴隷《どれい》軍人（トルコ人が多い）が台頭していた。10世紀なかばに成立した**カラハン朝**で、イスラーム教への改宗が進んでいたトルコ人が、11世紀前半に**セルジューク朝**を建てて隆盛となり、1055年にはバグダードを占領、62年にブワイフ朝は滅んだ。

セルジューク朝は、官僚へのイラン人の登用、行政用語へのペルシア語採用、イクター制の実施などを行い、支配体制を固めていった。11世紀後半には、アナトリア地方に侵入、このときビザンツ帝国の皇帝がローマ教皇に助けを求めたことが、十字軍（**P74参照**）のきっかけとなった。

しかし、セルジューク朝の全盛期は短く、11世紀末には地方の軍団が自立するようになり、十字軍の侵入もあって、12世紀なかばに滅亡する。

古代の文化を近代へ伝えたイスラーム世界

ヨーロッパがルネサンスによって文化的に大きく発展するまで、イスラーム世界はヨーロッパよりも水準の高い文化を保持していた。ヨーロッパ人が範と仰ぐ古代ギリシア・ローマの文化は、その多くがいったんイスラーム世界を経由したのち、ヨーロッパに入っている。

アッバース朝によって建てられた研究機関「バイト=アルヒクマ（知恵の館）」では、ギリシア語の文献がアラビア語に翻訳され、古代ギリシアの幾何学《きかがく》や哲学が継承された。これにインドの代数学なども加わり、インド数字を改良したアラビア数字（現在の算用数字）もつくられた。現在のヨーロッパ諸語には、科学関係を中心にイスラーム世界から入り込んだ語彙《ごい》がかなりある。

アラビア語起源の英語

alcohol	アルコール
algebra	代数学
alchemy	錬金術
algorism	アルゴリズム
sugar	砂糖
cotton	綿
soda	ソーダ

WORD　マムルーク

イスラーム世界の奴隷軍人。おもにトルコなどの白人奴隷をさし、アラブ社会では軍人として重用され、やがて軍事力の中核として、また、地方総督として権力を握るようになった。エジプトを支配したマムルーク朝は、トルコ系マムルークが建てた王朝で、奴隷出身者でなければ支配階級になれなかった。

34 オスマン帝国の誕生

ヨーロッパにも進出したオスマン帝国

1299年

軍事力と統治制度に優れるオスマン帝国が領土を拡大し、ヨーロッパにも侵攻。キリスト教世界に脅威を与えた。

最盛期のオスマン帝国

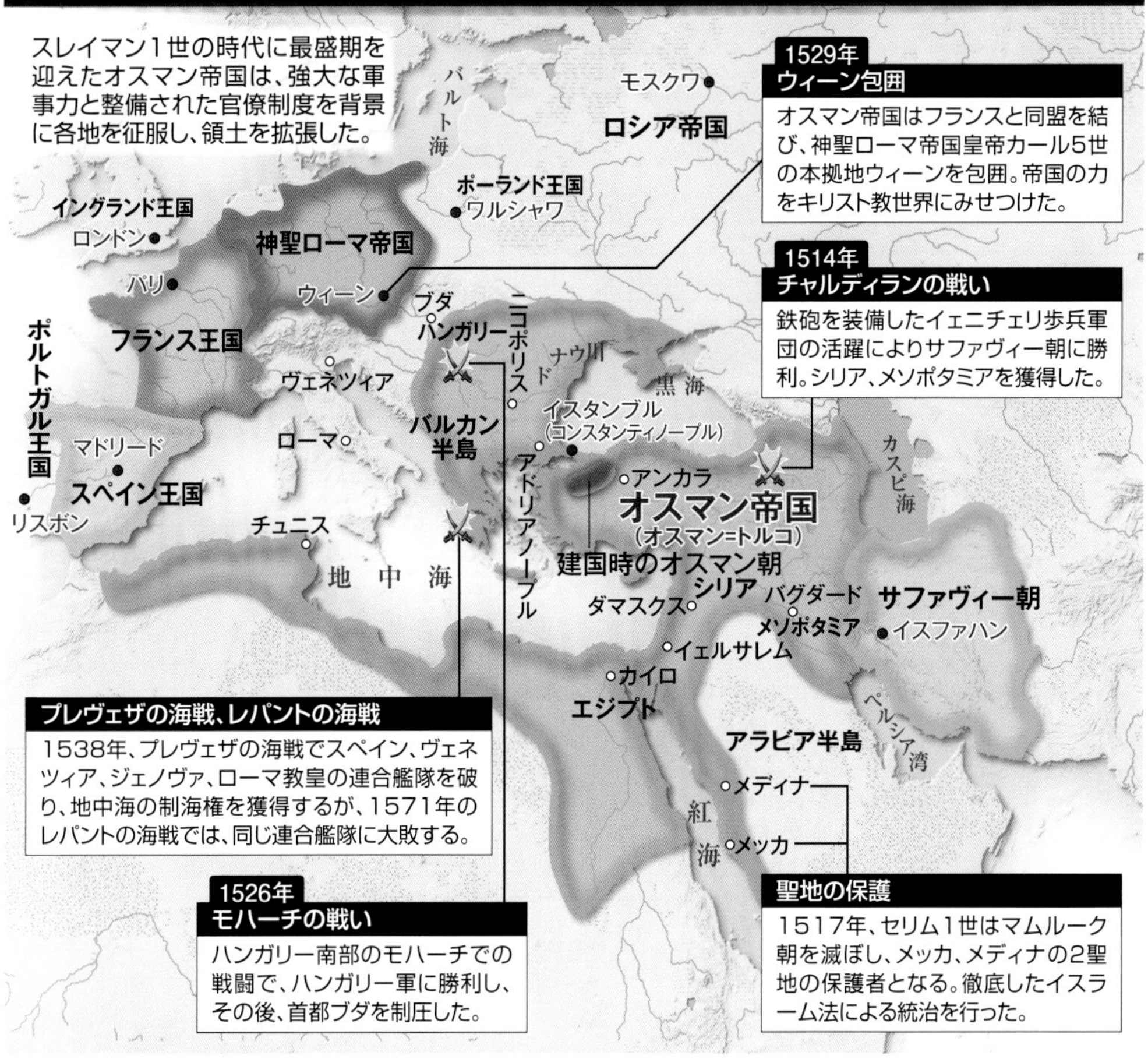
スレイマン1世の時代に最盛期を迎えたオスマン帝国は、強大な軍事力と整備された官僚制度を背景に各地を征服し、領土を拡張した。
1529年 ウィーン包囲
オスマン帝国はフランスと同盟を結び、神聖ローマ帝国皇帝カール5世の本拠地ウィーンを包囲。帝国の力をキリスト教世界にみせつけた。
1514年 チャルディランの戦い
鉄砲を装備したイェニチェリ歩兵軍団の活躍によりサファヴィー朝に勝利。シリア、メソポタミアを獲得した。
プレヴェザの海戦、レパントの海戦
1538年、プレヴェザの海戦でスペイン、ヴェネツィア、ジェノヴァ、ローマ教皇の連合艦隊を破り、地中海の制海権を獲得するが、1571年のレパントの海戦では、同じ連合艦隊に大敗する。
1526年 モハーチの戦い
ハンガリー南部のモハーチでの戦闘で、ハンガリー軍に勝利し、その後、首都ブダを制圧した。
聖地の保護
1517年、セリム1世はマムルーク朝を滅ぼし、メッカ、メディナの2聖地の保護者となる。徹底したイスラーム法による統治を行った。
モスクワ
ロシア帝国
バルト海
ポーランド王国
ワルシャワ
イングランド王国
ロンドン
神聖ローマ帝国
パリ
ウィーン
ブダ
ハンガリー
ニコポリス
ナウ川
フランス王国
ポルトガル王国
ヴェネツィア
黒海
イスタンブル
（コンスタンティノープル）
バルカン半島
マドリード
ローマ
アドリアノープル
アンカラ
カスピ海
スペイン王国
リスボン
オスマン帝国
（オスマン=トルコ）
チュニス
建国時のオスマン朝
地中海
シリア
バグダード
サファヴィー朝
ダマスクス
メソポタミア
イスファハン
イェルサレム
カイロ
エジプト
ペルシア湾
アラビア半島
メディナ
紅海
メッカ

急速に領土を拡大し、地中海を制したオスマン帝国

13世紀末、アナトリアでおこった**オスマン朝**は、14世紀にバルカン半島へ進出、1360年代にビザンツ帝国（**P72参照**）から奪ったアドリアノープルを首都とした。さらに96年のニコポリスの戦いでキリスト教勢力を破ってドナウ川以南を征服したが、1402年のアンカラの戦いでティムール帝国に敗れ、一時衰退した。

しかし、ティムールの死後、ティムール帝国が衰退すると、勢力を盛り返し、1453年にはビザンツ帝国を滅亡させた。コンスタンティノープルを**イスタンブル**と改称して首都とした。

第9代スルタン（支配者）の**セリム1世**はシリア、エジプトを征服し、聖地メッカ、メディナを版図におさめて、聖地の保護者ならびにスンナ派イスラーム教の擁護者としての権威を確立した。続く**スレイマン1世**の時代に、**オスマン帝国**は最盛期を迎える。ハンガリー領有、ウィーン包囲に続き、**プレヴェザの海戦**で勝利をおさめ、地中海の制海権を握った。

帝国の繁栄を支えた統治制度と社会の仕組み

オスマン帝国では、強大な権力を有する**スルタン**を頂点として、整備された官僚制度をもつ中央集権体制がとられ、行政区や地方には、高等教育を受けた行政官やトルコ系の騎士を従えた軍政官らを派遣した。軍政官や騎士には、税を徴収できる領地が与えられる**軍事封土制《ほうどせい》**をとったほか、キリスト教徒の子弟をイスラーム教に改宗させて、**イエニチェリ**とよばれる常備歩兵軍に編成するなどの施策で、強大な軍事力を支えた。

帝国内にはキリスト教徒やユダヤ教徒も多数いたが、オスマン帝国は異教徒には寛容で、**ミッレト**という宗教ごとの共同体を構成させ、納税の義務を課すなどする一方で、信仰・言語の自由のほか、裁判権も認めていた。そのため、帝国内では多民族・多宗教の平和共存が実現した。

山を越えたオスマン艦隊

コンスタンティノープルの最後の攻防戦で、ビザンツ帝国は金角湾《きんかくわん》の入口を封鎖してオスマン軍に抵抗した。そこで、オスマン軍は夜のうちに艦隊を山越えさせて金角湾へ運ぶという奇策をとり、ついにコンスタンティノープルを陥落させた。

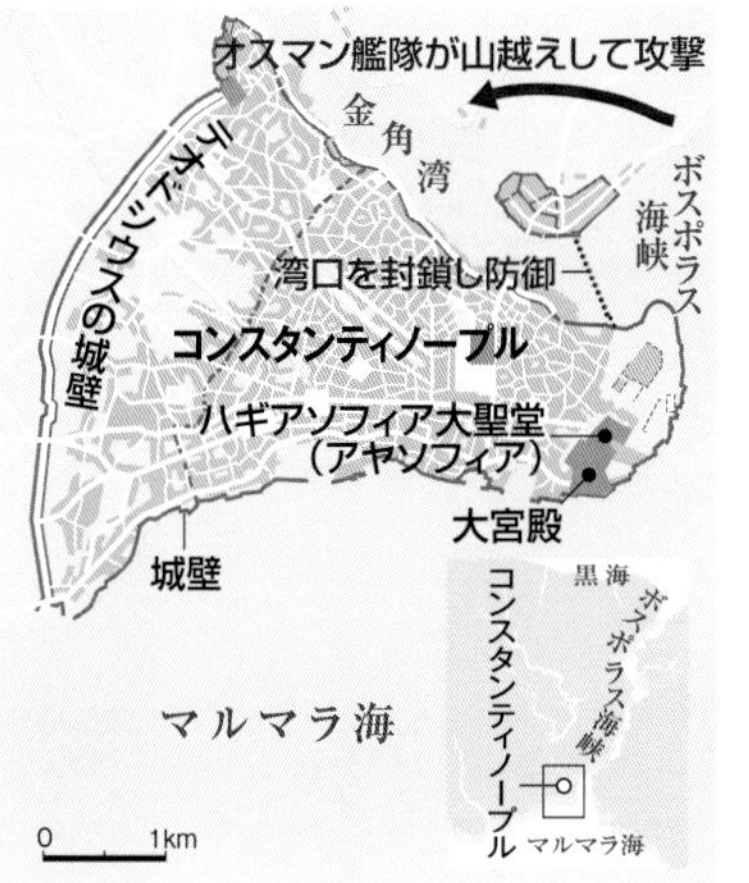
オスマン艦隊が山越えして攻撃
金角湾
ボスポラス海峡
テオドシウスの城壁
湾口を封鎖し防御
コンスタンティノープル
ハギアソフィア大聖堂
（アヤソフィア）
大宮殿
城壁
マルマラ海
0 1km
黒海
ボスポラス海峡
コンスタンティノープル
マルマラ海

WORD イェニチェリ
オスマン帝国の常備歩兵軍。トルコ語で新しい軍の意。征服地のキリスト教徒から選出された少年をイスラーム教に改宗させ、軍事訓練を施した。鉄砲などの火器を備えた近代的陸軍の先駆けともいえる軍隊で、14～16世紀の対外征服戦争で功績を挙げた。軍楽隊を初めて本格的に導入した軍隊でもある。1826年、近代化政策により廃止された。

インドにも誕生したイスラーム帝国

1526年〜1858年

インドでのモンゴル帝国再興を企図したムガル帝国だが、ヒンドゥー教徒に対する政策を誤り、衰退への道をたどる。

ティムールの子孫、インドの地でモンゴル帝国を再興

北インドでは、13世紀以来、**デリー=スルタン朝**とよばれるイスラームの5王朝が興亡を繰り返したが、14世紀末には弱体化していった。

1526年、ティムールの子孫**バーブル**は北インドに進出しデリーを占領、**ムガル帝国**を建てた。ムガルとはモンゴルの意で、バーブルがモンゴル帝国（**P64参照**）の復興を企図していたことがうかがえる。

孫の第3代皇帝**アクバル**は、ヒンドゥー教徒との融和策をとり、ヒンドゥー教の諸侯の娘と結婚したり、ヒンドゥー教徒に対する人頭税《じんとうぜい》（ジズヤ）を廃止するなどした。この時代には首都をアグラに遷《うつ》し、帝国の版図を広げた。

その後、第6代皇帝**アウラングゼーブ**までがムガル帝国の全盛期である。アウラングゼーブはデカン高原以南の平定を進めたが、ヒンドゥー教徒に対しては圧迫を加え、人頭税を復活させたり、ヒンドゥー寺院を破壊するなどしたため、やがて帝国の衰退をまねいた。

ムガル帝国時代は、インドの広い範囲がイスラーム化し、ヒンドゥー文化と融合して独自の**インド=イスラーム文化**が発達した。第5代皇帝**シャー=ジャハーン**が亡き愛妃のためにアグラ郊外に建てた**タージ=マハル**は、この時代の代表的なイスラーム建築として有名で、ユネスコの世界文化遺産に指定されている。

ムガル帝国の最大版図

第3代皇帝アクバルは北インドからアフガニスタンまでの広大な地域を征服し、さらに第6代のアウラングゼーブはデカン高原を平定して領土を最大にした。

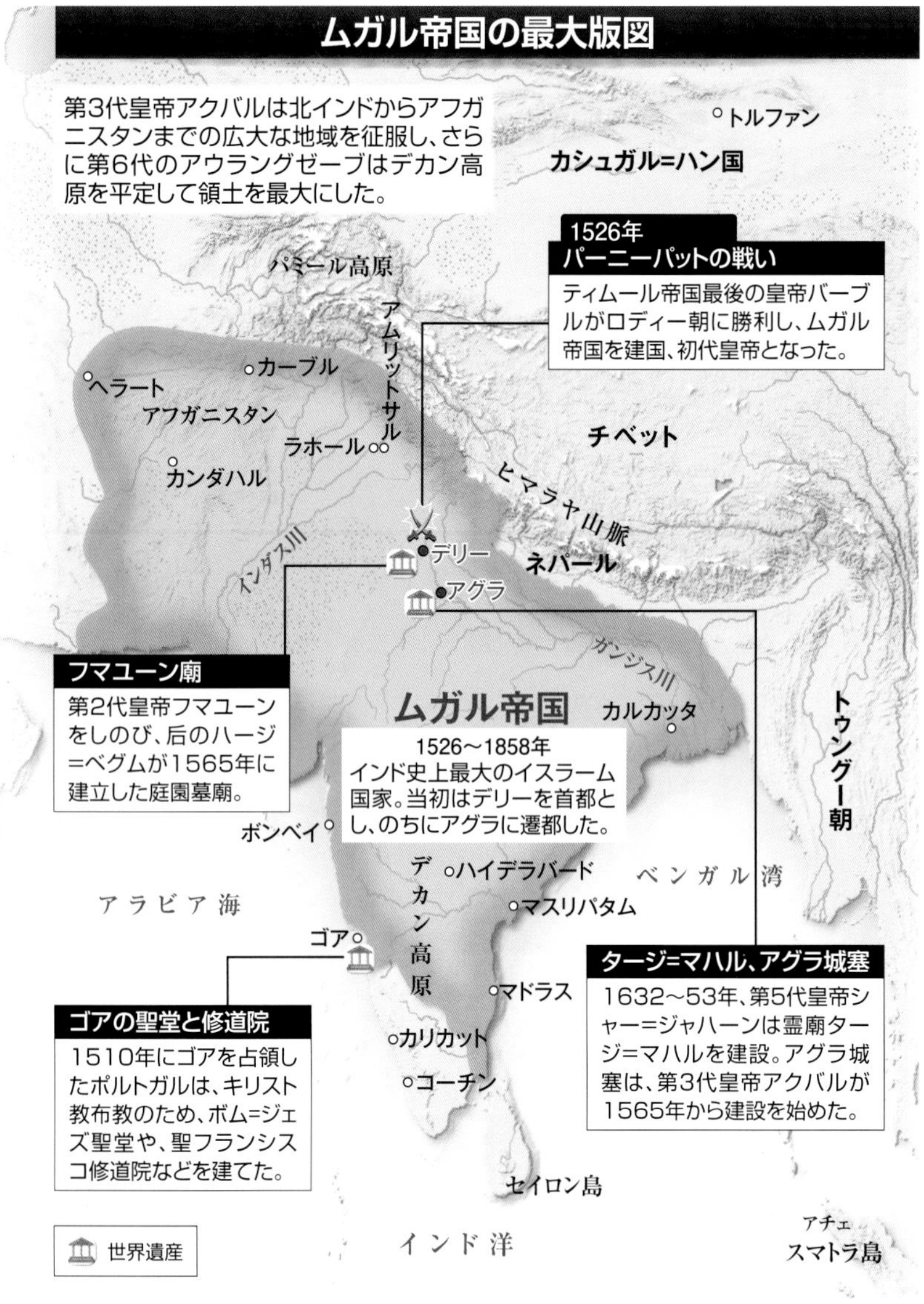

トルファン
カシュガル=ハン国
パミール高原
アムリットサル
カーブル
ヘラート
アフガニスタン
ラホール
カンダハル
チベット
ヒマラヤ山脈
インダス川
デリー
ネパール
アグラ
ガンジス川
ムガル帝国
カルカッタ
トゥングー朝
ボンベイ
デカン高原
ハイデラバード
ベンガル湾
アラビア海
マスリパタム
ゴア
マドラス
カリカット
コーチン
セイロン島
インド洋
アチェ
スマトラ島

1526年 パーニーパットの戦い
ティムール帝国最後の皇帝バーブルがロディー朝に勝利し、ムガル帝国を建国、初代皇帝となった。

フマユーン廟
第2代皇帝フマユーンをしのび、后のハージ=ベグムが1565年に建立した庭園墓廟。

ムガル帝国 1526〜1858年
インド史上最大のイスラーム国家。当初はデリーを首都とし、のちにアグラに遷都した。

タージ=マハル、アグラ城塞
1632〜53年、第5代皇帝シャー=ジャハーンは霊廟タージ=マハルを建設。アグラ城塞は、第3代皇帝アクバルが1565年から建設を始めた。

ゴアの聖堂と修道院
1510年にゴアを占領したポルトガルは、キリスト教布教のため、ボム=ジェズ聖堂や、聖フランシスコ修道院などを建てた。

世界遺産

2度復活した？モンゴル帝国

ユーラシア大陸の広範囲を占める大帝国を築いたモンゴルは、やがて分裂し、14世紀後半にはチャガタイ=ハン国の武将だったティムールがティムール帝国を建てた。ティムール自身は自らをチンギス=ハンの子孫と称し、モンゴル帝国を復興させる意図をもっていたという。

ティムールは破竹の勢いで近隣諸国を征服する。バグダードを制圧してイル=ハン国の旧領土を併合したのち、キプチャク=ハン国やインドにも侵入、さらにアンカラの戦いでオスマン朝軍に勝利をおさめるが、明《みん》への遠征途上で病没する。

ティムール帝国、ムガル帝国は、ともにモンゴル帝国の復興を目ざして大帝国を建てたもので、モンゴル帝国は2度にわたって復活したといえるかもしれない。

キプチャク=ハン国
アラル海
オイラート
黒海
カスピ海
トルファン
アンカラ
サマルカンド
カシュガル
明
ティムール帝国
1370〜1507年
地中海
バグダード
ヘラート
チベット
カイロ
マムルーク朝
ペルシア湾
デリー
紅海
アラビア半島
インド
アラビア海

WORD シク教
16世紀にイスラームの影響を受けてヒンドゥー教から派生した宗教。開祖はナーナク（1469〜1538年）。教義は一神教的で、偶像崇拝とカースト制度を否定し、神の前での平等を唱えた。男性信者は頭にターバンを巻くのが一般的で、「ターバンを巻いたインド人」のイメージはシク教徒からきている。総本山はインド北部のアムリットサルにある。

第7章

ユーラシア世界の再編

36 モンゴル帝国
37 明
38 明時代の東アジア
39 清

36 モンゴル帝国

遊牧民がつくった史上最大の「世界帝国」

13世紀初頭～1368年

中央アジアの高原におこったモンゴルは、強大な軍事力を背景に、東西世界を結ぶ広大な地域を支配する大帝国を築き上げる。

遊牧民の英雄チンギス=ハンがユーラシア大陸を席巻

12世紀、モンゴル高原では遊牧民の諸部族が争いを繰り返していた。モンゴル族の**テムジン**は13世紀初頭、諸部族を統一して**チンギス=ハン**（ハンは王の意）の称号を受けると、**千戸制**《せんこせい》という軍事・行政制度を取り入れ、強大な軍を編成した。また、契丹《きったん》人の耶律楚材《やりつそざい》を重用して、政治・経済の制度を整えていった。チンギスに率いられたモンゴル軍は、華北《かほく》の金《きん》へ侵入し、西アジアのホラズム朝、中央アジアの西夏《せいか》を滅ぼした。

1227年のチンギス=ハンの死後、第2代ハンとなった**オゴタイ**は、金を滅ぼし、**カラコルム**を首都として、**バトゥ**に西への遠征を命じた。バトゥはロシアを征服し、ヨーロッパへ進撃。強大なモンゴル軍の前にヨーロッパ軍はひとたまりもなく敗れるが、オゴタイの死の報を受けたモンゴル軍は引き返し、ヨーロッパは征服をまぬかれる。第4代**モンケ=ハン**は、弟の**フビライ**および**フラグ**に遠征を命じ、フラグはアッバース朝を滅ぼし、フビライは大理《だいり》、チベットなどを征服した。朝鮮半島の高麗《こうらい》もモンゴルの属国となった。モンケの跡を継いだフビライは、元《げん》と国号を改め、**大都**《だいと》（現在の北京《ペキン》）を建設した。そして南宋《なんそう》（**P53参照**）を滅ぼすと、日本や東南アジアへ軍を送ったが、強い抵抗にあっている。

大ハン位をめぐる争いを抱えたモンゴル帝国

モンゴル帝国は、フビライの元を宗主に位置づけ、チンギス=ハンの子孫がハンとして支配する、**チャガタイ=ハン**、**キプチャク=ハン**、**イル=ハン**の地方的政権がゆるやかに連合する形をとっていた。大ハン位をめぐりオゴタイの孫ハイドゥの反乱が30年の長期にわたり続いたが、元の二代皇帝成宗《せいそう》の時代にハイドゥの戦死で終結し、元は全盛期を迎えた。

ユーラシア大陸に誕生した大帝国では、東西交

1274年、1281年
文永《ぶんえい》の役《えき》、弘安《こうあん》の役《えき》
フビライは日本に修好を求める国書を送ったが、鎌倉幕府がこれを断ったため、2度にわたり日本遠征を敢行。しかし、いずれも失敗に終わっている。
カラコルム
第2代オゴタイから第4代モンケまで、モンゴル帝国の首都が置かれた。
高麗《こうらい》
13世紀前半からモンゴルに脅かされ、抵抗を試みるが、1259年に服属。済州島を拠点に最後まで抵抗を続けていた高麗時代の軍隊、三別抄（さんべつしょう）も73年に鎮圧された。
バイカル湖
日本
鎌倉
京都
博多
太平洋
開城
高麗
カラコルム
上都（開平）
大都（北京）
元《げん》
1271年～1368年。チンギス=ハンの孫フビライが相続。
大都《だいと》と上都《じょうと》
大都は第5代フビライが計画的に築いた元の首都。上都は副都であり、皇帝や官僚らが夏季に滞在した。
沙州
甘州
黄河
揚州
杭州
奉元（長安）
長江
福州
泉州
吐《と》蕃《ばん》
（チベット）
成都
ラサ
広州
フビライ=ハン
大理
1279年
厓山《がいざん》の戦い
元が南宋を滅ぼした戦い。厓山は最後まで元に抵抗した南宋勢力の拠点であったが、ついに陥落した。
交都
陳朝
大越国
パガン朝
パガン
スコータイ朝
スコータイ
西都
チャンパー
南シナ海
アンコール朝
東南アジア遠征
フビライは1280年代からビルマ、チャンパー（ベトナム）、ジャワへ次々に遠征軍を出すが、いずれも目的を達成できなかった。
シンガサリ
シンガサリ王国
シュリーヴィジャヤ
パレンバン

モンゴル帝国の最大版図
1241年
ワールシュタットの戦い
バトゥ率いるモンゴル軍が、現在のポーランド領ワールシュタットでドイツ・ポーランド連合軍を破る。
1240年
キエフ占領
チンギス=ハンの孫バトゥがキエフ公国の首都を占領し、以後ロシアをモンゴルの支配下に置く。ロシアではこのモンゴルによる支配を「タタールのくびき」とよぶ。
1258年
アッバース朝滅亡
フラグがバグダッドを占領。カリフを殺害し、アッバース朝を滅ぼす。1260年にイル=ハン国を建国。
マルコ=ポーロ
1254〜1324年。ヴェネツィアの商人。父や叔父とともに元へ行き、17年間滞在ののち帰国。帰国後ジェノヴァとの戦争で捕虜となり、その獄中で自分の中国体験を口述筆記させた『世界の記述』(『東方見聞録』)を著す。この本は大航海時代を迎えるきっかけの一つとなった。
マルコ=ポーロ
マルコ=ポーロの行路
マルコ=ポーロは、1271年にヴェネツィアを出発し、オアシス都市をめぐる陸路をへて元に達した。フビライに仕え、17年間元で暮らしたのち、インド洋経由の海路で帰国した。
キプチャク=ハン国
1243年〜1502年。チンギス=ハンの長男ジュチの子孫が統治。
イル=ハン国
1258年〜1353年。フビライの弟フラグとその子孫が統治。
チャガタイ=ハン国
1227年〜14世紀後半。チンギス=ハンの次男チャガタイとその子孫が統治。
デリー=スルタン朝
マルコ=ポーロの行程 往路
マルコ=ポーロの行程 帰路
神聖ローマ帝国
ポーランド王国
ハンガリー王国
ビザンツ帝国
マムルーク朝
ケルン
ヴェネツィア
クラクフ
バルト海
ノヴゴロド
モスクワ
ウラジーミル
リャザン
キエフ
ドニエプル川
ブルガール
ヴォルガ川
ベルケ=サライ
バトゥ=サライ
黒海
コンスタンティノープル
地中海
カスピ海
アラル海
バルハシ湖
エミール
アルマリク
オトラル
サマルカンド
カシュガル
ヤルカンド
オータン
バルフ
ニシャプール
タブリーズ
ティグリス川
ユーフラテス川
イェルサレム
カイロ
バグダード
イスファハーン
メッカ
ペルシア湾
ホルムズ
カーブル
ヒマラヤ山脈
インダス川
デリー
ガンジス川
インド洋

NASA's Earth Observatory

流が活発化し、中央政権では色目人《しきもくじん》とよばれる中央アジア、西アジア出身者が活躍した。

チンギス=ハンはどこに眠っているのか?

遊牧民であるモンゴル人には、地上に墓標などを立てずに埋葬する風習がある。そのため、モンゴル帝国の偉大な始祖・チンギス=ハンも、死後どこに埋葬されたのかわからなくなっており、現在もなお、多くの歴史学者や考古学者などがその場所の特定に取り組んでいる。候補地はモンゴル国内や中国の内モンゴル自治区などの数カ所が挙がっているが、本格的な発掘調査はまだ行われておらず、モンゴル人の間では民族の英雄の墓を掘り返すことへの反発の声もあがっている。

空前絶後の大帝国を築いた英雄の眠る地が明らかになる日は来るのだろうか?

チンギス=ハン
[1162?〜1227年]
漢字では成吉思汗と書く。生年については1155年、1167年などの説がある。

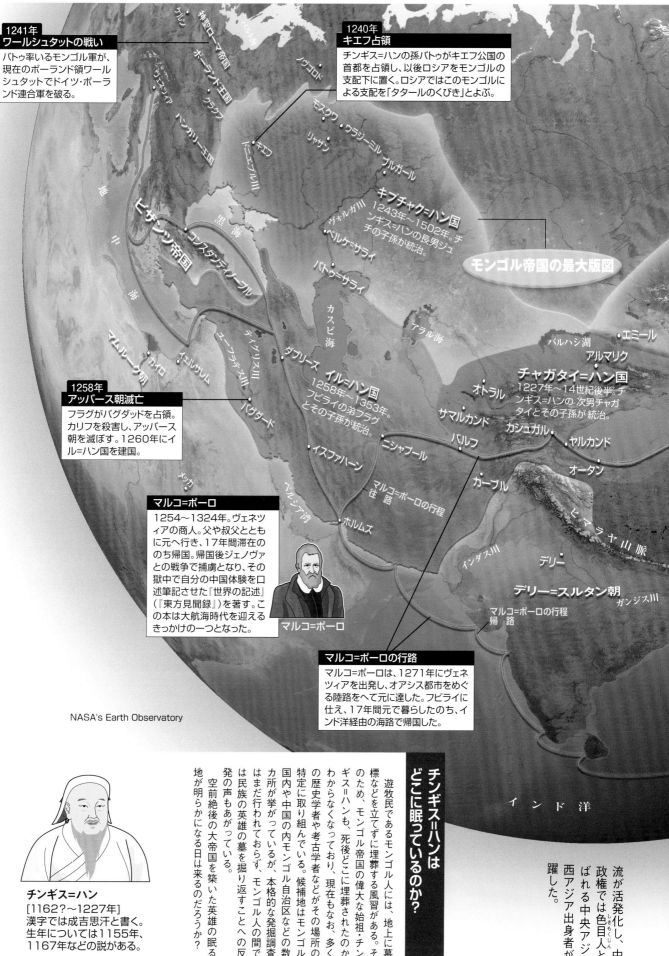

モンゴルを追い払い、中華帝国を回復した明

1368年〜1644年

モンゴルの弱体化で漢民族復興の動きが高まり、明が建国。中華帝国が復活する。

「回復中華」のスローガンを掲げて中華帝国が復活

元《げん》(**P64参照**)のモンゴル人による中国支配は、14世紀に入り揺らぎはじめた。宮廷内での権力争いに加え、疫病《えきびょう》の発生や寒冷化の影響で飢饉《ききん》が発生するなど民衆の不満が高まっていた。

1351年、**紅巾の乱**《こうきん》とよばれる大規模な農民反乱が起こり、元を打倒し、漢人の王朝を復活させる動きが高まった。そのなかで、モンゴル人はモンゴル高原へ撤退し、68年、農民出身で紅巾の乱にも加わっていた**朱元璋**《しゅげんしょう》が、「回復中華」を旗印に応天府《おうてんふ》(南京《ナンキン》)を都として**明**《みん》を建てた。長い中国の王朝交替史のなかでも、農民から皇帝に昇り詰めた例は、ほかに漢の高祖《こうそ》があるくらいである。

洪武帝《こうぶてい》となった朱元璋は皇帝権力の強化を図り、行政府である六部《りくぶ》を皇帝直属とし、科挙《かきょ》(**P52参照**)を復活させた。また、民衆を民戸《みんこ》(農民)と軍戸《ぐんこ》(軍人)に分け、民戸は**里甲制**《りこうせい》による徴税《ちょうぜい》を実施し、軍戸は**衛所制**《えいしょせい》による兵制を敷いた。

対外政策を進めた永楽帝、その死後は北虜南倭に苦しむ

洪武帝の死後、実力で帝位を奪い取った**永楽帝**《えいらくてい》は、大運河を改修して豊かな江南と華北《かほく》を結び、都を順天府《じゅんてんふ》(北京《ペキン》)に遷《うつ》した。また、数度にわたるモンゴル高原への遠征、ベトナム併合、**鄭和**《ていわ》の遠征など、積極的な外交を進めた。

永楽帝の死後、北方のタタールやオイラトが勢力を回復し、華北を脅《おびや》かす一方で、沿海部では中国人、日本人の私貿易《しぼうえき》商人による襲撃(後期倭寇《わこう》)が頻発し、**北虜南倭**《ほくりょなんわ》となって明の体制を揺るがした。

明代には、農業をはじめ各種産業が発達し、貨幣経済が浸透した。銀の流通が進み、その影響で、税を銀納とする**一条鞭法**《いちじょうべんぽう》が普及した。これにより、銀の需要がますます高まり、メキシコや日本から銀が大量に輸入された。

また、漢人の文化が復興し、実践を重視する新しい思想として**陽明学**《ようめいがく》が生まれたほか、四大奇書とよばれる『水滸伝《すいこでん》』『三国志演義《さんごくしえんぎ》』『西遊記《さいゆうき》』『金瓶梅《きんぺいばい》』が完成した。

最盛期の明

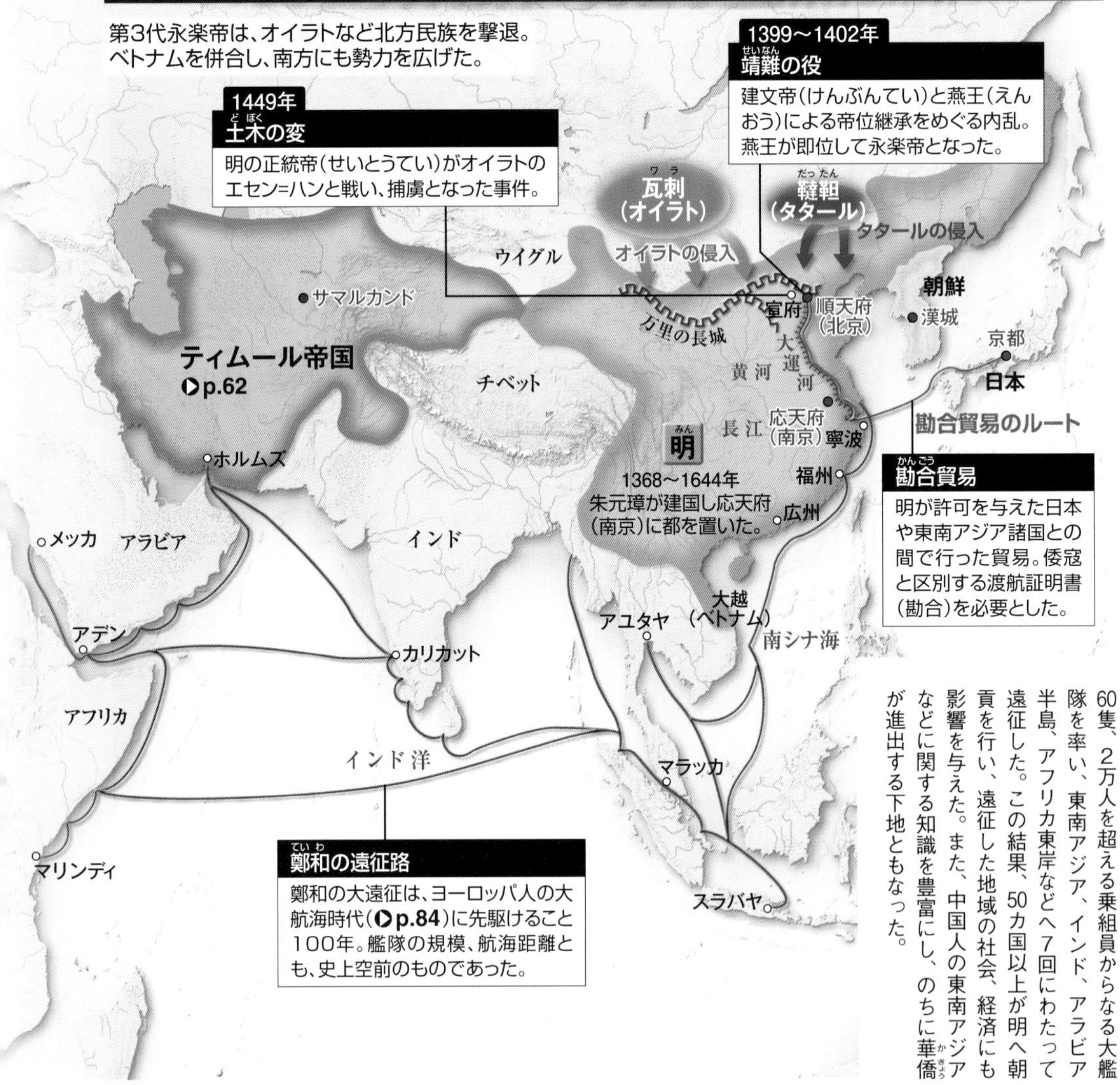

第3代永楽帝は、オイラトなど北方民族を撃退。ベトナムを併合し、南方にも勢力を広げた。
1449年
土木《どぼく》の変
明の正統帝(せいとうてい)がオイラトのエセン=ハンと戦い、捕虜となった事件。
1399〜1402年
靖難《せいなん》の役
建文帝(けんぶんてい)と燕王(えんおう)による帝位継承をめぐる内乱。燕王が即位して永楽帝となった。
瓦剌《ワラ》(オイラト)
韃靼《だったん》(タタール)
オイラトの侵入
タタールの侵入
ウイグル
サマルカンド
万里の長城
宣府
順天府(北京)
朝鮮
漢城
京都
日本
ティムール帝国
p.62
チベット
黄河
大運河
長江
応天府(南京)
寧波
明《みん》
1368〜1644年
朱元璋が建国し応天府(南京)に都を置いた。
福州
広州
勘合貿易のルート
勘合貿易《かんごう》
明が許可を与えた日本や東南アジア諸国との間で行った貿易。倭寇と区別する渡航証明書(勘合)を必要とした。
ホルムズ
メッカ
アラビア
インド
大越(ベトナム)
アユタヤ
南シナ海
アデン
カリカット
アフリカ
インド洋
マラッカ
マリンディ
スラバヤ
鄭和《ていわ》の遠征路
鄭和の大遠征は、ヨーロッパ人の大航海時代(p.84)に先駆けること100年。艦隊の規模、航海距離とも、史上空前のものであった。

華僑《かきょう》進出の下地となった鄭和《ていわ》の大遠征

15世紀初め、明の永楽帝は諸国に対して朝貢を求め、各地に宦官《かんがん》を派遣した。そのなかで最も規模の大きいものが鄭和による大遠征である。

イスラーム教徒であった鄭和は、およそ60隻、2万人を超える乗組員からなる大艦隊を率い、東南アジア、インド、アラビア半島、アフリカ東岸などへ7回にわたって遠征した。この結果、50カ国以上が明へ朝貢を行い、遠征した地域の社会、経済にも影響を与えた。また、中国人の東南アジアなどに関する知識を豊富にし、のちに華僑《かきょう》が進出する下地ともなった。

WORD **紅巾《こうきん》の乱**

元末期の1351〜66年に起こった宗教的農民反乱。元の滅亡と明の成立の契機となった。氾濫した黄河(こうが)の治水工事に徴用された人々を、秘密宗教結社である白蓮(びゃくれん)教会の会首が組織した。反乱軍は白蓮・弥勒(みろく)教徒が中心で、赤い頭巾をかぶったことからこの名がついた。紅巾軍は一時、華北、華中に勢力を広げたが、やがて内紛で分裂した。

明の東アジア支配に挑んだ豊臣秀吉

14世紀〜17世紀

中華帝国の明を中心にした秩序が東アジアに確立するが、日本を統一した豊臣秀吉がこの秩序に挑戦する。

明の冊封体制により東アジアの中華秩序が確立する

東アジアでは13世紀以来、私貿易《しぼうえき》がさかんとなっていたが、元《げん》末期の14世紀後半には、私貿易商人が武装して朝鮮《ちょうせん》半島の高麗《こうらい》や中国沿岸を襲撃するようになった。これを前期倭寇《わこう》という。

明《みん》は倭寇への対策と国内経済の安定を図るため、中国人商人の交易・渡航を禁じる**海禁策**《かいきんさく》をとった。そのため明との交易は、明の**冊封**《さくほう》を受けた**朝貢**《ちょうこう》という形で行われた。

一方、朝鮮半島では13世紀後半にモンゴルの属国となっていた高麗が、明の成立後はその冊封を受けていたが、倭寇の侵入などにより国力が衰えていた。

1392年、高麗の武将で倭寇撃退にも功績のあった**李成桂**《イソンゲ》（りせいけい）が、自ら王位に就き、国号を**朝鮮**と改めた。朝鮮は、引き続き明の冊封を受ける一方、朱子学《しゅしがく》を官学とし、官僚でありまた地主でもある**両班**《ヤンバン》が支配階層として国を動かす、中央集権的な国家体制を確立した。また、独自の文字である訓民《くんみん》正音《せいおん》（**ハングル**）もつくられた。

中華秩序に挑んだ秀吉の朝鮮侵攻

日本は、15世紀初めに、足利義満《あしかがよしみつ》が日本国王として明の冊封体制下に入り、**勘合貿易**《かんごうぼうえき》を行っていたが、15世紀後半以降は室町《むろまち》幕府が弱体化して戦乱の時代が続いた。16世紀末に豊臣秀吉《とよとみひでよし》が国内を統一すると、東アジアの中華秩序に反発して明の征服を企て、その先鞭《せんべん》として2度にわたり朝鮮に侵攻した（**文禄**《ぶんろく》**の役、慶長**《けいちょう》**の役**）。この侵攻に対し、朝鮮は当初劣勢であったが、亀甲船《きっこうせん》団を率いて戦った**李舜臣**《イスンシン》（りしゅんしん）の活躍や、明の援助により日本軍を追い詰めた。

明が滅び強大な清《しん》（**P68参照**）が成立すると、朝鮮、琉球《りゅうきゅう》、東南アジア諸国は、引き続き中華帝国の冊封体制に組み込まれつつ、交易を続けた。

日本は、江戸幕府が朝鮮との国交を回復し、また、当初は対外貿易をさかんに行っていたが、17世紀なかばに「鎖国」へ転じた。しかし、清や朝鮮との交易は江戸時代を通じて維持され、朝鮮からは朝鮮《ちょうせん》通信使《つうしんし》が日本へ派遣された。

明代末期の東アジア

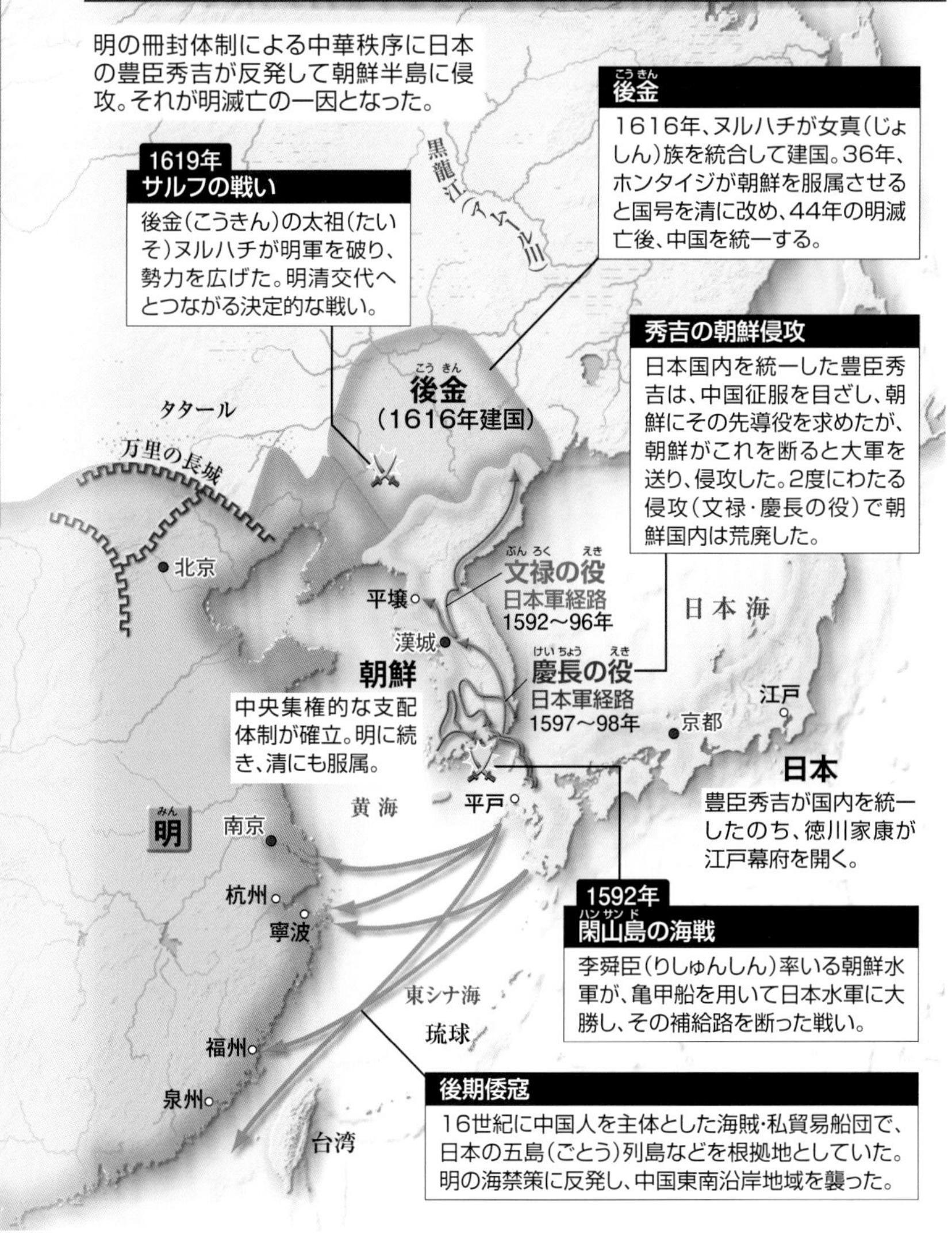
明の冊封体制による中華秩序に日本の豊臣秀吉が反発して朝鮮半島に侵攻。それが明滅亡の一因となった。
後金《こうきん》
1616年、ヌルハチが女真（じょしん）族を統合して建国。36年、ホンタイジが朝鮮を服属させると国号を清に改め、44年の明滅亡後、中国を統一する。
1619年
サルフの戦い
後金（こうきん）の太祖（たいそ）ヌルハチが明軍を破り、勢力を広げた。明清交代へとつながる決定的な戦い。
黒龍江（アムール川）
秀吉の朝鮮侵攻
日本国内を統一した豊臣秀吉は、中国征服を目ざし、朝鮮にその先導役を求めたが、朝鮮がこれを断ると大軍を送り、侵攻した。2度にわたる侵攻（文禄・慶長の役）で朝鮮国内は荒廃した。
タタール
後金《こうきん》
（1616年建国）
万里の長城
北京
平壌
漢城
文禄《ぶんろく》の役《えき》
日本軍経路
1592〜96年
日本海
朝鮮
中央集権的な支配体制が確立。明に続き、清にも服属。
慶長《けいちょう》の役《えき》
日本軍経路
1597〜98年
京都
江戸
日本
豊臣秀吉が国内を統一したのち、徳川家康が江戸幕府を開く。
黄海
平戸
明《みん》
南京
杭州
寧波
1592年
閑山島《ハンサンド》の海戦
李舜臣（りしゅんしん）率いる朝鮮水軍が、亀甲船を用いて日本水軍に大勝し、その補給路を断った戦い。
東シナ海
琉球
福州
泉州
台湾
後期倭寇
16世紀に中国人を主体とした海賊・私貿易船団で、日本の五島（ごとう）列島などを根拠地としていた。明の海禁策に反発し、中国東南沿岸地域を襲った。

日本軍を撃退した亀の形をした軍船

日本で文禄《ぶんろく》・慶長《けいちょう》の役とよぶ秀吉の朝鮮侵攻は、朝鮮では壬辰《じんしん》・丁酉《ていゆう》倭乱《わらん》とよぶ。このとき朝鮮水軍を率いた李舜臣が用いた亀甲船《きっこうせん》は、もともと倭寇（前期）の撃退用につくられた船だった。敵船にのり込んでの斬込みを得意とした倭寇に対抗するため、船全体を亀の甲羅のような屋根で覆い、屋根一面に刀を上に向けて差し込んでいる。壬辰・丁酉倭乱でもこの装備が効果を発揮し、日本水軍に壊滅的な打撃を与えた。

亀甲船

WORD 倭寇《わこう》

13〜16世紀、私貿易商人が海賊化し、朝鮮、中国沿岸で略奪行為をした集団。日本人が主体の前期倭寇は14世紀にさかんであったが、15世紀には、室町幕府の取り締まりなどにより下火となった。16世紀に明の海禁に抵抗して武装化した後期倭寇は中国人が中心で、明の海禁解除や豊臣秀吉の海賊停止令（かいぞくちょうじれい）などによって終息した。

北方民族の帝国・清による中国支配

1636年〜1912年

明が滅亡し、再び北方民族が中華世界に君臨する。清王朝は20世紀初頭まで300年近く続いた。

清の最大版図

18世紀の東アジア
康熙帝(こうきてい)は台湾、モンゴル高原、チベット、青海地方を支配下に置いた。乾隆帝(けんりゅうてい)はジュンガル部、回部(かいぶ)、ベトナム、ビルマまで勢力範囲を広げた。
1727年 キャフタ条約
外モンゴル一帯での清露間の国境と通商の取り決め。
1689年 ネルチンスク条約
南下するロシアに対して結んだ、清朝最初の対等条約。国境と通商を取り決める。
ロシア帝国
シベリア
キャフタ
ネルチンスク
黒竜江(アムール川)
バルハシ湖
ハルハ部
満州
チャハル部
ジュンガル部
内モンゴル
万里の長城
北京
朝鮮
回部
ホシュート部(青海)
漢城
黄河
黄海
京都
江戸
西安
チベット
清《しん》
杭州
長江
日本
1636〜1912年 ツングース系の女真(満州)族が建国。
白蓮《びゃくれん》教徒の乱
白蓮教徒が1796〜1804年に起こした大反乱。鎮圧はしたが、清朝は財政難に陥った。
カトマンズ
ネパール
1769年に独立したグルカ王朝は拡大政策をとり、チベットをめぐって清と交戦。講和後に朝貢国となった。
ビルマ王国
アヴァ
広州
マカオ
台湾
ハノイ
海南島
インド
ベンガル湾
シャム王国
安南《あんなん》
鄭《てい》氏《し》一族
台湾は1661年に、反清活動を行う鄭成功(ていせいこう)がオランダから奪い、以後その一族が占有していたが、83年、清が鄭氏を破り、支配下に置く。
アユタヤ
南シナ海
太平洋
清の藩部
清への朝貢国

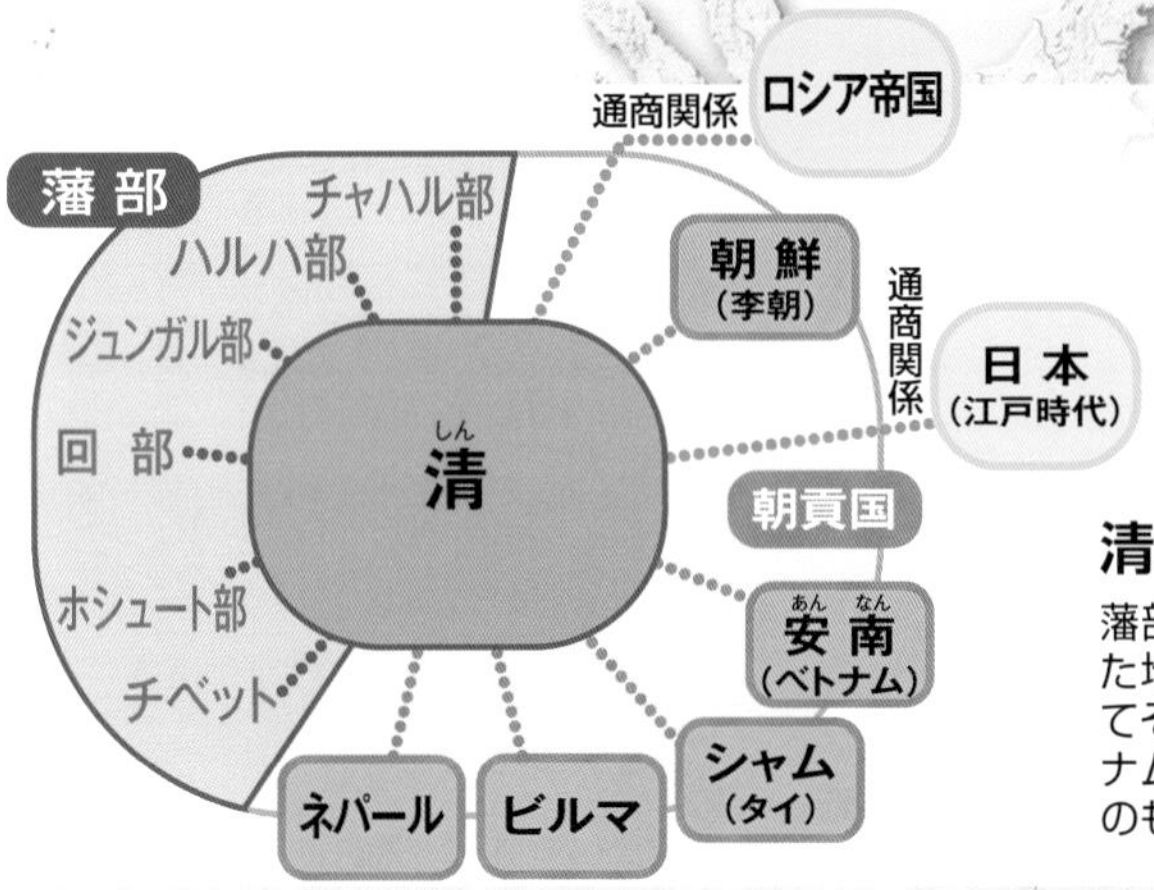
通商関係
ロシア帝国
藩部
チャハル部
ハルハ部
ジュンガル部
回部
ホシュート部
チベット
清《しん》
朝鮮(李朝)
通商関係
日本(江戸時代)
朝貢国
安《あん》南《なん》(ベトナム)
シャム(タイ)
ビルマ
ネパール

清と周辺国・地域の関係

藩部(はんぶ)とは、清に征服・併合された地域で、理藩院(りはんいん)を設けてその管理にあたった。朝鮮、安南(ベトナム)などは、清の冊封(さくほう)体制のもとで交易を行った朝貢国。

明が滅び、北方の女真族が中国の支配者となる

16世紀末、日本軍の朝鮮半島侵攻に対し、明《みん》は朝鮮へ援軍を送った。北虜南倭《ほくりょなんわ》に苦しんでいた明は、この派兵で財政がさらに逼迫《ひっぱく》し、国力も疲弊した。

1628年、明に不満をもつ農民らによる大規模な反乱が起こり、その指導者**李自成**《りじせい》は44年に北京を占領。ここに明は滅んだ。

これより先、現在の中国東北部一帯にいたツングース系の**女真**《じょしん》(満州《マンジュ》)が急速に台頭し、1616年に**ヌルハチ**が金《きん》(**後金**《こうきん》)を建てた。後金は明を破って東北部を制圧、第2代**ホンタイジ**(太宗《たいそう》)の代になると、内モンゴルを併合して**清**《しん》を名のった。

清は、**八旗**《はっき》という独特の兵制による強力な軍を保有しており、第3代**順治帝**《じゅんちてい》のときに、明を滅ぼした李自成を倒して中国の支配者となった。

少数民族による巧みな支配体制を確立

清は北方民族の王朝ながら、科挙《かきょ》など明の制度を受け継ぎ、中央行政機関に満州人と漢人を同数配置する**満漢併用制**《まんかんへいようせい》をとった。しかし一方で、**辮髪**《べんぱつ》の強制、清の支配を否定する思想の弾圧など、威圧政策も行い、少数民族による支配体制を固めた。そして、**康熙帝**《こうきてい》、**雍正帝**《ようせいてい》、**乾隆帝**《けんりゅうてい》の3代約130年の間に清は最盛期を迎え、モンゴル、チベット、台湾《たいわん》などを加えた版図は、中国史上最大となった。これにより、シベリアへ領土を拡大したロシア(**P95参照**)と対峙《たいじ》することとなり、国境確定のため**ネルチンスク条約**と**キャフタ条約**が相次いで結ばれた。

WORD **八旗**《はっき》
後金、清の社会組織で、軍の編成にも使われた。黄、白、紅、藍の4色と、この四色旗に縁取りをした計8種の旗印のもと、1旗あたり男子7500人を編成した。八旗に属する人は旗人とよばれ、政治・経済両面の特権を有した。ヌルハチが満州八旗を、ホンタイジが蒙古八旗と漢軍八旗を組織した。

第8章

ヨーロッパの誕生

40 ゲルマン人の大移動

41 フランク王国

42 ビザンツ(東ローマ)帝国

43 カノッサの屈辱

44 十字軍の遠征

45 西ヨーロッパ封建社会

46 身分制議会の誕生

47 百年戦争

48 モスクワ大公国

ゲルマン人の大移動で終焉した西ローマ帝国

4世紀後半〜6世紀後半

ゲルマン人が領内に移動して西ローマ帝国は滅亡した。

ゲルマン人の大移動

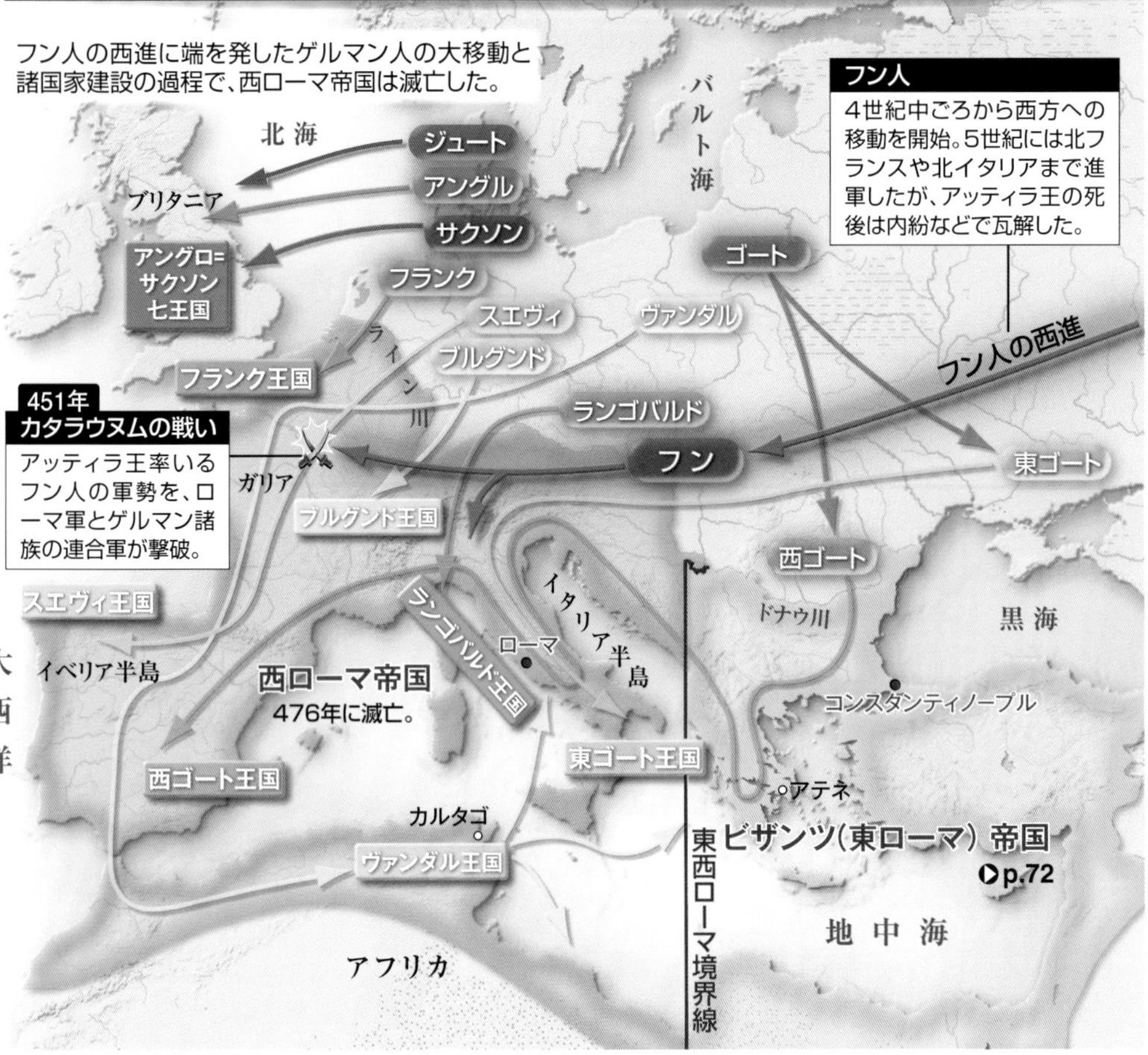
フン人の西進に端を発したゲルマン人の大移動と諸国家建設の過程で、西ローマ帝国は滅亡した。
フン人
4世紀中ごろから西方への移動を開始。5世紀には北フランスや北イタリアまで進軍したが、アッティラ王の死後は内紛などで瓦解した。
451年
カタラウヌムの戦い
アッティラ王率いるフン人の軍勢を、ローマ軍とゲルマン諸族の連合軍が撃破。
北海
バルト海
ブリタニア
ジュート
アングル
サクソン
アングロ=サクソン七王国
フランク
スエヴィ
ヴァンダル
ブルグンド
ゴート
フランク王国
ライン川
ランゴバルド
フン
フン人の西進
東ゴート
ガリア
ブルグンド王国
西ゴート
スエヴィ王国
ランゴバルド王国
イタリア半島
ローマ
ドナウ川
黒海
大西洋
イベリア半島
西ローマ帝国
476年に滅亡。
コンスタンティノープル
東ゴート王国
西ゴート王国
アテネ
カルタゴ
ヴァンダル王国
東ビザンツ(東ローマ)帝国
p.72
東西ローマ境界線
地中海
アフリカ

フン人の西進によりゲルマン人の移動が加速

西ローマ帝国を滅亡に導き、中世ヨーロッパ世界の幕を開ける契機となったのが**ゲルマン人の大移動**である。

古代ローマの歴史家タキトゥスの『**ゲルマニア**』によると、バルト海沿岸地方を原住地としていたゲルマン人は、すでに紀元前後にはライン川、ドナウ川の北方にまで居住地を拡大していたとされている。その一部は、3世紀ごろになると、人口増加による土地不足から、傭兵《ようへい》や**コロヌス**(小作人)としてローマ帝国(**P30参照**)内に移住しはじめていた。

この動きを一気に加速させたのが、北アジアの遊牧騎馬民族である**フン人**の西進であった。375年、フン人は黒海北岸に侵入し、ゲルマン人の一派**東ゴート人**を支配下に置くとともに、**西ゴート人**も圧迫。翌年西ゴート人はドナウ川を越え、ローマ帝国内に移動した。

ゲルマン諸国家の成立と西ローマ帝国の滅亡

移動した西ゴート人は、やがてイタリア半島に進出。西ローマ帝国はイタリア本土防衛のため、国境守備についていた軍隊を呼び戻した。しかし、これによって国境地帯が手薄になり、多くのゲルマン諸部族が次々にローマ帝国内に移動してくることとなった。この時期に大移動を行った諸部族には、のちに大王国を築いた**フランク人**のほか、北アフリカに建国したヴァンダル人、ガリア中部に建国したブルグンド人、北イタリアに建国したランゴバルド人、ブリタニアに建国したアングル人、サクソン人、ジュート人などがある。

一方、相次ぐゲルマン諸国家の成立により弱体化した西ローマ帝国は、476年、ゲルマン人傭兵隊長の**オドアケル**によって皇帝ロムルス=アウグストゥルスが退位させられ、滅亡した。

フン人はどこから来たか

ゲルマン人大移動のきっかけとなったフン人の由来として最も有力視されているのは、モンゴル高原を中心に活躍し、中国の秦《しん》や漢《かん》を脅かした遊牧騎馬民族、匈奴《きょうど》の子孫だという説である。

匈奴は後48年に南北に分かれ、南匈奴はしだいに中国化したが、北匈奴はしばしば中国に侵入していた。しかし、後91年には後漢《ごかん》・南匈奴の連合軍に敗れ、モンゴル高原における匈奴の国家は滅亡。その残党の一部が西方に逃れ、フン人になったというのである。

この説の拠《よ》り所としては、両者の生活様式や風習が同じであること、匈奴の西方移動とフン人が中央アジアに出現した時期が一致すること、さらには北魏《ほくぎ》の歴史を記した『魏書《ぎしょ》』のなかに、アッティラ王やその子孫が「匈奴」と記されていることも根拠となっている。また、匈奴の古い中国語読み「フンヌ」とフンが同じであることはほぼ間違いないとみられている。

WORD ケルト人

ゲルマン人が移動してくる前、西ヨーロッパ一帯に住んでいたのはケルト人である。現在ではアイルランド、スコットランド、ウェールズなどに居住するのみであるが、前4～前2世紀ごろにはイベリア半島、ブリテン島から小アジアに至る広大なエリアで活動していた。鉄製武器の製造技術に優れ、ケルト神話はのちのヨーロッパ世界の文化形成に大きな影響を与えている。

41 フランク王国

フランク王国の誕生で成立した西欧世界

481年
〜
870年

のちに世界をリードする西欧は、フランク人が建てた王国によってその原形がつくられた。

フランク王国とその分割

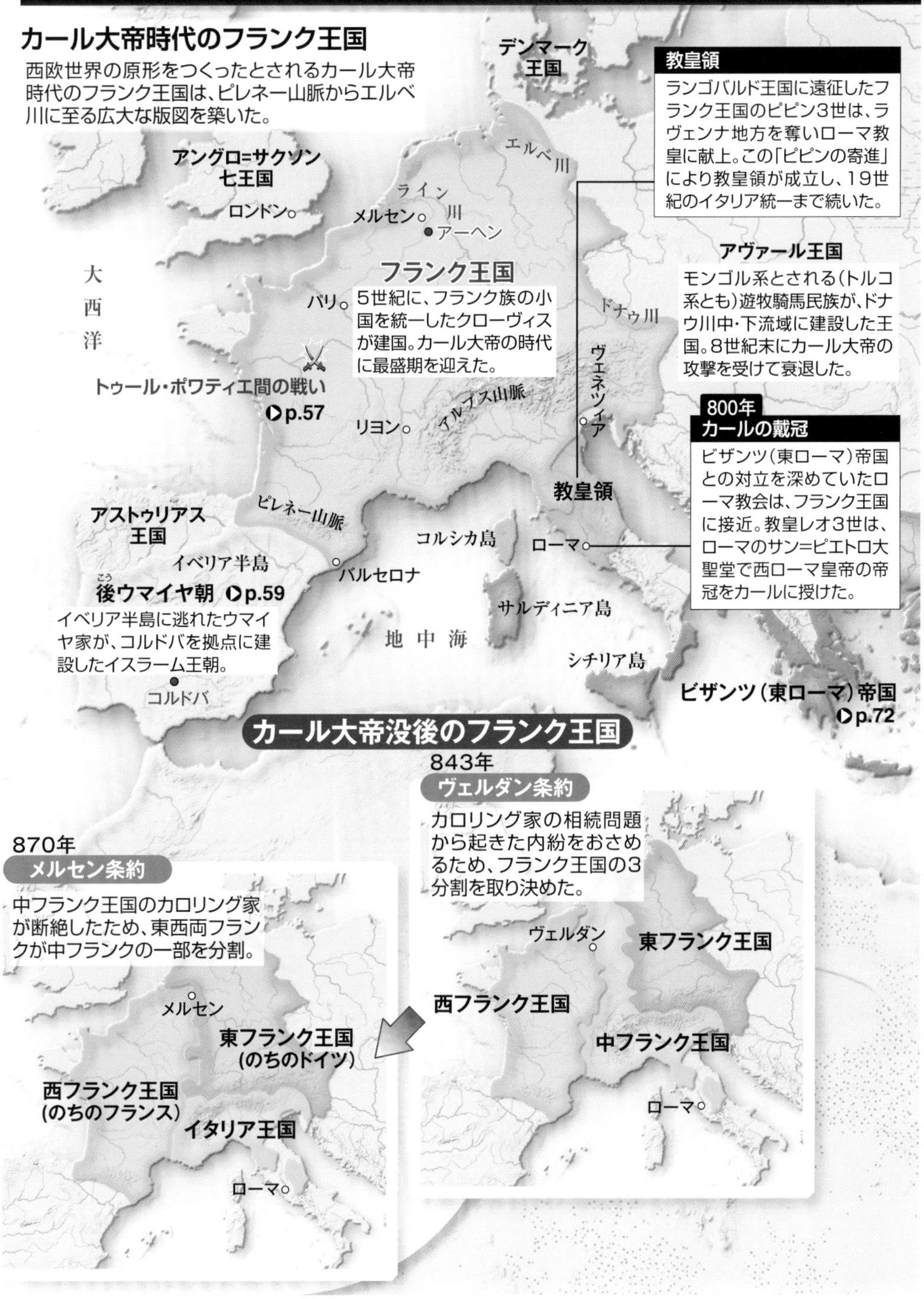
カール大帝時代のフランク王国
西欧世界の原形をつくったとされるカール大帝時代のフランク王国は、ピレネー山脈からエルベ川に至る広大な版図を築いた。
デンマーク王国
教皇領
ランゴバルド王国に遠征したフランク王国のピピン3世は、ラヴェンナ地方を奪いローマ教皇に献上。この「ピピンの寄進」により教皇領が成立し、19世紀のイタリア統一まで続いた。
アングロ=サクソン七王国
ロンドン
エルベ川
ライン川
メルセン
アーヘン
大西洋
フランク王国
パリ
5世紀に、フランク族の小国を統一したクローヴィスが建国。カール大帝の時代に最盛期を迎えた。
アヴァール王国
モンゴル系とされる（トルコ系とも）遊牧騎馬民族が、ドナウ川中・下流域に建設した王国。8世紀末にカール大帝の攻撃を受けて衰退した。
ドナウ川
ヴェネツィア
トゥール・ポワティエ間の戦い
p.57
リヨン
アルプス山脈
800年
カールの戴冠
ビザンツ（東ローマ）帝国との対立を深めていたローマ教会は、フランク王国に接近。教皇レオ3世は、ローマのサン=ピエトロ大聖堂で西ローマ皇帝の帝冠をカールに授けた。
教皇領
ピレネー山脈
アストゥリアス王国
コルシカ島
ローマ
イベリア半島
バルセロナ
後《こう》ウマイヤ朝 p.59
イベリア半島に逃れたウマイヤ家が、コルドバを拠点に建設したイスラーム王朝。
サルディニア島
地中海
シチリア島
コルドバ
ビザンツ（東ローマ）帝国
p.72
カール大帝没後のフランク王国
843年
ヴェルダン条約
カロリング家の相続問題から起きた内紛をおさめるため、フランク王国の3分割を取り決めた。
870年
メルセン条約
中フランク王国のカロリング家が断絶したため、東西両フランクが中フランクの一部を分割。
ヴェルダン
東フランク王国
西フランク王国
中フランク王国
ローマ
メルセン
東フランク王国
（のちのドイツ）
西フランク王国
（のちのフランス）
イタリア王国
ローマ

カール大帝の大王国登場で西欧世界が成立

西ローマ帝国滅亡後、再び西欧を統一したのは**フランク王国**であった。

481年、メロヴィング家のクローヴィスは、小国分立状態であったフランク人を統一してフランク王国を建設。8世紀になるとカロリング家の**カール=マルテル**が、732年の**トゥール・ポワティエ間の戦い**（**P57参照**）でイスラーム軍を破って権威を確立し、その子ピピン3世が751年に**カロリング朝**を開いた。

ピピン3世の子カールは、ローマ教皇と対立していたランゴバルド王国を滅ぼしたほか、北方のゲルマン人豪族を制圧した。また、イベリア半島ではイスラーム勢力と戦うなど武勇に優れ、王国の版図を拡大した。そして、800年に教皇レオ3世から西ローマ皇帝の帝冠を受け、**カール大帝**（シャルルマーニュ）として西ローマ帝国を受け継いだ（**カールの戴冠《たいかん》**）。

カール大帝は、各地で教会組織を整えたほか、アルクインなどの学者を迎えて学芸を奨励し、**カロリング=ルネサンス**とよばれる時代を演出した。こうして最盛期を迎えたフランク王国のもとで、古代ローマ、ゲルマン、キリスト教文化の融合による西ヨーロッパ世界の基礎が形づくられたのである。

しかし、この時代の繁栄はカール大帝個人の力量によるところが大きく、その死後は王国の相続をめぐって争いが起き、**ヴェルダン条約**と**メルセン条約**によって王国は3つに分裂。その一つである東フランク王国は**神聖ローマ帝国**の起源になるなど、現在のドイツ、フランス、イタリアのもととなった。

WORD カロリング=ルネサンス

カール大帝による文化・教育の奨励をはじめとする、カロリング朝期の古典文化復興運動。古代の著述家たちの作品を範として、聖職者および一般の人々の教養を向上させることを目ざした。アルファベット字体の整備（カロリング朝小文字）などにより、古代ギリシアと古代ローマの文学作品が今日まで伝承されることとなった。

ビザンツ（東ローマ）帝国
1000年続いた東のローマ帝国

395年〜1453年

1000年以上にわたって続いたビザンツ帝国のもと、ギリシア正教やビザンツ文化を基礎とする東ヨーロッパ世界が形成された。

全盛期のビザンツ帝国（6世紀）

ビザンツ帝国は、6世紀のユスティニアヌス帝の時代に最盛期を迎え、旧ローマ帝国時代の領土のかなりの部分を回復した。
スラヴ人
ゲルマン人の移動に連動する形で、原住地のカルパティア山脈北方から移動を開始。一部は南下してビザンツ帝国領内に侵入した。
首都コンスタンティノープル
現在のイスタンブル。陸海の交通の要衝であるとともに、ビザンツ文化の中心地であった。ビザンツ帝国の名は、コンスタンティノープルの古名ビザンティウムに由来する。
スラヴ
スラヴ人の進出
アヴァール
ドナウ川
大西洋
パリ
フランク王国
p.71
ビザンツ（東ローマ）帝国
ローマ帝国の分裂（395年）後、1000年以上にわたり存続。
ローマ
黒海
ササン朝ペルシアの侵入
コンスタンティノープル
西ゴート王国
トレド
カルタゴ
エフェソス
シチリア島
アンティオキア
ササン朝ペルシア
地中海
クレタ島
シリア
アレクサンドリア
イェルサレム
エジプト
ナイル川
7世紀
イスラーム勢力の侵入
イスラーム教徒となったアラブ人は、ビザンツ帝国がササン朝から奪回したシリア、エジプトに侵攻。同地では、ビザンツ皇帝の支配を嫌うキリスト教単性論派が多数を占めていたため、アラブ軍は容易に征服することができた。
イスラーム勢力
p.57

ビザンツ帝国の盛衰とビザンツ文化

西ローマ帝国が滅亡したあとも、**東ローマ帝国**は**ビザンツ帝国**とよばれ、約1000年にわたって存続した。

6世紀の**ユスティニアヌス帝**の時代には東ゴート王国やヴァンダル王国を滅ぼすなど、旧ローマ帝国（P30参照）の領土をほぼ回復。また、**ローマ法**を集大成した『**ローマ法大全**』もこの時期に編纂《へんさん》されている。しかし、その死後はスラヴ人などに侵入され、さらに7世紀からはササン朝ペルシアやイスラーム勢力（P57参照）などに侵入されて、帝国はしだいに衰えていった。

これに対し、7世紀前半に即位した**ヘラクレイオス1世**は、地方の体制を整える**テマ**（軍管区）**制**や、軍役《ぐんえき》と引き換えに兵士に土地を与える**屯田兵制**《とんでんへいせい》を採用。8世紀前半に入り、**レオン3世**の治下で帝国は体制の立て直しに成功し、再び繁栄の時代を迎えた。また、このころには皇帝が教会を支配する皇帝教皇主義をとり、726年にはイスラーム教への対抗から**聖像崇拝禁止令**を発布した。聖像による布教に努めていたローマ教会はこれに反対し、カールの戴冠（P71参照）などをへて、キリスト教は**ローマ＝カトリック**と**ギリシア正教**に分裂。以後ビザンツ帝国は、ギリシア正教を中心に、ヘレニズム・ローマ文化、さらには西アジアの要素を融合した**ビザンツ文化**を生み出してゆく。

その後のビザンツ帝国は、11世紀ごろから台頭した大土地所有貴族により、しだいに皇帝権が弱体化。13世紀初頭の第4回十字軍では首都**コンスタンティノープル**を一時占領された。それ以後、国力が回復することはなく、1453年、オスマン帝国（P61参照）の攻撃によりコンスタンティノープルが陥落し、1000年以上にわたって続いた帝国は滅亡した。

ギリシア正教（東方正教）とは

ここでいうギリシア正教とは、ビザンツ帝国公認のキリスト教とそれを起源とする諸教会の総称で、現在では東方正教ともよばれている。ビザンツ文化を生み出す母体となったが、ローマ＝カトリックとは対立関係にあり、1054年に両者は完全に袂《たもと》を分かっている。カトリックよりも原始キリスト教に近いといわれ、救いや愛を重んじ、世俗権力との関係では聖俗一致の傾向が強い。

ギリシア（東方）正教とローマ＝カトリックの比較

	正教	カトリック
人口（2002年）	約2.2億人	約10.8億人
最も重要な祝祭日	イースター（復活祭）	クリスマス
司祭	妻帯者も可	独身者
十字を切る順番	額→胸→右肩→左肩	額→胸→左肩→右肩
政治とのかかわり	聖俗一致の傾向	聖俗分離
組織	主教や司祭に個人的権威はない	教皇を頂点とするヒエラルキー

WORD **ローマ法**

古代ローマで発展した法体系。神官である貴族が独占していた慣習法が、前451年の「十二表法」によって成文化され、後212年の「アントニヌス法」により、帝国内の全自由民に適用される万民法となった。534年にはユスティニアヌス帝によりローマ法の集大成『ローマ法大全』が編纂され、ヨーロッパ近代法の基礎となった。

42 ビザンツ(東ローマ)帝国
43 カノッサの屈辱

中世ヨーロッパの社会構造と宗教
領主(支配層)
カトリック教会
教会のヒエラルキー(階層構造)
教皇
大司教
司教
司祭
対立関係
聖職叙任権闘争
11世紀後半から12世紀初頭にかけて、教皇と諸王、とりわけ神聖ローマ皇帝が、司教などの高位聖職者を任命する権限(叙任権)をめぐって闘争を繰り広げた。
封建制度
皇帝・国王
封土・保護
双務的契約
軍務・忠誠
諸侯
封土・保護
双務的契約
軍務・忠誠
騎士
貢納・賦役
保護・支配
貢納・賦役
保護・支配
農民(農奴)
荘園
農民(農奴)

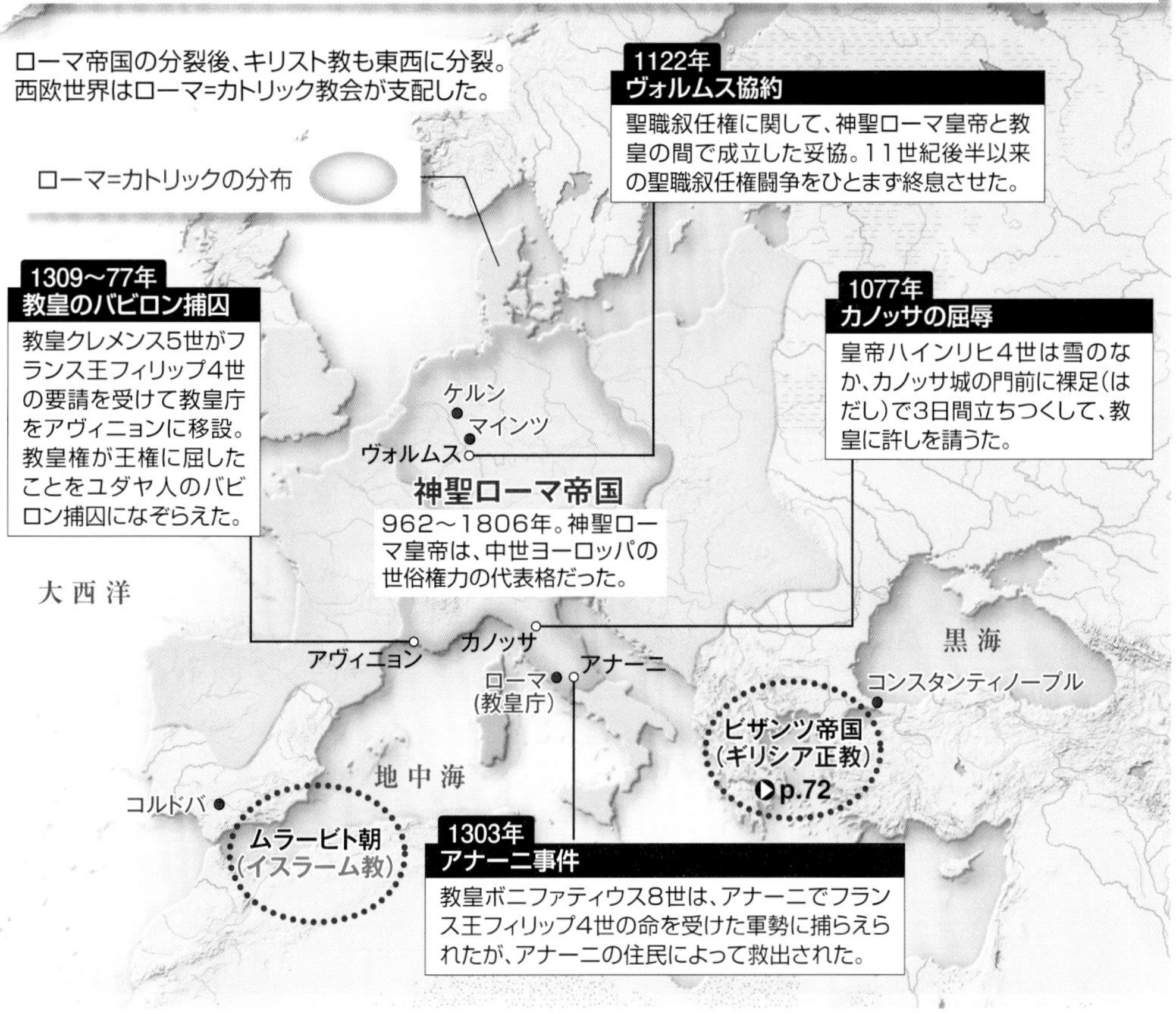
ローマ帝国の分裂後、キリスト教も東西に分裂。西欧世界はローマ=カトリック教会が支配した。
ローマ=カトリックの分布
1122年 ヴォルムス協約
聖職叙任権に関して、神聖ローマ皇帝と教皇の間で成立した妥協。11世紀後半以来の聖職叙任権闘争をひとまず終息させた。
1309〜77年 教皇のバビロン捕囚
教皇クレメンス5世がフランス王フィリップ4世の要請を受けて教皇庁をアヴィニョンに移設。教皇権が王権に屈したことをユダヤ人のバビロン捕囚になぞらえた。
1077年 カノッサの屈辱
皇帝ハインリヒ4世は雪のなか、カノッサ城の門前に裸足(はだし)で3日間立ちつくして、教皇に許しを請うた。
ケルン
マインツ
ヴォルムス
神聖ローマ帝国
962〜1806年。神聖ローマ皇帝は、中世ヨーロッパの世俗権力の代表格だった。
大西洋
黒海
アヴィニョン
カノッサ
ローマ(教皇庁)
アナーニ
コンスタンティノープル
ビザンツ帝国(ギリシア正教) p.72
地中海
コルドバ
ムラービト朝(イスラーム教)
1303年 アナーニ事件
教皇ボニファティウス8世は、アナーニでフランス王フィリップ4世の命を受けた軍勢に捕らえられたが、アナーニの住民によって救出された。

43 カノッサの屈辱

ローマ教皇の権威に対抗した王権

1077年

中世の西欧では、聖職者の叙任権などをめぐって、ローマ教皇を中心とするカトリック教会と、神聖ローマ皇帝をはじめとする世俗権力が対立した。

聖俗両権力の対立と教皇権の動揺

中世の西欧世界では、ローマ教皇と世俗権力の対立が表面化した。

フランク王国のピピン3世が教皇領(**P71参照**)を寄進して以来、一般の教会や修道院も、諸侯から土地や財産の寄進を受けるようになり、やがて精神世界の権威であるはずのカトリック教会は、広大な荘園を有する封建領主となった。それにともない、聖職者の結婚や聖職売買などの腐敗が横行したため、11世紀になると**クリュニー修道院**を中心に改革運動が起こった。

なかでも教皇**グレゴリウス7世**は、厳格な規律を重んじる大改革を行い、国内聖職者の任命権をもつ神聖ローマ皇帝**ハインリヒ4世**と対立(**聖職叙任権《せいしょくじょにんけん》闘争**)し、皇帝を破門した。諸侯の力が強い神聖ローマ帝国にあって、破門は皇帝の地位を危うくすることであったため、ハインリヒ4世は1077年、北イタリアのカノッサに滞在中の教皇のもとを訪れ、許しを請《こ》うた。これは**カノッサの屈辱《くつじょく》**とよばれ、教皇権の威勢を象徴する事件であった。

その後も教皇と皇帝の対立は続いたが、1122年の**ヴォルムス協約**で両権力の妥協が成立。教皇権は**インノケンティウス3世**の時代に頂点を迎えた。

しかし、14世紀に入ると、王権が強さを増し、教会領地への課税をめぐって、教皇ボニファティウス8世が捕らえられた**アナーニ事件**や、教皇庁がアヴィニョンに移される「**教皇のバビロン捕囚《ほしゅう》**」が起きるなど、教皇権に動揺が生じた。こうした事態はカトリック教会全体の権威低下をまねき、宗教改革の先駆ともいうべき**ウィクリフ**や**フス**による教会批判へとつながった。

WORD 神聖ローマ帝国
962年、東フランク王国のオットー1世が教皇から帝冠を授けられたことに始まり、1806年まで続いた。11世紀ごろからは聖職叙任権闘争の結果、皇帝と教皇の両権力の対立が表面化。皇帝側は、皇帝位は教皇によって授けられるのではなく直接神の恩寵(おんちょう)によって決定されると主張し、13世紀から神聖ローマ帝国と名のるようになった。

十字軍の遠征で拡大した西欧社会

1096年〜1291年

人口増加などによる西欧社会の拡大を背景とした十字軍は、単なる軍事遠征にとどまらず、東西文化の接触や西欧社会の変革を促すきっかけとなる出来事であった。

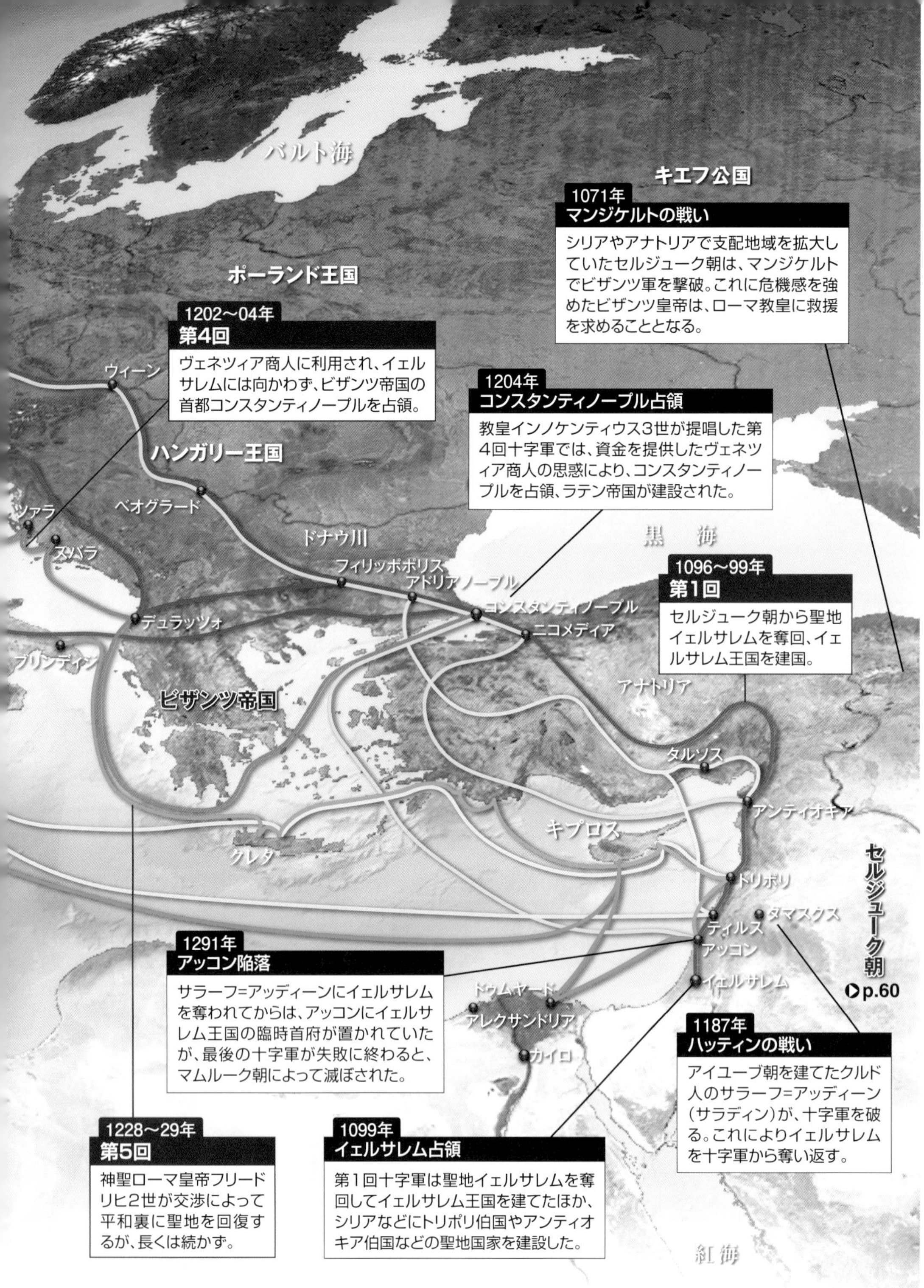
バルト海
キエフ公国
ポーランド王国
ハンガリー王国
ウィーン
ベオグラード
ツァラ
スパラ
ドナウ川
フィリッポポリス
アドリアノープル
コンスタンティノープル
ニコメディア
デュラッツォ
ブリンディジ
ビザンツ帝国
黒海
アナトリア
タルソス
アンティオキア
キプロス
クレタ
トリポリ
ティルス
ダマスクス
アッコン
イェルサレム
ドゥムヤート
アレクサンドリア
カイロ
紅海
セルジューク朝
p.60
1071年
マンジケルトの戦い
シリアやアナトリアで支配地域を拡大していたセルジューク朝は、マンジケルトでビザンツ軍を撃破。これに危機感を強めたビザンツ皇帝は、ローマ教皇に救援を求めることとなる。
1202〜04年
第4回
ヴェネツィア商人に利用され、イェルサレムには向かわず、ビザンツ帝国の首都コンスタンティノープルを占領。
1204年
コンスタンティノープル占領
教皇インノケンティウス3世が提唱した第4回十字軍では、資金を提供したヴェネツィア商人の思惑により、コンスタンティノープルを占領、ラテン帝国が建設された。
1096〜99年
第1回
セルジューク朝から聖地イェルサレムを奪回、イェルサレム王国を建国。
1291年
アッコン陥落
サラーフ=アッディーンにイェルサレムを奪われてからは、アッコンにイェルサレム王国の臨時首府が置かれていたが、最後の十字軍が失敗に終わると、マムルーク朝によって滅ぼされた。
1187年
ハッティンの戦い
アイユーブ朝を建てたクルド人のサラーフ=アッディーン（サラディン）が、十字軍を破る。これによりイェルサレムを十字軍から奪い返す。
1228〜29年
第5回
神聖ローマ皇帝フリードリヒ2世が交渉によって平和裏に聖地を回復するが、長くは続かず。
1099年
イェルサレム占領
第1回十字軍は聖地イェルサレムを奪回してイェルサレム王国を建てたほか、シリアなどにトリポリ伯国やアンティオキア伯国などの聖地国家を建設した。

さまざまな背景と思惑がからんだ十字軍遠征

11世紀ごろの西欧世界は、農業生産力の向上により人口が増加し、それにともない商業も発達しはじめた。また、さかんに聖地巡礼《じゅんれい》が行われるようになった。

しかし、東方の聖地**イェルサレム**はイスラーム教の聖地でもあり、当時はセルジューク朝（**P60参照**）が支配していた。そのセルジューク朝がアナトリアに進出すると、脅威を感じたビザンツ皇帝はローマ教皇**ウルバヌス2世**に救援を求めた。これを受けた教皇は1095年、**クレルモン教会会議**を開いて**十字軍**遠征を提唱。これに応えた諸侯や騎士たちからなる第1回十字軍が翌96年に出発し、以後約2世紀にわたる十字軍遠征が開始された。聖地奪還という大義のもとに集まった十字軍だが、東西両教会統一を目ざす教皇や、武勲《ぶくん》や戦利品をねらった諸侯や騎士、商業権拡大をもくろむ商人など、当初から関係者の思惑はさまざまであった。

第1回十字軍は1099年に聖地奪還を遂げ、**イェルサレム王国**を建設した。しかし、その後イスラーム教徒たちが勢力を盛り返してきたため、第2回十字軍が遠征を行うが失敗。また、アイユーブ朝の**サラーフ=アッディーン**（サラディン）によってイェルサレムが奪われると三たび

十字軍の騎士

テンプル騎士団の十字

テンプル騎士団は、十字軍がつくったイェルサレム王国などの聖地国家で巡礼者の警護にあたった騎士団。現金の輸送や銀行なども行ったため、その財力に目をつけたフランス王フィリップ4世によって解散させられた。

イングランド王国
(イギリス)
ロンドン
ケルン
神聖
ローマ
帝国
レーゲンスブル
パリ
ヴェズレー
アルプス山脈
フランス王国
クレルモン
リヨン
ヴェネツィア
ジェノヴァ
エグモント
マルセイユ
トゥールーズ
ピレネー山脈
コルシカ
ローマ
大西洋
レオン王国
アラゴン
王国
カスティーリャ
王国
サルディニア
カリアリ
シチリア
シチリア王国
(ノルマン公領)
地中海
リスボン
コルドバ
チュニス

NASA's Earth Observatory

1147〜49年 第2回

フランス王ルイ7世、神聖ローマ皇帝コンラート3世が参加。内部対立で失敗。

1095年 クレルモン教会会議

教皇ウルバヌス2世が招集した会議で、教会改革の推進を確認。会議に先立って教皇は、聴衆に向けた演説でイェルサレム奪還の必要性を説き、熱狂的な支持を得た。

1270年 第7回

チュニスに侵攻したが、フランス王ルイ9世が病没したため中止。

1189〜92年 第3回

神聖ローマ皇帝フリードリヒ1世(赤ひげ王)、フランス王フィリップ2世(尊厳王)、イングランド王リチャード1世(獅子心王)らが参加。

ノルマンのシチリア

12世紀にノルマンディー公国の騎士たちが建国したシチリア王国では、ヨーロッパとイスラームが融合した高度な文化が花開いた。神聖ローマ皇帝も兼ねた王フリードリヒ2世は、宗教的寛容と高い学識の持ち主で、第5回十字軍でイスラーム教徒との交渉によって聖地を回復させた。

1248〜54年 第6回

教皇の信任厚いフランス王ルイ9世がアイユーブ朝に侵攻するも失敗。ルイ9世も捕虜となった。

十字軍の目的と影響

十字軍に参加したそれぞれの目的

- **教皇** 東西両教会の統一で主導権を握る
- **国王・諸侯・騎士** 武勲《ぶくん》や戦利品、新たな領地の獲得
- **商人** 東方への商業圏拡大
- **民衆** 瀆罪《しょくざい》や債務の帳消し

↓

十字軍遠征

- 教皇権の衰退 → **宗教改革** ▶p.91
- 王権の強大化 → **絶対主義の台頭** ▶p.94
- 商人の台頭 都市の発達 → **ルネサンス** ▶p.90 **大航海時代** ▶p.84

十字軍が招集された。この第3回十字軍ではイングランド王リチャード1世（獅子《しし》心王《しんおう》）がサラーフ＝アッディーンと講和し、巡礼者の安全だけは確保された。

十字軍の失敗と中世封建社会の動揺

この第3回を頂点に、その後の十字軍は劣勢に転じた。とくに第4回十字軍はヴェネツィア商人に利用され、ビザンツ帝国の首都コンスタンティノープルを占領して**ラテン帝国**を建てるなど、当初の目的から逸脱《いつだつ》した。その後も第5回十字軍で一時聖地を回復したものの長続きせず、1291年にアッコンが陥落《かんらく》し、十字軍は結局失敗に終わった。

十字軍の失敗により、教皇の権威が失《しっ》墜《つい》したほか、参加した諸侯や騎士の多くが没落し、中世封建社会を揺るがすきっかけとなった。一方、兵士の輸送などを行ったイタリアの港湾諸都市の商人たちは、その後、地中海を経由した**東方交易**を独占するようになった。

荘園制の解体で崩壊する封建社会

騎士の没落や王権の強化などに加え、荘園制の解体により、中世西欧を支えた封建社会は崩壊へ向かうこととなる。

荘園の経営で支えられていた西ヨーロッパの封建社会

古代世界の解体後、11世紀ごろに西欧世界で最盛期を迎えた社会秩序が、**封建社会**であった。ゲルマン社会の従士制《じゅうしせい》と古代ローマの恩貸地制《おんたいちせい》が結合したとされる中世西欧の封建制では、主君は臣下に土地を与えて保護下に置き、臣下は主君に忠誠を誓い、**騎士**として軍務を負った。こうした主従関係は、授封《じゅほう》された者がさらに土地の一部を従者に与えることで重層化していった。

騎士、**諸侯**などの封建貴族や、土地を寄進《きしん》された教会などの経済的基盤は、**荘《しょう》園《えん》制**によって支えられた。領主は所領に**農奴《のうど》**を抱え、農奴には保有地での生産物の一部を領主に納める**貢納《こうのう》**と、領主直営地で労働を提供する**賦役《ふえき》**が課せられた。

農業の発展により荘園制が解体し、封建領主が没落

こうした自給自足的な農業が主体の中世封建社会は、13世紀ごろから揺らぎはじめる。その原因は、傭兵《ようへい》や火器の普及による騎士の没落や、十字軍遠征（**P74参照**）などによる教皇権の失墜《しっつい》と王権の強化、貨幣経済の発展による都市と商人の台頭などが挙げられるが、最大の原因は封建社会を支えた荘園制の解体にあった。

12世紀ごろから、**三圃制《さんぽせい》農法**の普及といった農業技術の革新により、農業生産力が飛躍的に向上した。これによりできた余剰《よじょう》生産物は定期市などで交換されるようになり、貨幣経済を発展させる一方、農民は富を蓄《たくわ》えるようになった。

14世紀に入ると、**ペスト**（黒死病）の流行や飢饉《ききん》によりヨーロッパの人口は激減し、深刻な労働力不足に見舞われた。労働力を確保したい領主は、農民に対する支配を緩めるようになり、その結果、蓄えた富を領主に支払うなどして農奴的支配から解放される独立自営農民が出現した。逆に、支配を強化した領主に対しては、**ジャックリーの乱**（フランス、1358年）や**ワット＝タイラーの乱**（イングランド、1381年）に代表される農民一揆《いっき》が起こされた。こうして荘園制という経済的基盤が解体されるにしたがい、封建領主たちは没落の道を歩むこととなったのである。

ヨーロッパ封建社会の崩壊過程

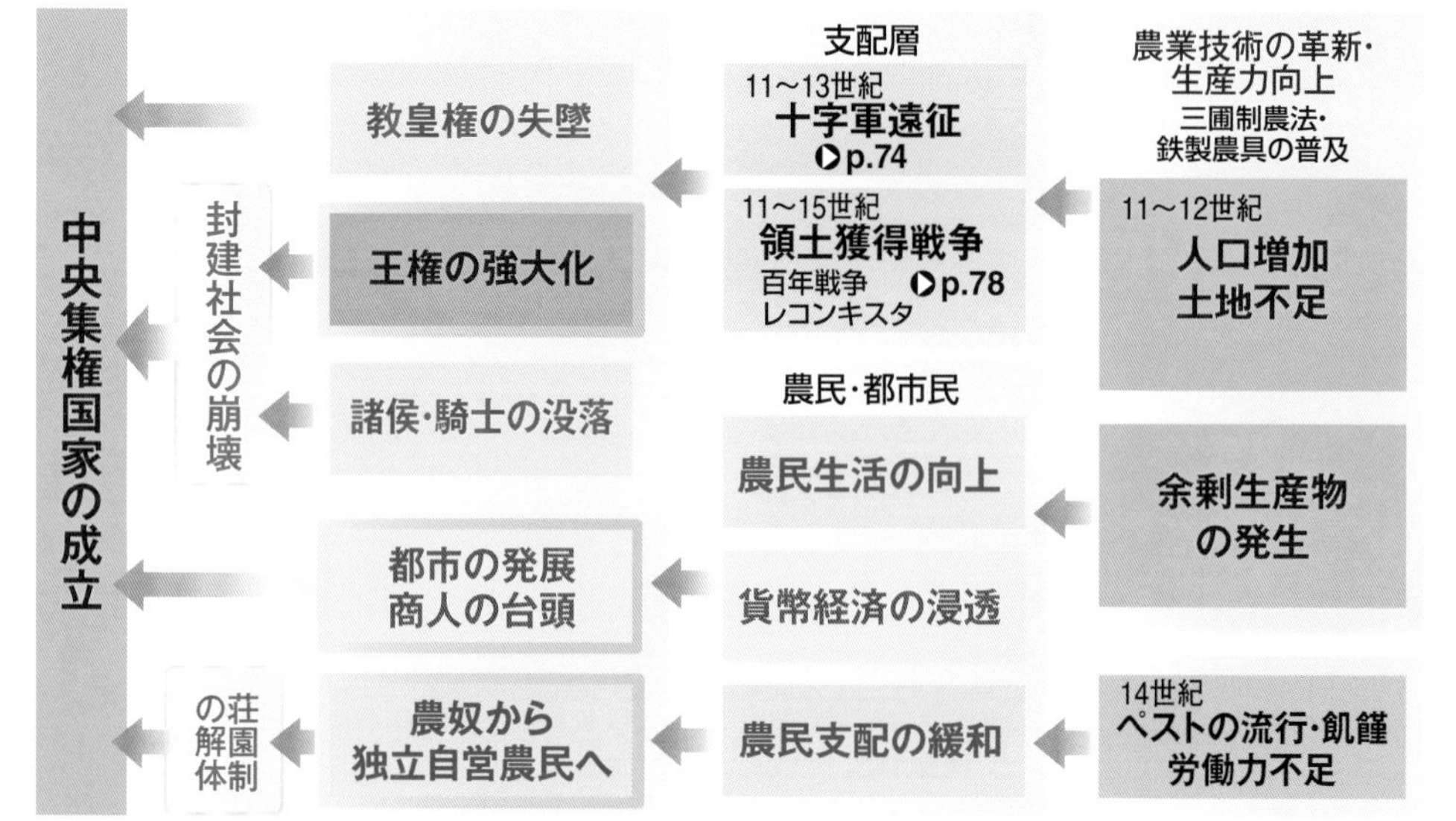

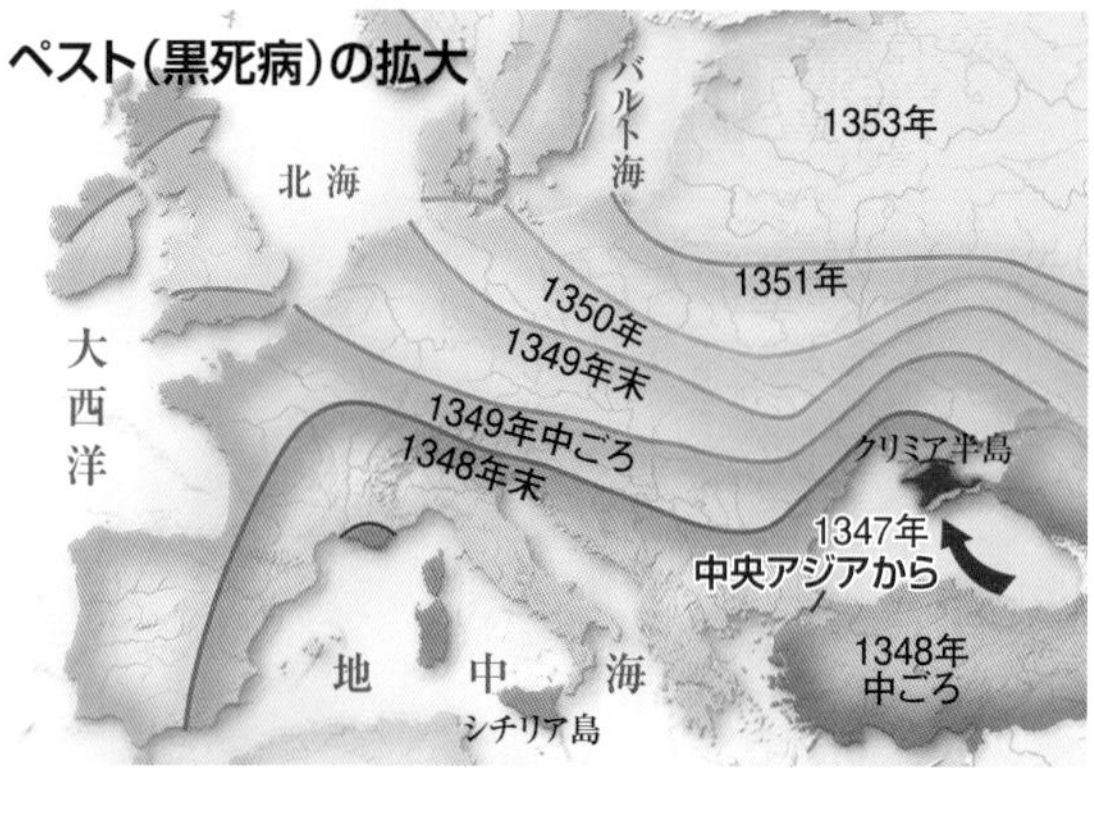

人と物の交流が運んだペスト（黒死病）の大流行

歴史上、ペストの流行は2〜3世紀ごろからあったとされるが、14世紀のヨーロッパで起きたペストの大流行は、当時のヨーロッパ全人口の実に4分の1にあたる2500万人もの死者が出たとされるほどの大災害となった。1330年代に中央アジアで発生したペストは、1347年には黒海沿岸のクリミア半島に達していた。そして、同年10月ごろには遠く離れたシチリア島で発生が確認され、以後53年ごろまで、ヨーロッパを北上するようにペストの流行が広がった。黒海に進出していたジェノヴァの貿易船が、ペストの宿主《しゅくしゅ》であるネズミを運んだことが原因とみられている。

ヨーロッパではその後も断続的に流行が続き、15世紀末まで、減少した人口が回復することはなかった。

WORD **農奴《のうど》**

中世ヨーロッパでは、領主などの権力者が農民を保有し、貢納や賦役を課すことで荘園経営を行っていた。農民には移住の自由がなく、領主から人頭税や結婚税、死亡税などを徴収され、裁判権も領主が独占していた。家や家族をもちながらも、こうしたきわめて不自由な身分に置かれていたため、農奴とよばれる。

46 身分制議会の誕生

議会政治の源流となった身分制議会

12世紀〜16世紀

ヨーロッパでは、強まる王権に対抗して、貴族や大商人が身分制議会によって政治的発言権を確保した。

ヨーロッパ諸国の身分制議会

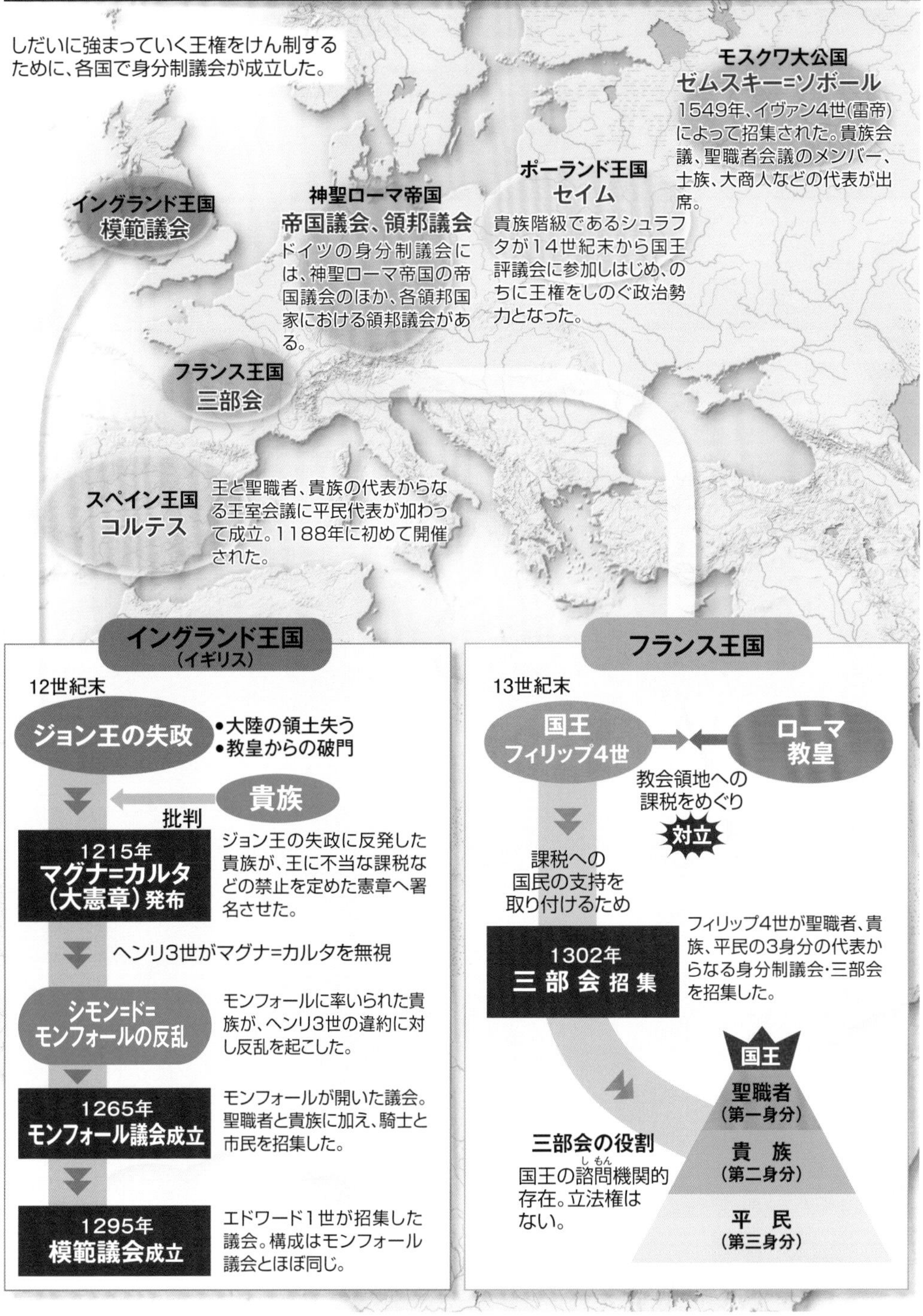
しだいに強まっていく王権をけん制するために、各国で身分制議会が成立した。
モスクワ大公国
ゼムスキー=ソボール
1549年、イヴァン4世(雷帝)によって招集された。貴族会議、聖職者会議のメンバー、士族、大商人などの代表が出席。
ポーランド王国
セイム
貴族階級であるシュラフタが14世紀末から国王評議会に参加しはじめ、のちに王権をしのぐ政治勢力となった。
神聖ローマ帝国
帝国議会、領邦議会
ドイツの身分制議会には、神聖ローマ帝国の帝国議会のほか、各領邦国家における領邦議会がある。
イングランド王国
模範議会
フランス王国
三部会
スペイン王国
コルテス
王と聖職者、貴族の代表からなる王室会議に平民代表が加わって成立。1188年に初めて開催された。
イングランド王国
(イギリス)
12世紀末
ジョン王の失政
•大陸の領土失う
•教皇からの破門
貴族
批判
1215年
マグナ=カルタ
(大憲章)発布
ジョン王の失政に反発した貴族が、王に不当な課税などの禁止を定めた憲章へ署名させた。
ヘンリ3世がマグナ=カルタを無視
シモン=ド=モンフォールの反乱
モンフォールに率いられた貴族が、ヘンリ3世の違約に対し反乱を起こした。
1265年
モンフォール議会成立
モンフォールが開いた議会。聖職者と貴族に加え、騎士と市民を招集した。
1295年
模範議会成立
エドワード1世が招集した議会。構成はモンフォール議会とほぼ同じ。
フランス王国
13世紀末
国王
フィリップ4世
ローマ教皇
教会領地への課税をめぐり
対立
課税への国民の支持を取り付けるため
1302年
三部会招集
フィリップ4世が聖職者、貴族、平民の3身分の代表からなる身分制議会・三部会を招集した。
三部会の役割
国王の諮問《しもん》機関的存在。立法権はない。
国王
聖職者
(第一身分)
貴族
(第二身分)
平民
(第三身分)

王権を牽制するため各国で身分制議会が成立

中世末期のヨーロッパでは、封建貴族の没落や教皇権の衰退とは対照的に、**王権**がしだいに強まっていった。しかし一方で、王権の強大化を恐れた貴族や大商人らは、王権を制限するため、**身分制議会**によって政治的発言権を獲得した。

イングランド(イギリス)では、ヘンリ2世が**プランタジネット朝**を開いた12世紀ごろから王権が強まった。しかし、フランス王フィリップ2世との戦争に敗れた第3代の**ジョン王**は、大陸の領土を失ったうえ、国内で重税を課したため、怒った貴族たちが1215年に**マグナ=カルタ**(大憲章《だいけんしょう》)をジョン王に認めさせ、王権の一部を制限することに成功した。しかし、次のヘンリ3世がこれを無視したため、**シモン=ド=モンフォール**に率いられた貴族たちが反乱を起こし、65年に身分制議会の**モンフォール議会**を設置することに成功。95年には**模範議会**《もはん》が置かれた。

一方、フランスでは王権の基盤を強化するため、王自身によって身分制議会が招集された。教会領地への課税をめぐって教皇ボニファティウス8世と対立した**フィリップ4世**は、1302年、国民の支持を得て王権を強化するために**三部会**を招集。翌年には三部会の支持を得て、教皇を襲撃・拉致《らち》するアナーニ事件を起こしている。

こうした身分制議会は、のちの絶対王政のもとではその政治的機能を制限されることが多かったが、18世紀末には三部会がフランス革命(P100参照)の発火点となるなど、絶対主義への抵抗運動と結びつくこともあった。

WORD　マグナ=カルタ
イングランドのジョン王が貴族に対して認めた勅許状。前文と63カ条から成り、不当な上納金や軍役の禁止、貴族らの封建的特権の尊重、不当な罰金や自由民に対する不当な逮捕の禁止などを定めたほか、適正な裁判・行政の実施、都市特権の尊重、商人の保護なども明記している。人権の拠(よ)り所として、17世紀の権利章典にも影響を与えた。

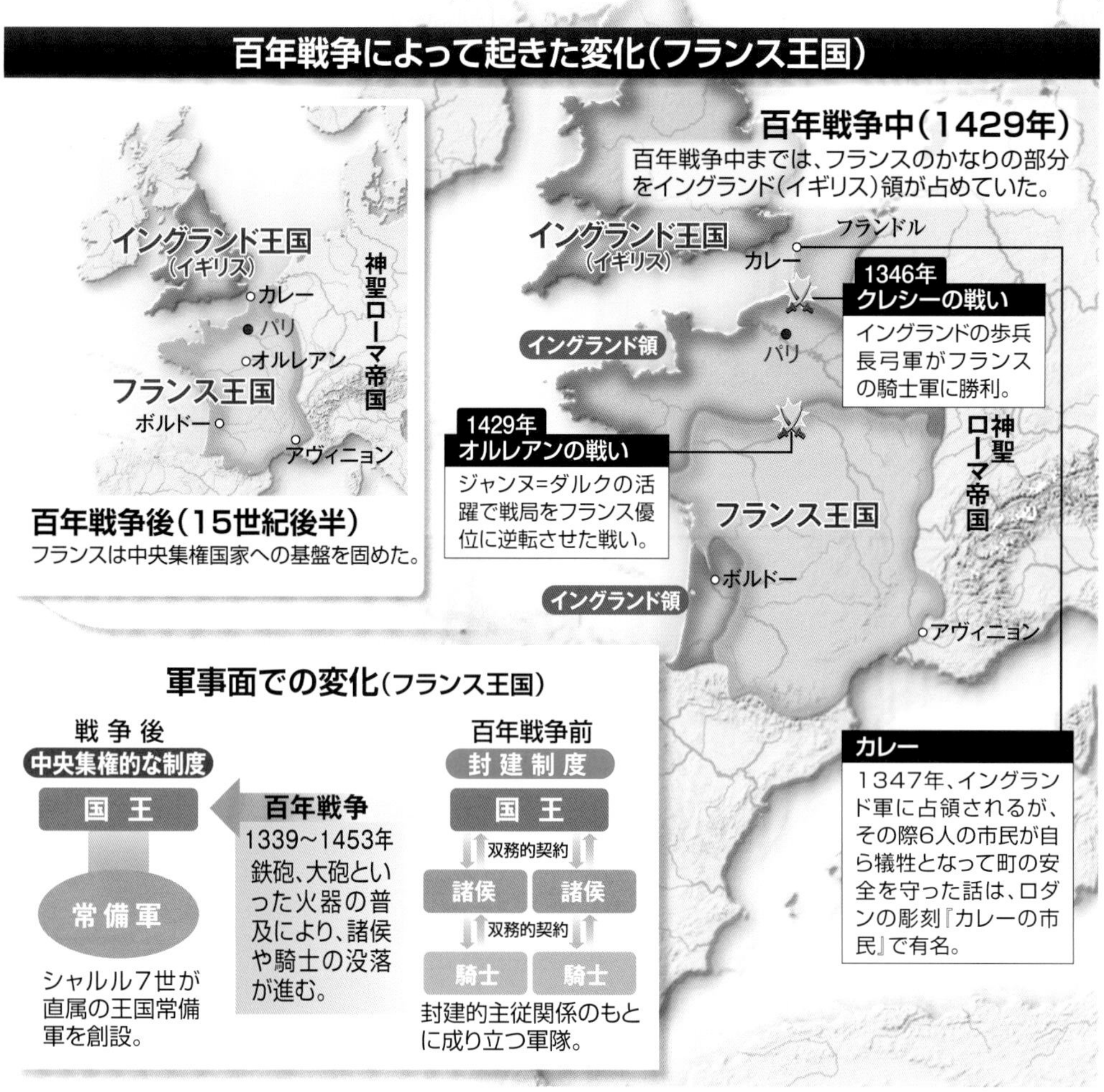
百年戦争によって起きた変化（フランス王国）
百年戦争中（1429年）
百年戦争中までは、フランスのかなりの部分をイングランド（イギリス）領が占めていた。
イングランド王国
（イギリス）
フランドル
カレー
1346年
クレシーの戦い
イングランドの歩兵長弓軍がフランスの騎士軍に勝利。
イングランド領
パリ
1429年
オルレアンの戦い
ジャンヌ=ダルクの活躍で戦局をフランス優位に逆転させた戦い。
神聖ローマ帝国
フランス王国
イングランド領
ボルドー
アヴィニョン
カレー
1347年、イングランド軍に占領されるが、その際6人の市民が自ら犠牲となって町の安全を守った話は、ロダンの彫刻『カレーの市民』で有名。
イングランド王国
（イギリス）
カレー
パリ
オルレアン
神聖ローマ帝国
フランス王国
ボルドー
アヴィニョン
百年戦争後（15世紀後半）
フランスは中央集権国家への基盤を固めた。
軍事面での変化（フランス王国）
戦争後
中央集権的な制度
国王
常備軍
シャルル7世が直属の王国常備軍を創設。
百年戦争
1339～1453年
鉄砲、大砲といった火器の普及により、諸侯や騎士の没落が進む。
百年戦争前
封建制度
国王
双務的契約
諸侯
諸侯
双務的契約
騎士
騎士
封建的主従関係のもとに成り立つ軍隊。

47 百年戦争

百年戦争で強化された英仏の王権

1339年～1453年

断続的に100年以上続いた英仏間の戦争は、結果として王権の強化につながり、中央集権国家への道を用意した。

王位継承と領土問題に端を発した百年戦争

中世のイングランド（イギリス）・フランス両王国は、大陸内の英領土や、英国産羊毛の重要な輸出先で毛織物工業のさかんなフランドル地方の支配権をめぐって、対立を深めていた。そんな折、フランスの**カペー朝**が途絶え、傍系《ぼうけい》である**ヴァロア朝**のフィリップ6世が即位すると、カペー家の血を引くイングランドの**エドワード3世**はフランス王位の継承権を主張し、1339年にフランスへ侵攻。のちに**百年戦争**とよばれる、断続的に100年以上続く戦争が始まった。

戦況はイングランドの優勢が続き、フランス国内はペストの流行（**P76参照**）やジャックリーの乱（1358年）なども重なって、混乱状態に陥《おちい》った。しかし1429年、神のお告げを受けたと信じる農民の娘**ジャンヌ=ダルク**が先頭に立ち、イングランド軍によるオルレアンの包囲を破ると、形勢は一気に逆転。勢いづいたフランス軍は**シャルル7世**に率いられ、カレーを除く大陸内の全領土を確保して、53年、戦争はようやく終結した。

百年戦争による王権の強化

百年戦争後、イングランドの勢力を大陸から一掃《いっそう》したことで、シャルル7世のもと、フランスの王権は強化された。

一方、イングランドでは百年戦争後の1455年に**ランカスター**家と**ヨーク**家による王位継承争いが起き、**バラ戦争**とよばれる内戦に発展した。結局、ランカスター家の傍系であるヘンリ7世が**テューダー朝**を開き内戦は終息（85年）するが、長年の戦乱で諸侯や騎士の没落が進み、イングランドでも中央集権的な王政確立への足場が築かれることとなった。

また、百年戦争ではイスラーム世界から伝えられた鉄砲や大砲などの火器が威力を発揮したが、こうした戦法の変化により騎士は戦場の主役ではなくなり、以後、没落に拍車がかかることとなった。

ジャンヌ=ダルクの処刑は魔女狩りではなかった!?

魔女狩りとは、おもに16世紀から17世紀にかけてヨーロッパでみられた宗教上の異端迫害をさす。1431年に火刑に処されたジャンヌ=ダルクも魔女として処刑されたといわれるが、正確には魔女裁判ではなく、彼女の「神の声を聞いた」との主張を問題視した宗教裁判であった。

本格的な魔女狩りの時代は、1486年、ドイツの異端審問官《いたんしんもんかん》が『魔女の鉄槌《てっつい》』という書物を出版したことに始まるとされ、その後17世紀にかけて、魔女狩りの嵐がヨーロッパを吹き荒れた。飢饉《ききん》や疫病《えきびょう》、災害などが、何らかの悪意をもったもの、つまり悪魔によって引き起こされるという考えは古くからあったが、それが宗教上の異端審問と結びつき、一種の集団ヒステリーにエスカレートしていったのである。

魔女狩りは、18世紀の啓蒙《けいもう》思想の普及により、終息する。

WORD **騎士**

中世ヨーロッパの騎馬戦士。その身分は封土（ほうど）とともに世襲される封建領主でもあった。武勇と忠誠を徳とした騎士の行動規範は、騎士道とよばれ尊ばれた。騎士が戦場でまとう鎧（よろい）は総重量が60～80kgにも達し、動きが鈍重な騎士はしだいに軍事的な存在意義を失っていく。さらに百年戦争では、火器や傭兵（ようへい）が普及したことでその傾向は決定的となった。

47 百年戦争
48 モスクワ大公国

48 モスクワ大公国

ロシアの基礎を築いたモスクワ大公国

14世紀〜16世紀

ノルマン人の移住とスラヴ化、モンゴルの支配などをへて、ロシア帝国の基礎が築かれた。

ノルマン人の移動からモスクワ大公国の発展まで

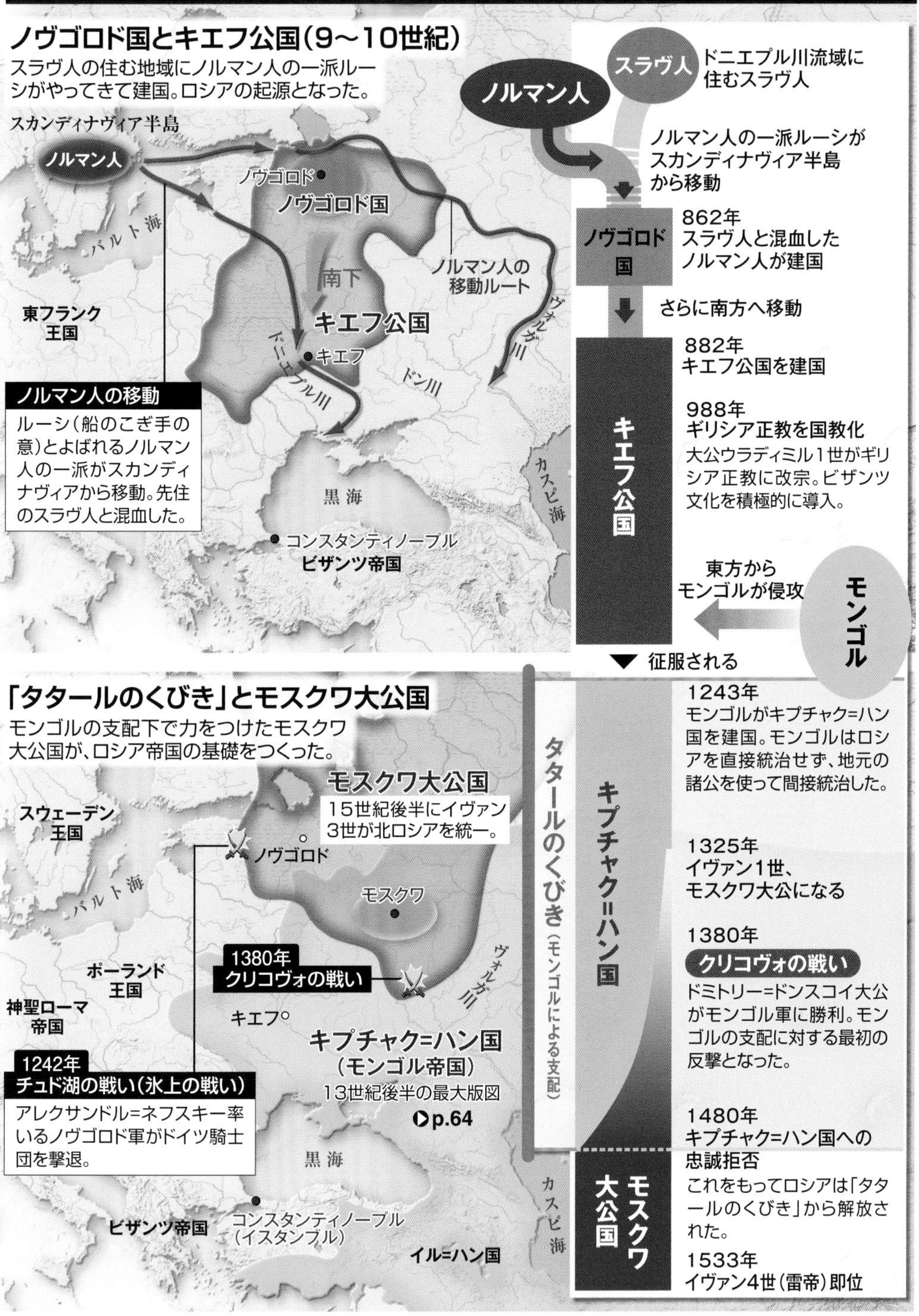
ノヴゴロド国とキエフ公国(9〜10世紀)
スラヴ人の住む地域にノルマン人の一派ルーシがやってきて建国。ロシアの起源となった。
スカンディナヴィア半島
ノルマン人
ノヴゴロド
ノヴゴロド国
バルト海
南下
ノルマン人の移動ルート
東フランク王国
キエフ公国
キエフ
ドニエプル川
ドン川
ヴォルガ川
ノルマン人の移動
ルーシ(船のこぎ手の意)とよばれるノルマン人の一派がスカンディナヴィアから移動。先住のスラヴ人と混血した。
黒海
カスピ海
コンスタンティノープル
ビザンツ帝国
「タタールのくびき」とモスクワ大公国
モンゴルの支配下で力をつけたモスクワ大公国が、ロシア帝国の基礎をつくった。
モスクワ大公国
15世紀後半にイヴァン3世が北ロシアを統一。
スウェーデン王国
ノヴゴロド
バルト海
モスクワ
1380年 クリコヴォの戦い
ポーランド王国
神聖ローマ帝国
キエフ
ヴォルガ川
キプチャク=ハン国(モンゴル帝国)
13世紀後半の最大版図
p.64
1242年 チュド湖の戦い(氷上の戦い)
アレクサンドル=ネフスキー率いるノヴゴロド軍がドイツ騎士団を撃退。
黒海
カスピ海
ビザンツ帝国
コンスタンティノープル(イスタンブル)
イル=ハン国
ノルマン人
スラヴ人
ドニエプル川流域に住むスラヴ人
ノルマン人の一派ルーシがスカンディナヴィア半島から移動
ノヴゴロド国
862年 スラヴ人と混血したノルマン人が建国
さらに南方へ移動
キエフ公国
882年 キエフ公国を建国
988年 ギリシア正教を国教化
大公ウラディミル1世がギリシア正教に改宗。ビザンツ文化を積極的に導入。
東方からモンゴルが侵攻
モンゴル
征服される
タタールのくびき(モンゴルによる支配)
キプチャク=ハン国
1243年 モンゴルがキプチャク=ハン国を建国。モンゴルはロシアを直接統治せず、地元の諸公を使って間接統治した。
1325年 イヴァン1世、モスクワ大公になる
1380年 クリコヴォの戦い
ドミトリー=ドンスコイ大公がモンゴル軍に勝利。モンゴルの支配に対する最初の反撃となった。
1480年 キプチャク=ハン国への忠誠拒否
これをもってロシアは「タタールのくびき」から解放された。
モスクワ大公国
1533年 イヴァン4世(雷帝)即位

ロシアの起源とモンゴルの侵入

ロシアでは、9世紀にスカンディナヴィア半島から、首長リューリクに率いられたノルマン人の一派ルスがやってきて、**ノヴゴロド国**を建国。その後中心地が南に移り、**キエフ公国**がつくられた。これらの国ではスラヴ化が進み、10世紀末にはキエフ大公**ウラディミル1世**がビザンツ帝国(P72参照)皇帝の妹と結婚し、ギリシア正教に改宗、ビザンツ文化や農奴《のうど》制を取り入れ、11世紀には領土を拡大した。

しかし、13世紀になるとチンギス=ハンの孫バトゥに率いられたモンゴル軍が侵攻(P64参照)。1240年にキエフを陥れ、以後約240年にわたりロシアは**キプチャク=ハン国**の支配下に入った。このモンゴルによる支配は、ロシア史上「**タタールのくびき**」とよばれている。

モンゴルの支配下で力をつけたモスクワ大公国

この「タタールのくびき」のなかでしだいに力をつけはじめたのが、ヴォルガ川支流沿いの水陸交通の要衝に位置した**モスクワ大公国**であった。モスクワは14世紀後半には**クリコヴォの戦い**でモンゴル軍を退《しりぞ》けるなど、モンゴルの支配に反撃を加えた。そして15世紀後半になると、**イヴァン3世**がビザンツ帝国最後の皇帝の姪《めい》と結婚して**ツァーリ**(皇帝)を名のり、1480年にはキプチャク=ハン国への忠誠を拒否して「タタールのくびき」から脱した。続く**イヴァン4世**(**雷帝《らいてい》**)は農奴制を強化し、大貴族を弾圧するなど、中央集権的なツァーリ体制を築き、**ロシア帝国**の基礎を固めた。

WORD **イヴァン4世** [1530〜84年]
ロシア帝国の基礎を固めたツァーリ(皇帝)。農奴制の強化や軍制の改革、中央行政機関の整備などを進め、対外的にはカザン、アストラハンの2つのハン国を征服して領土を拡大した。大貴族の反抗や妻の死などを経験してからは、徹底した恐怖政治を敷くようになり、「グローズヌイ(雷帝)」とよばれた。

西アジア	南アジア	東アジア

第9章
大航海時代

1600年　イギリス、東インド会社設立

1602年　オランダ、東インド会社設立

1683年　第2次ウィーン包囲

1796年
白蓮教徒の乱がおこる

1821年　ギリシア独立戦争勃発

1831年　エジプト=トルコ戦争（第1次）勃発

1840年　アヘン戦争

1845年　シク戦争勃発

1853年　日本に黒船来航

1857年　シパーヒー（セポイ）の反乱がおこる

1868年
日本、明治新政府が誕生

1877年　インド帝国成立

1898年　ファショダ事件

1894年　日清戦争勃発

1904年　日露戦争勃発

1911年　辛亥革命がおこる

第3篇 ヨーロッパ「世界」の時代

アメリカ大陸　ヨーロッパ　ロシア

1479年　スペイン王国成立

1488年　ディアス、喜望峰に到達

1517年　宗教改革はじまる

1521年　コルテスがメキシコのアステカ王国を滅ぼす

1545年　スペイン、ポトシ銀山発見

1588年　イギリスがスペインの無敵艦隊を破る

1620年　ピューリタンの北米移住

1648年　オランダの独立承認（ウェストファリア条約）

1688年　イギリスで名誉革命がおこる

1682年　ロシアでピョートル1世が即位

第10章
近世ヨーロッパ

1740年　オーストリア、マリア=テレジアが即位

1740年　プロイセン、フリードリヒ2世が即位

1762年　エカチェリーナ2世が即位

1775年　アメリカ独立戦争勃発

18世紀後半　産業革命

1789年　フランス革命がおこる

第11章
国民国家の出現

1796年　ナポレオン、イタリア遠征

1804年　ハイチ独立

1814年　ウィーン会議

19世紀　中南米諸国の独立ラッシュ

1837年　イギリス、ヴィクトリア女王即位

1853年　クリミア戦争勃発

1861年　アメリカ、南北戦争勃発

1861年　イタリア王国成立

1871年　ドイツ帝国成立

第12章
帝国主義の台頭

高度な科学知識と技術のアメリカ大陸の文明

前9世紀ごろ〜後16世紀

ユーラシア大陸から移住した人々が徐々に南下しアメリカ大陸独自の文明を築いた。

アメリカ大陸の文明

アメリカ大陸では、16世紀にスペイン人のコルテスやピサロに征服されるまで、ほかの大陸とはつながりのない独自の文明が発達していた。

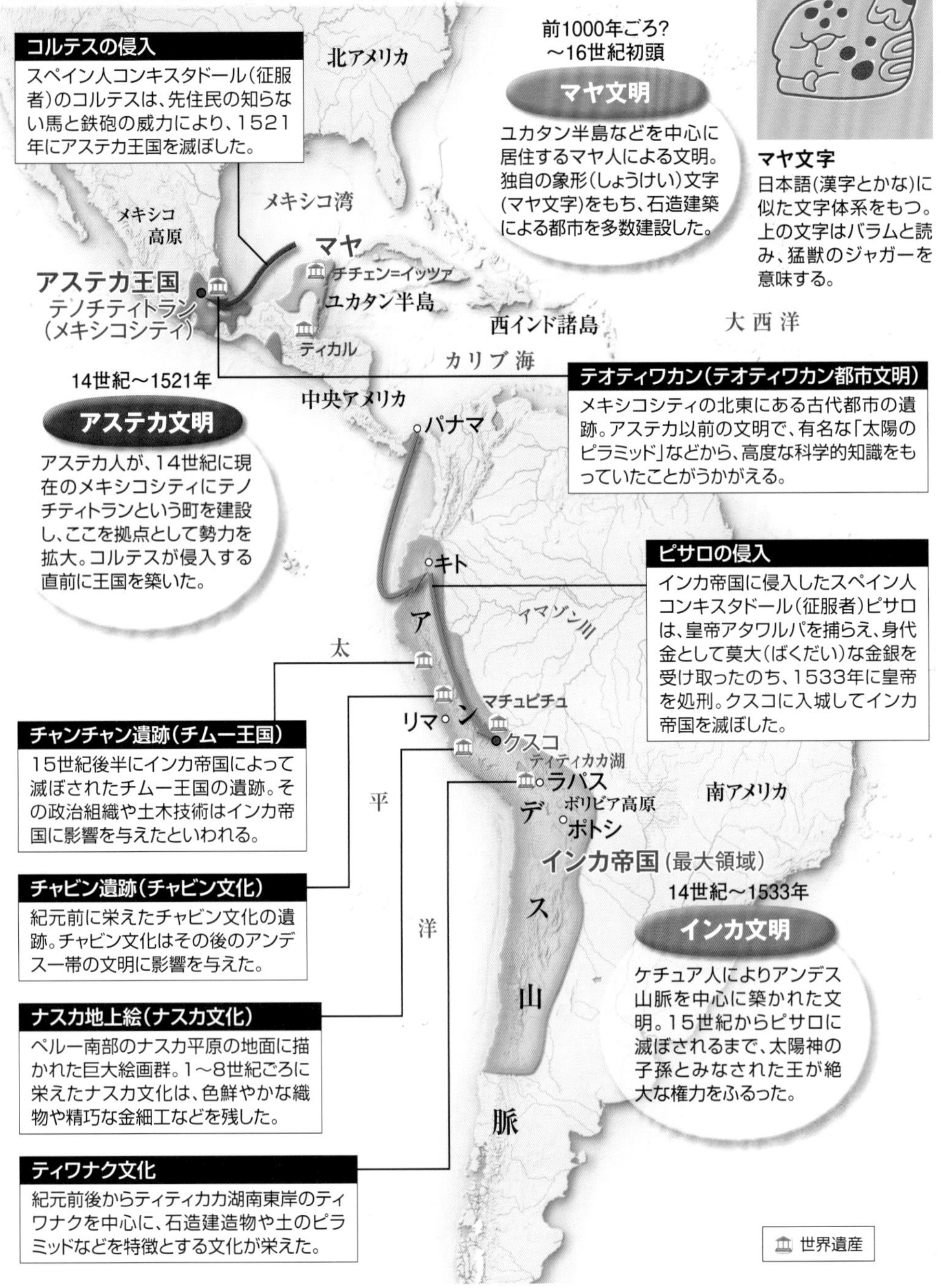
北アメリカ
メキシコ湾
メキシコ高原
マヤ
チチェン=イッツァ
ユカタン半島
ティカル
アステカ王国
テノチティトラン（メキシコシティ）
西インド諸島
大西洋
カリブ海
中央アメリカ
パナマ
キト
アマゾン川
太平洋
アンデス山脈
マチュピチュ
リマ
クスコ
ティティカカ湖
ラパス
ボリビア高原
ポトシ
南アメリカ
インカ帝国（最大領域）
世界遺産

コルテスの侵入
スペイン人コンキスタドール（征服者）のコルテスは、先住民の知らない馬と鉄砲の威力により、1521年にアステカ王国を滅ぼした。

前1000年ごろ?〜16世紀初頭
マヤ文明
ユカタン半島などを中心に居住するマヤ人による文明。独自の象形（しょうけい）文字（マヤ文字）をもち、石造建築による都市を多数建設した。

マヤ文字
日本語（漢字とかな）に似た文字体系をもつ。上の文字はバラムと読み、猛獣のジャガーを意味する。

14世紀〜1521年
アステカ文明
アステカ人が、14世紀に現在のメキシコシティにテノチティトランという町を建設し、ここを拠点として勢力を拡大。コルテスが侵入する直前に王国を築いた。

テオティワカン（テオティワカン都市文明）
メキシコシティの北東にある古代都市の遺跡。アステカ以前の文明で、有名な「太陽のピラミッド」などから、高度な科学的知識をもっていたことがうかがえる。

ピサロの侵入
インカ帝国に侵入したスペイン人コンキスタドール（征服者）ピサロは、皇帝アタワルパを捕らえ、身代金として莫大（ばくだい）な金銀を受け取ったのち、1533年に皇帝を処刑。クスコに入城してインカ帝国を滅ぼした。

チャンチャン遺跡（チムー王国）
15世紀後半にインカ帝国によって滅ぼされたチムー王国の遺跡。その政治組織や土木技術はインカ帝国に影響を与えたといわれる。

チャビン遺跡（チャビン文化）
紀元前に栄えたチャビン文化の遺跡。チャビン文化はその後のアンデス一帯の文明に影響を与えた。

ナスカ地上絵（ナスカ文化）
ペルー南部のナスカ平原の地面に描かれた巨大絵画群。1〜8世紀ごろに栄えたナスカ文化は、色鮮やかな織物や精巧な金細工などを残した。

ティワナク文化
紀元前後からティティカカ湖南東岸のティワナクを中心に、石造建造物や土のピラミッドなどを特徴とする文化が栄えた。

14世紀〜1533年
インカ文明
ケチュア人によりアンデス山脈を中心に築かれた文明。15世紀からピサロに滅ぼされるまで、太陽神の子孫とみなされた王が絶大な権力をふるった。

トウモロコシ栽培で発展したアメリカ大陸の諸文明

アメリカ大陸の先住民は、約3万年前にユーラシア大陸から移住してきたといわれている。彼らの多くは部族的な社会を形成し、狩猟や採集によって生活をしていたが、メキシコ高原や中央アメリカ、アンデス山脈ではトウモロコシなどを栽培する農耕文化が発達し、独自の文明を形成していった。

前9世紀ごろメキシコ湾岸地域を中心に成立した**オルメカ文明**は、巨大なピラミッド型神殿をもつ**テオティワカン文明**へと受け継がれ、後6世紀ごろまで栄えた。北方からアステカ人が侵入し、14世紀に**アステカ王国**が建てられた。

中央アメリカで生まれた**マヤ文明**は、4世紀から9世紀にかけて繁栄期を迎えた。二十進法を用いた数学や高度な天文学、精密な暦法《れきほう》などが発達した。これらメキシコ高原と中央アメリカでおこった文明は**メソアメリカ文明**と総称される。

また、メキシコ高原からトウモロコシ栽培が伝わったアンデス山脈では、前10世紀ごろに精巧な土器や織物をもつ**チャビン文化**が成立し、紀元前後には都市文明として発展した。その後、大規模な灌《かん》漑《がい》設備がつくられてトウモロコシやジャガイモの栽培がアンデス山脈一帯に広がり、7世紀ごろには**ティワナク文化**の都市が建設された。そして、諸王国が興亡する時代が続いたのち、しだいに勢力を増したケチュア人がアンデス一帯を統一。15世紀初頭にはクスコを中心に、精巧な石工技術や数量などを記録する**キープ**（結《けつ》縄《じょう》）など、独特の文化をもった**インカ帝国**を建設した。

WORD **北米の先住民文化**

極北地域ではイヌイットなどが狩猟生活を営み、狩猟に必要な少人数の集団で生活していた。南下するにつれ、採集や農耕によって食糧を確保する生活がみられるようになり、生活集団も大規模になった。現在のアメリカ合衆国南西部ではメソアメリカ文明の影響もみられ、ホピやナバホなど先住民は発達した村落組織をもっていた。

第9章

大航海時代

50 大航海時代
51 ポルトガルの繁栄
52 スペインの繁栄
53 三角貿易

ヨーロッパ中心の世界を生んだ大航海時代

15世紀末〜17世紀

マルコ=ポーロの『東方見聞録』などに描かれた東洋の富にあこがれを抱いたヨーロッパ諸国は、オスマン帝国の支配する陸路ではなく、大洋を渡って直接アジアを目ざした。

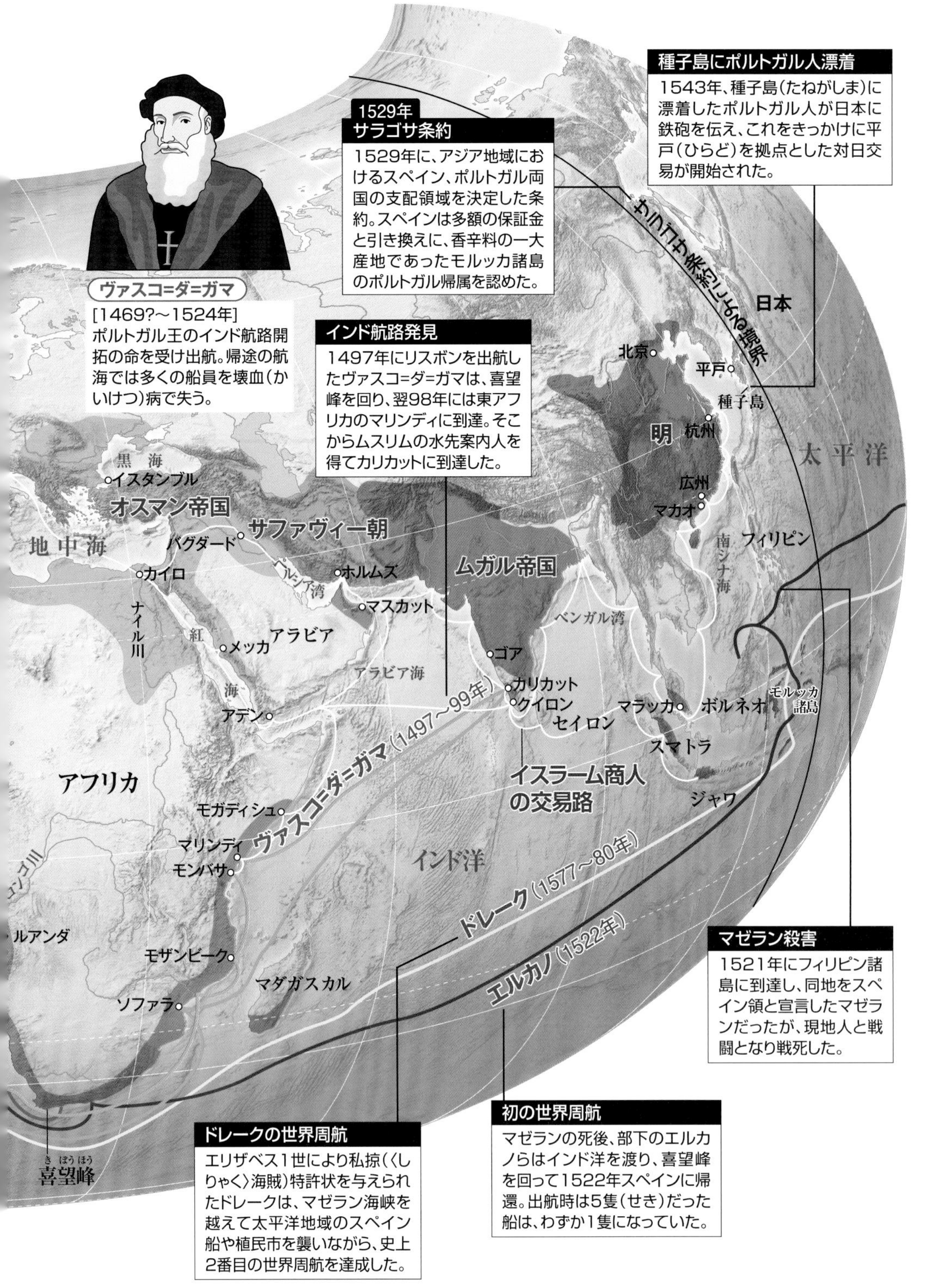
ヴァスコ=ダ=ガマ
[1469?〜1524年]
ポルトガル王のインド航路開拓の命を受け出航。帰途の航海では多くの船員を壊血（かいけつ）病で失う。
1529年
サラゴサ条約
1529年に、アジア地域におけるスペイン、ポルトガル両国の支配領域を決定した条約。スペインは多額の保証金と引き換えに、香辛料の一大産地であったモルッカ諸島のポルトガル帰属を認めた。
種子島にポルトガル人漂着
1543年、種子島（たねがしま）に漂着したポルトガル人が日本に鉄砲を伝え、これをきっかけに平戸（ひらど）を拠点とした対日交易が開始された。
インド航路発見
1497年にリスボンを出航したヴァスコ=ダ=ガマは、喜望峰を回り、翌98年には東アフリカのマリンディに到達。そこからムスリムの水先案内人を得てカリカットに到達した。
サラゴサ条約による境界
日本
北京
平戸
種子島
明
杭州
太平洋
広州
マカオ
南シナ海
フィリピン
黒海
イスタンブル
オスマン帝国
サファヴィー朝
地中海
バグダード
カイロ
ペルシア湾
ホルムズ
ムガル帝国
マスカット
ベンガル湾
ナイル川
紅海
メッカ
アラビア
ゴア
アラビア海
カリカット
クイロン
セイロン
マラッカ
ボルネオ
モルッカ諸島
アデン
ヴァスコ=ダ=ガマ（1497〜99年）
スマトラ
アフリカ
イスラーム商人の交易路
ジャワ
モガディシュ
マリンディ
モンバサ
インド洋
ドレーク（1577〜80年）
コンゴ川
ルアンダ
エルカノ（1522年）
モザンビーク
マダガスカル
ソファラ
喜望峰《きぼうほう》
マゼラン殺害
1521年にフィリピン諸島に到達し、同地をスペイン領と宣言したマゼランだったが、現地人と戦闘となり戦死した。
初の世界周航
マゼランの死後、部下のエルカノらはインド洋を渡り、喜望峰を回って1522年スペインに帰還。出航時は5隻（せき）だった船は、わずか1隻になっていた。
ドレークの世界周航
エリザベス1世により私掠〈しりゃく〉海賊）特許状を与えられたドレークは、マゼラン海峡を越えて太平洋地域のスペイン船や植民市を襲いながら、史上2番目の世界周航を達成した。

イベリア半島から始まった大航海時代

十字軍（**P74参照**）やレコンキスタ（イベリア半島の再征服）など、さまざまな形で膨張の動きをみせていたヨーロッパ諸国は、15世紀後半以降、東洋の富に対するあこがれや当時貴重品だった香辛料を直接入手するため、次々と探検航海を試みるようになった。当時、**ルネサンス**を迎えていたヨーロッパでは、天文学や地理学の発達に加え**羅針盤**《らしんばん》の実用化などにより、**大航海時代**を支える技術的な下地も整っていた。

大航海時代の最初の主役となったのは、レコンキスタによりイベリア半島をイスラーム勢力から奪還し、さらなる領土拡大をねらっていた**スペイン**や**ポルトガル**の王家であった。とくにポルトガルの「**航海王子**」**エンリケ**は、領土拡大に加え、アフリカ内陸部にいるといわれたキリスト教徒の伝説の王プレスター=ジョンと結んで、北アフリカのイスラーム勢力を挟撃するという目的から、アフリカ西岸の探検を推進した。

エンリケの死後もポルトガルではアフリカ西岸探検が続けられ、1488年には**バルトロメウ=ディアス**がアフリカ南端の**喜望峰**《きぼうほう》に到達。ついで98年には**ヴァスコ=ダ=ガマ**が喜望峰を回り、インド西岸

世界に拡大するヨーロッパ（16世紀後半）

コロンブス
[1451?～1506年]
イタリア・ジェノヴァの生まれ。サンタ=マリア号ほか3隻の船団を率いて新大陸に到達。
コロンブスの新大陸到達
コロンブスが使用したトスカネリの世界地図には、アメリカ大陸が描かれていなかった。そのため、コロンブスは死ぬまで到達地をインドだと思い込んでいた。
カボットの北アメリカ到達
1497年、イングランド王ヘンリ7世の支援を受けて出航したカボット父子は、同年北米大陸に到達。ニューファンドランド島南岸などを探検した。
ポルトガルとその植民地
スペインとその植民地
グリーンランド
北アメリカ
ラブラドル
カリフォルニア
ミシシッピ川
ヴァージニア
ニューファンドランド
カボット（1497～98年）
イングランド
ブリストル
ヴェネツィア
スペイン
イベリア半島
サラゴサ
ポルトガル
リスボン
トルデシリャス
パロス
アゾレス諸島
フロリダ
サン=サルバドル島
コロンブス（1492～93年）
メキシコ
アカプルコ
キューバ
イスパニョーラ島
カリブ海
パナマ
カナリア諸島
ベルデ岬諸島
1494年
トルデシリャス条約
1493年にローマ教皇のもとポルトガル、スペインの勢力分界線（教皇子午線）が決められたが、スペインは納得せず、1494年にローマ教皇の仲介によりトルデシリャス条約を結び、互いの勢力範囲を確定させた。
トルデシリャス条約による境界
大西洋
太平洋
アメリゴ=ヴェスプッチ（1501～02年）
喜望峰到達
ポルトガル王ジョアン2世の命を受け、1488年にアフリカ大陸の南端に到達。「カーボ=トルメントソ（嵐の岬）」と名づけたが、ジョアン2世が喜望峰と改称した。
ディアス（1487～88年）
マゼラン（1519～22年）
アマゾン川
リマ
南アメリカ
ポトシ
ブラジル
リオデジャネイロ
カブラル（1500～02年）
ブエノスアイレス
←マゼラン海峡
マゼラン
[1480?～1521年]
世界周航以前に喜望峰経由で東南アジアを訪れていたマゼランは、西回りでフィリピンに到達した時点で地球球体説を実証したといえるかもしれない。
初の世界周航
ポルトガル王と対立したマゼランは、スペイン王の援助を受けて1519年に西回りによるインド到達に出航。彼の艦隊は史上初の世界周航に成功した。
カブラルのブラジル到達
ヴァスコ=ダ=ガマに続き第2次インド遠征隊の司令官としてポルトガルを出発したカブラルの艦隊は、1500年にブラジルに到達。同地をポルトガル領と宣言した。

のカリカットに到達して香辛料をポルトガルに持ち帰った（P86参照）。

アメリカ大陸の「発見」と初の世界一周航海

一方、こうしたポルトガルの活動に刺激されたスペインでは、**イサベル女王**が西回りでのインド到達を目ざす**コロンブス**を支援。1492年、コロンブスは大西洋を横断してカリブ海の**サン=サルバドル島**に到達した。彼はその後3度にわたり同地を探検したが、最後までそこがインドの一部であると信じていた。また、スペイン王の援助を受けた**マゼラン**の艦隊は、1519年に西回りの航海に出発し、太平洋を横断してフィリピンに到達。22年に帰港し、初の**世界周航**《しゅうこう》に成功した。

これらの航海の結果、大西洋、インド洋、太平洋を結ぶ新たな交易ルートが開拓され、それまでの地中海交易にかわって繁栄するようになった。また、こうした交易ルートの開拓は、世界の各地域を、ヨーロッパを中心とした地球規模の分業体制に組み込んでゆくきっかけとなった。

早くから知られていた？地球球体説

コロンブスは、地球球体説にもとづいてイタリア人トスカネリらが作成した地図を信じ、西回りでインドを目ざす航海に旅立った。この地球球体説は、紀元前6世紀ごろにギリシアのピタゴラス学派によって最初に唱えられたもので、航海者や商人の間では早くから受け入れられていたとみられる。しかし、この説が実際に立証されるのは、1522年にマゼランの艦隊が世界周航に成功し、スペインに帰港することを待たねばならなかった。

インド航路の開拓で繁栄したポルトガル

15世紀〜16世紀

香辛料など、東方物産の直接入手をねらったポルトガルのインド航路開拓は、東方貿易を一変させた。

インド航路の開通と通商の変化

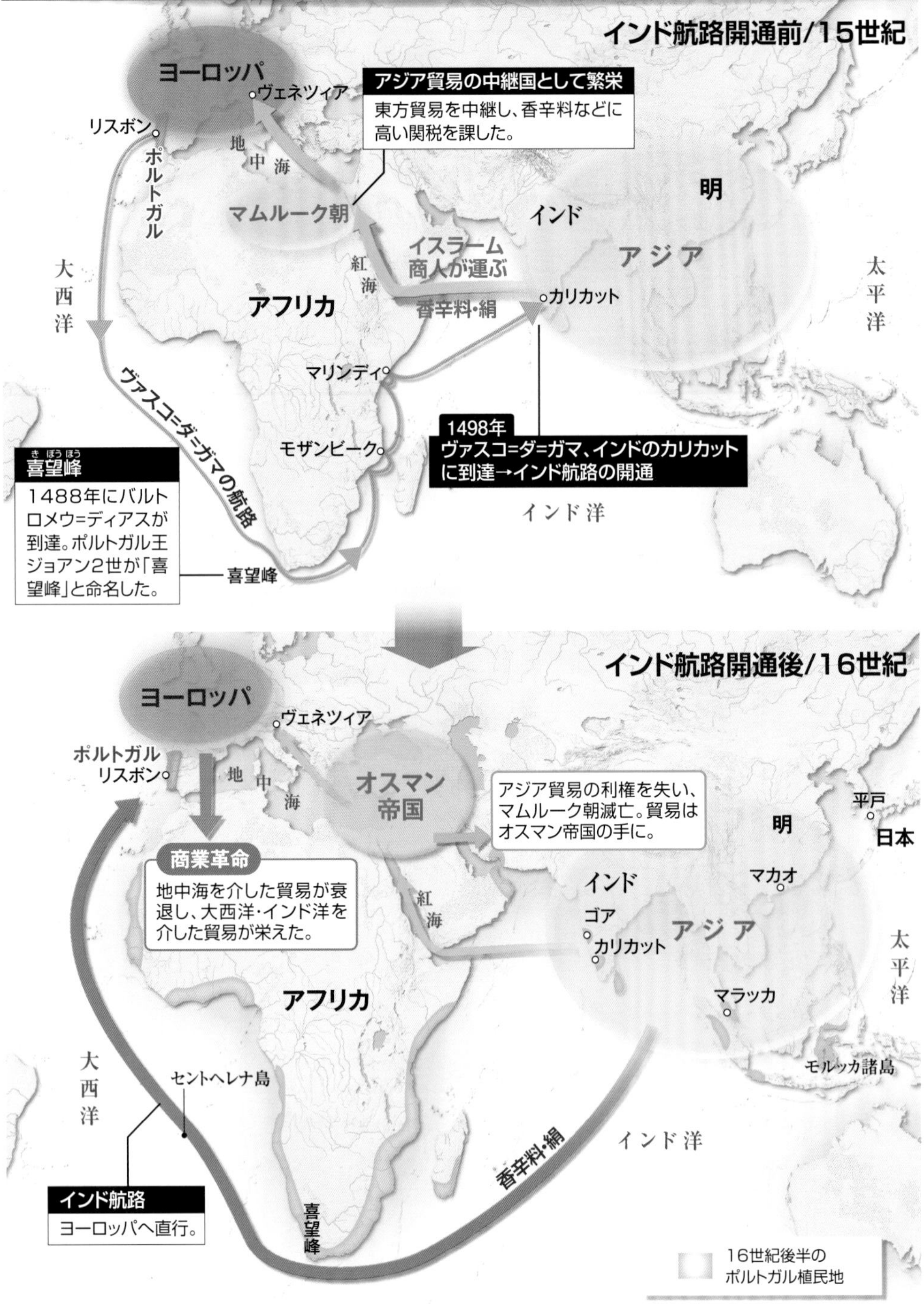
インド航路開通前/15世紀
ヨーロッパ
ヴェネツィア
アジア貿易の中継国として繁栄
東方貿易を中継し、香辛料などに高い関税を課した。
リスボン
ポルトガル
地中海
マムルーク朝
明
インド
イスラーム商人が運ぶ
紅海
アジア
大西洋
太平洋
アフリカ
香辛料・絹
カリカット
マリンディ
ヴァスコ=ダ=ガマの航路
モザンビーク
1498年
ヴァスコ=ダ=ガマ、インドのカリカットに到達→インド航路の開通
喜望峰《きぼうほう》
1488年にバルトロメウ=ディアスが到達。ポルトガル王ジョアン2世が「喜望峰」と命名した。
喜望峰
インド洋
インド航路開通後/16世紀
ヨーロッパ
ヴェネツィア
ポルトガル
リスボン
地中海
オスマン帝国
アジア貿易の利権を失い、マムルーク朝滅亡。貿易はオスマン帝国の手に。
平戸
明
日本
商業革命
地中海を介した貿易が衰退し、大西洋・インド洋を介した貿易が栄えた。
インド
マカオ
紅海
ゴア
カリカット
アジア
太平洋
アフリカ
マラッカ
大西洋
セントヘレナ島
モルッカ諸島
インド洋
インド航路
ヨーロッパへ直行。
香辛料・絹
喜望峰
16世紀後半のポルトガル植民地

「航海王子」から一世紀続いた直航ルートの開拓

15世紀のイベリア半島では、**レコンキスタ**の進展とともに、ポルトガル、カスティリャ、アラゴンの3王国が勢力を増していた。これらの国はさらなる領土の獲得や、ヨーロッパ人の食生活に欠かせなくなっていた胡椒《こしょう》などの**香辛料**《こうしんりょう》を直接入手するため、海外へと進出していった。

ポルトガルでは15世紀初頭、「**航海王子**」**エンリケ**が王室の事業としてアフリカ北西部の海岸などの探検を開始。彼はそのほかにも航海士の養成所をつくって航海技術の向上を図るなど、その後のポルトガル航海事業の礎《いしずえ》を築いた。

エンリケの死後もアフリカ西岸探検は続けられ、1488年には**バルトロメウ=ディアス**がアフリカ南端の**喜望峰**《きぼうほう》に、さらに98年には、**ヴァスコ=ダ=ガマ**が喜望峰を回り、インド西岸の**カリカット**に到達した。その後、1510年にインド西岸の**ゴア**を占領したポルトガルはこの地に総督府《そうとくふ》を置き、翌11年にはマレー半島南西部の**マラッカ**を占領。さらに香辛料の産地であり、「香料諸島《こうりょうしょとう》」ともよばれた**モルッカ諸島**に到達して、イスラーム商人などに支配されていた香辛料交易の一角に加わった。

マラッカ占領後のポルトガルは、**明**《みん》との交易を開始し、1557年には**マカオ**に居住権を獲得。その前の43年には日本に到達して、平戸《ひらど》を根拠地とした対日交易を開始した。こうしてポルトガルは東アジアからヨーロッパに至る直航ルートをつくり出し、16世紀前半、首都のリスボンは香辛料をはじめとする東方物産の荷《に》揚《あ》げ港として繁栄した。

WORD **香辛料**

肉の保存や味つけには欠かせない香辛料だが、ヨーロッパでは古くからその薬効も知られていた。長らく香辛料貿易を独占していたのは、主産地のインドや東南アジアとヨーロッパの中間に位置するイスラームの商人だった。片道2年もかかったという香辛料貿易の結果、ヨーロッパに着くころには同じ重さの銀と取引されるほど高価になっていた。

52 スペインの繁栄

中南米を征服して繁栄したスペイン

15世紀～16世紀

ポルトガルのインド航路開拓に刺激されたスペインは西方に進出。アメリカ大陸に到達し、先住民の国家を次々に滅ぼした。

アメリカ大陸への到達と史上初の世界周航

アラゴン王国とカスティリャ王国の合併で誕生したスペインでは、グラナダを陥《かん》落《らく》させてレコンキスタ（イベリア半島の再征服）が完了した1492年、**イサベル女王**の後援により、イタリアのジェノヴァ出身の**コロンブス**がトスカネリの**地球球体説**を信じて西回りでのインド到達を目ざした。彼の艦隊は大西洋を横断し、**サン＝サルバドル島**に到達。その後**アメリゴ＝ヴェスプッチ**の探検によって、その地がヨーロッパ人には知られていない大陸であることがわかり、**アメリカ**と命名された。

また、ポルトガル王と対立した**マゼラン**はスペイン王に援助を求め、1519年に西回りでモルッカ諸島に到達すべく出港。マゼラン自身はフィリピンでの現地人との戦いで戦死したが、彼の部下が喜望峰《きぼうほう》を回って1522年にスペインに帰還し、史上初の**世界周航**《しゅうこう》を達成した（**P85参照**）。

スペインの中南米征服とポトシ銀山の発見

コロンブスの探検以降、スペインは中南米への進出を本格化させた。1521年には、**コルテス**が先住民の知らなかった馬と鉄砲を使いアステカ王国を滅ぼし、次いで1533年には**ピサロ**がインカ帝国を征服し、植民地化した。

これらの地では、征服者に先住民の支配を委託《いたく》する**エンコミエンダ制**がとられ、以後、先住民は大農場や鉱山で酷使《こくし》されることとなった。苛酷《かこく》な労働に加え、ヨーロッパからもたらされた**天然痘**《てんねんとう》などの伝染病の影響もあって先住民の人口は激減、これを補う労働力として、アフリカから大量の**黒人奴隷**が輸入された。

16世紀なかばに**ポトシ銀山**が発見され、大量の銀が生産されるようになると、スペインには巨万の富がもたらされると同時に、**価格革命**とよばれる物価の高騰がヨーロッパに広がった。また、東方との直接交易路ができたことで、交易の中心が従来の地中海交易やインド洋交易から大西洋交易に移り、リスボンやアントウェルペンといった大西洋沿岸の都市が国際商業の中心となる**商業革命**が起こった。

16世紀のスペインとアメリカ大陸

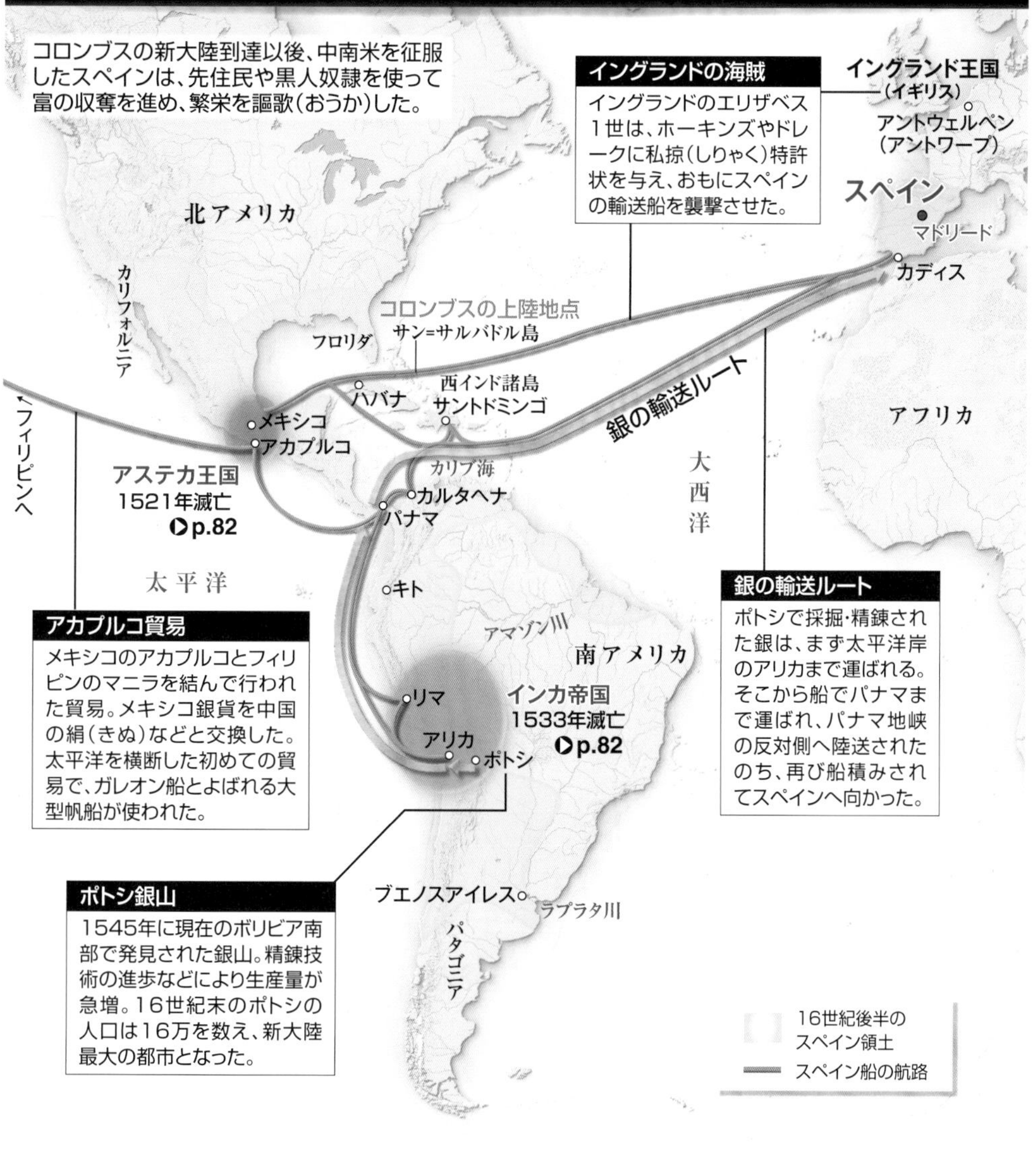
コロンブスの新大陸到達以後、中南米を征服したスペインは、先住民や黒人奴隷を使って富の収奪を進め、繁栄を謳歌（おうか）した。
イングランドの海賊
イングランドのエリザベス1世は、ホーキンズやドレークに私掠（しりゃく）特許状を与え、おもにスペインの輸送船を襲撃させた。
イングランド王国（イギリス）
アントウェルペン（アントワープ）
スペイン
マドリード
カディス
北アメリカ
カリフォルニア
コロンブスの上陸地点
サン＝サルバドル島
フロリダ
西インド諸島
ハバナ
サントドミンゴ
メキシコ
アカプルコ
フィリピンへ
銀の輸送ルート
アフリカ
大西洋
カリブ海
アステカ王国
1521年滅亡
p.82
カルタヘナ
パナマ
太平洋
キト
アマゾン川
南アメリカ
リマ
インカ帝国
1533年滅亡
p.82
アリカ
ポトシ
アカプルコ貿易
メキシコのアカプルコとフィリピンのマニラを結んで行われた貿易。メキシコ銀貨を中国の絹（きぬ）などと交換した。太平洋を横断した初めての貿易で、ガレオン船とよばれる大型帆船が使われた。
銀の輸送ルート
ポトシで採掘・精錬された銀は、まず太平洋岸のアリカまで運ばれる。そこから船でパナマまで運ばれ、パナマ地峡の反対側へ陸送されたのち、再び船積みされてスペインへ向かった。
ポトシ銀山
1545年に現在のボリビア南部で発見された銀山。精錬技術の進歩などにより生産量が急増。16世紀末のポトシの人口は16万を数え、新大陸最大の都市となった。
ブエノスアイレス
ラプラタ川
パタゴニア
16世紀後半のスペイン領土
スペイン船の航路

WORD **価格革命**

16世紀のヨーロッパで起きた急激なインフレのこと。その要因として、アメリカ大陸での銀山の発見で、銀がヨーロッパに流入して大量の銀貨が供給されたためと説明されてきた。しかし近年では、銀の流入が物価高騰へ与えた影響はそれほど大きくなく、16世紀のヨーロッパで急増した人口に食料供給が追いついていなかったことなど、さまざまな側面からの研究が進められている。

53 三角貿易

大西洋を舞台に三角貿易が成立

16世紀〜19世紀

大航海時代以降、大西洋を挟んで行われた三角貿易により、イギリスなどには富がもたらされ、アフリカ社会は大打撃を受けた。

大西洋の三角貿易

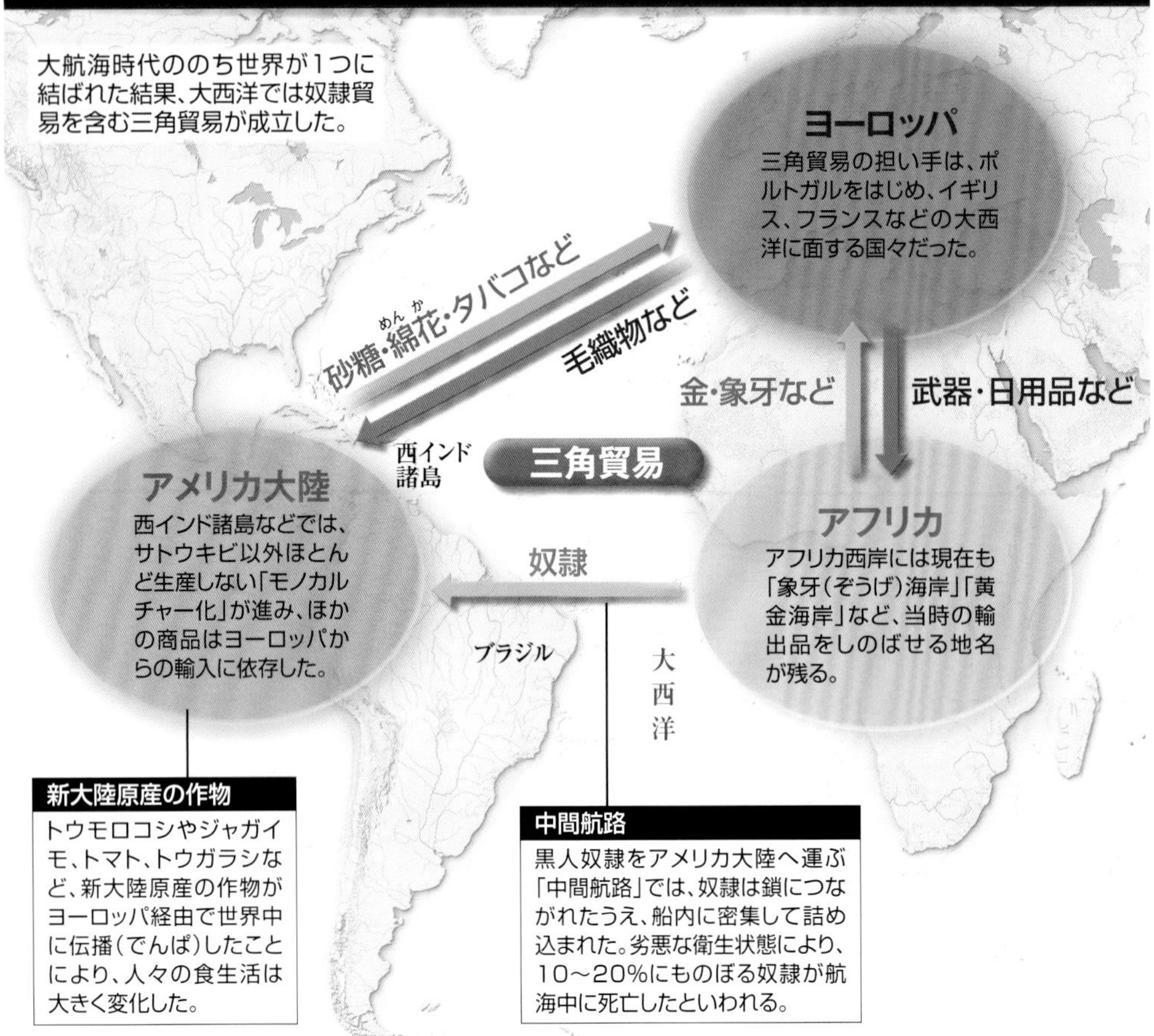

大航海時代ののち世界が1つに結ばれた結果、大西洋では奴隷貿易を含む三角貿易が成立した。
ヨーロッパ
三角貿易の担い手は、ポルトガルをはじめ、イギリス、フランスなどの大西洋に面する国々だった。
砂糖・綿花《めんか》・タバコなど
毛織物など
金・象牙など
武器・日用品など
西インド諸島
三角貿易
アメリカ大陸
西インド諸島などでは、サトウキビ以外ほとんど生産しない「モノカルチャー化」が進み、ほかの商品はヨーロッパからの輸入に依存した。
アフリカ
アフリカ西岸には現在も「象牙(ぞうげ)海岸」「黄金海岸」など、当時の輸出品をしのばせる地名が残る。
奴隷
ブラジル
大西洋
新大陸原産の作物
トウモロコシやジャガイモ、トマト、トウガラシなど、新大陸原産の作物がヨーロッパ経由で世界中に伝播(でんぱ)したことにより、人々の食生活は大きく変化した。
中間航路
黒人奴隷をアメリカ大陸へ運ぶ「中間航路」では、奴隷は鎖につながれたうえ、船内に密集して詰め込まれた。劣悪な衛生状態により、10〜20%にものぼる奴隷が航海中に死亡したといわれる。

産業革命の資金源となった大西洋の三角貿易

ポルトガルが領有したブラジルでは、16世紀から砂糖の原料となる**サトウキビ**の栽培がさかんになった。17〜18世紀になると、ヨーロッパで茶やコーヒーが普及し、それにともない砂糖の需要も急増したため、西インド諸島でもサトウキビの**プランテーション**が開発され、酷使《こくし》や疫《えき》病《びょう》で激減した先住民にかわる労働力として、アフリカの**黒人奴隷**が使われた。

18世紀に入ると、イギリスのリヴァプールやフランスのボルドーなどから武器や日用品などがアフリカに輸出され、そこで買いつけられた黒人奴隷がカリブ海やアメリカ大陸に運ばれた。そして、その代金で購入された砂糖や綿花《めんか》、タバコなどの**国際商品**がヨーロッパに送られるという、大西洋を舞台とした**三角貿易**が活発に展開されるようになった。

この三角貿易はイギリスやフランスなどに巨万の富をもたらし、その後の産業革命(P98参照)の資本となった。

奴隷貿易によって荒廃したアフリカ

一方、サハラ砂漠以南のアフリカでは、ヨーロッパからやってきた奴隷商人や、**ベニン**など西アフリカの王国が行った奴隷狩りによって、成人男子を中心に労働人口が減少し、生産活動の停滞や社会の荒廃を招いた。

西アフリカでは、ポルトガルと結んだ諸王国が**奴隷貿易**で栄えたほか、東アフリカでも内陸部に成立したブガンダ王国が奴隷貿易を行った。こうした奴隷貿易は18世紀後半に最盛期を迎え、19世紀まで続いた。アフリカから奴隷としてアメリカ大陸に運ばれた人の総数は、少なくとも1000万人以上にのぼると推定され、アフリカ社会の健全な発展を妨げるとともに、今日もなお続く開発途上の状況を生み出す一因となった。

奴隷貿易の仕組み

ヨーロッパの商人は、西アフリカに成立したベニンなどの諸王国に、綿製品などの日用品のほか、銃などの武器を輸出した。黒人王国はこの武器を使って奴隷狩りを行い、内陸の黒人を捕らえ、奴隷として商人に売り渡したのである。奴隷貿易の中心となったのは、現在のシエラレオネ周辺からアンゴラに至るアフリカ西岸であり、現在のベナン共和国の海岸部一帯は「奴隷海岸」ともよばれた。

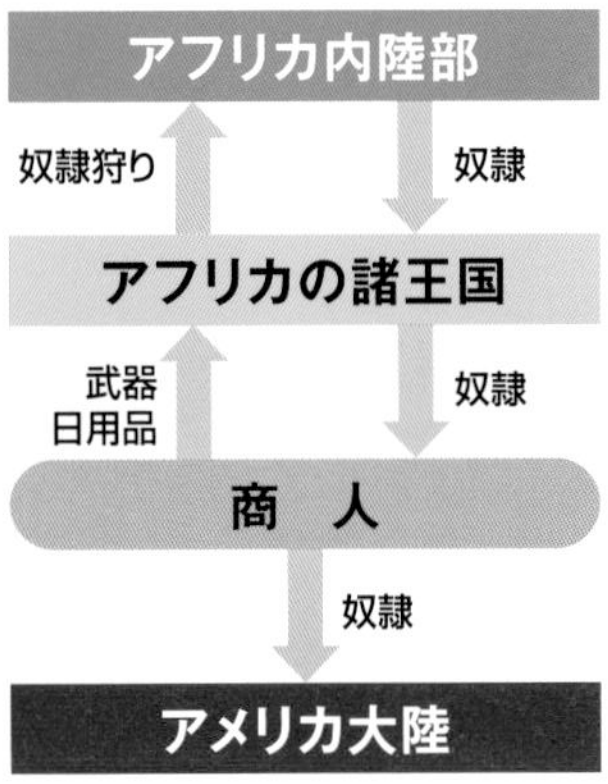

アフリカ内陸部
奴隷狩り
奴隷
アフリカの諸王国
武器
日用品
奴隷
商　人
奴隷
アメリカ大陸

WORD **ベニン王国**

13世紀にナイジェリア南部に建てられた王国で、オバとよばれる王が祖先祭祀も執り行った。首都ベニン=シティを訪れたヨーロッパ人は、整然とした街並み、青銅細工で飾られた王宮などその繁栄を伝えている。ベニン=シティにはポルトガル商人の商館が置かれ、胡椒(こしょう)や象牙(ぞうげ)、そして奴隷取引の一つの拠点となった。

第10章

近世ヨーロッパ

54 ルネサンス
55 宗教改革
56 スペインの没落
57 オランダの繁栄
58 絶対主義の台頭
59 プロイセン・ロシアの台頭
60 ピューリタン革命と名誉革命

西欧の文化を発展させたルネサンス

14世紀
〜
16世紀

イタリアの都市から広まった、古代を模範とするルネサンスの運動によって、西欧の文化は大きく発展した。

中世末期の危機的状況から生まれた「再生・復興」の運動

14～16世紀にかけて、ヨーロッパで展開した新しい文化創造の運動を**ルネサンス**という。これは「再生・復興」を意味するフランス語で、この運動がギリシアとローマの古典古代の文化に範《はん》をとる姿勢をはっきりもっていたことからきている。そしてこれは、神（教会）を中心とした中世的な世界観からの解放と、新しい時代の幕開きを告げるものとなった。

中世末期のヨーロッパはペストの大流行や飢饉《ききん》、百年戦争などの戦乱で人口が激減し、社会全体が危機的な状況にあった。そんななかで人々は生と死について深く考え、いかに生きるべきかを強く意識するようになった。また、神と人間の関係についても、旧来の価値観にとらわれない新しい考え方を生み出していった。こうして神中心の中世的世界観とは異なる、人間中心の能動的・世俗的な世界観が形成されたのである。

人間中心の世界観を展開したルネサンスの知識人が、その拠《よ》り所としたのが古代ギリシアとローマの古典であり、文献学的研究による原典の正確な理解を通して、人間性を磨き、教養を深めた。このような知的姿勢、または知的潮流を人文主義という。

ルネサンスはイタリアに始まった

ルネサンスはまず、古代ローマの文化遺産が数多く残り、地中海貿易で繁栄したイタリアの諸都市で始まった。**フィレンツェ**の大商人**メディチ家**をはじめとする富裕な市民がパトロンとなって、芸術家や学者を保護し、のちにはローマ教皇が学芸の保護者となった。そのもとで**レオナルド＝ダ＝ヴィンチ**や**ミケランジェロ**などの天才が活躍し、数多くの傑作を残した。

イタリア以外では、商工業が発達していたネーデルラントで早くからルネサンスが開花し、フランス、イングランド（イギリス）、ドイツなどにも広まった。

また、ルネサンスは実用的な分野でも革新的な成果をもたらした。とくに**活版《かっぱん》印刷術**の発明や、**火薬・羅針《らしん》盤《ばん》**の改良・実用化は、その後の人類の歴史に大きな影響を与えた。

イタリア=ルネサンスの展開

古代ローマなどの文化遺産が豊富
ローマ帝国の中心であったイタリアには、古典古代の文化遺産が豊富に残されていた。

地中海貿易の発展 商工業の発達 → **富裕な市民がパトロンになる**
富を蓄えた市民がパトロンとなり、芸術家や学者に活動の場を与えた。

ビザンツ帝国の衰退・滅亡（15世紀中ごろ） → **先進知識をもった学者がイタリアへ**
ビザンツ帝国（▶p.72）の滅亡前後に、多くの学者がイタリアに移住した。

→ **イタリア=ルネサンスの開花**

文学
ダンテ、ペトラルカ、ボッカチオなど。
絵画
ジョット、ボッティチェリ、レオナルド=ダ=ヴィンチ、ミケランジェロ、ラファエロ、ティツィアーノなど。
彫刻
ミケランジェロ、ドナテルロなど。
建築
ブルネレスキ、ブラマンテ、ミケランジェロなど。
思想・科学
マキァヴェリ、ブルーノ、ガリレイなど。

レオナルド=ダ=ヴィンチ
［1452～1519年］
イタリアの画家、科学者。ルネサンスを代表する「万能の人」として、美術だけでなく科学・技術のあらゆる分野に才能を発揮した。代表作は『モナ=リザ』『最後の晩餐』。

イタリア以外のルネサンス

ネーデルラント（オランダ・ベルギー）では、商業や毛織物工業で繁栄していたブリュージュやアントウェルペンを中心に、15世紀初頭から文化が花開き、油彩画法を確立したファン=アイク兄弟、人文主義者エラスムス、農民出身の画家ブリューゲルなどが活躍した。

また、ポーランド人のコペルニクスが最初に唱えた地動説は、天動説をとるカトリック教会と衝突し、これを証明したガリレイは異端審問《いたんしんもん》にかけられた。

その他のルネサンス

フランス	ラブレー（文学） モンテーニュ（文学）など。
ドイツ	デューラー（絵画） ホルバイン（絵画） ケプラー（科学）など。
イングランド	チョーサー（文学） トマス=モア（思想） シェークスピア（文学）など。
スペイン	セルバンテス（文学） エル=グレコ（絵画）など。

ネーデルラント=ルネサンス
イングランド
ロンドン
アントウェルペン
（アントワープ）
ブリュージュ
パリ
ドイツ
ポーランド
フランス
ヴェネツィア
ミラノ
フィレンツェ
ローマ
スペイン
イタリア=ルネサンス

WORD メディチ家
イタリアのフィレンツェの名家。ジョバンニ=ディ=ビッチ=デ=メディチがメディチ銀行を開業してから繁栄しはじめた。15世紀にはジョバンニの子コジモとその孫ロレンツォのもとで最盛期を迎え、学芸の保護者としてルネサンスに大きく貢献した。2人のローマ教皇を輩出したほか、フランスのアンリ2世に嫁いだカトリーヌ=ド=メディシスも同家出身である。

54 ルネサンス
55 宗教改革

55 宗教改革

宗教改革で生まれた新しいキリスト教

16世紀

ドイツから始まった宗教改革の動きは、西欧に君臨してきたローマ教皇の権威を揺さぶった。

宗教改革の流れ

1510年 / 1520年 / 1530年 / 1540年 / 1550年 / 1560年

プロテスタント / カトリック

宗教改革始まる

1514年、1517年 贖宥状販売《しょくゆうじょう》
ローマ教皇はこれまでもしばしば贖宥状（免罪符）を販売していたが、レオ10世はサン=ピエトロ大聖堂の改修のためこれを乱発した。

1517年 95か条の論題《ろんだい》
ルターが発表し、それがまたたく間に人々の間に広まった。

1521年 ヴォルムスの帝国議会
自説の撤回を求められるが、ルターはこれを拒否。以後、反神聖ローマ皇帝派諸侯の支持を得た。

1522年 聖書のドイツ語訳
ザクセン選帝侯フリードリヒにかくまわれたルターは、『新約聖書』のドイツ語訳を出版。これは活版（かっぱん）印刷によって普及した。

1524年～25年 ドイツ農民戦争
ルターの宗教改革に触発されたドイツの農民が、トマス=ミュンツァーらの指導のもと、農奴制廃止などを求めて蜂起。ルターは諸侯に蜂起の徹底的鎮圧を求めた。

1534年 首長法制定
王妃との離婚をローマ教皇に反対されたイングランドのヘンリ8世は、自分を首長とするイギリス国教会を成立させ、教皇と絶縁した。

イギリス国教会
イングランド教会ともよばれる。教義的にはプロテスタントだが、儀礼面ではカトリック的傾向が強い。

ルター派
聖書中心主義、万人祭司主義をとり、聖職者身分を否定する。既存の世俗権力や社会秩序は承認する。

1534年 イエズス会設立
カトリック教会の刷新を唱えるロヨラやザビエルらが設立。厳格な規律のもと、世界各地で布教を進めた。

カルヴァン派
予定説を説き、利潤追求を認めたため、商工業者たちに広まる。フランスではユグノー、イングランドではピューリタン、オランダではゴイセンとよばれた。

1545～63年 トリエント（トレント）公会議
カトリック教会の立て直しを図った公会議。教皇権の至上と教義を再確認。

1555年 アウクスブルクの宗教和議
ルター派が公認され、諸侯や自由都市単位で宗派を選択する権利が認められた。

教皇の権威への異議申し立てから生まれたプロテスタント

教会の腐敗《ふはい》や教皇への批判から始まった**宗教改革**は、教皇と皇帝の権威を揺るがし、国際政治における主権国家体制の確立を後押しすることとなった。

1517年、ドイツの神学者**マルティン=ルター**は、サン=ピエトロ大聖堂の改修費を賄《まかな》うためにローマ教皇**レオ10世**が**贖宥状**《しょくゆうじょう》（**免罪符**）を販売したことを批判し、**95か条の論題**《ろんだい》を発表して、「人は信仰のみによって救われる」と主張した。教皇はルターを破門し、神聖ローマ皇帝カール5世もヴォルムスの帝国議会でルターに自説の撤回を求めたが、ルターはこれを拒否。ルターの説はやがて、反皇帝派の諸侯や都市の住民、農民などの支持を得た。その後オスマン帝国の圧迫に際して諸侯の協力を得るため、カール5世は**ルター派**を認めたが、危機が去ると再びこれを禁じたため、ルター派の諸侯らがこれに抗議し、**プロテスタント**（抗議する人）とよばれるようになった。こうした対立ののち、ルター派は55年の**アウクスブルクの宗教和議**で公認されることとなった。

一方、スイスのジュネーヴでは『キリスト教綱要《こうよう》』を著した**カルヴァン**が改革を開始。彼は、人が救われるか否かは神によってあらかじめ定められているという**予定説**を唱え、人は神の救済を信じて規律正しい生活と職業にはげむべきだと説いた。またイングランドでは、王妃との離婚問題から**ヘンリ8世**が**首長法**を定め、国王を首長とする**イギリス国教会**を成立させた。

これに対してカトリック教会は、**トリエント（トレント）公会議**で態勢の立て直しを図り、**対抗宗教改革**を行った。

WORD 対抗宗教改革
宗教改革に対抗した、カトリック教会内部の改革。1545年からイタリアのトリエントで公会議を開き、教会の刷新や規律の再構築を進め、教皇を頂点とするカトリックの秩序と権威を回復させた。34年に結成されたイエズス会は対抗宗教改革の旗手となり、厳格な規律のもとで布教活動に努め、「新大陸」やアフリカ、日本を含むアジアにもカトリックを広めた。

続かなかったスペインの栄華

16世紀〜18世紀

植民地帝国を築き上げたスペインの繁栄は、相次ぐ戦争や宮廷の贅沢による浪費、対抗宗教改革による迫害などが重なり、長くは続かなかった。

スペインの没落

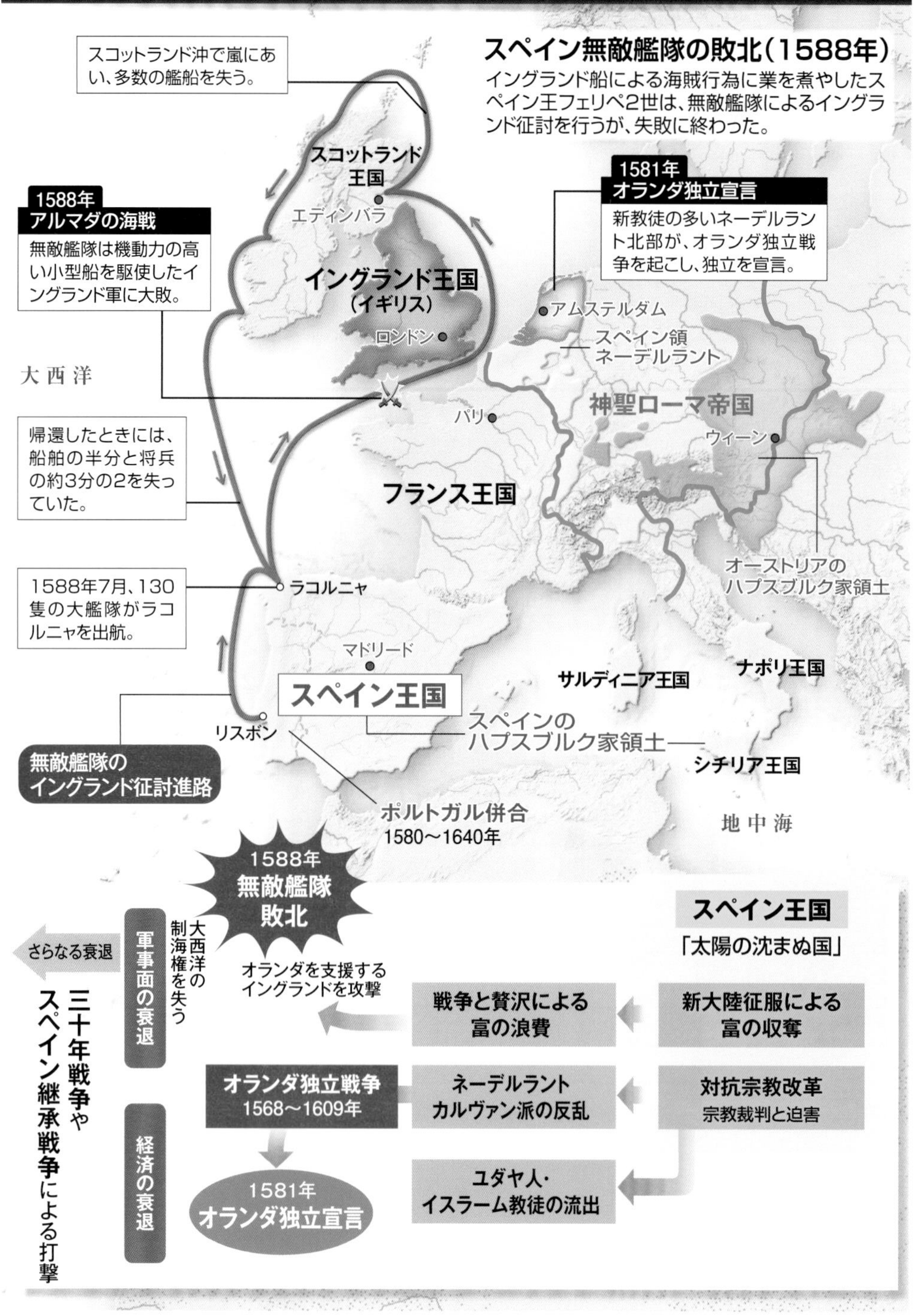
スペイン無敵艦隊の敗北（1588年）
イングランド船による海賊行為に業を煮やしたスペイン王フェリペ2世は、無敵艦隊によるイングランド征討を行うが、失敗に終わった。
スコットランド沖で嵐にあい、多数の艦船を失う。
スコットランド王国
エディンバラ
1588年 アルマダの海戦
無敵艦隊は機動力の高い小型船を駆使したイングランド軍に大敗。
イングランド王国（イギリス）
ロンドン
1581年 オランダ独立宣言
新教徒の多いネーデルラント北部が、オランダ独立戦争を起こし、独立を宣言。
アムステルダム
スペイン領ネーデルラント
大西洋
神聖ローマ帝国
パリ
ウィーン
帰還したときには、船舶の半分と将兵の約3分の2を失っていた。
フランス王国
オーストリアのハプスブルク家領土
1588年7月、130隻の大艦隊がラコルニャを出航。
ラコルニャ
マドリード
スペイン王国
サルディニア王国
ナポリ王国
リスボン
スペインのハプスブルク家領土
シチリア王国
無敵艦隊のイングランド征討進路
ポルトガル併合 1580〜1640年
地中海
1588年 無敵艦隊敗北
スペイン王国 「太陽の沈まぬ国」
さらなる衰退
軍事面の衰退
大西洋の制海権を失う
オランダを支援するイングランドを攻撃
戦争と贅沢による富の浪費
新大陸征服による富の収奪
三十年戦争やスペイン継承戦争による打撃
オランダ独立戦争 1568〜1609年
ネーデルラント カルヴァン派の反乱
対抗宗教改革 宗教裁判と迫害
経済の衰退
1581年 オランダ独立宣言
ユダヤ人・イスラーム教徒の流出

「太陽の沈まぬ国」スペインの没落

1479年、カスティリャ女王とアラゴン王の結婚により誕生したスペイン王国では、両王の間に生まれた娘とオーストリアの**ハプスブルク家**フィリップが結婚、その子カルロス1世が王となり、カール5世として神聖ローマ皇帝を兼ねた。その後、ハプスブルク家はスペインとオーストリアに分かれるが、スペイン王を継いだ**フェリペ2世**はアメリカ大陸やネーデルラントなどを領有。80年には母方の血筋であったポルトガル王位を継いで、アジア貿易も支配下におさめた。これにより全世界に拠点を獲得したスペインは、「太陽の沈まぬ国」とまでよばれた。

一方で、フェリペ2世はカトリックの擁《よう》護《ご》者《しゃ》を自任し、1571年のレパントの海戦でオスマン帝国を大敗させた。対抗宗教改革（**P91参照**）を推進して他国の内政に干渉《かんしょう》したほか、自国内のユダヤ人やイスラーム教徒を迫害した。そのため、国内経済で中心的な役割を果たしていたユダヤ人やイスラーム教徒が国外に流出した。また、属領のネーデルラントでは、新教徒カルヴァン派の反乱（**オランダ独立戦争**）をまねいた。こうした新教徒やイスラーム諸国との戦争、さらには宮廷《きゅうてい》での浪費によって、中南米などからもたらされた富は消え、国内産業は育たなかった。そして、88年には**無敵艦隊**（アルマダ）がイングランド（イギリス）に敗れ、大西洋の制海権も失った。その後のスペインは、**三十年戦争**（1618〜48年）や**スペイン継承戦争**（1701〜13年）などにより、次々と支配地域を縮小し、勢力を衰退させてゆくことになる。

WORD **ハプスブルク家**
ヨーロッパの代表的な王家。もとはスイス北部の貴族の家系。1273年ルドルフ1世が神聖ローマ皇帝に選ばれて以来勢力を拡大し、15世紀からは神聖ローマ皇帝位を事実上独占。政略結婚によってスペインも勢力下におさめた。第一次世界大戦後、オーストリア皇帝カール1世がスイスに亡命し、ハプスブルク帝国の歴史は幕を閉じた。

57 オランダの繁栄

世界へ進出した商人国家オランダ

16世紀〜17世紀

独立戦争を戦いながら、オランダは国際商業の中心になっていった。

スペインの支配から独立し、世界各地へ進出したオランダ

15世紀末からハプスブルク家の支配下にあった**ネーデルラント**は、早くから毛織物工業で栄え、バルト海交易など商業も発達していた。宗教は利潤追求を認める**カルヴァン派**（P 91参照）が多数を占めていたが、16世紀後半になって宗主国スペインの**フェリペ2世**がカトリックを強制し、都市に重税を課すようになると、貴族や商工業者はこれに反発。1568年には**オラニエ公ウィレム**を指導者として、**オランダ独立戦争**が始まった。

戦争が長期化すると、カトリックの多かった南部10州は脱落したが、北部7州は**ユトレヒト同盟**を結んで戦いを続け、81年に独立を宣言。**ネーデルラント連邦共和国**（**オランダ**）が成立した。そして1609年にスペインと休戦したのち、48年の**ウェストファリア条約**で正式に独立が承認された。

オランダは当時、最先端の造船技術をもち、独立戦争中も「海洋の自由」を主張して、アメリカなどに進出していた。02年にはイングランドに続いて**東インド会社**を設立し、バタヴィア（現ジャカルタ）を拠点として、日本を含むアジアの諸地域にも進出。アムステルダムは国際商業の中心都市として繁栄した。

オランダの独立と世界進出

オランダの独立（1648年）

スペインによるカトリック化の強制や重税に反発したネーデルラントは、独立戦争によって北半分がスペインから独立する。

北海
イングランド王国
ロンドン
ネーデルラント連邦共和国（オランダ）
ゾイデル海
アムステルダム
ハーグ
ロッテルダム
ブレダ
ブリュージュ
フランドル
アントウェルペン（アントワープ）
ブリュッセル
ライン川
神聖ローマ帝国
南部10州（現在のベルギー、ルクセンブルク）
カトリックの多かった南部10州は独立戦争から脱落した。
フランス王国
パリ
ルクセンブルク

ネーデルラント地方
中世以来、商業と毛織物業で繁栄

1556年 スペインのハプスブルク家領となる
→ 重税の賦課《ふか》と新教徒弾圧

1568年 オランダ独立戦争 勃発
南部10州脱落

1581年 北部7州がネーデルラント連邦共和国（オランダ）の独立宣言

1609年 休戦条約 締結（事実上の独立）
中継貿易で繁栄

1648年 ウェストファリア条約で独立承認

オランダの世界進出（17世紀）

独立前から優れた造船技術で世界の海運を左右していたオランダは、東インド会社や西インド会社を設立（1621年）し、世界各地に進出した。

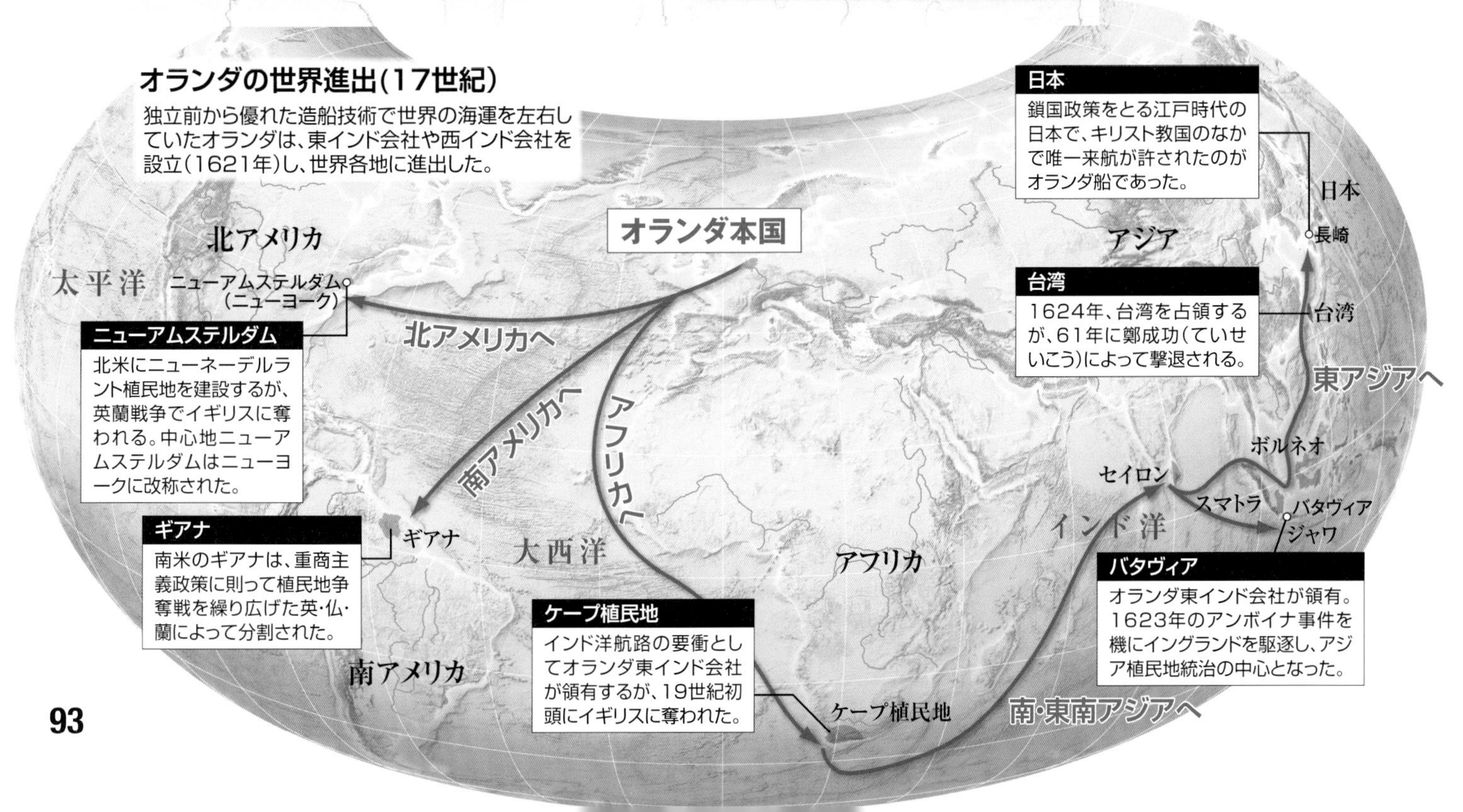
日本
鎖国政策をとる江戸時代の日本で、キリスト教国のなかで唯一来航が許されたのがオランダ船であった。
日本
長崎
アジア
北アメリカ
太平洋
ニューアムステルダム（ニューヨーク）
オランダ本国
北アメリカへ
ニューアムステルダム
北米にニューネーデルラント植民地を建設するが、英蘭戦争でイギリスに奪われる。中心地ニューアムステルダムはニューヨークに改称された。
台湾
1624年、台湾を占領するが、61年に鄭成功（ていせいこう）によって撃退される。
台湾
東アジアへ
南アメリカへ
アフリカへ
ボルネオ
セイロン
スマトラ
バタヴィア
ジャワ
インド洋
ギアナ
南米のギアナは、重商主義政策に則って植民地争奪戦を繰り広げた英・仏・蘭によって分割された。
ギアナ
大西洋
アフリカ
バタヴィア
オランダ東インド会社が領有。1623年のアンボイナ事件を機にイングランドを駆逐し、アジア植民地統治の中心となった。
ケープ植民地
インド洋航路の要衝としてオランダ東インド会社が領有するが、19世紀初頭にイギリスに奪われた。
南アメリカ
ケープ植民地
南・東南アジアへ

国王権力の強化で生まれた絶対王政

16世紀〜18世紀

封建社会の崩壊後、ヨーロッパに確立された政治秩序は権力を強化した国王による絶対主義体制だった。

ヨーロッパの絶対主義体制

1800年
1700年
1600年
1500年
※[　]内は在位年。
スペイン
フェリペ2世
[1556〜98年]
広大な植民地を領有し、スペインの絶頂期を築く。
フェリペ2世
イングランド(イギリス)
エリザベス1世
[1558〜1603年]
スペイン無敵艦隊を撃破。イングランドを強国に育てる。
ヘンリ8世
[1509〜47年]
首長法を制定し、国内の教会を自分の支配下に置く。
エリザベス1世
フランス
ルイ14世(太陽王)
[1643〜1715年]
フランス絶対王政の絶頂期を築く。「朕(ちん)は国家なり」。
ルイ14世
オーストリア
マリア=テレジア
[1740〜80年]
ハプスブルク家を継ぎ、プロイセンと抗争した女帝。
マリア=テレジア
プロイセン(ドイツ)
フリードリヒ2世(大王)
[1740〜86年]
「君主は国家第一の下僕(げぼく)」を自称した啓蒙専制(けいもうせんせい)君主の代表。
フリードリヒ2世
ロシア
エカチェリーナ2世
[1762〜96年]
啓蒙専制君主の一人だが、晩年は反動化した。
ピョートル1世(大帝《たいてい》)
[1682〜1725年]
西欧化・近代化政策を推進する一方、農奴(のうど)制を強化。
イヴァン4世(雷帝《らいてい》)
[1533〜84年]
大貴族を弾圧し、恐怖政治を敷いたツァーリ(皇帝)。
ピョートル1世

絶対主義の成立過程

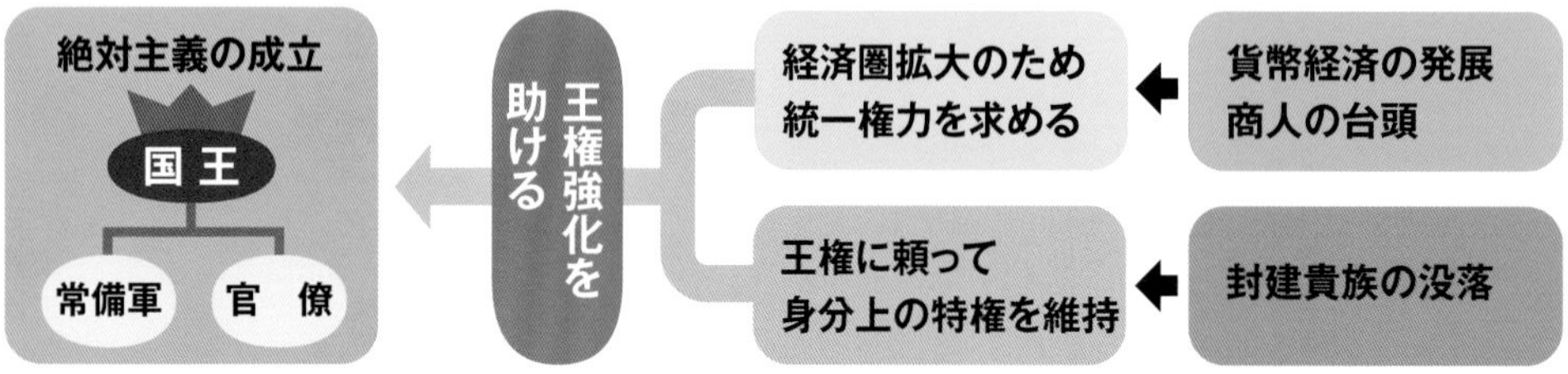
絶対主義の成立
国王
常備軍
官僚
王権強化を助ける
経済圏拡大のため統一権力を求める
貨幣経済の発展 商人の台頭
王権に頼って身分上の特権を維持
封建貴族の没落

諸侯の没落と大商人の支持で力をつけた絶対王政

16〜18世紀のヨーロッパでは、封建《ほうけん》制の崩壊とともに王権が強大化した。王権の強大化は、強い国王によって国家が統一されたほうが商売上都合がよい都市の大商人からも支持された。こうして各国では、常備軍と官僚制を背景に国王が専制政治を行う**絶対主義**体制が確立していったのである。

フランスでは**ルイ13世**の時代になると、宰相《さいしょう》**リシュリュー**が大貴族らを抑えて王権の強化に努め、ついで**ルイ14世**の宰相**マザラン**もさらなる中央集権化を推し進めた。マザランの死後、ルイ14世は、王権は神に授けられたものであるとする**王権《おうけん》神授説《しんじゅせつ》**を唱えて絶対王政を正当化し、財務長官に**コルベール**を登用して、国力強化のための**重商主義《じゅうしょうしゅぎ》**政策を徹底させた。こうして、直属の常備軍や官僚制度に支えられたフランス絶対王政はその絶頂期を迎え、ルイ14世は「太陽王」とよばれた。

絶対主義体制を支えた重商主義政策

貨幣の獲得を重視する重商主義政策は、金銀鉱山を開発して貨幣を蓄える重《じゅう》金《きん》主義と、輸出を増やして国内に貨幣を蓄える貿易差額主義の2つの政策からなる。ヨーロッパ各国はその遂行のため、鉱山獲得や輸出先拡大のための植民地獲得競争を繰り広げた。重商主義政策によって保護された国内産業からは、**マニュファクチュア**(工場制手工業《こうじょうせいしゅこうぎょう》)を経営する産業資本家が誕生し、やがて王権と対立する市民階級も生まれた。

WORD マニュファクチュア　資本家が工場に労働者を集め、分業の形で手工業により商品を製造する生産株式。工場制手工業と訳される。近世に入り商品経済が発展したことで毛織物などの需要が増し、中世以来手工業者を規制してきたギルド(同業組合)の枠を越えた生産体制が確立。これにより、経営者が手工業者を雇用する初期の資本主義が出現した。

59 プロイセン・ロシアの台頭

台頭する新興国 プロイセンとロシア

17世紀〜18世紀

中央集権化の遅れていたプロイセン(ドイツ)やロシアでも、産業の育成や軍隊の強化などで近代化が進んだ。

「国家第一の下僕」を自称し、プロイセンを強国に育てる

17〜18世紀には、中央集権化の遅れていたプロイセンやロシアが、国内産業育成や領土拡大を進め、台頭した。

ユンカー(地主《じぬし》貴族)による農場領主制が支配的だったプロイセンでは、1740年に**フリードリヒ2世(大王)**が即位。重《じゅう》商《しょう》主義政策によって国内産業を育成する一方、対外的にはオーストリア=ハプスブルク家の相続問題に介入して**オーストリア継承戦争**を起こし、鉱工業地帯のシュレジエンを奪取した。また、**ヴォルテール**ら啓蒙《けいもう》思想家をまねき、「君主は国家第一の下僕《げぼく》」と称して、啓蒙専制《けいもうせんせい》君主とよばれた。

進んだ西欧を模倣しながらツァーリ専制を強化

1613年にミハイル=ロマノフが**ロマノフ朝**を開いたロシアでは、17世紀末に**ピョートル1世(大帝《たいてい》)**が即位した。彼は西欧先進国を視察し近代化を図る一方、スウェーデンとの**北方戦争**に勝利して、獲得した地に新首都**ペテルブルク**を建設した。18世紀後半には**エカチェリーナ2世**が即位。啓蒙専制君主として開明的政策を行ったが、**プガチョフの農民反乱**後は農《の》奴《ど》制を強化した。

プロセインとロシアの拡大

プロイセンの領土拡大
プロイセン王国はフリードリヒ=ヴィルヘルム1世とその息子フリードリヒ2世(大王)の治下で領土を拡大した。
1763年
フベルトゥスブルクの和約(七年戦争)
オーストリアが、宿敵だったフランスと組んでシュレジエン奪還のため七年戦争を起こすが、目的は達成できず、アーヘンの和約が再確認された。
バルト海
ケーニヒスベルク
ロシア
ダンツィヒ
東プロイセン
17世紀前半のプロイセン公国
北海
エルベ川
プロイセン王国
オランダ
イギリス
アムステルダム
ブランデンブルク
ベルリン
ヴィスワ川
ワルシャワ
ロンドン
シュレジエン
ポーランド
アーヘン
ライプツィヒ
フベルトゥスブルク
フランクフルト
プラハ
ポーランド分割
ロシア、プロイセン、オーストリアの3国が、ポーランドを3回にわたって分割。コシューシコの抵抗運動も失敗し、1795年にポーランドは消滅した。
神聖ローマ帝国
(18世紀後半)
パリ
ライン川
オーストリア
ウィーン
ミュンヘン
フランス
スイス
ドナウ川
1748年
アーヘンの和約(オーストリア継承戦争)
マリア=テレジアのハプスブルク家相続に反対したプロイセンは、フランスとともにオーストリア継承戦争を起こし、シュレジエンを獲得した。
ウィーン会議(1815年)までのプロイセンの獲得領

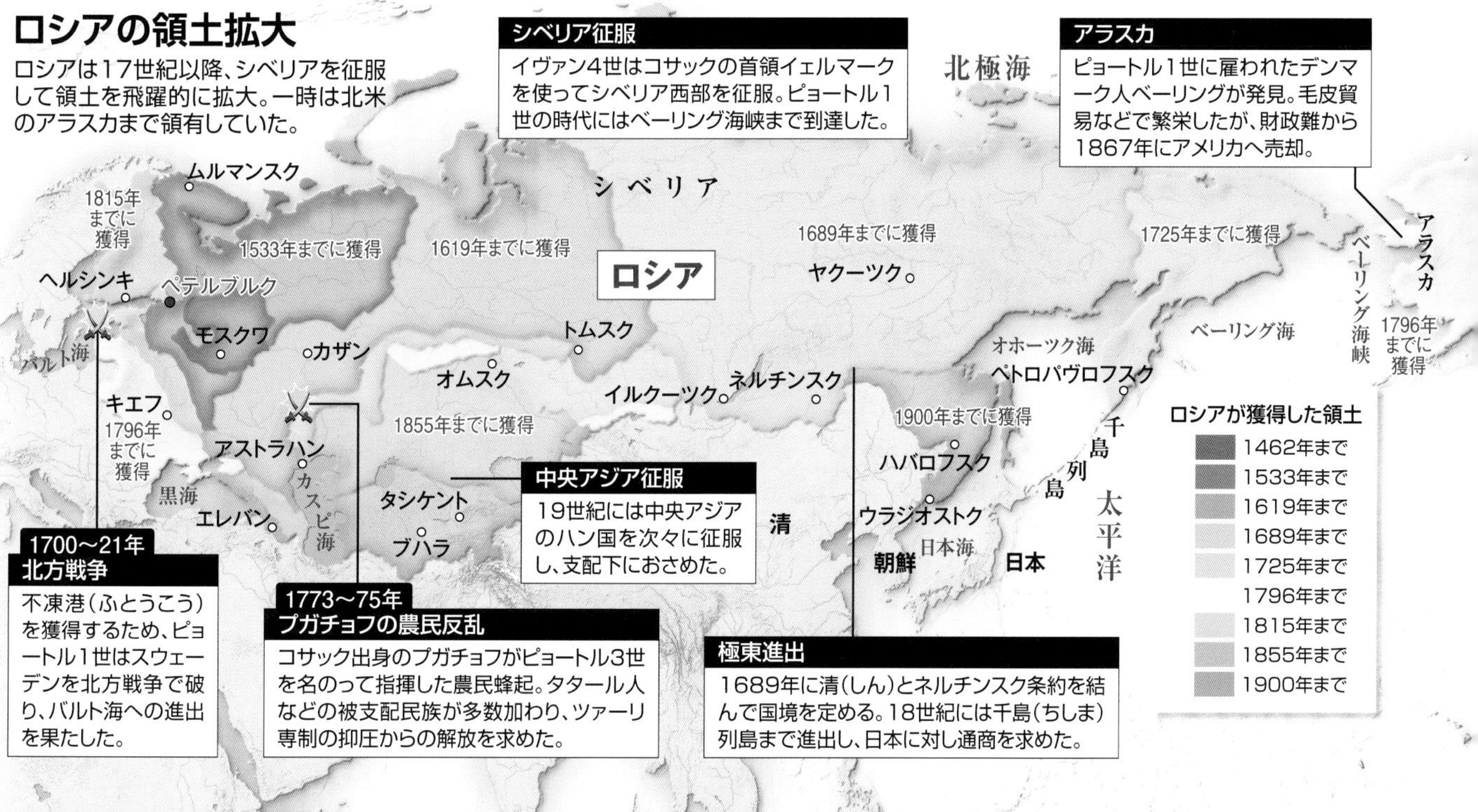
ロシアの領土拡大
ロシアは17世紀以降、シベリアを征服して領土を飛躍的に拡大。一時は北米のアラスカまで領有していた。
シベリア征服
イヴァン4世はコサックの首領イェルマークを使ってシベリア西部を征服。ピョートル1世の時代にはベーリング海峡まで到達した。
北極海
アラスカ
ピョートル1世に雇われたデンマーク人ベーリングが発見。毛皮貿易などで繁栄したが、財政難から1867年にアメリカへ売却。
ムルマンスク
1815年までに獲得
シベリア
1533年までに獲得
1619年までに獲得
1689年までに獲得
1725年までに獲得
アラスカ
ベーリング海峡
1796年までに獲得
ロシア
ヤクーツク
ヘルシンキ
ペテルブルク
モスクワ
カザン
トムスク
オホーツク海
ベーリング海
バルト海
ペトロパヴロフスク
オムスク
イルクーツク
ネルチンスク
キエフ
1796年までに獲得
1855年までに獲得
1900年までに獲得
千島列島
ロシアが獲得した領土
1462年まで
1533年まで
1619年まで
1689年まで
1725年まで
1796年まで
1815年まで
1855年まで
1900年まで
アストラハン
ハバロフスク
黒海
カスピ海
中央アジア征服
19世紀には中央アジアのハン国を次々に征服し、支配下におさめた。
タシケント
太平洋
エレバン
清
ウラジオストク
ブハラ
朝鮮
日本海
日本
1700〜21年
北方戦争
不凍港(ふとうこう)を獲得するため、ピョートル1世はスウェーデンを北方戦争で破り、バルト海への進出を果たした。
1773〜75年
プガチョフの農民反乱
コサック出身のプガチョフがピョートル3世を名のって指揮した農民蜂起。タタール人などの被支配民族が多数加わり、ツァーリ専制の抑圧からの解放を求めた。
極東進出
1689年に清(しん)とネルチンスク条約を結んで国境を定める。18世紀には千島(ちしま)列島まで進出し、日本に対し通商を求めた。

58 絶対主義の台頭
59 プロイセン・ロシアの台頭

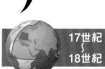

2つの革命で生まれたイギリス議会政治

17世紀

早くから市民階級が形成されていたイギリスでは、2つの革命をへて、議会政治が確立した。

ピューリタン革命から責任内閣制の誕生へ（イギリス）

クロムウェル軍のアイルランド征服
アイルランド人の土地を没収し、虐殺を行う。現在も続くアイルランド問題（▶p.106）の発端。
スコットランド王国
エディンバラ
アイルランド
ダブリン
イングランド王国（イギリス）
ロンドン
1620年 ピューリタンの北米移住（ピルグリム=ファーザーズ）
議会
ピューリタンが多数
君主
ジェームズ1世
王権神授説《おうけんしんじゅせつ》を唱える
ピューリタン弾圧
1628年 権利請願《けんりせいがん》
11年間の休会
絶対王政の専制政治
チャールズ1世
「権利請願」を無視し、議会開かず
1642年～49年 ピューリタン革命
王党派と議会派の内戦
クロムウェルの鉄騎隊が勝利
チャールズ1世処刑
1649年 アイルランド征服
土地没収・虐殺
共和政の開始
空位
1653年～58年 クロムウェル独裁
ピューリタン的禁欲の強制
1652年～54年 第1次英蘭戦争
国民の反発
1660年 王政復古
先王の子チャールズ2世が即位
トーリー党（のちの保守党）
ホイッグ党（のちの自由党）
が成立
ジェームズ2世
カトリックと絶対王政の復活を企図
1688年 名誉革命（無血革命）
議会がオランダ統領《とうりょう》ウィレム夫妻を招く
ジェームズ2世亡命
「権利の章典」制定
立憲王政と議会主義の確立
1707年 スコットランドを合併
大ブリテン王国 誕生
1721年 責任（議員）内閣制成立
内閣は国王にではなく、議会に対して責任を負う
1714年 ジョージ1世が即位
「王は君臨《くんりん》すれども統治せず」

ピューリタンによる革命はクロムウェルの独裁で終わる

17世紀のイギリスでは、独立自営農民（ヨーマン）や**ジェントリ**（郷紳《きょうしん》）が市民階級を形成し、議会に進出していた。彼らの多くはプロテスタント（**P91参照**）の**ピューリタン**（清教徒）であったが、エリザベス1世の死後ステュアート朝を開いた**ジェームズ1世**とその子**チャールズ1世**は議会を軽視し、ピューリタンを弾圧。これに反発した議会は**権利《けんり》の請願《せいがん》**を提出するが、王は議会を解散した。その後スコットランドで起きた反乱に対する戦費調達のため王が議会を開くと、議会は王党派と議会派に分かれて内乱状態になった。議会派は長老派、独立派などに分かれたが、徹底抗戦を主張する独立派の**クロムウェル**がネーズビーの戦いで王党派軍を破り、国王を処刑。**ピューリタン革命**を成し遂げた。

クロムウェルは王党派の強いアイルランドなどを征服。議会を解散し、護国卿《ごこくきょう》となって独裁政治を行った。しかしその死後、長老派が王党派と結んで前王の子チャールズ2世を迎え、王政に復古した。

無血革命に成功し、議会制民主主義を確立

チャールズ2世と次のジェームズ2世は親カトリック政策をとったため、議会に誕生していた**トーリー党**（王権擁護《ようご》派）と**ホイッグ党**（王権制限派）が協力して、ジェームズ2世の娘メアリと、その夫のオランダ統領《とうりょう》ウィレムに援助を要請。ウィレムが軍を率いてイギリスに上陸すると王は亡命し、無血革命（**名誉革命**）が成立した。ウィレム夫妻はウィリアム3世、メアリ2世として共同で王位に就くと、議会の権利の宣言を承認して**権利の章典《しょうてん》**を制定。これにより立憲王政が確立した。

その後、メアリ2世の妹アン女王が死んでステュアート朝が絶えると、ジェームズ1世の血を引くドイツのハノーヴァー選帝侯がジョージ1世として即位した。しかし英語を解さないジョージ1世は政治に無関心だったため、議会の多数派が内閣を形成して政治を行うようになった。こうして1721年、ホイッグ党の**ウォルポール**によって、内閣が国王ではなく議会に対して責任を負う**責任内閣制**が確立。「王は君臨《くんりん》すれども統治せず」という伝統が生まれたのである。

WORD ジェントリ

近世以降のイギリスの支配階層。身分は平民で、郷紳（きょうしん）と訳される。16世紀前半、輸出品として毛織物の需要が増したイギリスの農村では、耕地を牧場に転換する囲い込み（エンクロージャー）が行われ、羊毛生産などで富を蓄えた地主層、すなわちジェントリが台頭した。ジェントリは議会へ進出し、近代イギリスの政治・社会を支える中心的な存在になっていった。

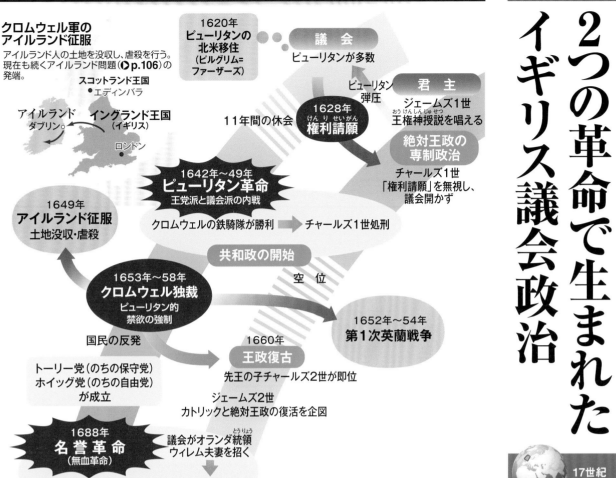

第11章

国民国家の出現

61 イギリスの産業革命
62 アメリカ独立戦争
63 フランス革命
64 中南米の独立
65 ナポレオン戦争
66 ウィーン体制
67 フランス七月革命・二月革命
68 ヴィクトリア時代
69 イタリアとドイツの統一
70 ロシアの南下

世界経済を変えたイギリス産業革命

18世紀後半～19世紀後半

世界に先駆けてイギリスで始まった産業革命は、経済や社会の仕組みを大きく変えてゆく。

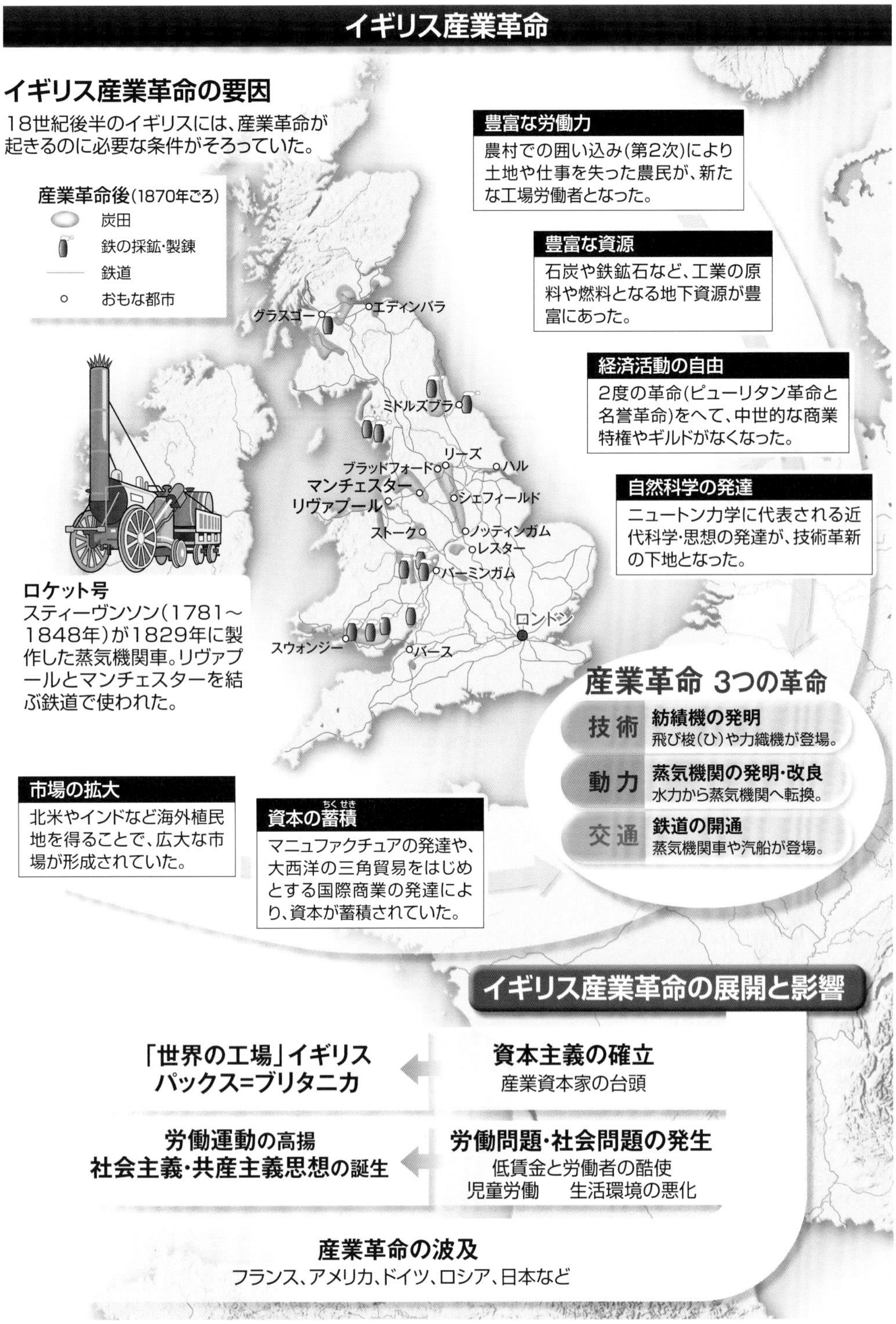
イギリス産業革命
イギリス産業革命の要因
18世紀後半のイギリスには、産業革命が起きるのに必要な条件がそろっていた。
産業革命後(1870年ごろ)
炭田
鉄の採鉱・製錬
鉄道
おもな都市
グラスゴー
エディンバラ
ミドルズブラ
ブラッドフォード
リーズ
ハル
マンチェスター
リヴァプール
シェフィールド
ストーク
ノッティンガム
レスター
バーミンガム
ロンドン
スウォンジー
バース
ロケット号
スティーヴンソン(1781～1848年)が1829年に製作した蒸気機関車。リヴァプールとマンチェスターを結ぶ鉄道で使われた。
豊富な労働力
農村での囲い込み(第2次)により土地や仕事を失った農民が、新たな工場労働者となった。
豊富な資源
石炭や鉄鉱石など、工業の原料や燃料となる地下資源が豊富にあった。
経済活動の自由
2度の革命(ピューリタン革命と名誉革命)をへて、中世的な商業特権やギルドがなくなった。
自然科学の発達
ニュートン力学に代表される近代科学・思想の発達が、技術革新の下地となった。
産業革命 3つの革命
技術 紡績機の発明 飛び梭(ひ)や力織機が登場。
動力 蒸気機関の発明・改良 水力から蒸気機関へ転換。
交通 鉄道の開通 蒸気機関車や汽船が登場。
市場の拡大
北米やインドなど海外植民地を得ることで、広大な市場が形成されていた。
資本の蓄積《ちくせき》
マニュファクチュアの発達や、大西洋の三角貿易をはじめとする国際商業の発達により、資本が蓄積されていた。
イギリス産業革命の展開と影響
資本主義の確立
産業資本家の台頭
「世界の工場」イギリス
パックス=ブリタニカ
労働問題・社会問題の発生
低賃金と労働者の酷使
児童労働　生活環境の悪化
労働運動の高揚
社会主義・共産主義思想の誕生
産業革命の波及
フランス、アメリカ、ドイツ、ロシア、日本など

産業革命で「世界の工場」になったイギリス

18世紀後半にイギリスで始まった**産業革命**は、世界を大きく変えることになった。産業革命とは、機械制工業の急速な発達によって生産性が増し、資本主義社会への移行が進むことである。

イギリスには、早くから毛織物などのマニュファクチュア（工場制手工業《こうじょうせいしゅこうぎょう》）が発達して資本が蓄積《ちくせき》されていたこと、**第2次囲い込み**によって農村に余剰《よじょう》人口が生まれ、工場での労働力を提供できたこと、**蒸気機関**が改良されて紡績《ぼうせき》機などに利用されたこと、石炭や鉄鉱石などの資源に恵まれていたことなど、産業革命を可能にする条件がそろっていた。そして、これらの条件によりイギリスでは綿工業、機械工業、製鉄業などが急速に発達した。

また、蒸気機関車の発明により、原料や製品が大量に運搬《うんぱん》できるようになり、19世紀なかばに改良が進んだ蒸気船とともに、**交通革命**をもたらした。こうしてイギリスは「世界の工場」となり、工業生産において他国を圧倒するようになる。

イギリスに始まった産業革命は、ヨーロッパ各国のほか、アメリカ、日本にも波及し、世界はイギリスを筆頭とする資本主義諸国と、それに従属する地域に分けられるようになった。このイギリス中心の世界秩序を**パックス=ブリタニカ**とよぶ。

その一方で、産業革命は安い賃金で過《か》酷《こく》な労働を強いられる**労働者階級**を生み出し、貧困層の増大、都市部におけるスラムの形成、公害、犯罪の増加などの社会問題を引き起こした。そして、それらの改善、解消を目指す**社会主義思想**が誕生することとなる。

WORD **囲い込み**
中世末期から近世にかけてのイギリスで、2度にわたって行われた農地の変革。共同利用されていた土地に生け垣や塀の囲い(境界)を設け、私有地化すること。18世紀から19世紀初めにかけての第2次囲い込みは、新農法による穀物増産を目的として合法的に行われたもので、独立自営農民が没落し、工場労働者として都市に流入することとなった。

62 アメリカ独立戦争

革命でもあったアメリカ独立戦争

1775年
～
1783年

北アメリカのイギリス植民地で起こった独立戦争は、成文憲法をもった共和政国家を誕生させる革命でもあった。

民主主義の理想実現を目ざす新興国アメリカの誕生

北アメリカ東岸では、イギリスからの移住者による13植民地が、それぞれ議会を設けて自治を行っていた。18世紀後半、フランスとの**フレンチ=インディアン戦争**で多くの負債を抱えたイギリスが、印紙法で植民地への課税《かぜい》を強化すると、植民地側はこれに反発。「代表なくして課税なし」と主張し、イギリス製品の不買運動で撤廃させ、1773年には東インド会社の茶に免税を認める茶法《ちゃほう》に反発して**ボストン茶会事件**《ちゃかいじけん》を起こした。74年には植民地の代表らが集まって**大陸会議**を開き、イギリスに抗議するが、イギリスがこれを無視したため、75年、両者はついに武力衝突する（**アメリカ独立戦争**）。76年に大陸会議は、**基本的人権**とそれを侵害《しんがい》する政府に対する革命権を主張する**アメリカ独立宣言**を発表。翌年には連合規約を採択し、13植民地の連合による**アメリカ合衆国**の成立を謳《うた》った。

独立戦争では、当初アメリカ側は苦戦したが、フランスなどがアメリカを援助したことで戦局は逆転。83年の**パリ条約**で独立が承認された。そして87年には、人民主権、連邦主義、三権分立を謳う合衆国憲法が制定され、89年には**ワシントン**を初代大統領とする連邦政府が成立した。

アメリカ独立戦争

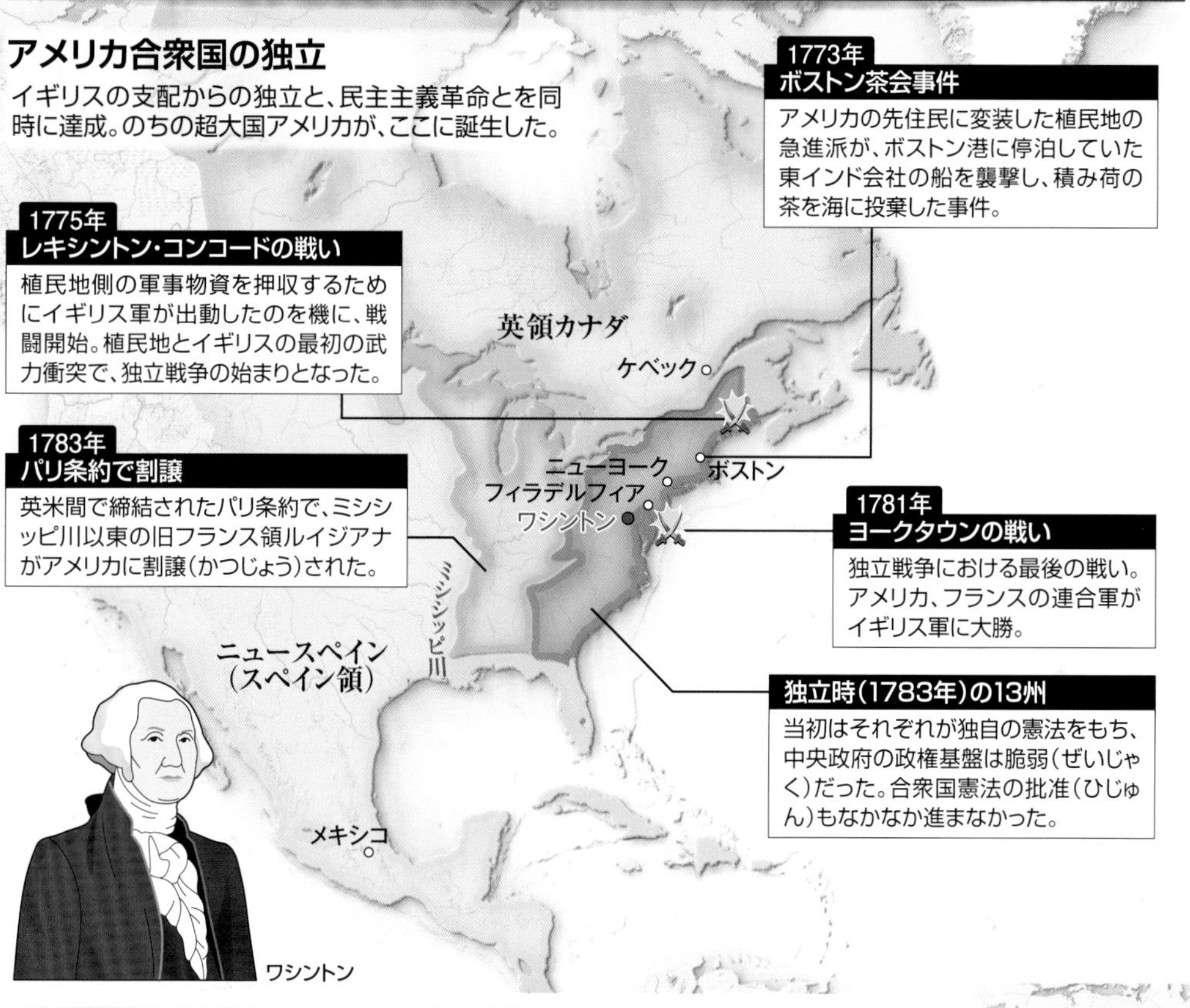
アメリカ合衆国の独立
イギリスの支配からの独立と、民主主義革命とを同時に達成。のちの超大国アメリカが、ここに誕生した。
1773年
ボストン茶会事件
アメリカの先住民に変装した植民地の急進派が、ボストン港に停泊していた東インド会社の船を襲撃し、積み荷の茶を海に投棄した事件。
1775年
レキシントン・コンコードの戦い
植民地側の軍事物資を押収するためにイギリス軍が出動したのを機に、戦闘開始。植民地とイギリスの最初の武力衝突で、独立戦争の始まりとなった。
英領カナダ
ケベック
1783年
パリ条約で割譲
英米間で締結されたパリ条約で、ミシシッピ川以東の旧フランス領ルイジアナがアメリカに割譲（かつじょう）された。
ニューヨーク
ボストン
フィラデルフィア
ワシントン
1781年
ヨークタウンの戦い
独立戦争における最後の戦い。アメリカ、フランスの連合軍がイギリス軍に大勝。
ミシシッピ川
ニュースペイン
（スペイン領）
独立時（1783年）の13州
当初はそれぞれが独自の憲法をもち、中央政府の政権基盤は脆弱（ぜいじゃく）だった。合衆国憲法の批准（ひじゅん）もなかなか進まなかった。
メキシコ
ワシントン

1755～1763年 フレンチ=インディアン戦争
イギリスとフランスの北米での覇権争い。イギリスが勝利し、北米のフランス領が英領となる。
広大な植民地の経営と、戦費の負担が財政難を引き起こし、イギリスは植民地支配を強化。

植民地の反発が激化
印紙法、茶法などへの反抗。

1775年 アメリカ独立戦争 勃発《ぼっぱつ》
英 ⚔ 植民地
フランス、スペイン、オランダが支援

1776年7月4日 アメリカ独立宣言
ジェファソンが起草。近代民主政治の基本理念が謳われた。
［自由・平等の実現］

1783年 パリ条約
アメリカ合衆国の正式独立（13州）

市民革命
フランス革命（▶p.100）などへ影響を及ぼす

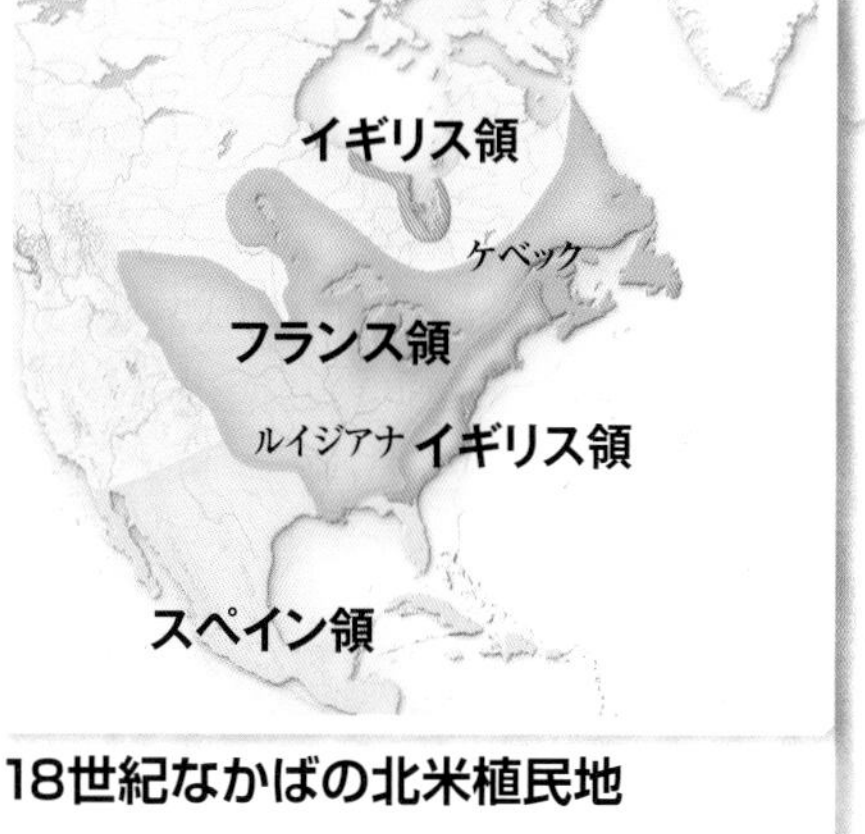
イギリス領
ケベック
フランス領
ルイジアナ
イギリス領
スペイン領
18世紀なかばの北米植民地

WORD **ワシントン**［1732～99年］
アメリカ合衆国初代大統領。農場主の出身で、アメリカ独立戦争に際し、植民地軍の総司令官として活躍した。1787年、フィラデルフィア連邦憲法制定会議の議長に推され、次いで89年に大統領に選出。92年には再選された。高潔、無私の人柄が愛され、今なお合衆国建国の父として崇敬されている。

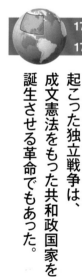

「国民国家」を生んだフランス革命

18世紀末

18世紀末のフランスでは、流血をともなう革命によって古い体制が打ち破られ、「国民国家」が生まれた。

旧制度を打破する革命勃発。王政から共和政へ

旧制度(アンシャン=レジーム)下のフランスでは、免税特権をもつ第一身分(聖職者)や第二身分(貴族)と、参政権がなく課税の義務を負う第三身分(平民)に二分されていた。

国王**ルイ16世**は、宮廷の浪費や対外戦争で悪化した財政を特権階級への課税《かぜい》で改善しようとしたが、これに貴族が反発。事態打開のため、1789年に175年間招集《しょうしゅう》されていなかった三部会(**P77参照**)を開催した。しかし、議決方法をめぐって紛糾し、第三身分が独自に**国民議会**を結成する。国王は軍隊の力で国民議会に圧力をかけたため、怒ったパリ市民が**バスティーユ牢獄**《ろうごく》を襲撃。さらに全国で農民が蜂起した。国民議会は封建《ほうけん》的特権の廃止を宣言、また、基本的人権、国民主権などを謳《うた》う**人権宣言**を採択した。

1791年、憲法を制定して解散した国民議会にかわって発足した**立法議会**では、共和政を目ざす**ジロンド派**が優勢となり、92年には革命へ干渉《かんしょう》する姿勢をみせていたオーストリアに宣戦を布告する。革命軍は苦戦するが、革命防衛のため全国から結集した義勇兵と民衆が王宮を襲撃して、王権の停止と男子普通選挙による**国民公会**の招集を決定する。国民公会は王政廃止と**共和政**を宣言。翌93年には前国王ルイ16世と王妃マリー=アントワネットが処刑される。

恐怖政治をへて、英雄ナポレオンが登場

1793年、第1回**対仏大同盟**《たいふつだいどうめい》が結成されて対外危機が高まるなか、国民公会で主導権を握った急進的な**ジャコバン派**は、**ロベスピエール**の指導のもと、反対派の人間を次々に断頭台に送り、処刑する(**恐怖政治**)。しかし、翌年には穏健共和派による**テルミドールの反動**(クーデタ)が発生し、ロベスピエールは処刑され、95年には穏健な共和派ブルジョワジーによって、5人の総裁《そうさい》による**総裁政府**が成立した。この不安定な政局のなか、革命軍の将校として功績を挙げていた**ナポレオン**が国民の支持を得、99年のクーデタで政権を掌握《しょうあく》する。

フランス革命は、自由・平等の理念に加えて、個人を「国民」として国家に結びつける**国民国家の原則**を打ち出した。

フランス革命の経過と、革命時のフランス

財政危機 — 宮廷の浪費/対外戦争

食糧危機

三部会招集 1789年5月

1789年6月 国民議会結成 第三身分(平民)の議員が憲法制定を掲げて結成

球戯場(テニスコート)の誓い

1789年8月26日 人権宣言の採択 国民議会が制定し、宣言

フランス革命の勃発

社会階層ごとの利害を背景にした党派間の対立が、革命に混乱と流血をもたらす。

人権宣言 採択 人間の自由と平等、国民主権などを謳う

1791年憲法制定 一院制の立憲君主政。有産市民に選挙権

立法議会 成立 共和政を主張するジロンド派が台頭

1792年 王政回復をねらうオーストリア・プロイセンに宣戦。

民主主義革命に危機感をもった周辺の君主国は、革命に対し結束して干渉を加えた。

第1回対仏大同盟 1793〜97年
イギリス主導。各国と同盟して干渉。

第2回対仏大同盟 1799〜1802年
イギリス、ロシア、オーストリアなどの同盟。

1792年9月 第一共和政 国民公会による政治
王政の廃止、共和政の樹立を宣言。

内外の危機が続くなかで、急進派・強硬派が主導権を握る。

ジャコバン派の独裁と恐怖政治
ルイ16世と王妃マリー=アントワネットを処刑。
ロベスピエールを中心に急進的政策を推進。
公安委員会による反対派の処刑。

テルミドールの反動(クーデタ)
恐怖政治への反動。ロベスピエール処刑。

1794年7月27日 総裁政府 5人の総裁からなる政府
穏健共和派が中心。

権力分散により政治は安定せず、強力な指導者を望む気運高まる。

ナポレオンの台頭
王党派の反乱鎮圧、イタリアやエジプトへの遠征で戦功を挙げる。p.102

ブリュメール18日のクーデタ
ナポレオンが、権威失墜した総裁政府を倒す。

1799年11月9日 ナポレオンの統領政府 樹立

フランス革命の終結

フランス革命時のおもな党派

王党派 第一・第二身分の聖職者・貴族を中心とした党派。絶対王政支持の立場

第三身分が母体

フイヤン派 自由主義の貴族と富裕な市民が中心。立憲王政の立場

ジロンド派 中産市民・富農などが中心、比較的富裕な層(ブルジョワジー)。共和政の立場

ジャコバン派 無産市民・小作農などを基盤にした党派。急進的共和政の立場

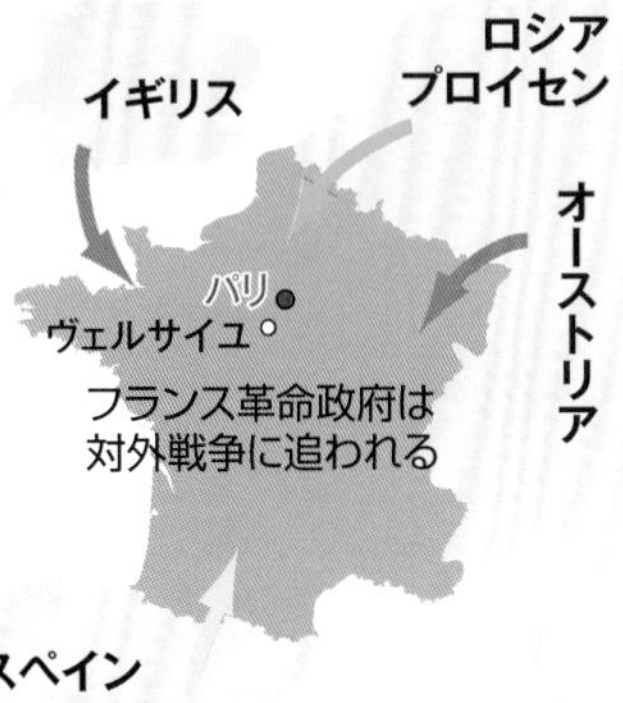
ロシア
プロイセン
イギリス
オーストリア
パリ
ヴェルサイユ
フランス革命政府は対外戦争に追われる
スペイン

WORD **人権宣言**

フランス革命初期の1789年8月26日、国民議会で採択された宣言。正式名称は「人間および市民の権利宣言」。前文と本文17条からなり、すべての人間の自由と平等、永久に侵すことのできない権利としての自由・所有・安全・圧政への反抗権、国民主権などを保障する。アメリカ独立宣言と並び近代人権宣言の模範とされ、多くの影響を与えた。

64 中南米の独立

フランス革命の影響でラテンアメリカが独立

19世紀前半

フランスで起きた革命の影響はヨーロッパのみならず、大西洋を越え新大陸にも波及した。ラテンアメリカ諸国が独立を果たす。

19世紀前半に多くが独立したラテンアメリカ

18世紀末のアメリカ合衆国独立（**P99参照**）やフランス革命の影響を受け、ラテンアメリカ各地では独立の気運が高まり、19世紀前半に相次いで独立を達成する。

先鞭《せんべん》をつけたのはカリブ海の**ハイチ**で、1804年に黒人奴隷が主体となって独立を果たした。続いてナポレオンによって本国が戦争に巻き込まれていたスペインの植民地で**クリオーリョ**（植民地生まれの白人）による独立運動が本格化し、**ベネズエラ**、**コロンビア**、**アルゼンチン**、**ペルー**などが次々に独立した。**メキシコ**は21年にクリオーリョが中心となって独立を果たしたが、46年にアメリカ合衆国との間で起こった戦争で国土の約半分を失った。その後は自由主義者や保守派などの対立による内戦や、外国の干渉《かんしょう》などのため、混乱した状態が続いた。ポルトガル領の**ブラジル**では、ナポレオン戦争で本国から逃れたポルトガル王子が22年に植民地の独立を宣言し、皇帝として即位した。

独立したラテンアメリカ諸国では、植民地時代の大土地所有制が存続し、極端な貧富の格差や**カウディーリョ**（軍事的実力者）の抗争が続いた。また、輸出作物や原料の生産を中心としたモノカルチャーを基盤としていたため、工業化が進まなかった。

ラテンアメリカ諸国の独立

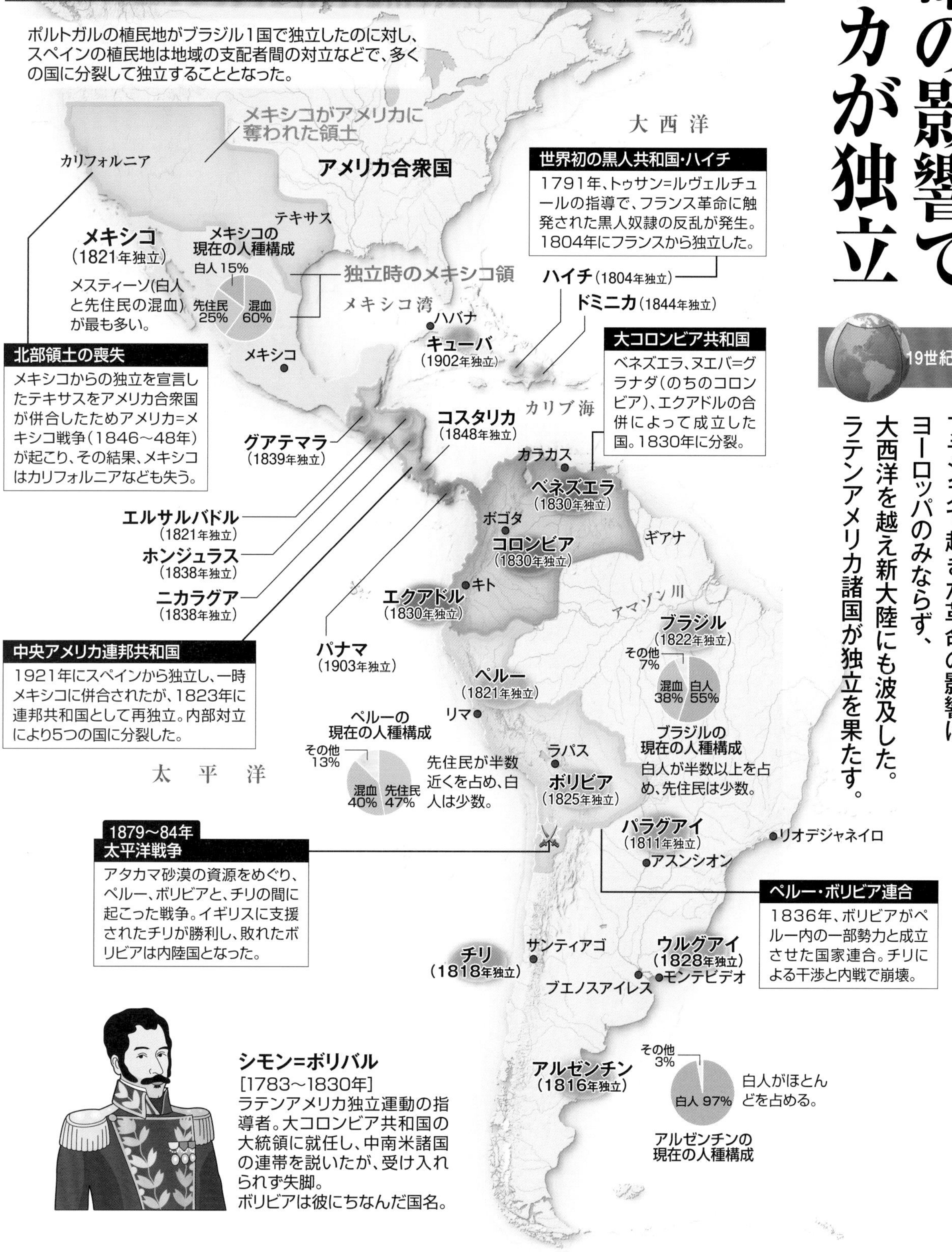
ポルトガルの植民地がブラジル1国で独立したのに対し、スペインの植民地は地域の支配者間の対立などで、多くの国に分裂して独立することとなった。
メキシコがアメリカに奪われた領土
大西洋
カリフォルニア
アメリカ合衆国
テキサス
世界初の黒人共和国・ハイチ
1791年、トゥサン=ルヴェルチュールの指導で、フランス革命に触発された黒人奴隷の反乱が発生。1804年にフランスから独立した。
メキシコ
（1821年独立）
メキシコの現在の人種構成
白人 15%
先住民 25%
混血 60%
メスティーソ（白人と先住民の混血）が最も多い。
独立時のメキシコ領
メキシコ湾
ハイチ（1804年独立）
ドミニカ（1844年独立）
ハバナ
キューバ
（1902年独立）
北部領土の喪失
メキシコからの独立を宣言したテキサスをアメリカ合衆国が併合したためアメリカ=メキシコ戦争（1846～48年）が起こり、その結果、メキシコはカリフォルニアなども失う。
メキシコ
大コロンビア共和国
ベネズエラ、ヌエバ=グラナダ（のちのコロンビア）、エクアドルの合併によって成立した国。1830年に分裂。
カリブ海
コスタリカ
（1848年独立）
グアテマラ
（1839年独立）
カラカス
ベネズエラ
（1830年独立）
エルサルバドル
（1821年独立）
ボゴタ
コロンビア
（1830年独立）
ギアナ
ホンジュラス
（1838年独立）
キト
ニカラグア
（1838年独立）
エクアドル
（1830年独立）
アマゾン川
ブラジル
（1822年独立）
中央アメリカ連邦共和国
1921年にスペインから独立し、一時メキシコに併合されたが、1823年に連邦共和国として再独立。内部対立により5つの国に分裂した。
パナマ
（1903年独立）
その他 7%
混血 38%
白人 55%
ペルー
（1821年独立）
リマ
ブラジルの現在の人種構成
白人が半数以上を占め、先住民は少数。
ペルーの現在の人種構成
その他 13%
混血 40%
先住民 47%
先住民が半数近くを占め、白人は少数。
ラパス
ボリビア
（1825年独立）
太平洋
パラグアイ
（1811年独立）
リオデジャネイロ
アスンシオン
1879～84年
太平洋戦争
アタカマ砂漠の資源をめぐり、ペルー、ボリビアと、チリの間に起こった戦争。イギリスに支援されたチリが勝利し、敗れたボリビアは内陸国となった。
ペルー・ボリビア連合
1836年、ボリビアがペルー内の一部勢力と成立させた国家連合。チリによる干渉と内戦で崩壊。
サンティアゴ
ウルグアイ
（1828年独立）
チリ
（1818年独立）
モンテビデオ
ブエノスアイレス
シモン=ボリバル
［1783～1830年］
ラテンアメリカ独立運動の指導者。大コロンビア共和国の大統領に就任し、中南米諸国の連帯を説いたが、受け入れられず失脚。
ボリビアは彼にちなんだ国名。
アルゼンチン
（1816年独立）
その他 3%
白人 97%
白人がほとんどを占める。
アルゼンチンの現在の人種構成

フランス革命の理念をヨーロッパに広めたナポレオン

1796年～1815年

フランス革命のなかから登場した英雄ナポレオンが、皇帝に昇り詰め、フランス革命の理念によるヨーロッパ統一を目ざして、各地に遠征する。

フランス革命の混乱のなかで国民が待ち望んだ英雄の登場

血なまぐさい革命の混乱が続いていたフランスでは、社会の安定をもたらしてくれる強力な指導者の登場が待ち望まれていた。そんななか、コルシカ島出身の将軍**ナポレオン=ボナパルト**が、王党派の反乱鎮圧やイタリア、エジプトへの遠征などで成果を挙げ、急速に台頭してきた。

1799年、ナポレオンはクーデタによって総裁《そうさい》政府を倒し、自らが第一統領となる**統領政府**を樹立。次いで1802年には、国民投票によって終身統領となった。この間、フランス銀行の設立、教育制度の整備、近代市民社会の原理をまとめた**ナポレオン法典**の制定などを進めて国民の圧倒的な支持を得、04年、ついに皇帝となった。

ナポレオンが行った諸政策のなかでも、とりわけナポレオン法典は民法典の模範として、世界各国の法制に大きな影響を与え、日本の現行民法もその影響を受けている。たび重なる改正で内容は変更されているが、法典そのものは現在も生き続けている。

クトゥーゾフ
[1745～1813年]
ロシアの軍人。ナポレオン軍の侵攻時に正面対決を避け、焦土（しょうど）作戦を指揮。ロシアを勝利に導いた。

フランス帝国の同盟国
（1812年ごろ）
1812年
⑥モスクワ占領
ロシアに遠征したナポレオン軍はモスクワを占領したが、クトゥーゾフ率いるロシア軍の焦土作戦により兵糧が不足し、厳寒のなかでの撤退を余儀なくされ、壊滅的な敗北を喫した。
ロシア帝国
モスクワ
ロシア遠征 1812年
スモレンスク
バルト海
ケーニヒスベルク
1805年
④アウステルリッツの三帝会戦《さんていかいせん》
ナポレオン軍がオーストリア・ロシア連合軍を破った戦い。これにより第3回対仏大同盟が解体した。
ワルシャワ
ワルシャワ大公国
ドイツ遠征 1805～06年
オーストリア帝国
オーストリア遠征 1805年
1796～97年
①第1回イタリア遠征
イタリアにおけるオーストリアの勢力を牽制するために行ったフランス軍の遠征。青年将校であったナポレオンが司令官に任ぜられ、オーストリア軍を破る。
ウィーン
ドナウ川
アルプス山脈
イタリア遠征 1796～97年
黒海
オスマン帝国
イスタンブル
ボローニャ
ニース
イタリア王国
教皇領
アドリア海
エルバ島
ローマ
ナポリ王国
コルシカ島
サルディニア王国
1798～99年
②エジプト遠征
イギリスのインドへのルートを断つために行ったフランス軍の遠征。この遠征中に発見されたロゼッタ=ストーンは、古代エジプト研究に絶大な影響を与えた。
エジプトへ
シチリア島
エジプト遠征 1798～99年
マルタ島
地中海
1815年
⑧エルバ島脱出
エルバ島を脱出してパリに戻ったナポレオンは、王政復古によってフランス革命で得た諸権利を失うことを恐れるブルジョワ市民の大歓迎を受けた。

ロシア遠征の失敗と諸国民の蜂起により失脚

フランス革命の理念によるヨーロッパ統一を目ざす皇帝ナポレオンに、イギリスが恐れを抱き、1805年に第3回対仏大同盟を結ぶ。**トラファルガー沖の海戦**でイギリスに敗れたナポレオンは、大陸を制圧するため、神聖ローマ帝国を解体して**ライン同盟**を結成させるとともに、**大陸封鎖《ふうさ》令**を出して、イギリスとの通商を禁じた。しかし、これに打撃を受けたロシアがイギリスと密貿易を行ったため、ナポレオンは懲罰《ちょうばつ》として**ロシア遠征**を敢行したが、惨敗《ざんぱい》を喫《きっ》した。また、ナポレオン軍に侵略されたことでナショナリズムに目ざめた諸国民が、一斉に蜂起する事態となった。

そしてついにナポレオンは退位し、エルバ島に流刑となった。

フランスは王政に復古して、ブルボン家のルイ18世が即位したが、15年にナポレオンはエルバ島を脱出して、皇帝に復位した（**百日天下**）。しかし、**ワーテルローの戦い**で敗れ、大西洋のセントヘレナ島へ送られたのち、そこで生涯《しょうがい》を閉じた。

ナポレオンの台頭と没落

1796年
第1回イタリア遠征（～97年）①

1798年
エジプト遠征（～99年）②

1799年 ブリュメール18日のクーデタ
第一統領に就任

1800年　第2回イタリア遠征

1804年
皇帝に即位（第一帝政）

1805年 トラファルガー沖の海戦③
アウステルリッツの三帝会戦④

1806年 大陸封鎖令
（ベルリン勅令）

1808年　マドリード市民の蜂起⑤
1810年　ロシア、大陸封鎖令破棄

1812年
ロシア遠征と撤退 ⑥

1813年　ライプツィヒの戦い⑦
1814年 皇帝を退位、エルバ島へ流刑

1815年
エルバ島脱出 ⑧
百日天下
ワーテルローの戦い ⑨
セントヘレナ島へ流刑 ⑩

1821年 セントヘレナ島で死去

ナポレオン
［1769～1821年］
コルシカ島に生まれ、パリの士官学校を卒業。フランス革命の成果である徴兵制の利点を生かし、大量の兵員を集中させて一気に決着をつける戦法で、ヨーロッパを席巻（せっけん）した。

デンマーク＝ノルウェー王国
スウェーデン王国
1815年
⑨ワーテルローの戦い
ナポレオン最後の戦争。イギリス・プロイセン連合軍の前に敗れたナポレオンは、4日後に退位。百日天下はあえなく終わった。
1813年
⑦ライプツィヒの戦い（諸国民戦争）
プロイセン・オーストリア・ロシア連合軍がナポレオン軍を破った戦い。連合軍は翌年パリを占領し、ナポレオンは退位。地中海のエルバ島へ配流された。
プロイセン王国
北海
ベルリン
1815年
⑩セントヘレナ島へ流刑
ワーテルローで敗れ、退位したナポレオンは、イギリスの軍艦にのせられて絶海の孤島セントヘレナへ送られた。1821年、52歳で死去。
イギリス
ロンドン
ライン同盟
パリ
フランス帝国
第1回
エルバ島脱出
1815年
トゥーロン
大西洋
イベリア半島遠征
1807～08年
ピレネー山脈
セントヘレナ島へ
ポルトガル王国
マドリード
リスボン
スペイン王国
カディス
1805年
③トラファルガー沖の海戦
ネルソン率いるイギリス艦隊が、フランス・スペイン連合艦隊を破った戦い。ナポレオンのイギリス上陸を断念させることになった。
1808年
⑤マドリード市民の蜂起
ナポレオン軍に占領されたマドリードの市民が蜂起し、市街戦となる。反乱はスペイン全土に拡大し、市民や農民はゲリラ戦でナポレオン軍に抵抗した。

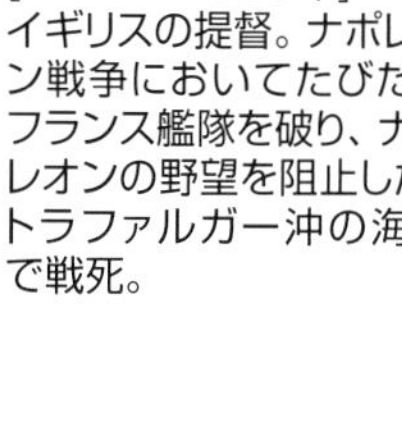

ネルソン
［1758～1805年］
イギリスの提督。ナポレオン戦争においてたびたびフランス艦隊を破り、ナポレオンの野望を阻止した。トラファルガー沖の海戦で戦死。

芸術の題材になった「英雄・独裁者」ナポレオン

ナポレオンは、「自由、平等、博愛」の理念を実現する英雄と称賛される一方で、侵略者・独裁者として嫌悪の対象にもなった。そのためよくも悪くも、芸術の題材として数多く取り上げられている。

大作曲家ベートーベンは、ナポレオンに献上するためにその名を冠した交響曲を作曲したが、皇帝即位の報を聞き失望し、『ボナパルト』としていた題名を『英雄』に変更した。

ダヴィッドは、ナポレオンの首席画家として活躍し、アルプス越えや戴冠式など「英雄ナポレオン」像をつくり上げる作品を数多く残した。

このほかにもゴヤ、ゲーテ、トルストイといった巨匠が、ナポレオンやその戦争を題材に優れた作品を残している。

ベートーベン

66 ウィーン体制

フランス革命前に逆戻りしたヨーロッパ

1814年〜1848年

混乱したヨーロッパ情勢を収拾するウィーン会議は、大国優先の国際秩序を選択したが、自由主義の台頭は抑えられなかった。

ウィーン体制

ウィーン体制（正統主義）

1815年 ドイツ連邦の成立
35の君主国と4つの自由都市から成る、ドイツ人の国家連合。オーストリアとプロイセンの協調による、ドイツの現状維持が目的。

1815年 神聖同盟
ヨーロッパ各国君主が参加
自由主義とナショナリズム抑圧のため、イギリス王、オスマン皇帝、ローマ教皇を除くヨーロッパの全君主が結んだ同盟。

1815年 四国同盟
イギリス、ロシア、オーストリア、プロイセン
大国の協調による自由主義抑圧。1818年フランスが加わり五国同盟に。

フランス革命・ナポレオン戦争による混乱

1814年
秩序の回復を図る
ウィーン会議
90王国、53公国の代表が参加。オーストリア外相メッテルニヒが主宰。

「会議は踊る。されど進まず」

1815年3月
ナポレオン復活
エルバ島から脱出してパリに帰還。再び皇帝となるも、ワーテルローの戦いで敗れ、セントヘレナ島へ配流。

1815年6月
ウィーン議定書調印
ブルボン朝（フランス・スペイン・ナポリ王国）復活、ドイツ連邦の成立、イギリス、ロシアの領土拡大などを規定。

ウィーン体制に反する動き

ウィーン体制に反発する自由主義とナショナリズムの運動が沸き起こった。

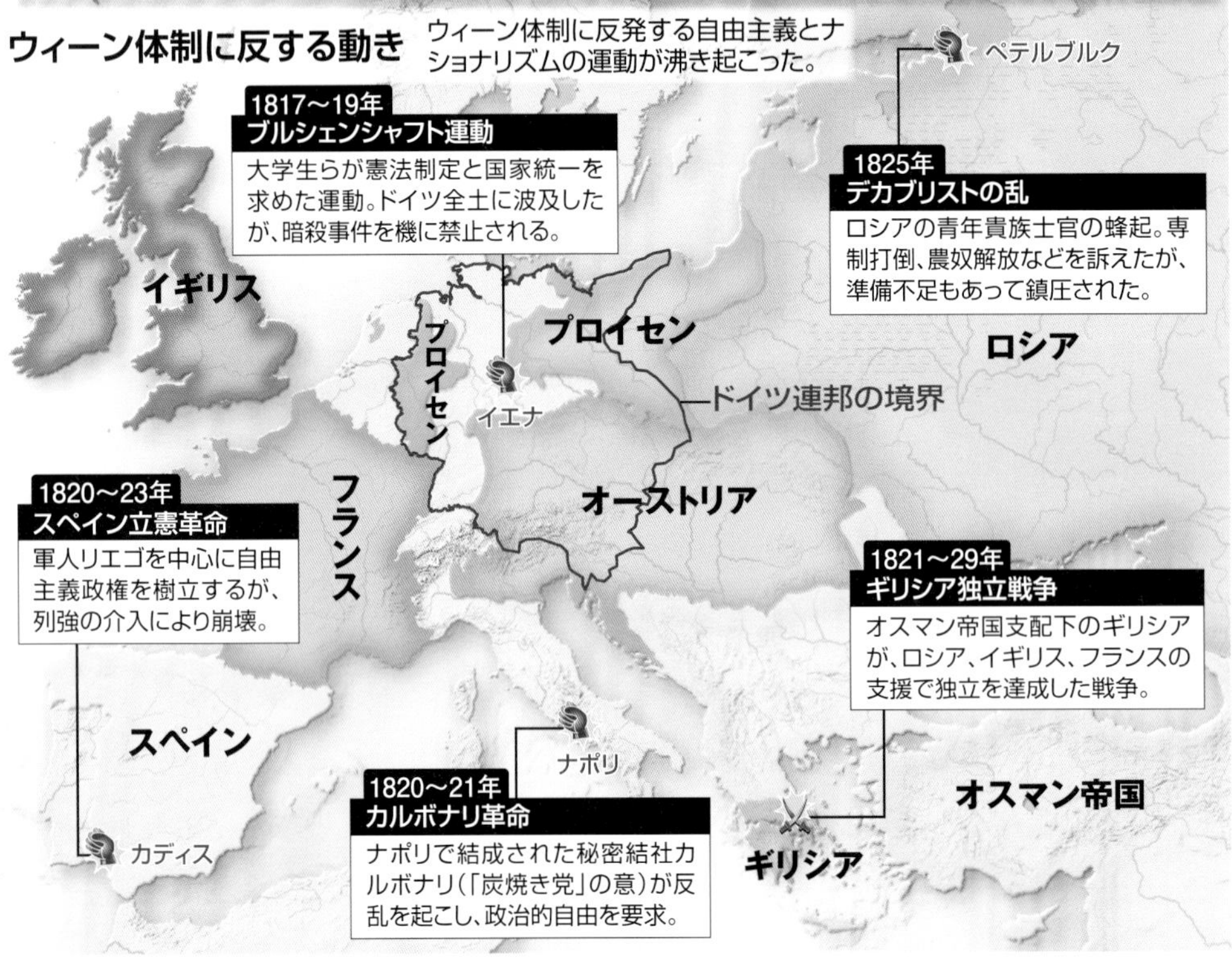

ペテルブルク
1817〜19年
ブルシェンシャフト運動
大学生らが憲法制定と国家統一を求めた運動。ドイツ全土に波及したが、暗殺事件を機に禁止される。
1825年
デカブリストの乱
ロシアの青年貴族士官の蜂起。専制打倒、農奴解放などを訴えたが、準備不足もあって鎮圧された。
イギリス
プロイセン
プロイセン
イエナ
ロシア
ドイツ連邦の境界
フランス
オーストリア
1820〜23年
スペイン立憲革命
軍人リエゴを中心に自由主義政権を樹立するが、列強の介入により崩壊。
1821〜29年
ギリシア独立戦争
オスマン帝国支配下のギリシアが、ロシア、イギリス、フランスの支援で独立を達成した戦争。
スペイン
ナポリ
オスマン帝国
1820〜21年
カルボナリ革命
ナポリで結成された秘密結社カルボナリ（「炭焼き党」の意）が反乱を起こし、政治的自由を要求。
カディス
ギリシア

「大国の協調」を優先したウィーン体制

1814年にフランスのナポレオンが退位すると、フランス革命（P100参照）以来の混乱を収拾するため、オスマン帝国を除く全ヨーロッパの代表が参加し、**ウィーン会議**が開かれた。オーストリアの外相**メッテルニヒ**が議長を務めたこの会議は、各国の領土的野心が交錯《こうさく》し、「会議は踊る。されど進まず」と評されたように、紛糾を極めた。フランス代表タレーランはこの状況を利用して、ヨーロッパをフランス革命以前の政治体制と国際秩序に戻すべきとする**正統主義**を主張し、フランスの領土を維持することに成功した。

会議は翌15年、ナポレオン再起の報に驚いてようやく**ウィーン議定書**の調印にこぎつけた。その内容は、大国が主導して伝統的な体制を維持し、ヨーロッパで盛り上がりはじめた身分制の否定や選挙権拡大を求める**自由主義**を抑え込もうとする反動的なものであった。この体制を**ウィーン体制**という。

ウィーン議定書では、フランスとスペインでのブルボン朝復活、**ドイツ連邦**の成立、ロシア皇帝のポーランド王兼任などが決められた。また、ロシア皇帝の提唱による**神聖同盟**と、イギリス、ロシア、プロイセン、オーストリアの軍事・政治同盟である**四国同盟**（のちにフランスが加わり**五国同盟**）が締結され、ウィーン体制を支えることとなった。

しかし、フランス革命からナポレオン戦争を通じて芽生えた自由主義、**ナショナリズム**の台頭を抑えることはもはや困難で、ヨーロッパ各地でウィーン体制を揺るがす動きが起こるようになる。

WORD **ブルボン家**
フランスやスペインに王朝を築いた名家。14世紀にフランス王ルイ9世の孫ルイ1世がブルボン公を名のったのが始まり。16世紀にアンリ4世がフランス王に即位してブルボン朝を開く。フランス絶対王政の最盛期を現出したが、1830年の七月革命でフランスのブルボン朝は終焉（しゅうえん）。スペインのブルボン朝は1700年に始まり、数度にわたる中断をへて現在も続いている。

67 フランス七月革命・二月革命

2度の革命でウィーン体制が崩壊

1830年
〜
1848年

ウィーン体制で抑え込まれた自由主義とナショナリズムは革命の波を生み出し、ヨーロッパ各地に飛び火する。

フランスの七月・二月革命が、ヨーロッパ各地へ波及

フランスではウィーン体制下で王政が復活し、シャルル10世の反動政治が自由主義者との対立を生んだ。1830年の選挙で自由主義者が勢力を伸ばすと、国王は議会を解散したため、パリで民衆が蜂起。3日間にわたる市街戦のすえ、国王は海外へ亡命した。これが**七月革命**である。革命後、自由主義派の**ルイ＝フィリップ**が国王に選ばれ、**七月王政**が始まるが、新国王も銀行や資本家を保護したため、民衆の不満は消えなかった。

七月革命の影響はヨーロッパ各地に及び、ベルギーが独立したほか、イタリアやドイツでは立憲政治を求める運動となって現れた。

48年、フランスで普通選挙を求める運動が政府によって弾圧されると、再びパリの民衆が蜂起し、国王を退位させて臨時政府を樹立、**第二共和政**を宣言した。これを**二月革命**という。しかし、臨時政府は保守化し、改正後の憲法下で実施された大統領選挙では、ナポレオンの甥《おい》のルイ＝ナポレオン(のちの皇帝**ナポレオン3世**)が当選した。

二月革命もまた、ヨーロッパ各国で革命や自由主義運動を誘発し、ここにウィーン体制は崩壊する。

フランス七月・二月革命の影響

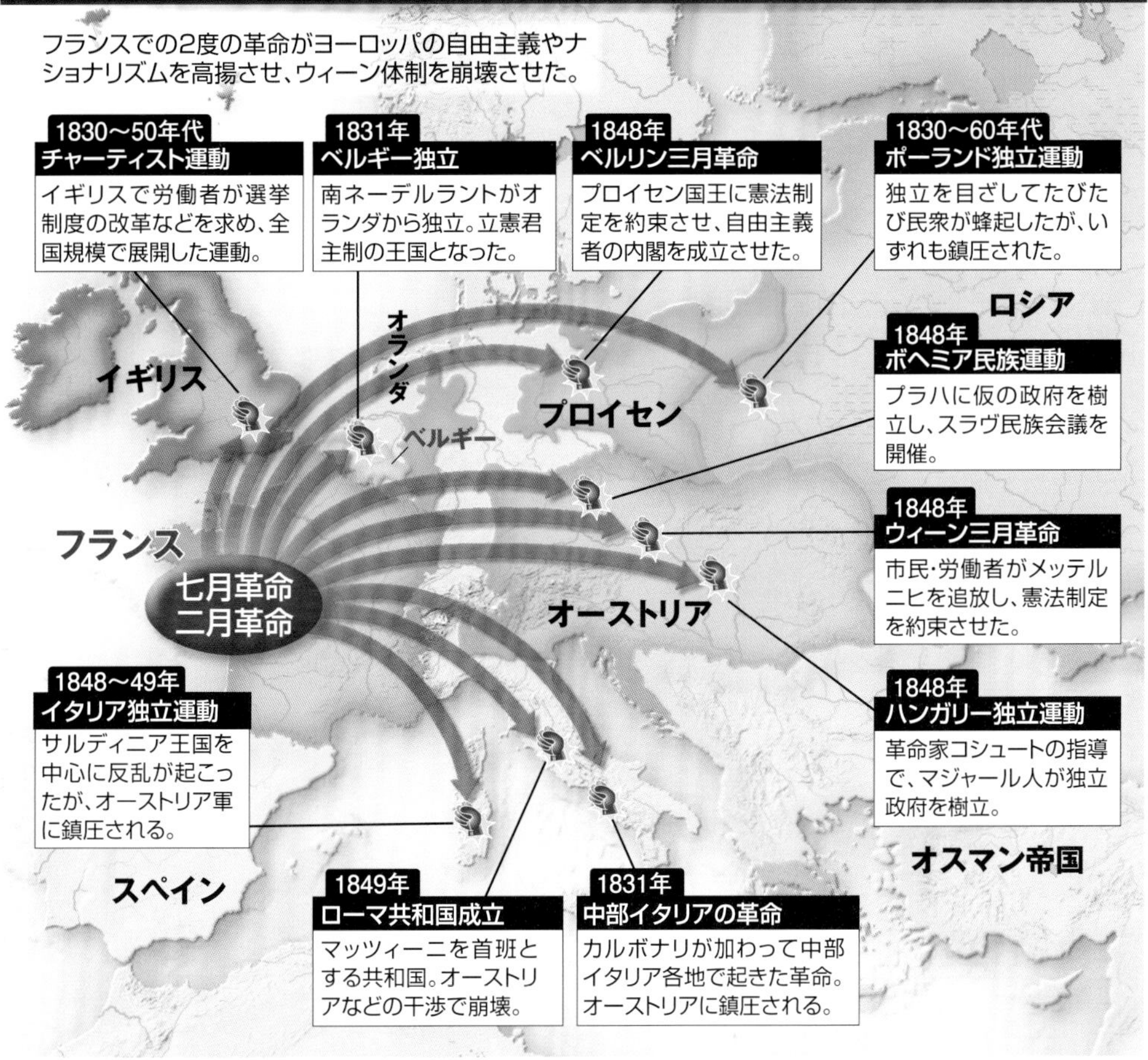
フランスでの2度の革命がヨーロッパの自由主義やナショナリズムを高揚させ、ウィーン体制を崩壊させた。
1830〜50年代
チャーティスト運動
イギリスで労働者が選挙制度の改革などを求め、全国規模で展開した運動。
1831年
ベルギー独立
南ネーデルラントがオランダから独立。立憲君主制の王国となった。
1848年
ベルリン三月革命
プロイセン国王に憲法制定を約束させ、自由主義者の内閣を成立させた。
1830〜60年代
ポーランド独立運動
独立を目ざしてたびたび民衆が蜂起したが、いずれも鎮圧された。
ロシア
1848年
ボヘミア民族運動
プラハに仮の政府を樹立し、スラヴ民族会議を開催。
イギリス
オランダ
ベルギー
プロイセン
1848年
ウィーン三月革命
市民・労働者がメッテルニヒを追放し、憲法制定を約束させた。
フランス
七月革命
二月革命
オーストリア
1848〜49年
イタリア独立運動
サルディニア王国を中心に反乱が起こったが、オーストリア軍に鎮圧される。
1848年
ハンガリー独立運動
革命家コシュートの指導で、マジャール人が独立政府を樹立。
オスマン帝国
スペイン
1849年
ローマ共和国成立
マッツィーニを首班とする共和国。オーストリアなどの干渉で崩壊。
1831年
中部イタリアの革命
カルボナリが加わって中部イタリア各地で起きた革命。オーストリアに鎮圧される。

社会主義思想の成立

各国で産業革命が進み、資本主義経済が発達すると、資本家の搾取や経済的不平等などの問題が浮き彫りとなった。そして、資本主義の原則である自由競争や私的所有権を制限ないしは廃止し、労働者が協同・連帯することで平等かつ公正な共同社会の実現を目ざす社会主義思想が生まれた。

イギリスではロバート＝オーウェンが、生産活動を社会全体で管理することによる、平等な共同社会の実現を提唱した。また、ドイツのマルクスとエンゲルスは、労働者の団結と革命による平等社会の実現を訴える『共産党宣言』、資本主義経済の構造を解明する『資本論』を著した。

社会主義思想は、19世紀後半から20世紀にかけて全世界に大きな影響を及ぼし、ソ連や中国などの社会主義国家を誕生させることとなる。

社会主義革命の一般的な図式

資本主義の発達 → 貧富の差の拡大 → 階級対立(資本家階級×労働者階級) → 労働者階級による革命 → 社会主義(共産主義)にもとづく平等社会

WORD　ナポレオン3世
[1808〜73年]
フランス第二帝政の皇帝。ナポレオン1世の甥(おい)。1848年の二月革命を機に政界に進出、国民の人気を得て大統領に就任した。51年、クーデタで議会を解散し、翌年の国民投票で帝位に就く(第二帝政)。当初の独裁から自由主義勢力への譲歩へと転換する一方、対外膨張政策をとるが、普仏戦争(プロイセン＝フランス戦争)に敗れて退位。イギリスに亡命した。

68 ヴィクトリア時代

絶頂期を迎えた大英帝国の繁栄

19世紀後半〜20世紀初頭

いち早く工業化を果たしたイギリスは、自由主義にもとづく政策を推進し、空前の繁栄を迎える。

植民地帝国になった、絶頂期のイギリス

イギリスは、1837〜1901年の60年余にわたって王位にあった**ヴィクトリア女王**の時代に、絶頂期を迎えた。国内では、**自由党**と**保守党**が交互に政権を担当する議会制民主主義が定着した。この二大政党は労働者の支持を得て優位に立とうとし、それが政策にも反映された。19世紀後半の**選挙法改正**で、都市労働者や農業労働者も選挙権を獲得し、教育法の制定、労働組合の合法化など、労働者を体制に取り込む政策がとられた。

「世界の工場」（**P98参照**）として圧倒的な工業力・経済力をもつイギリスであったが、1870年代に入ると、アメリカやドイツの追い上げにより経済が低迷した。そこで、対外投資による利益拡大へと政策を転換し、植民地の拡大を図る**帝国主義**政策を推し進めていった。保守党の**ディズレーリ**首相は、75年にエジプトから**スエズ運河**の株式を買収し、ヨーロッパとアジアを結ぶ交通の要衝を押さえた。また、77年にはインドを、イギリス国王が皇帝を兼ねる**インド帝国**とし、実質的に植民地化した。さらに、エジプトの支配、南アフリカの植民地化を進める一方、カナダ、オーストラリアなど、本国からの移民がおさめる植民地を自治領化した。

19世紀イギリスの海外進出

- 1815年 **ケープ植民地領有**【南アフリカ】
- **セイロン領有**【南アジア】
  ●ウィーン議定書による獲得
- 1840〜42年 **香港《ホンコン》領有**【東アジア】
  ●アヘン戦争による割譲
- 1857〜59年 **インドの直接統治**【南アジア】
  ●「シパーヒー（セポイ）の反乱」鎮圧後、インド帝国を樹立
- 1878〜80年 **アフガニスタン保護国化**【西アジア】
  ●第2次アフガン戦争に勝利。ロシア南進を防ぐ
- 1882年 **エジプト保護国化**【北アフリカ】
  ●1875年 スエズ運河取得
- 1886年 **ビルマ領有**【南アジア】
  ●インド帝国に併合
- 1895年 **マラヤ連邦領有**【東南アジア】
  ●マラッカ海峡、シンガポールなど航路拠点を確保
- 1899年 **スーダン領有**【北アフリカ】

19世紀後半から20世紀初頭にかけてのイギリス植民地

19世紀後半から20世紀初頭にかけての絶頂期に、イギリスは南極を除くすべての大陸に植民地を置いた。

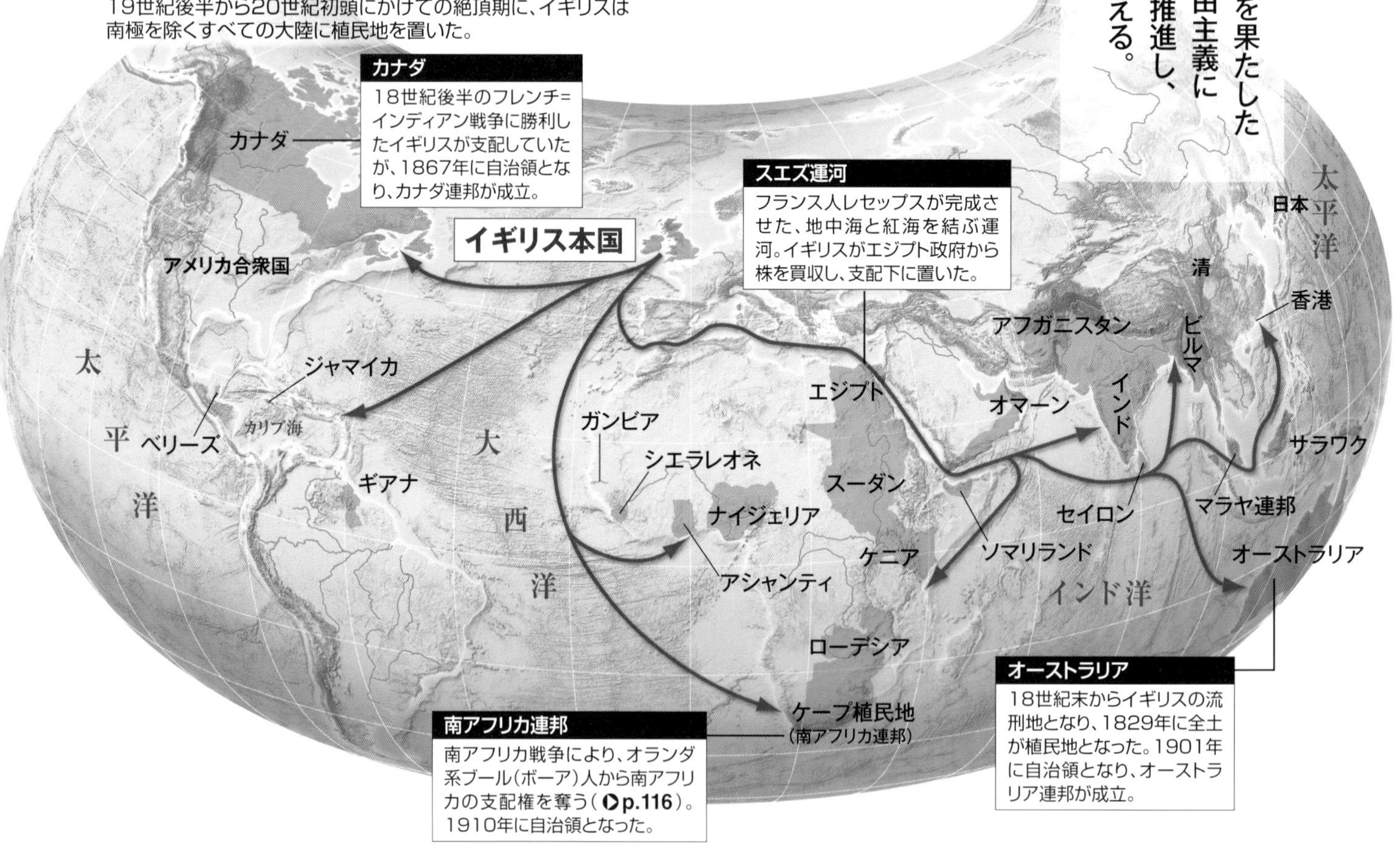

カナダ
18世紀後半のフレンチ=インディアン戦争に勝利したイギリスが支配していたが、1867年に自治領となり、カナダ連邦が成立。
スエズ運河
フランス人レセップスが完成させた、地中海と紅海を結ぶ運河。イギリスがエジプト政府から株を買収し、支配下に置いた。
イギリス本国
アメリカ合衆国
太平洋
ジャマイカ
カリブ海
ベリーズ
ギアナ
大西洋
ガンビア
シエラレオネ
ナイジェリア
アシャンティ
エジプト
スーダン
ケニア
ソマリランド
ローデシア
ケープ植民地
（南アフリカ連邦）
アフガニスタン
オマーン
インド
ビルマ
清
日本
香港
サラワク
セイロン
マラヤ連邦
オーストラリア
インド洋
オーストラリア
18世紀末からイギリスの流刑地となり、1829年に全土が植民地となった。1901年に自治領となり、オーストラリア連邦が成立。
南アフリカ連邦
南アフリカ戦争により、オランダ系ブール（ボーア）人から南アフリカの支配権を奪う（p.116）。1910年に自治領となった。

WORD アイルランド問題
イギリスのアイルランド支配によって生じた、未解決の宗教・民族問題。ピューリタン革命時にクロムウェル軍がカトリック教徒の多いアイルランドで土地没収や虐殺を行う。19世紀前半にはオーコンネルらがアイルランド解放運動を展開したが、1840年代後半にジャガイモ飢饉が発生し、大量の餓死者と海外移民を出した。1922年に北アイルランドを除き自治を獲得。

68 ヴィクトリア時代
69 イタリアとドイツの統一

ようやく統一を達成したイタリアとドイツ

19世紀後半

小国が分立していたイタリアとドイツでも、19世紀後半にようやく統一が達成される。

イタリアとドイツの統一

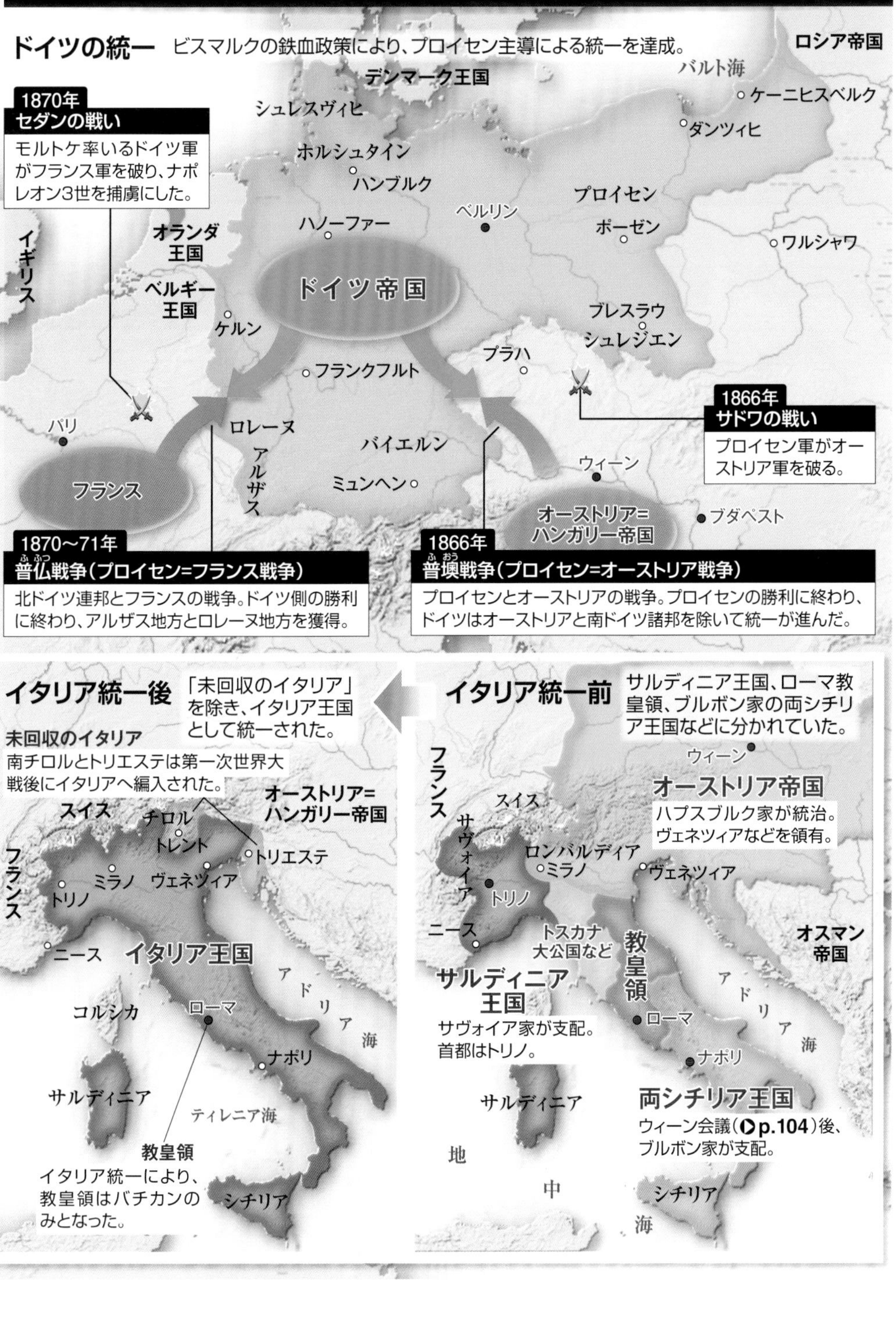
ドイツの統一　ビスマルクの鉄血政策により、プロイセン主導による統一を達成。
1870年
セダンの戦い
モルトケ率いるドイツ軍がフランス軍を破り、ナポレオン3世を捕虜にした。
1866年
サドワの戦い
プロイセン軍がオーストリア軍を破る。
1870～71年
普仏《ふふつ》戦争（プロイセン=フランス戦争）
北ドイツ連邦とフランスの戦争。ドイツ側の勝利に終わり、アルザス地方とロレーヌ地方を獲得。
1866年
普墺《ふおう》戦争（プロイセン=オーストリア戦争）
プロイセンとオーストリアの戦争。プロイセンの勝利に終わり、ドイツはオーストリアと南ドイツ諸邦を除いて統一が進んだ。
ロシア帝国
バルト海
デンマーク王国
ケーニヒスベルク
シュレスヴィヒ
ダンツィヒ
ホルシュタイン
ハンブルク
プロイセン
ベルリン
ハノーファー
ポーゼン
ワルシャワ
イギリス
オランダ王国
ベルギー王国
ドイツ帝国
ケルン
ブレスラウ
シュレジエン
プラハ
フランクフルト
パリ
ロレーヌ
バイエルン
アルザス
フランス
ミュンヘン
ウィーン
オーストリア=ハンガリー帝国
ブダペスト
イタリア統一後
「未回収のイタリア」を除き、イタリア王国として統一された。
未回収のイタリア
南チロルとトリエステは第一次世界大戦後にイタリアへ編入された。
オーストリア=ハンガリー帝国
スイス
チロル
トレント
トリエステ
フランス
ミラノ
ヴェネツィア
トリノ
ニース
イタリア王国
コルシカ
ローマ
アドリア海
ナポリ
サルディニア
ティレニア海
教皇領
イタリア統一により、教皇領はバチカンのみとなった。
シチリア
イタリア統一前
サルディニア王国、ローマ教皇領、ブルボン家の両シチリア王国などに分かれていた。
ウィーン
フランス
オーストリア帝国
ハプスブルク家が統治。ヴェネツィアなどを領有。
スイス
サヴォイア
ロンバルディア
ミラノ
ヴェネツィア
トリノ
ニース
トスカナ大公国など
教皇領
オスマン帝国
サルディニア王国
サヴォイア家が支配。首都はトリノ。
アドリア海
ローマ
ナポリ
サルディニア
両シチリア王国
ウィーン会議（▶p.104）後、ブルボン家が支配。
地中海
シチリア

教皇の領地を取り上げて、イタリア統一達成

19世紀なかば、**サルディニア王国**を中心に、イタリア統一の機運が高まった。首相の**カヴール**は、フランスと密かに手を組んでオーストリアと戦い、ロンバルディアを併合。フランスにサヴォイアとニースを割譲してその黙認のもとに、中部イタリアを併合した。一方、**青年イタリア**出身の**ガリバルディ**は、**千人隊**を率いてシチリアに上陸し、両シチリア王国を占領してサルディニア王に献上した。

1861年、**ヴィットーリオ=エマヌエーレ2世**を王とする**イタリア王国**が成立し、ヴェネツィア、教皇領（**P71参照**）を併合して、南チロルとトリエステ（未回収のイタリア）を除くイタリア全土を統一した。

ビスマルクの「鉄血政策」でできたドイツ帝国

ドイツの統一をリードしたのは**プロイセン王国**で、オーストリアを除いた統一を目ざした。プロイセンの首相**ビスマルク**は、**鉄血《てっけつ》政策**による統一を進め、1866年には**普墺《ふおう》戦争**に勝利をおさめる。これによりドイツ連邦を解体し、プロイセンを盟主とする北ドイツ連邦を成立させた。プロイセンの強大化を恐れるフランスは宣戦を布告し、**普仏《ふふつ》戦争**となるが、プロイセンの圧倒的優位で推移するなか、プロイセン王**ヴィルヘルム1世**が皇帝に就任して、**ドイツ帝国**が成立した。

帝国の首相となったビスマルクは、工業化による経済成長、国内のカトリックへの差別（**文化闘争**）、社会主義者への弾圧と社会保障制度の拡充を合わせた政策などにより、国力増強と国民統合を図った。

WORD **鉄血《てっけつ》政策**

1860年代、プロイセンの首相ビスマルクが、ドイツ統一に際してとった政策。首相就任直後の演説で「現下の問題は言論や多数決ではなく、鉄と血によって解決される」と言明したことに由来。武器となる鉄と兵士の血による軍備増強をもって統一を進める決意を示したもので、その軍事力で隣国を破り、ドイツ統一を達成した。

70 ロシアの南下

凍らない海を求め南下するロシア

19世紀後半

凍らない海への出口を求めたロシアは、ユーラシア大陸のあちこちで南下を繰り返し、他国と衝突する。

バルカン半島への南下は列強によって抑えられる

18世紀後半以降、地中海へのルートを求めて**南下政策**を進めたロシアは、ギリシア独立戦争や2度のエジプト=トルコ戦争に介入したが、その都度《つど》列強諸国と利害が対立し、成果を挙げられずにいた。1853年には、ギリシア正教徒の保護を口実にオスマン帝国へ侵入、**クリミア戦争**が勃発《ぼっぱつ》する。しかし、イギリスやフランスなどがオスマン帝国を支援したため、ロシアは敗れた。

その後、バルカン半島のスラヴ系民族の独立運動が高まると、ロシアは**パン=スラヴ主義**を掲げ、スラヴ系民族救済を理由にオスマン帝国に対して**ロシア=トルコ戦争**を起こす。これに勝利したロシアはバルカンへの進出を果たしたかにみえたが、イギリス、オーストリアがこれに干渉。78年の**ベルリン会議**でロシアの要求は抑えられ、南下政策はまたしても挫折《ざせつ》した。

一方、中央アジアではブハラやヒヴァなどのハン国を征服して、ペルシアやアフガニスタンをうかがい、極東では弱体化した清《しん》へ圧力をかけ、沿海州《えんかいしゅう》などを奪った。

皇帝による上からの改革は失敗に終わる

クリミア戦争での敗北は、農奴制《のうどせい》を続けるロシアの後進性を示すものであったため、皇帝**アレクサンドル2世**は近代化を目ざして自由主義的改革を始めた。1861年に**農奴解放令**を出し、近代的な制度の導入を図ったが、徹底されず、改革は失敗に終わり、皇帝自身も過激派によって暗殺されてしまう。

1870年代には、学生や知識人（インテリゲンツィア）が、ミール（農村共同体）を基盤とする社会主義を達成しようと、**ナロードニキ運動**を展開したが、これも失敗に終わった。

クリミアの戦場から生まれた赤十字

クリミア戦争では1年にわたるセヴァストーポリ要塞《ようさい》の攻防をはじめ、多数の死者と負傷者を出す凄惨《せいさん》な戦闘が展開された。イギリス出身のナイティンゲールは、看護師としてクリミア戦争に従軍。野戦病院において負傷者・患者の立場に立った看護を実践して死亡率を半減させ、「クリミアの天使」と称された。この活動が、のちにアンリ=デュナンによる国際赤十字社創立へとつながることとなる。

ナイティンゲール

19世紀後半のロシア

この時代のロシアは、通商路や不凍港（ふとうこう）の確保だけでなく、国内の不満を外へ向けさせるためにも、南下政策をとらざるを得なかった。

ロシアの南下方向
北極海
オホーツク海
アムール川
沿海州
アイグン（愛琿）
ウラジオストク
日本海
北京
朝鮮
日本
清
新疆
イリ
ロシア帝国
クリミア戦争で敗れ、皇帝アレクサンドル2世による改革が行われた。
ペテルブルク
モスクワ
ヴォルガ川
イギリス
ドイツ帝国
フランス
オーストリア=ハンガリー帝国
黒海
カスピ海
ヒヴァ
ブハラ
バルカン半島
オスマン帝国
地中海
カージャール朝イラン
アフガニスタン
英領インド
1871〜81年 イリ事件
新疆（しんきょう）で起きたイスラーム教徒の反乱を口実に、ロシアが清のイリ地域を占拠した事件。清は新疆とイリを回復し、イリ条約でロシアとの国境を画定した。
1904〜05年 日露戦争 p.118
1877〜78年 ロシア=トルコ戦争
ロシアとオスマン帝国の戦争。ロシアが勝利し、オスマン帝国はバルカン半島の大部分を失う。
1853〜56年 クリミア戦争
ロシアとオスマン帝国、イギリス、フランスなどがクリミア半島を主戦場として戦った戦争。ロシアの敗北に終わる。
1858年 アイグン（愛琿）条約
ロシアと清が結んだ条約で、アムール川（黒竜江）の北をロシア領、支流のウスリー川の東を両国の共同管理地とした。続く1860年の北京条約で、ウスリー川以東の沿海州がロシア領となった。

第12章

帝国主義の台頭

71 オスマン帝国の衰退
72 イギリス領インドの成立
73 アヘン戦争
74 太平天国とアロー戦争
75 主権国家「日本」の誕生
76 日清戦争
77 帝国主義の成立
78 日露戦争
79 辛亥革命

衰退し、解体へ向かうオスマン帝国

17世紀～19世紀

勢力の衰退したオスマン帝国は、近代化の改革の動きも実らず、解体への道を進む。

オスマン帝国の縮小

16世紀まで拡大を続けたオスマン帝国だが、17世紀後半からは次々と領土の縮小を迫られることとなった。
オスマン帝国の領土喪失
カルロヴィッツ条約(1699)
ベルリン条約(1878)まで
クチュク=カイナルジ条約(1774)まで
アドリアノープル条約(1829)まで
ドニエプル川
ロシア帝国
ウィーン
ブダ
クリミア戦争 p.108
ハンガリー
クリム=ハン国
アゾフ海
カルロヴィッツ
ワラキア
クリミア半島
ボスニア
ベオグラード
ブカレスト
セヴァストーポリ
アドリア海
ドナウ川
クチュク=カイナルジ
カスピ海
黒海
ソフィア
ブルガリア
ボスポラス海峡
カフカス
アドリアノープル
バトゥーム
チフリス
1699年 カルロヴィッツ条約
この条約でハンガリーを失ったオスマン帝国は、以後ヨーロッパ諸国に対し協調政策をとる。
サロニカ
イスタンブル
アンカラ
ダーダネルス海峡
オスマン帝国
帝国内の地方勢力が独立し、西欧列強からの干渉が激しくなった。
1774年 クチュク=カイナルジ条約
第1次ロシア=トルコ戦争でロシアがオスマン帝国に勝利。ロシアは黒海の自由航行権を獲得し、オスマン帝国は属国のクリム=ハン国を放棄した。
スミルナ
アテネ
ギリシア
地中海
1829年 アドリアノープル条約
ギリシア独立を援助したロシアがオスマン帝国に勝利。ボスポラス、ダーダネルス両海峡の自由航行権などを認めさせた。
エジプト
エジプト=トルコ戦争の結果、ムハンマド=アリーによるエジプト総督位の世襲が認められ、エジプトはオスマン帝国内の半独立国となった。
ダマスクス
シリア
バグダード
スエズ運河
イェルサレム
アラビア
リビア
エジプト
カイロ

オスマン帝国の衰退と地方勢力の台頭

16世紀には最大版図となったオスマン帝国だが、17世紀になるとその勢いは衰えはじめた。1683年の**第2次ウィーン包囲**に失敗してハンガリーの大半を失うと、続く18世紀にはエジプトやシリアなどで地方豪族が台頭し、中央集権体制にほころびが生じるようになった。

18世紀後半、ナポレオン(**P102参照**)に占領されたエジプトをイギリスと結んで奪還したオスマン帝国だったが、その混乱のなか、傭兵《ようへい》隊を率いた**ムハンマド=アリー**がエジプト総督《そうとく》となってエジプトの実権を握った。ムハンマド=アリーはオスマン帝国の命を受け、アラビア半島の**ワッハーブ王国**を制圧したほか、1821年に始まった**ギリシア独立戦争**を鎮圧するため出兵した。その後、列強の干渉《かんしょう》によりギリシアは独立を果たすが、エジプトは出兵の見返りにシリアの領有を要求。これを拒否したオスマン帝国と2度にわたって**エジプト=トルコ戦争**を戦った。

列強による干渉と解体に向かうオスマン帝国

ギリシア独立戦争やエジプト=トルコ戦争をきっかけに、オスマン帝国は東地中海や黒海周辺の利権を争う英・仏・露といった列強の介入をまねくこととなった(**東方問題**)。こうした事態に対し、オスマン帝国は行政組織などの西欧化を目ざす**タンジマート**(恩恵《おんけい》改革)を実施するが、十分な成果は挙がらなかった。

1853年に始まったロシアとの**クリミア戦争**では、英・仏の支援によって勝利したものの、その戦費によって財政が破《は》綻《たん》。76年には、改革派の宰相ミドハト=パシャが起草《きそう》したイスラーム世界初の近代憲法である**ミドハト憲法**が発布《はっぷ》されたが、77年に**ロシア=トルコ戦争**が勃発《ぼっぱつ》すると、スルタンのアブデュル=ハミト2世が憲法を停止し、専制政治を復活させた。

また、ムハンマド=アリー朝の統治が認められたエジプトも、**スエズ運河**の建設などで列強に対し多額の債務《さいむ》を負い、以後、経済的に列強に従属することとなった。

ギリシア独立に肩入れした西欧の知識人

ギリシアで独立戦争が起きると、西欧の知識人や芸術家たちは「われわれの文明の先駆者である古代ギリシア人の子孫をオスマン帝国の圧政から救おう」との思いから、独立軍を支援した。イギリスの詩人バイロンは義勇軍を組織して戦闘に加わり、フランスの画家ドラクロワは『キオス島の虐殺《ぎゃくさつ》』を描いてオスマン軍の残虐《ざんぎゃく》ぶりをアピールした。しかし、古代のギリシアと19世紀のギリシアは別物であり、独立後は「ギリシア人とは何か」という問題が生まれることとなる。

バイロン

WORD **タンジマート**
オスマン帝国末期の西欧化改革で「恩恵改革」と訳される。1826年のイェニチェリ軍団廃止に始まり、39年のギュルハネ勅令、76年の憲法制定などを含む。宗教を問わずオスマン帝国臣民の平等を宣言し、税制改革、議会設置、西欧的軍制の導入などの改革を行った。しかし、殖産興業などの経済改革は行われなかった。

72 イギリス領インドの成立

イギリスに収奪される植民地インド

1877年

東インド会社を通してインド支配を強めたイギリスによってムガル帝国が滅亡した。

ムガル帝国の衰退・滅亡とインドの植民地化

1600年に**東インド会社**を設立し、ポルトガルやオランダに続いてインド洋交易に参加したイギリスは、以後本格的にアジアへ進出した。イギリス東インド会社は1757年に**プラッシーの戦い**で、フランスと結んだベンガル太守《たいしゅ》軍を破り、65年にはムガル皇帝からベンガル地方の徴税《ちょうぜい》権を獲得したほか、諸王国を次々と征服。19世紀なかばの**シク戦争**でパンジャーブ地方を獲得した結果、インド全域を支配下におさめた。

イギリスは財源を確保するため新たな土地制度を導入し、そのため中小地主や農民などの多くが没落していった。加えて、産業革命（**P98参照**）が進んだイギリスから機械生産による綿布《めんぷ》などが大量に流入するようになり、インドの手工業者を圧迫した。そのため、イギリスに対するインド人の不満は高まり、1857年、ついに**シパーヒー（セポイ）の反乱**が勃発《ぼっぱつ》した。この反乱は没落した地主や農民、手工業者、さらにムガル皇帝をも巻き込んだインド大反乱へと拡大したが、組織化されたイギリス軍によって鎮圧された。その後イギリスはムガル皇帝を廃し、77年には**ヴィクトリア女王**を皇帝とする**インド帝国**を成立させた。

イギリスによるインドの植民地化

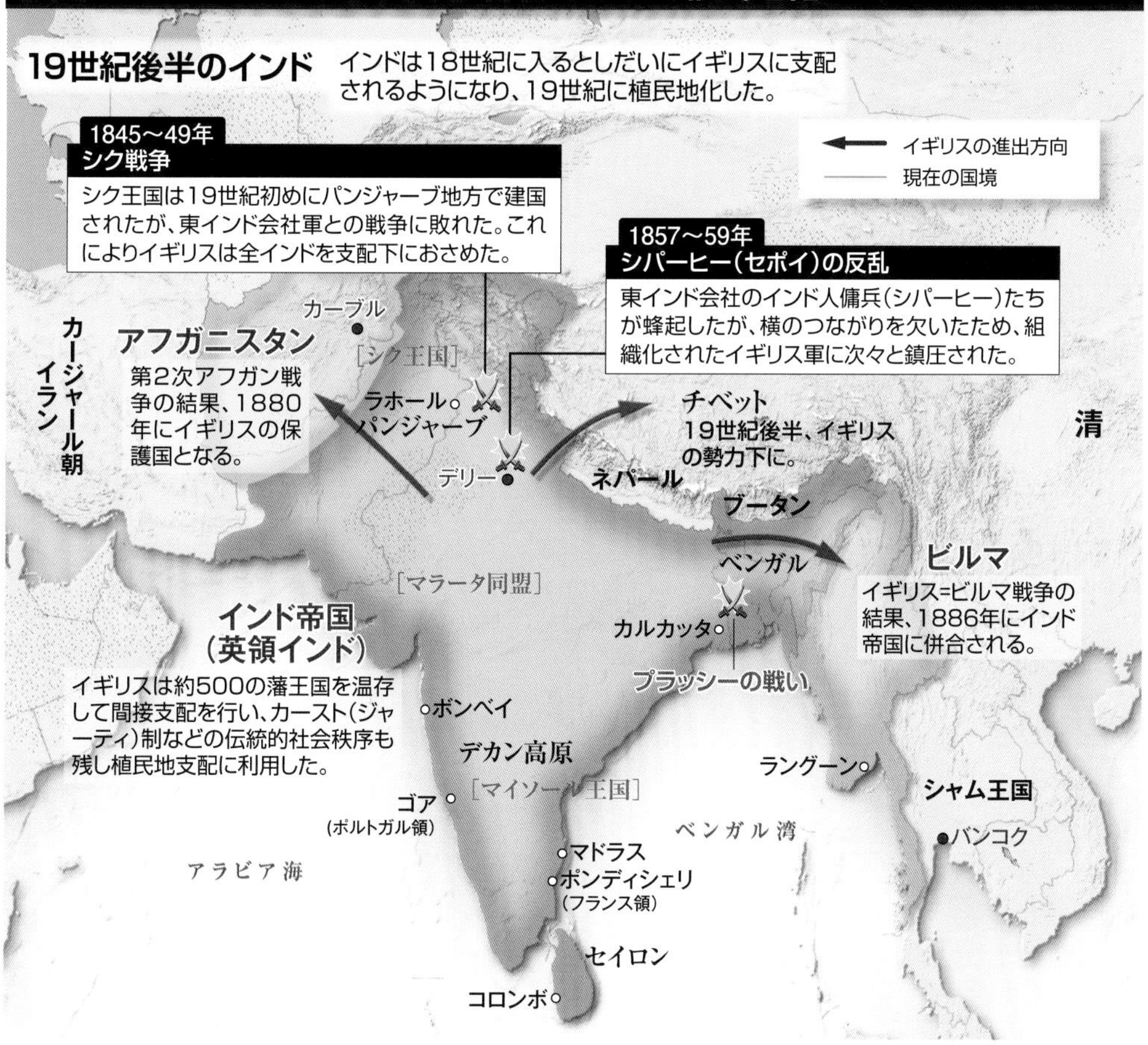
19世紀後半のインド
インドは18世紀に入るとしだいにイギリスに支配されるようになり、19世紀に植民地化した。
イギリスの進出方向
現在の国境
1845〜49年 シク戦争
シク王国は19世紀初めにパンジャーブ地方で建国されたが、東インド会社軍との戦争に敗れた。これによりイギリスは全インドを支配下におさめた。
1857〜59年 シパーヒー（セポイ）の反乱
東インド会社のインド人傭兵（シパーヒー）たちが蜂起したが、横のつながりを欠いたため、組織化されたイギリス軍に次々と鎮圧された。
カーブル
[シク王国]
カージャール朝 イラン
アフガニスタン
第2次アフガン戦争の結果、1880年にイギリスの保護国となる。
ラホール
パンジャーブ
デリー
チベット
19世紀後半、イギリスの勢力下に。
清
ネパール
ブータン
ベンガル
ビルマ
イギリス=ビルマ戦争の結果、1886年にインド帝国に併合される。
[マラータ同盟]
インド帝国（英領インド）
イギリスは約500の藩王国を温存して間接支配を行い、カースト（ジャーティ）制などの伝統的社会秩序も残し植民地支配に利用した。
カルカッタ
プラッシーの戦い
ボンベイ
デカン高原
[マイソール王国]
ゴア（ポルトガル領）
ラングーン
シャム王国
バンコク
ベンガル湾
アラビア海
マドラス
ポンディシェリ（フランス領）
セイロン
コロンボ

1600年 イギリス東インド会社設立 アジア進出の開始
ムガル帝国の弱体化にともない諸勢力の抗争に乗じ、権益・領土を拡大

1757年 **プラッシーの戦い**
東インド会社軍がフランスとベンガル太守の連合軍を破る。フランスはインドでの主要拠点を失う。

1767〜99年 **マイソール戦争**
マラータ同盟などと結んだ東インド会社軍が、南インドのマイソール王国を破る。

1775〜1818年 **マラータ戦争**
デカン高原から北インドにまで勢力を広げていたマラータ同盟が東インド会社軍に敗れ、滅亡。

1845〜49年 **シク戦争**

シク王国を併合し、インド全土を支配下に

1857〜59年 **シパーヒー（セポイ）の反乱**
デリーを根拠地として、ムガル皇帝を擁立する。最初の民族的反イギリス闘争となる。

1858年 **ムガル帝国滅亡**

1858年 **東インド会社解散**
イギリスの直轄統治に

1877年 **インド帝国（英領インド）成立**
皇帝はヴィクトリア英女王

WORD **東インド会社**
近世のヨーロッパ諸国で、アジアとの独占的な交易権を認められた企業。イギリスでは1600年、オランダでは02年、フランスでは04年に、それぞれ設立された。イギリス東インド会社は貿易の特許状だけでなく、条約締結や戦争遂行などの決定権も与えられ、アジアの植民地化を推進する先兵となった。

73 アヘン戦争

アヘンの密輸で侵される中国

1839年〜1843年

アヘンを没収、廃棄されたことを機に、イギリスは武力で清国に自由貿易を認めさせるべくアヘン戦争を仕掛けた。

アヘン戦争の背景と推移

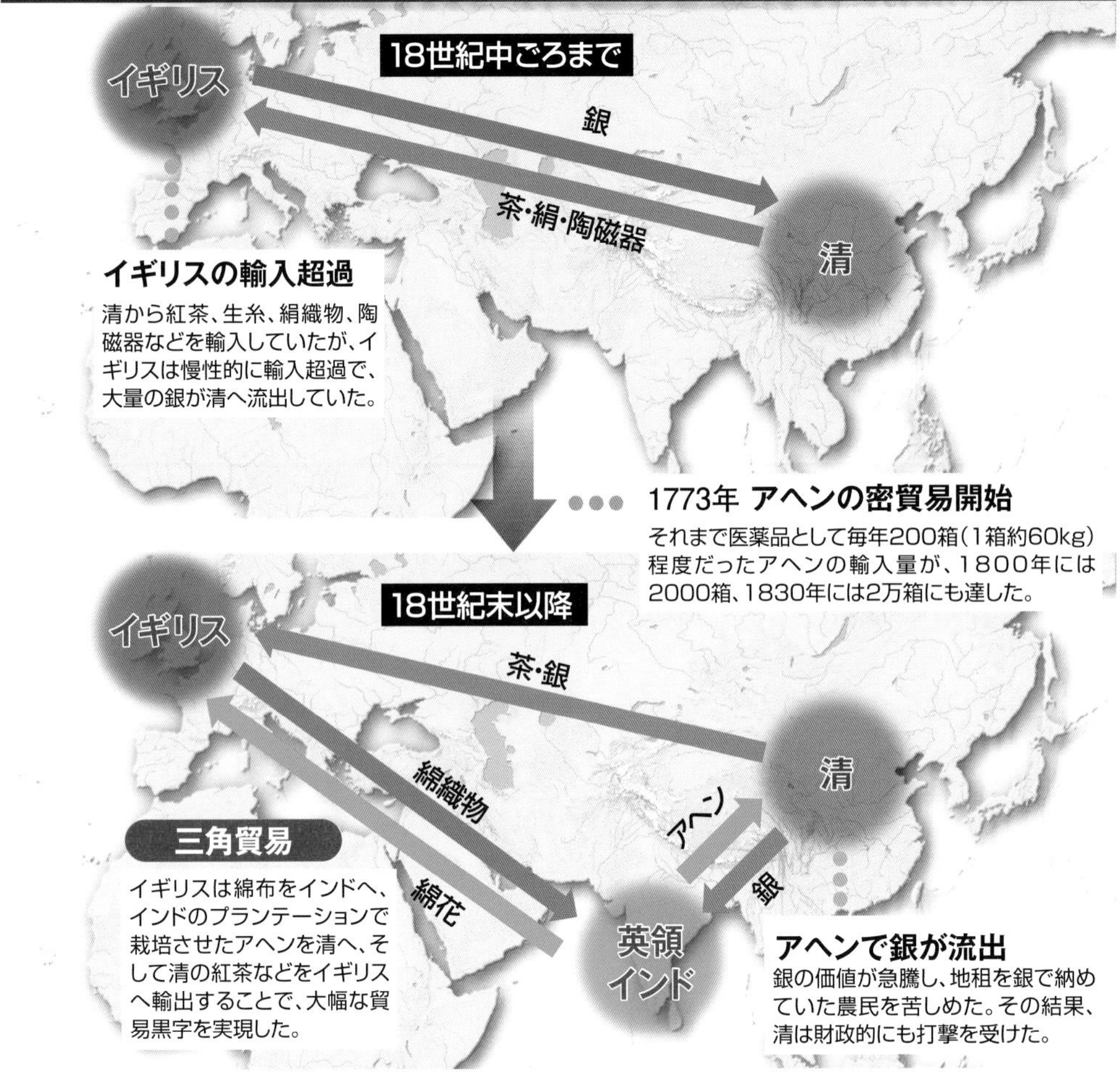

18世紀中ごろまで
イギリス
銀
茶・絹・陶磁器
清
イギリスの輸入超過
清から紅茶、生糸、絹織物、陶磁器などを輸入していたが、イギリスは慢性的に輸入超過で、大量の銀が清へ流出していた。
1773年 アヘンの密貿易開始
それまで医薬品として毎年200箱（1箱約60kg）程度だったアヘンの輸入量が、1800年には2000箱、1830年には2万箱にも達した。
18世紀末以降
イギリス
茶・銀
綿織物
綿花
アヘン
銀
清
英領インド
三角貿易
イギリスは綿布をインドへ、インドのプランテーションで栽培させたアヘンを清へ、そして清の紅茶などをイギリスへ輸出することで、大幅な貿易黒字を実現した。
アヘンで銀が流出
銀の価値が急騰し、地租を銀で納めていた農民を苦しめた。その結果、清は財政的にも打撃を受けた。

1839年
欽差《きんさ》大臣 林則徐《りんそくじょ》
アヘン没収・廃棄
道光帝《どうこうてい》は欽差大臣（特命大臣）として林則徐を派遣。

1840年
アヘン戦争

清 敗北
英の蒸気船艦隊の前に完敗。

清の半植民地化始まる

南京《ナンキン》条約
1842年
香港島の割譲（かつじょう）や賠償金の支払い、広州、上海など5港の開港、公行の廃止など。

虎門寨《こもんさい》追加条約
1843年
イギリスは清の関税自主権を奪い、領事裁判権や最恵国待遇を認めさせた。

列強はさらなる清への進出を求める。

アロー戦争（第2次アヘン戦争）
アロー号事件を口実に英・仏が清に宣戦。

アヘンの密貿易で儲けたイギリスの謀略

乾隆帝《けんりゅうてい》の時代に最盛期を迎えた清朝《しん》だったが、その後は官僚の腐敗《ふはい》などで弱体化し、18世紀末からは**白蓮教徒《びゃくれんきょうと》の乱**など、民衆反乱が頻発した。

そのころイギリスは、対清貿易をほぼ独占していたが、**紅茶**や絹織物《きぬおりもの》などの輸入が増える一方、イギリス産の綿布《めんぷ》は売れず、大幅な輸入超過に陥っていた。こうした状況を打開するためイギリスは、清国内でのアヘン吸飲《きゅういん》の習慣に目をつけた。当時インドの大部分を支配下におさめていたイギリス（**P111参照**）は、インドで栽培させたアヘンを清に密輸する三角貿易を考え出し、大量のアヘンを清に売り込んだ。これによりイギリスは貿易黒字に転じ、清からは銀が流出した。

アヘンが庶民にまで広まったため、事態を憂慮した清朝政府は、アヘンの密輸を取り締まるため、**林則徐《りんそくじょ》**を広州《こうしゅう》に派遣。イギリス商社などが所有していたアヘンを没収して廃棄させ、アヘン密輸を厳禁した。これに対し、公行《こうこう》（特許商人）を通じてしか貿易が許されないことに不満をもったイギリスは、武力で自由貿易を認めさせることを決定。1840年、広州に艦隊攻撃をしかけ、**アヘン戦争**が勃発《ぼっぱつ》した。イギリス軍は物資輸送の要衝であった上海《シャンハイ》の運河を封鎖するなどして戦争に勝利し、42年の**南京《ナンキン》条約**と翌年の**虎門寨《こもんさい》追加条約**により**香港《ホンコン》島**を獲得したほか、清の関税自主権を奪った。清はさらにアメリカ（**望厦《ぼうか》条約**）、フランス（**黄埔《こうほ》条約**）とも同様の不平等条約を締結することとなり、列強による中国の半植民地化が開始された。

WORD **紅茶**
中国で製法が確立した紅茶がヨーロッパに紹介されたのは17世紀だが、イギリスでは喫茶の一大ブームを巻き起こし、庶民にまで浸透した。その貿易をめぐってオランダと競争を繰り広げ、18世紀からは中国との茶貿易を独占したが、やがて対中国の貿易赤字の元凶となり、アヘン戦争の遠因となった。

74 太平天国とアロー戦争

列強の進出で弱体化する清朝

1851年〜1864年

アヘン戦争に続くアロー戦争で西欧列強の力に屈した清国は、近代化への改革に取り組まざるを得なくなった。

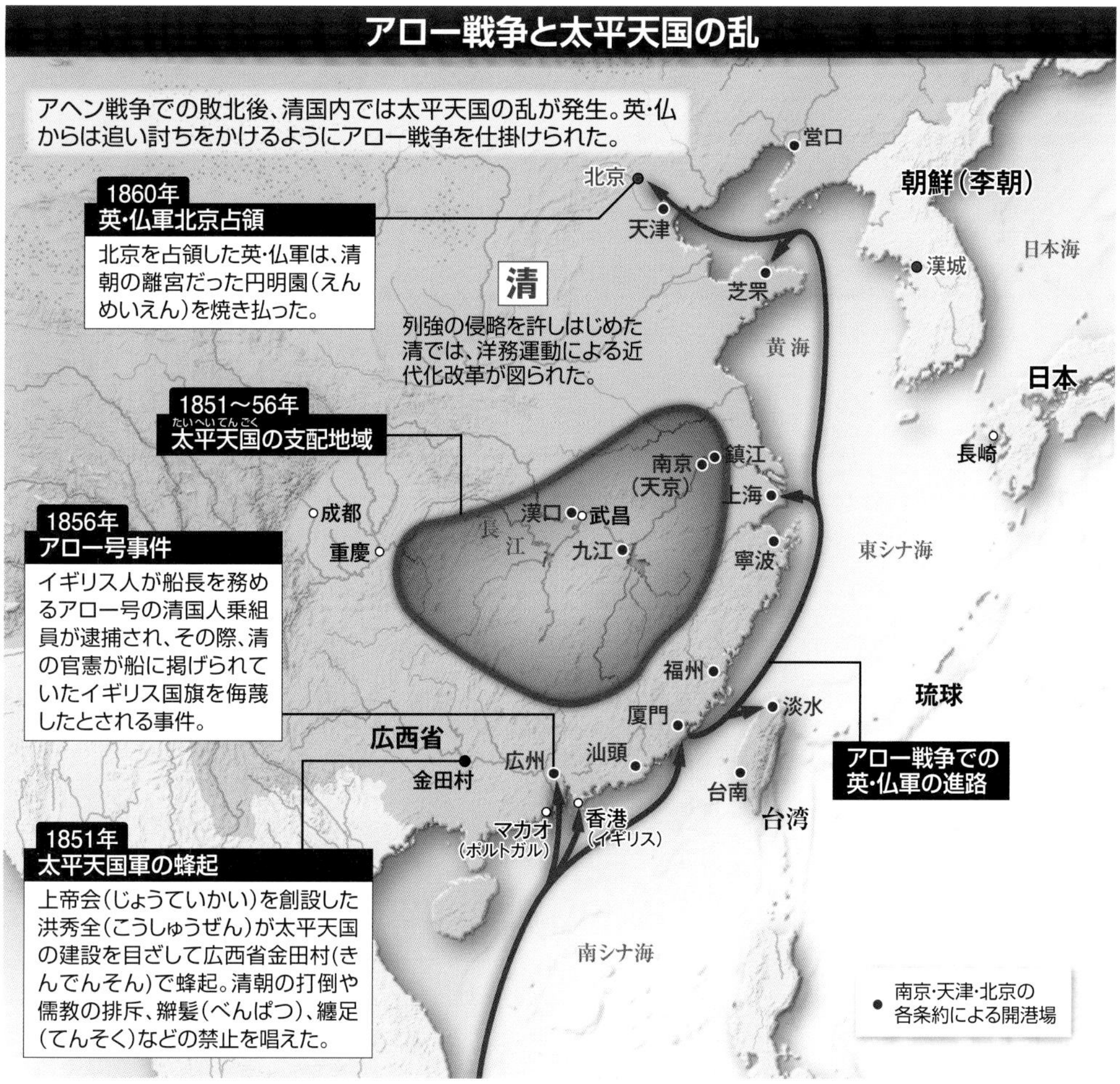
アロー戦争と太平天国の乱
アヘン戦争での敗北後、清国内では太平天国の乱が発生。英・仏からは追い討ちをかけるようにアロー戦争を仕掛けられた。
1860年
英・仏軍北京占領
北京を占領した英・仏軍は、清朝の離宮だった円明園(えんめいえん)を焼き払った。
清
列強の侵略を許しはじめた清では、洋務運動による近代化改革が図られた。
1851〜56年
太平天国《たいへいてんごく》の支配地域
1856年
アロー号事件
イギリス人が船長を務めるアロー号の清国人乗組員が逮捕され、その際、清の官憲が船に掲げられていたイギリス国旗を侮蔑したとされる事件。
1851年
太平天国軍の蜂起
上帝会(じょうていかい)を創設した洪秀全(こうしゅうぜん)が太平天国の建設を目ざして広西省金田村(きんでんそん)で蜂起。清朝の打倒や儒教の排斥、辮髪(べんぱつ)、纏足(てんそく)などの禁止を唱えた。
営口
北京
天津
芝罘
朝鮮(李朝)
漢城
日本海
黄海
日本
長崎
南京(天京)
鎮江
上海
寧波
漢口
武昌
九江
長江
成都
重慶
東シナ海
福州
淡水
琉球
厦門
汕頭
広州
広西省
金田村
マカオ(ポルトガル)
香港(イギリス)
台南
台湾
アロー戦争での英・仏軍の進路
南シナ海
南京・天津・北京の各条約による開港場

内乱とアロー戦争によってますます弱体化する清

アヘン戦争の敗北で威信を失った清《しん》では、銀の流出による銀価の高騰などで税負担が重くなり、各地で抗租《こうそ》運動が激化した。また、1851年にはキリスト教と民間信仰を融合させた宗教結社(上帝会《じょうていかい》)を創設した**洪秀全**《こうしゅうぜん》が、平等な世界を理想とする**太平天国**《たいへいてんごく》の建設を目ざして広西省《こうせい》で蜂起。「滅満興漢《めつまんこうかん》」を掲げて、清朝の打倒や辮髪《べんぱつ》、纏足《てんそく》の禁止を唱えたほか、男女に耕地を均分する**天朝田畝制度**《てんちょうでんぽせいど》を発布した。この蜂起は貧農などが加わって勢力を広げ、53年には南京《ナンキン》を占領して天京《てんけい》と改めるに至った。

一方、イギリスは56年に起きたアロー号事件を口実に、フランスと共同で清に対し**アロー戦争**(第2次アヘン戦争)を仕掛けた。英・仏軍が天津《てんしん》を占領すると、清朝政府は降伏して**天津条約**を結ぶが、清軍が批准《ひじゅん》を阻《はば》んだため英・仏軍はさらに北上して北京《ペキン》を占領、60年に**北京条約**を結んだ。この2つの条約により、清は九竜《きゅうりゅう》半島の一部をイギリスに割譲《かつじょう》したほか、天津など11港の開港、アヘン貿易やキリスト教布教の自由化などを認めさせられた。また翌年には外国使節の北京駐在を許し、そのための外交事務を扱う**総理衙門**《そうりがもん》を設置した。

太平天国の鎮圧後洋務運動で近代化を図る

太平天国に対しては中立の立場をとっていた列強だが、アロー戦争後は清朝から得た権益を守るため鎮圧に協力。**曾国藩**《そうこくはん》の湘勇《しょうゆう》や**李鴻章**《りこうしょう》の淮勇《わいゆう》などの**郷勇**《きょうゆう》(民兵組織)を支援した結果、64年に太平天国は崩壊した。

太平天国は鎮圧したものの、続発する国内反乱などの内憂《ないゆう》と、アヘン戦争やアロー戦争などの外患《がいかん》を抱えた清朝は、国内体制の改革を迫られることとなった。そして、曾国藩や李鴻章ら洋務派《ようむは》といわれた漢人官僚は、従来の制度はそのままに、軍事と生産技術の改革を行う**洋務運動**を展開。富国強兵を目ざすとともに、兵器や紡績工場、鉱山開発、鉄道などの事業をおこした。この運動では思想的には中国の儒教的伝統は維持され、北京条約後に増加したキリスト教排除の運動が起こった。

列強の侵略を許した中国古来の中華思想

中国の王朝は古来、自己を天下で唯一最高の中心と考える中華思想を持ち続けてきた。そのため、外国からの使節や貿易も朝貢《ちょうこう》という形でしか認めてこなかった。また、対等な国の存在を認めないため、ここまでが中国だと限定する国境、あるいは領土という概念が希薄であった。こうしたことから、18世紀以降進出してきた西欧諸国ともなかなか対等な交流ができず、やがて列強による侵略を許すこととなった。

1861年の総理衙門設置は、中国が対等な外国の存在を認める外交を始めたという意味で、画期的なことであった。

WORD **辮髪《べんぱつ》、纏足《てんそく》**

辮髪は、後頭部に長く残した髪を編んで垂らす、満州人男子の風習。清朝は漢人にこれを強制し、太平天国などでは辮髪を切ることを清への抵抗の証とした。纏足は漢人の風習で、女児の足を布できつく縛り、足の成長を無理に止めて小さな足をつくった。おもに上流階級の女性の間で行われ、20世紀初頭までみられた。

75

主権国家「日本」の誕生

明治維新と国境・領土の画定

19世紀後半

アヘン戦争後に強まった列強の東アジア進出により、日本では幕藩体制が崩壊。明治政府のもとで主権国家としての道を歩むこととなった。

明治維新前後の日本とその周辺

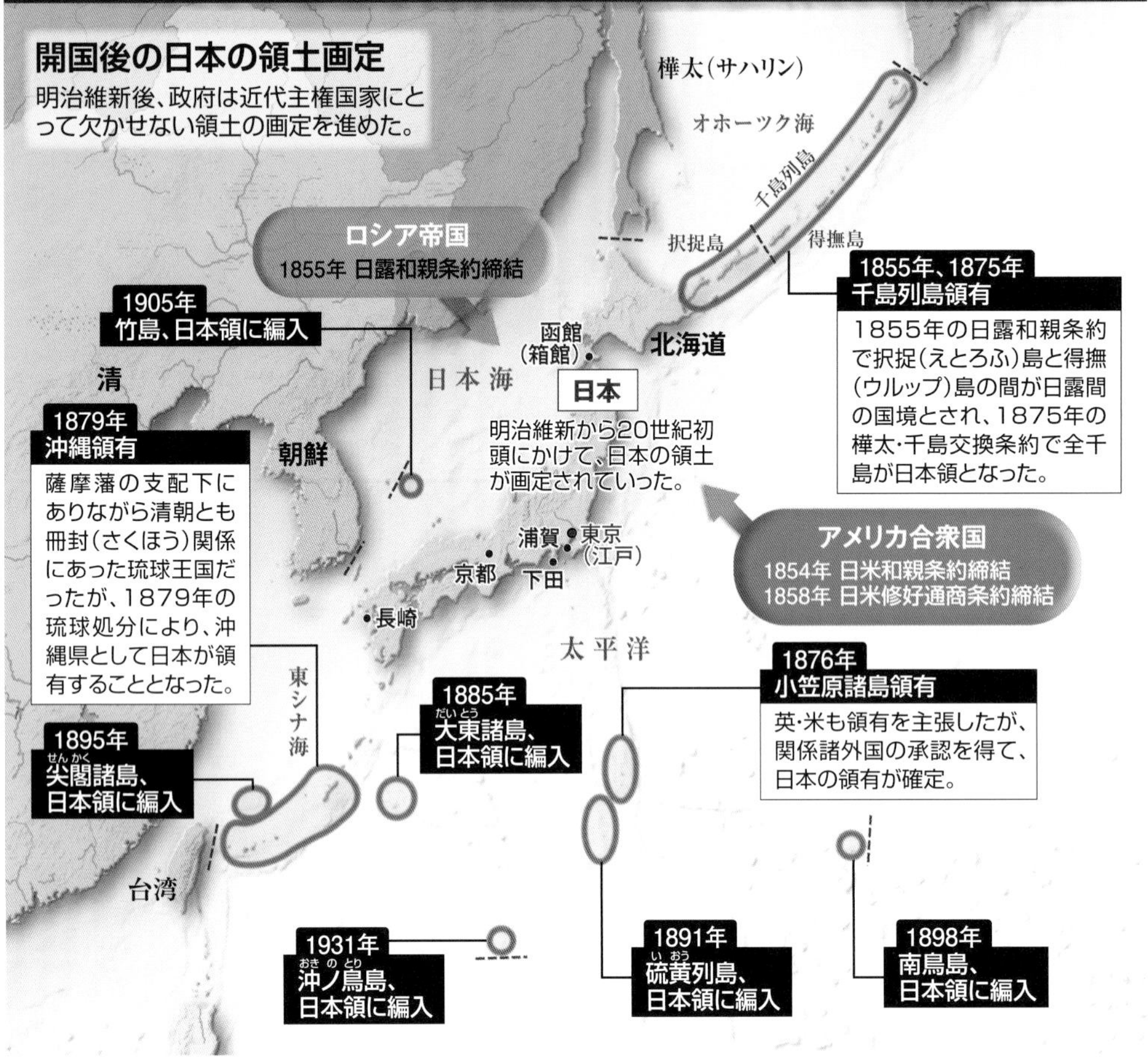

開国後の日本の領土画定
明治維新後、政府は近代主権国家にとって欠かせない領土の画定を進めた。
樺太(サハリン)
オホーツク海
千島列島
択捉島
得撫島
ロシア帝国
1855年 日露和親条約締結
1855年、1875年
千島列島領有
1855年の日露和親条約で択捉(えとろふ)島と得撫(ウルップ)島の間が日露間の国境とされ、1875年の樺太・千島交換条約で全千島が日本領となった。
1905年
竹島、日本領に編入
函館
(箱館)
北海道
清
日本海
日本
明治維新から20世紀初頭にかけて、日本の領土が画定されていった。
1879年
沖縄領有
薩摩藩の支配下にありながら清朝とも冊封(さくほう)関係にあった琉球王国だったが、1879年の琉球処分により、沖縄県として日本が領有することとなった。
朝鮮
浦賀
東京
(江戸)
京都
下田
アメリカ合衆国
1854年 日米和親条約締結
1858年 日米修好通商条約締結
長崎
太平洋
1876年
小笠原諸島領有
英・米も領有を主張したが、関係諸外国の承認を得て、日本の領有が確定。
東シナ海
1885年
大東《だいとう》諸島、
日本領に編入
1895年
尖閣《せんかく》諸島、
日本領に編入
台湾
1931年
沖ノ鳥《おきのとり》島、
日本領に編入
1891年
硫黄《いおう》列島、
日本領に編入
1898年
南鳥島、
日本領に編入

開国によって幕藩体制が崩れ主権国家「日本」が誕生

東アジアに進出した欧米列強の圧力は、日本にも及んだ。この状況に**江戸幕府**は、異国船打払令《いこくせんうちはらいれい》などで鎖国《さこく》体制の維持に努めたが、1840年のアヘン戦争(**P112参照**)で、文明の先進国と仰いできた中国(清《しん》)がヨーロッパの武力に敗れたことは、幕府に大きな衝撃を与えた。

53年、アメリカ合衆国の**ペリー**が4隻の黒船(軍艦)で浦賀《うらが》に来航し、幕府に対し開国を迫った。日本国内ではこれを機に攘夷《じょうい》論と開国論が対立するが、幕府は翌54年に**日米和親《わしん》条約**を締結し、鎖国体制に終止符を打った。さらに、58年には**日米修好通商条約**を結び、同様の不平等条約をオランダ、ロシア、イギリス、フランスと次々に結んだ。これ以後、幕藩体制は急速に揺らぎ、幕府は大政奉還《たいせいほうかん》で朝廷へ政権を返還、しかし討幕派の勢いは止まらず68年に天皇中心の新政府が成立した。

新たに誕生した明治政府は、欧米の先進文化を積極的に取り入れて**富国強兵**政策を進めるとともに、89年にはドイツ憲法を手本とした**大日本帝国憲法**を発布。翌年には二院制による帝国議会を開設するなど、統治体制の整備を図った。こうして日本は、近代的な主権国家として自立してゆくこととなる。

明治政府はまた、主権国家として必要な国境・領土の画定作業を進めた。75年の**樺太《からふと》・千島《ちしま》交換条約**で、樺太を放棄するかわりに全千島を日本領としたほか、それまで日本(薩摩《さつま》藩)と清の両方に服属していた琉球《りゅうきゅう》王国を、79年に沖縄県として編入した(**琉球処分**)。このほかにも、小笠原《おがさわら》諸島や硫黄《いおう》列島、尖閣《せんかく》諸島や竹島《たけしま》などが日本領となり、明治政府のもとで日本の国境・領土が初めて明確にされた。

アメリカの太平洋進出と黒船来航

19世紀なかばに領土を太平洋岸まで拡大したアメリカ合衆国は、その後はフロンティア拡大の延長のような形で、太平洋への進出を本格化させてゆく。ペリーの日本来航はその流れのなかでの出来事であり、日本だけでなく琉球王国に対しても、寄港船への薪水《しんすい》の供給などを定めた琉米修好条約を締結させている。

また、アメリカは1867年に財政難で苦しむロシアからアラスカを購入したほか、ハワイではアメリカ人サトウキビ業者が中心となってハワイ王国のカメハメハ朝を倒し、98年にこれを併合している。

ペリー

WORD **ペリー** [1794〜1858年]

日本に開国を迫ったアメリカの海軍軍人。ロードアイランド州に生まれ、父や兄もそろって海軍軍人という家庭で育つ。1809年海軍に入隊し、西インド諸島や地中海など世界各地で任務に就く。蒸気船を中心にした海軍力の強化を進め、米海軍の近代化に貢献。52年に東インド艦隊司令長官となり、翌年大統領フィルモアの国書をもって日本に来航した。

76 日清戦争

朝鮮半島をめぐり日本と中国が衝突

1894年〜1895年

日清戦争を機に、列強は鉄道敷設権や租借地を獲得して中国を侵略。中国は半植民地化していった。

19世紀後半の朝鮮半島情勢と日清戦争

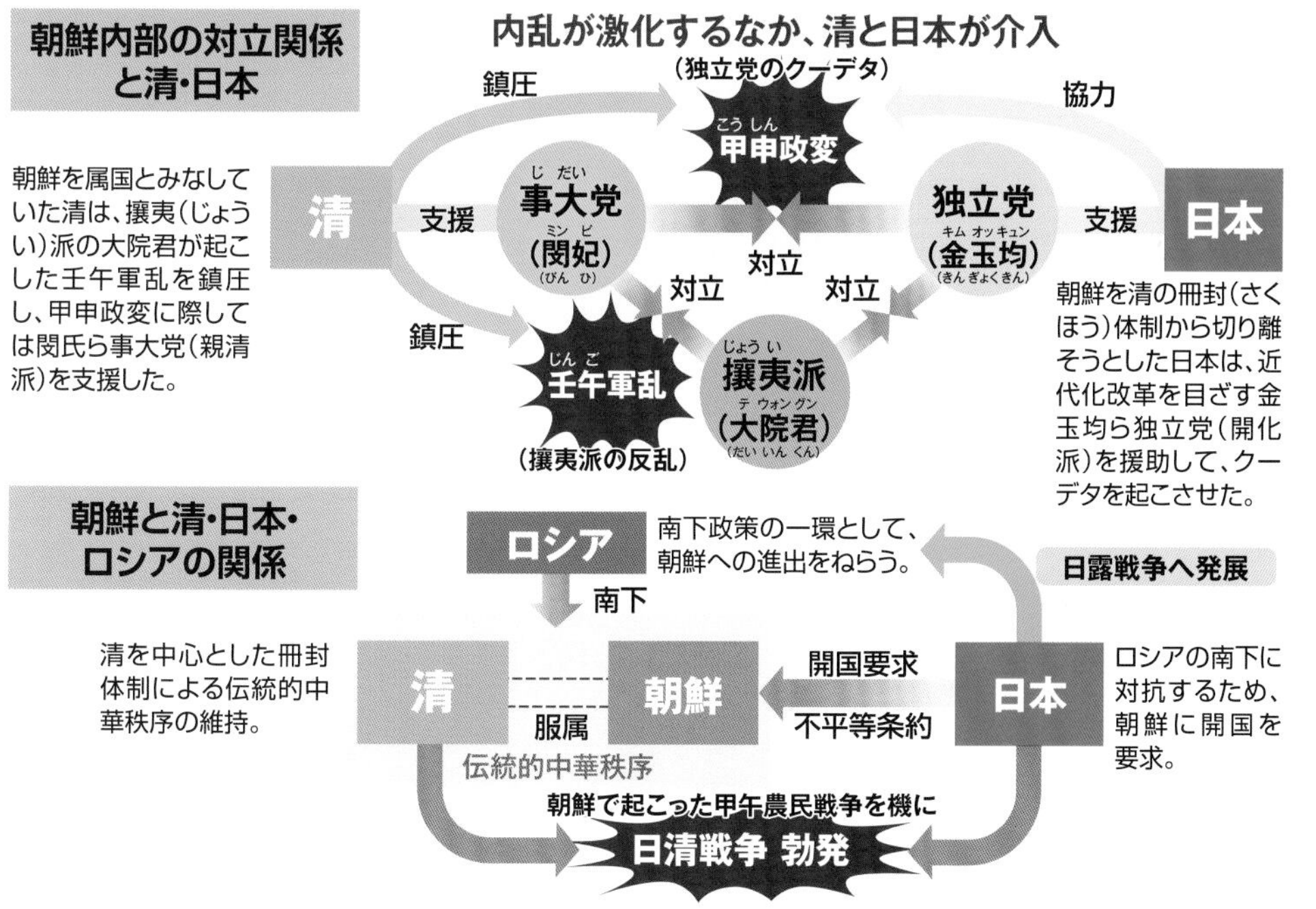
朝鮮内部の対立関係と清・日本
内乱が激化するなか、清と日本が介入
朝鮮を属国とみなしていた清は、攘夷（じょうい）派の大院君が起こした壬午軍乱を鎮圧し、甲申政変に際しては閔氏ら事大党（親清派）を支援した。
清
鎮圧
支援
鎮圧
事大党《じだい》
（閔妃《ミンビ》）
（びんひ）
（独立党のクーデタ）
甲申政変《こうしん》
独立党
（金玉均《キムオッキュン》）
（きんぎょくきん）
対立
対立
対立
壬午軍乱《じんご》
（攘夷派の反乱）
攘夷派《じょうい》
（大院君《テウォングン》）
（だいいんくん）
協力
支援
日本
朝鮮を清の冊封（さくほう）体制から切り離そうとした日本は、近代化改革を目ざす金玉均ら独立党（開化派）を援助して、クーデタを起こさせた。
朝鮮と清・日本・ロシアの関係
ロシア
南下政策の一環として、朝鮮への進出をねらう。
南下
日露戦争へ発展
清を中心とした冊封体制による伝統的中華秩序の維持。
清
服属
伝統的中華秩序
朝鮮
開国要求
不平等条約
日本
ロシアの南下に対抗するため、朝鮮に開国を要求。
朝鮮で起こった甲午農民戦争を機に
日清戦争 勃発

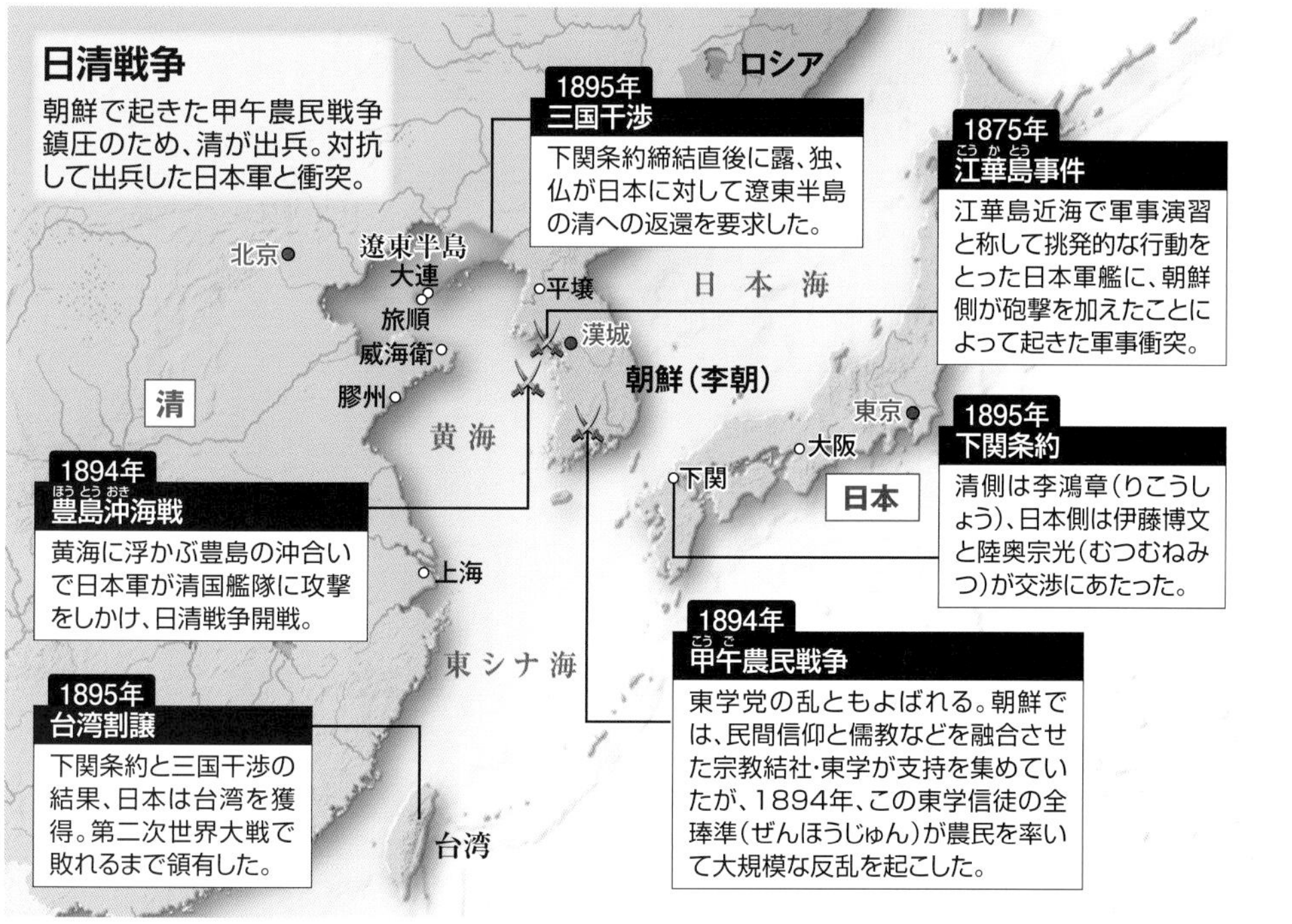
日清戦争
朝鮮で起きた甲午農民戦争鎮圧のため、清が出兵。対抗して出兵した日本軍と衝突。
1895年
三国干渉
下関条約締結直後に露、独、仏が日本に対して遼東半島の清への返還を要求した。
ロシア
1875年
江華島事件《こうかとう》
江華島近海で軍事演習と称して挑発的な行動をとった日本軍艦に、朝鮮側が砲撃を加えたことによって起きた軍事衝突。
北京
遼東半島
大連
旅順
威海衛
膠州
平壌
漢城
日本海
朝鮮（李朝）
清
黄海
東京
大阪
下関
日本
1895年
下関条約
清側は李鴻章（りこうしょう）、日本側は伊藤博文と陸奥宗光（むつむねみつ）が交渉にあたった。
1894年
豊島沖海戦《ほうとうおき》
黄海に浮かぶ豊島の沖合いで日本軍が清国艦隊に攻撃をしかけ、日清戦争開戦。
上海
東シナ海
1894年
甲午農民戦争《こうご》
東学党の乱ともよばれる。朝鮮では、民間信仰と儒教などを融合させた宗教結社・東学が支持を集めていたが、1894年、この東学信徒の全琫準（ぜんほうじゅん）が農民を率いて大規模な反乱を起こした。
1895年
台湾割譲
下関条約と三国干渉の結果、日本は台湾を獲得。第二次世界大戦で敗れるまで領有した。
台湾

日本に敗れた清は次々と列強に侵略される

明治維新後、欧米諸国との不平等条約の改正が大きな外交課題となった日本は、列強にならい植民地獲得を目ざした。当時、朝鮮（**P67参照**）では、摂政《せっしょう》の**大院君**《テウォングン》（だいいんくん）が鎖国政策を堅持していたが、日本は1875年の**江華島事件**《カンファド》（こうかとう）を機に、翌年**日朝修好条規**《にっちょうしゅうこうじょうき》（江華条約）を締結して、朝鮮を開国させた。

朝鮮国内では、**閔氏**《ミンし》（びん）一族など親清《しん》派の事大党《じだいとう》が清の力を借りて体制の維持を図ったが、**金玉均**《キムオッキュン》（きんぎょくきん）ら開化派の独立党が84年に**甲申政変**《こうしん》を起こすなど、内政は不安定であった。そして、94年に**甲午農民戦争**《こうご》（東学党《とうがくとう》の乱）が起こり、鎮圧のために清軍が出兵すると、対抗して日本も出兵。両国が衝突して**日清戦争**に発展した。この戦争に勝利した日本は、95年に清と**下関条約**《しものせき》を結び、多額の賠償金のほか遼東《りょうとう》半島、台湾などの割譲《かつじょう》、列強と同等の通商特権など、多くの権益を獲得したほか、朝鮮の完全独立を認めさせた。一方、朝鮮半島への進出を目ざしていたロシアは、日本の遼東半島領有に反対し、ドイツ、フランスと組んで遼東半島を返還させた（**三国干渉**《かんしょう》）。

それまで「眠れる獅子《しし》」といわれていた清だったが、日清戦争の敗北でその弱体ぶりが明らかになると、列強は続々と中国への侵略を開始。ロシアは**東清鉄道**《とうしん》の敷設権を獲得したほか、遼東半島南部の旅順《りょじゅん》、大連《だいれん》を租借《そしゃく》。ドイツは膠州湾《こうしゅうわん》、フランスは広州湾《こうしゅう》、イギリスも威海衛《いかいえい》と九竜《きゅうりゅう》半島（新界《しんかい》）を租借した。これにより、日本を含む列強の、中国での勢力図が画定した。

WORD 租借地《そしゃくち》
他国領土の一部を借り受け、統治権などを行使する地を租借地という。割譲とは異なり、期限つきであるが、実質的には割譲とかわらない。19世紀末からはヨーロッパ列強と日本が清国内に多くの租借地を得た。1997年にイギリスが香港（ホンコン）を返還、99年にポルトガルがマカオを返還して、ようやく中国国内の租借地が消滅した。

77 帝国主義の成立

世界を分割した帝国主義列強

19世紀後半〜20世紀初頭

19世紀後半以降、帝国主義化した列強は、市場と原材料供給地を求めて植民地獲得競争を繰り広げ、世界をくまなく分割した。

日本の大陸進出 p.118
明治維新後、欧米列強にならい植民地獲得を目ざした日本は、南下政策を進めていたロシアと日露戦争を戦い、韓国（朝鮮）を併合した。
ロシアの南下政策 p.108
1858年のアイグン（愛琿）条約と60年の露清北京条約により、清からアムール川流域および沿海州（えんかいしゅう）を獲得。東アジアへの進出を果たした。
ロシア帝国
アムール川
沿海州
日本
朝鮮
中華民国
グアム
台湾
太平洋
オスマン帝国
アフガニスタン
イラン
イギリス領ビルマ
フィリピン
イギリス領インド
フランス領インドシナ
シャム
カイロ
リビア
エジプト
オマーン
サイゴン
ナイル川
ハドラマウト
マライ連邦
スーダン
エリトリア
セイロン
ジブチ
オランダ領東インド
ウバンギ=シャリ
エチオピア
ソマリランド
バタヴィア
インド洋
イギリス領東アフリカ
ベルギー領コンゴ（旧コンゴ自由国）
タンガニーカ
レオポルドヴィル
イギリスの縦断政策
1898年 ファショダ事件
アフリカ縦断政策を進めるイギリスと、横断政策を進めるフランスがスーダン南部のファショダ（現南スーダンのコドク）で遭遇。英仏軍事衝突の危機をまねいたが、翌99年の協定で妥協が成立した。
アンゴラ
北ローデシア
モザンビーク
マダガスカル
南ローデシア
南西アフリカ
ケープタウン
南アフリカ連邦（1910年独立 旧ケープ植民地ほか）
1899〜1902年 南アフリカ（ブール）戦争
オランダ系ブール（ボーア）人が支配するオレンジ自由国、トランスヴァール共和国で金やダイヤモンドの鉱脈が発見されると、イギリスは両国の併合を企図して南アフリカ戦争（ボーア戦争）を仕掛けた。結果、両国はイギリスのケープ植民地に併合された。

セシル=ローズ

［1853〜1902年］
1890〜96年までケープ植民地首相を務めた。露骨な帝国主義政策を推進。彼が設立したデ=ビアス社は、現在も世界のダイヤモンド市場を支配している。

イギリスの覇権のかげりと帝国主義政策の台頭

19世紀なかばまで、世界経済の中心はイギリスであった。しかし、1870年代からの不況で各国が**保護貿易**に転換するようになると、自由貿易主義のもとで繁栄を保ってきたイギリスの覇権にかげりがみえはじめた。また、不況をのり切るため、とくにアメリカやドイツで企業の集中が進むと、鉄鋼や化学、機械など大規模な設備投資を要する分野での技術革新が進み、**第2次産業革命**が起こった。

こうした工業化や保護関税政策の推進にともない、自国製品の市場として、また原料の供給地確保の必要性から、列強各国は**植民地**獲得を目ざす**帝国主義**政策を推進するようになった。

一気に分割されたアフリカと激化する植民地獲得競争

アフリカでは1880年代以降、一気に植民地化が進んだ。その主役となったのは、カイロとケープタウンを結ぶ**縦断《じゅうだん》政策**を進めたイギリスであった。なかでもケープ植民地首相の**セシル=ローズ**は、拡張政策を推し進め、1899年に金やダイヤモンドの資源をねらって**南アフリカ（ブール）戦争**を引き起こした。

そのイギリスに対抗したのが、アルジェ

列強に分割される世界(20世紀初頭)

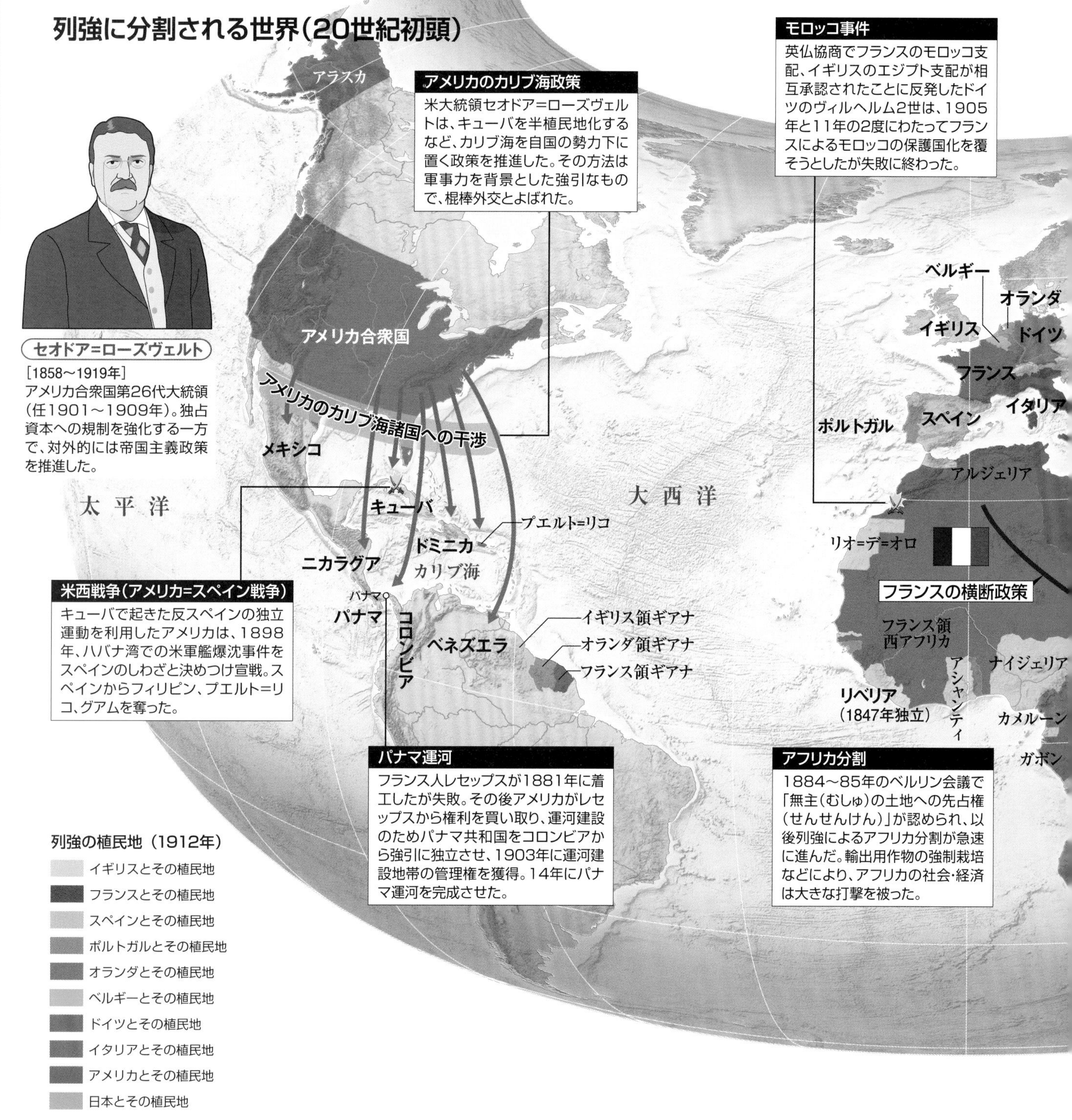
アラスカ
アメリカ合衆国
アメリカのカリブ海諸国への干渉
メキシコ
太平洋
キューバ
ドミニカ
プエルト=リコ
ニカラグア
カリブ海
パナマ
パナマ
コロンビア
ベネズエラ
イギリス領ギアナ
オランダ領ギアナ
フランス領ギアナ
大西洋
ベルギー
オランダ
イギリス
ドイツ
フランス
イタリア
スペイン
ポルトガル
アルジェリア
リオ=デ=オロ
フランスの横断政策
フランス領西アフリカ
ナイジェリア
アシャンティ
リベリア
(1847年独立)
カメルーン
ガボン
列強の植民地(1912年)
イギリスとその植民地
フランスとその植民地
スペインとその植民地
ポルトガルとその植民地
オランダとその植民地
ベルギーとその植民地
ドイツとその植民地
イタリアとその植民地
アメリカとその植民地
日本とその植民地

セオドア=ローズヴェルト
[1858〜1919年]
アメリカ合衆国第26代大統領(任1901〜1909年)。独占資本への規制を強化する一方で、対外的には帝国主義政策を推進した。

アメリカのカリブ海政策
米大統領セオドア=ローズヴェルトは、キューバを半植民地化するなど、カリブ海を自国の勢力下に置く政策を推進した。その方法は軍事力を背景とした強引なもので、棍棒外交とよばれた。

モロッコ事件
英仏協商でフランスのモロッコ支配、イギリスのエジプト支配が相互承認されたことに反発したドイツのヴィルヘルム2世は、1905年と11年の2度にわたってフランスによるモロッコの保護国化を覆そうとしたが失敗に終わった。

米西戦争(アメリカ=スペイン戦争)
キューバで起きた反スペインの独立運動を利用したアメリカは、1898年、ハバナ湾での米軍艦爆沈事件をスペインのしわざと決めつけ宣戦。スペインからフィリピン、プエルト=リコ、グアムを奪った。

パナマ運河
フランス人レセップスが1881年に着工したが失敗。その後アメリカがレセップスから権利を買い取り、運河建設のためパナマ共和国をコロンビアから強引に独立させ、1903年に運河建設地帯の管理権を獲得。14年にパナマ運河を完成させた。

アフリカ分割
1884〜85年のベルリン会議で「無主(むしゅ)の土地への先占権(せんせんけん)」が認められ、以後列強によるアフリカ分割が急速に進んだ。輸出用作物の強制栽培などにより、アフリカの社会・経済は大きな打撃を被った。

リアからアフリカ東岸に向けて**横断政策**をとったフランスで、両国の利害対立は1898年の**ファショダ事件**などで顕在化した。また、ドイツがカメルーンやタンガニーカを、イタリアがリビアやソマリランドを、さらにはベルギーがコンゴを植民地化するなど、ヨーロッパ列強は競ってアフリカ分割に参加した。

一方、19世紀末には世界最大の工業国になったアメリカ合衆国は、98年の**米西**《べいせい》**戦争**(アメリカ=スペイン戦争)でフィリピンやグアムなどを獲得。さらにハワイを併合して太平洋地域への勢力拡大を本格化させ、カリブ海諸国に対しては、内政に武力で干渉《かんしょう》する**棍棒**《こんぼう》**外交**を展開した。そのほか、ロシアは東アジアや中央アジア、バルカン半島へ、日本は朝鮮半島や中国へ進出するなど、帝国主義政策による植民地獲得競争は世界各地で展開された。そして、激化した列強の勢力争いは、やがて第一次世界大戦(**P125参照**)へとエスカレートすることになる。

私有植民地 コンゴ「自由国」

アメリカの新聞記者スタンリーのコンゴ川流域を探検を援助し、その資源の豊かさが紹介されると、ベルギー王レオポルド2世はコンゴ領有を宣言し、1885年にコンゴ自由国と称する植民地をつくった。この植民地はレオポルド2世個人の私有植民地で、土地の収奪、象牙《ぞうげ》や天然ゴムなどの強制徴収や強制労働、従わない住民の虐殺《ぎゃくさつ》など、およそ「自由国」の名前とは正反対の残酷《ざんこく》・苛烈《かれつ》な支配を行った。そのため国際的な非難を浴び、1908年にベルギー政府へ移管された。

列強の代理戦争だった日露戦争

1904年～1905年

列強の思惑が絡んだ日露戦争に勝利した日本は、朝鮮半島の植民地化を進めた。

義和団事件への介入で日本とロシアの衝突が表面化

列強による侵略が進む清《しん》では、民衆の間で外国勢力への反発が高まり、山東省《さんとう》では義和団《ぎわだん》と称する宗教結社が排外運動を展開した。1900年、「扶清滅洋《ふしんめつよう》」を掲げて蜂起した義和団が北京《ペキン》に入ると、清朝政府は義和団を支持し、協力して外国公使館地区を包囲した。これに対し列強は、8カ国連合軍を組織して制圧。01年に北京議定書を締結させた（**義和団事件**）。

その後も、ロシアは満州に軍を駐留させ、さらに朝鮮半島にも勢力を伸ばそうとしたため、ついに日本と衝突した。ロシアの進出を牽制《けんせい》したいイギリスは、1902年に**日英同盟**を成立させ、日本を支持。ロシアの目を東に向けさせたいドイツはロシアを支持するなど、両国の対立はヨーロッパ情勢も含めた列強の代理戦争となった。こうして04年に**日露戦争**が始まったが、両国とも国力は十分ではなく、長期戦は不可能であった。さらに、ロシア国内で血の日曜日事件が起きて革命運動が広がり、戦争継続が困難になると、アメリカの調停で**ポーツマス条約**が結ばれた。戦勝国となった日本は南樺太《からふと》や遼東《りょうとう》半島南部を獲得したほか、**韓国保護条約**（第2次日韓協約）を締結し、**韓国併合**の準備を進めた。

日露戦争とその影響

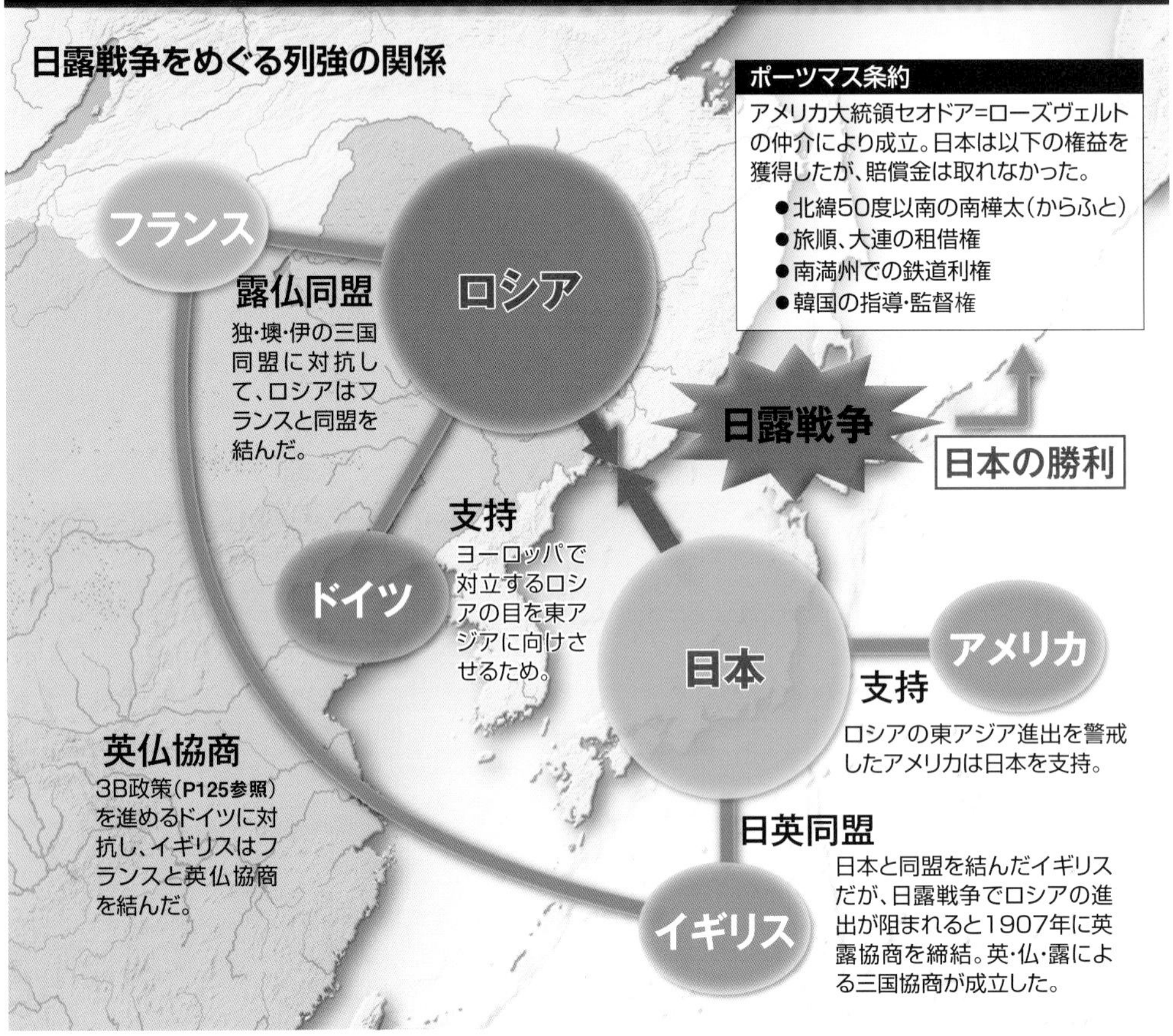
日露戦争をめぐる列強の関係
ポーツマス条約
アメリカ大統領セオドア=ローズヴェルトの仲介により成立。日本は以下の権益を獲得したが、賠償金は取れなかった。
●北緯50度以南の南樺太（からふと）
●旅順、大連の租借権
●南満州での鉄道利権
●韓国の指導・監督権
フランス
ロシア
露仏同盟
独・墺・伊の三国同盟に対抗して、ロシアはフランスと同盟を結んだ。
日露戦争
日本の勝利
支持
ヨーロッパで対立するロシアの目を東アジアに向けさせるため。
ドイツ
日本
アメリカ
支持
ロシアの東アジア進出を警戒したアメリカは日本を支持。
英仏協商
3B政策（P125参照）を進めるドイツに対抗し、イギリスはフランスと英仏協商を結んだ。
日英同盟
日本と同盟を結んだイギリスだが、日露戦争でロシアの進出が阻まれると1907年に英露協商を締結。英・仏・露による三国協商が成立した。
イギリス

日露戦争がもたらした影響

日露戦争で日本が勝利したことは、アジアの民族主義運動に勇気を与えたほか、ロシアの南下政策がバルカン半島方面に向き、第一次世界大戦の遠因をつくるなど、非ヨーロッパ全体に「立憲は専制に勝つ」のメッセージを与えた。

日露戦争

ロシアの敗北
- 英仏露協商の成立 ← 対ドイツ包囲網の確立 ← 第一次世界大戦 ▶p.125
- ロシアの南下政策がバルカン半島に ← 第1・2次バルカン戦争 ← ヨーロッパの火薬庫 ▶p.124
- ロシア国内の矛盾・対立の激化 ← 労働者・農民の蜂起、民族運動 ← ロシア革命 ▶p.126

日本の勝利
- アジアの民族主義運動が活発化 ← トルコ革命、インド独立運動など ▶p.130
- 日本の対外進出が本格化 ← 韓国併合 ← 大陸侵略 ▶p.133

WORD 韓国併合

日露戦争後、日本は数次にわたる日韓協約を結んで韓国（1897年に大韓帝国と改称）の保護国化を進め、ソウルに韓国統監府（とうかんふ）を置いた。これに対し、初代統監の伊藤博文（いとうひろぶみ）が暗殺されるなど義兵闘争が激化したが、日本はこれを武力で鎮圧し、1910年の韓国併合条約によって韓国を併合し、朝鮮が正式呼称に。

79 辛亥革命

辛亥革命で中華民国が成立

1911年〜1912年

危機が深まった清朝は、辛亥革命をへて滅亡。中華民国が成立するが、国内は軍閥割拠の混乱が続いた。

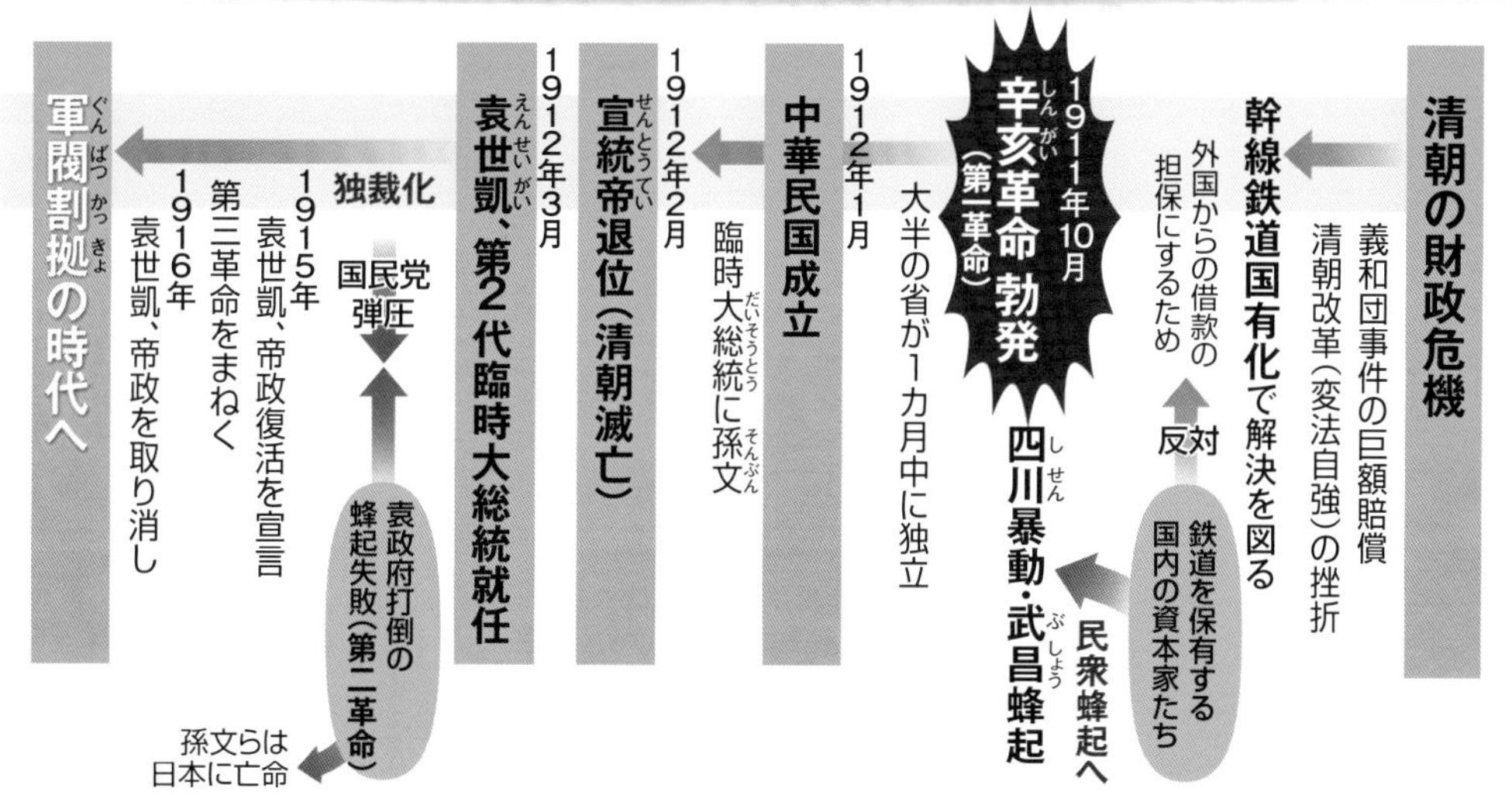
辛亥革命と中華民国の成立
清朝の財政危機
義和団事件の巨額賠償
清朝改革(変法自強)の挫折
幹線鉄道国有化で解決を図る
外国からの借款の担保にするため
反対
鉄道を保有する国内の資本家たち
民衆蜂起へ
1911年10月
辛亥《しんがい》革命 勃発
(第一革命)
四川《しせん》暴動・武昌《ぶしょう》蜂起
大半の省が1カ月中に独立
1912年1月
中華民国成立
臨時大総統《だいそうとう》に孫文《そんぶん》
1912年2月
宣統帝《せんとうてい》退位(清朝滅亡)
1912年3月
袁世凱《えんせいがい》、第2代臨時大総統就任
独裁化
国民党弾圧
袁政府打倒の蜂起失敗(第二革命)
孫文らは日本に亡命
1915年
袁世凱、帝政復活を宣言
第三革命をまねく
1916年
袁世凱、帝政を取り消し
軍閥《ぐんばつ》割拠《かっきょ》の時代へ

辛亥革命
幹線鉄道国有化の反対暴動の弾圧で立憲派が離反し、武昌蜂起の発端となった。
モンゴル
(1911年独立)
ハルビン
ロシア
ウラジオストク
奉天
1905年
中国同盟会結成
日露戦争での日本の勝利に刺激され、興中会など中国革命3団体が中心となって、東京で中国同盟会が結成された。
1911年
四川《しせん》暴動
鉄道国有化の反対運動は、当初陳情、請願という形で行われたが、四川省の陳情団が官憲によって射殺されたことを機に、9月には数百万の民衆による暴動へと発展した。
北京
天津
大連
平壌
京城
朝鮮
日本
東京
大阪
福岡
1912年
中華民国成立
同年1月、孫文(そんぶん)が南京(ナンキン)で中華民国成立を宣言。2月には宣統帝(せんとうてい)が退位し、清は滅亡した。
西安
中華民国
南京
上海
成都
長江
武昌
四川省
重慶
東シナ海
1911年
武昌《ぶしょう》蜂起
10月10日、長江(ちょうこう)中流の武昌で、新軍(洋式軍隊)内で勢力を拡大していた革命派が蜂起。辛亥革命の火蓋が切られた。
福州
台北
広州
台湾
マカオ
香港
仏領インドシナ
孫文

辛亥革命の勃発で最後の中国皇帝が退位

清《しん》では、近代化を図った**変法自強《へんぽうじきょう》**の改革運動が挫折したうえ、義和団《ぎわだん》事件で巨額の賠償金を課せられ、危機がいよいよ深刻化していた。国内では清朝に対する不満が高まり、各地で革命結社が生まれていた。1905年には興中会《こうちゅうかい》など3団体が、**孫文《そんぶん》**を総理とする**中国同盟会**を結成。民族独立、民権確立、民生安定の**三民《さんみん》主義**を掲げ、清朝の打倒と国民国家の建設を目ざして武装蜂起《ほうき》を繰り返した。

一方、清朝政府は憲法大綱発布を公約するなど改革に取り組んだが、1911年に財政危機の打開策として民営鉄道の国有化を宣言すると、各地で反対運動が起こり、四川《しせん》省では暴動となった。同年10月に革命派の軍隊が武昌《ぶしょう》で蜂起して革命政権を樹立すると、この動きは全国に波及し、14の省が独立を宣言。**辛亥革命《しんがいかくめい》**(第一革命)が勃発《ぼっぱつ》した。翌年には、孫文を臨時大総統《だいそうとう》とする**中華民国**が成立した。

清朝は、北洋軍《ほくようぐん》の指導者であった**袁世《えんせい》凱《がい》**が革命政府との交渉にあたった。その結果、12年に**宣統帝《せんとうてい》**(**溥儀《ふぎ》**)が退位、これにより2000年に及ぶ皇帝政治も終焉《しゅうえん》を迎えた。

袁は孫文から譲られた中華民国の臨時大総統に就任したが、国会議会で孫文ら中国同盟会系の**国民党**が多数派となり、袁はこれを抑えるため対立し、孫文らの武装蜂起(第二革命)を鎮圧。大総統となった袁が独裁化を進め皇帝即位を図るが、地方軍人による第三革命や諸外国の不支持で失敗した。袁が病死したのちは、列強の支援を受けた**軍閥《ぐんばつ》**が各地に割拠《かっきょ》する分裂状態に陥った(**P131参照**)。

WORD **孫文《そんぶん》** [1866〜1925年]
中国の革命家。広東(カントン)省に生まれ、1894年に清朝打倒を目ざしてハワイで興中会を組織し、広州(こうしゅう)で蜂起したが失敗。日本に亡命する。1905年に東京で中国同盟会を組織。「三民主義」を掲げ、辛亥革命時には中華民国臨時大総統に就任した。24年には第1次国共合作を行い、軍閥を打倒し、中国の統一を目ざしたが、25年に病死。現代中国の「国父」として敬愛されている。

ロシア ソ連	中東／南アジア	東アジア

1917年　ロシア革命がおこる

1922年　ソヴィエト連邦成立

1923年　トルコ共和国成立

1924年　中国で第1次国共合作

1931年　満州事変

1935年　インドで新統治法が成立

1937年　日中戦争が勃発

1945年　ベトナム、インドネシア独立

1947年　インド、パキスタンが独立

1948年　中東戦争（第1次）

1949年　中華人民共和国が成立

1955年　ワルシャワ条約機構の発足

1955年　バンドン会議

1965年　アメリカ、ベトナム戦争に本格介入

1966年　文化大革命

1973年　第1次石油危機

1978年　中国、「改革開放」路線へ転換

1979年　イラン革命

2001年　アフガニスタン戦争勃発

2003年　イラク戦争勃発

2008年　リーマン=ショックがおこる

2010年　アラブの春はじまる

2011年　シリア内戦激化

2014年　中国、「一帯一路」を提唱

第4篇 地球世界の形成

アメリカ	ヨーロッパ	アフリカ

1861年　アメリカ南北戦争勃発

1914年　サライェヴォ事件

1914年　第一次世界大戦勃発

1919年　パリ講和会議が開催（ヴェルサイユ体制）

1921年　ワシントン会議はじまる（ワシントン体制）

第13章 世界戦争の時代

1929年　世界恐慌がおこる

1932年　ブロック経済化

1939年　第二次世界大戦が勃発（～1945年）

1945年　国際連合の設立

1947年　トルーマン=ドクトリンの発表

第14章 東西冷戦の時代

冷戦体制の確立

1957年　ガーナの独立

1962年　キューバ危機

1960年　アフリカで17カ国が独立

1971年　ドル=ショック

1989年　マルタ会談（東西冷戦の終結）

1990年　東西ドイツの統一

1993年　欧州連合（EU）が誕生

1995年　Windows95発売

第15章 ポスト冷戦体制とグローバル化

2001年　アメリカ同時多発テロがおこる

第16章 不安定化する21世紀

2016年　パリ協定発効

2018年　米中貿易戦争はじまる

南北戦争をへて発展したアメリカ

1861年〜1865年

独立後、独自の発展を遂げたアメリカ合衆国は、南北戦争をへて世界一の工業国へと発展した。

アメリカ合衆国領土の確定と南北戦争

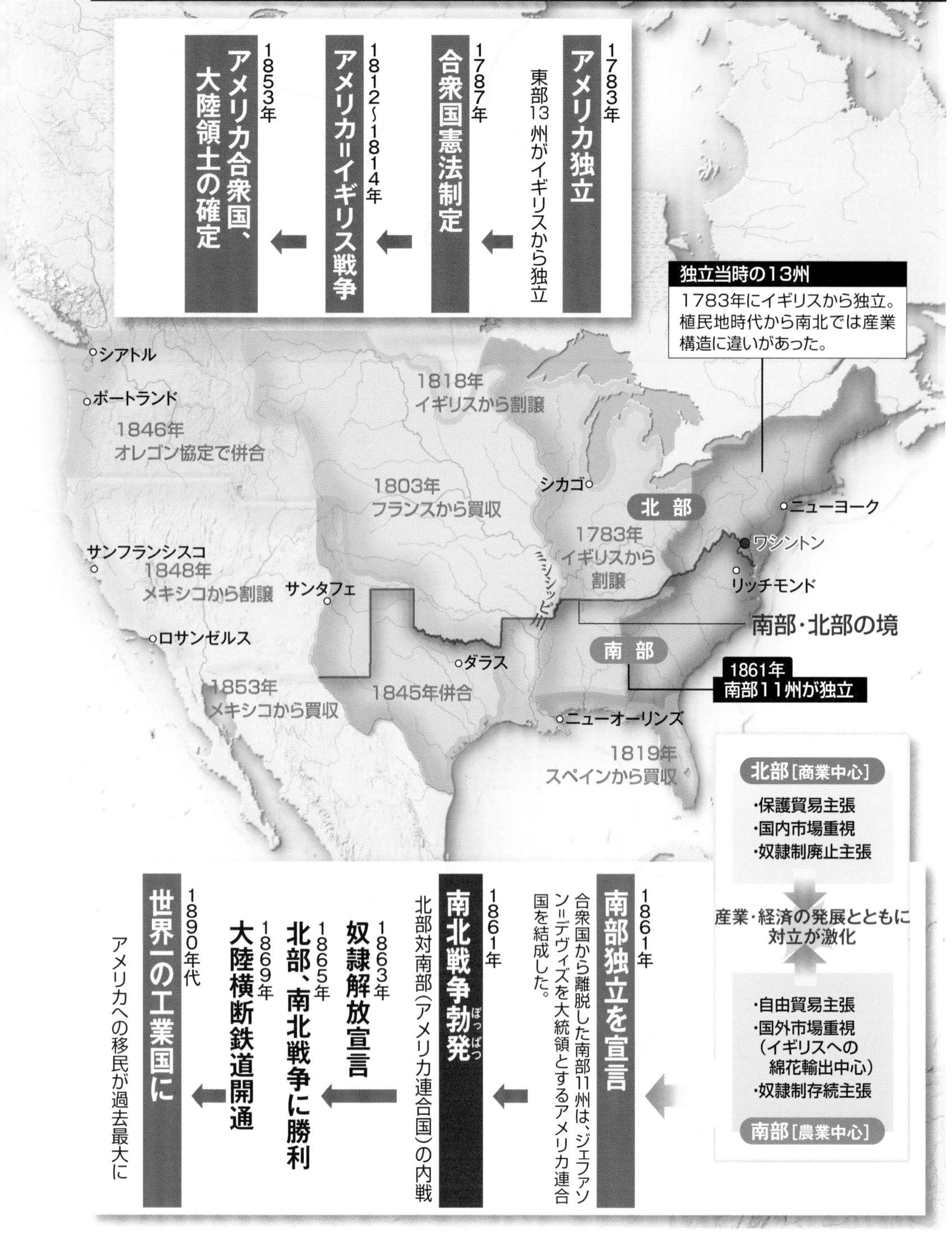
1783年
アメリカ独立
東部13州がイギリスから独立
1787年
合衆国憲法制定
1812〜1814年
アメリカ=イギリス戦争
1853年
アメリカ合衆国、大陸領土の確定
独立当時の13州
1783年にイギリスから独立。植民地時代から南北では産業構造に違いがあった。
シアトル
ポートランド
1818年
イギリスから割譲
1846年
オレゴン協定で併合
1803年
フランスから買収
シカゴ
北部
ニューヨーク
ワシントン
1783年
イギリスから割譲
リッチモンド
サンフランシスコ
1848年
メキシコから割譲
サンタフェ
ミシシッピ川
南部・北部の境
ロサンゼルス
ダラス
南部
1861年
南部11州が独立
1853年
メキシコから買収
1845年併合
ニューオーリンズ
1819年
スペインから買収
北部[商業中心]
・保護貿易主張
・国内市場重視
・奴隷制廃止主張
産業・経済の発展とともに対立が激化
・自由貿易主張
・国外市場重視
(イギリスへの綿花輸出中心)
・奴隷制存続主張
南部[農業中心]
1861年
南部独立を宣言
合衆国から離脱した南部11州は、ジェファソン=デヴィスを大統領とするアメリカ連合国を結成した。
1861年
南北戦争勃発《ぼっぱつ》
北部対南部(アメリカ連合国)の内戦
1863年
奴隷解放宣言
1865年
北部、南北戦争に勝利
1869年
大陸横断鉄道開通
1890年代
世界一の工業国に
アメリカへの移民が過去最大に

工業中心の北部の勝利で世界最大の工業国となったアメリカ

独立後のアメリカは、1803年にフランスからルイジアナを購入したことを皮切りに、アメリカ=メキシコ戦争でカリフォルニアを獲得するなど領土を拡大していった。また、対外的には、ヨーロッパとの相互《そうご》不干渉《ふかんしょう》を基本方針としていたが、ナポレオン戦争に乗じてイギリスが通商妨害を行うと、これに対抗して12年に**アメリカ=イギリス戦争**を開始。この戦争を機に、アメリカの工業化と保護貿易主義が開始され、とくに北部諸州では綿工業などが発展することとなった。

一方、南部諸州は**奴隷制**プランテーションによる農業中心の産業構造を確立しており、保護貿易を求める北部とは対照的に、自由貿易を主張していた。西部開拓が進み、新たな州が誕生するようになると、新しくできた州に奴隷制の拡大を認めるか否かで南北の対立は深まるようになった。そして1860年に奴隷制に反対する共和党の**リンカン**が大統領に就任すると、南部諸州は合衆国からの脱退を宣言し、翌61年に**アメリカ連合国**を結成、**南北戦争**が始まった。リンカンは62年の自営農地法(ホームステッド法)によって西部農民の支持を得、63年の**奴隷解放宣言**で内外の世論を味方につけたことで北部に勝利をもたらした。

南北戦争の結果、工業国として歩むこととなったアメリカは、ヨーロッパからの移民による人口急増などもあり、めざましい発展を遂《と》げた。さらに1869年に最初の**大陸横断鉄道**が開通したことで、国内市場の結びつきが強まり、1890年代には世界最大の工業国となった。

WORD
リンカン
[1809〜65年]
アメリカ合衆国第16代大統領。ケンタッキー州の開拓農家に生まれる。1860年に共和党から立候補して大統領に当選。南北戦争では連邦の維持を第一義に掲げ、奴隷制の廃止については当初消極的だった。有名なゲティスバーグの演説での「人民の、人民による、人民のための政治」は、パーカー牧師の著作からの引用。南部支持者の俳優によって暗殺された。

第13章

世界戦争の時代

81 バルカン戦争とサライェヴォ事件
82 第一次世界大戦
83 ロシア革命
84 ソヴィエト連邦の成立
85 ヴェルサイユ体制
86 ワシントン体制
87 西南アジアの独立運動
88 中国の民族運動
89 世界恐慌とファシズム
90 日中戦争
91 第二次世界大戦
92 国際連合の設立

「ヨーロッパの火薬庫」から始まった第一次世界大戦

20世紀初頭

各国の利害が絡み合う「ヨーロッパの火薬庫」バルカン半島で、第一次世界大戦の口火が切られた。

第一次世界大戦直前のバルカン情勢

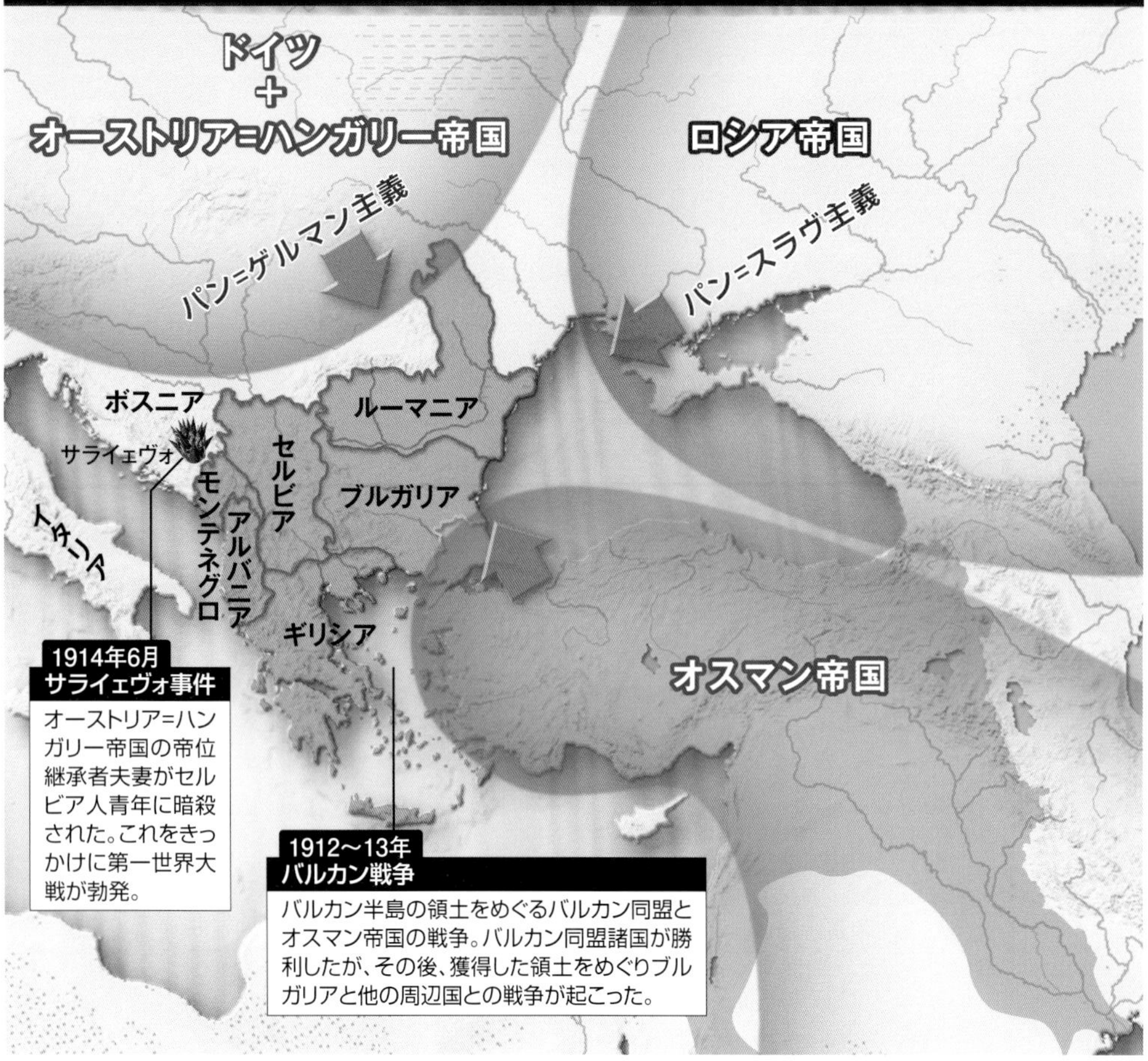
ドイツ
＋
オーストリア=ハンガリー帝国
ロシア帝国
パン=ゲルマン主義
パン=スラヴ主義
ボスニア
サライェヴォ
イタリア
モンテネグロ
セルビア
アルバニア
ルーマニア
ブルガリア
ギリシア
オスマン帝国
1914年6月
サライェヴォ事件
オーストリア=ハンガリー帝国の帝位継承者夫妻がセルビア人青年に暗殺された。これをきっかけに第一世界大戦が勃発。
1912〜13年
バルカン戦争
バルカン半島の領土をめぐるバルカン同盟とオスマン帝国の戦争。バルカン同盟諸国が勝利したが、その後、獲得した領土をめぐりブルガリアと他の周辺国との戦争が起こった。

バルカン半島を火薬庫にした大国、小国の思惑

オスマン帝国の衰退にともない、19世紀以降のバルカン半島では次々と国民国家が誕生したが、多民族が混在する地域であったため、これらの国はしばしば国境をめぐって対立した。こうした状況をみたロシアは、スラヴ系諸民族の一体性を主張する**パン=スラヴ主義**を唱えて介入。これに対し、オーストリア=ハンガリー帝国はドイツのうしろ盾《だて》で**パン=ゲルマン主義**を唱え、パン=スラヴ主義を押さえ込もうとした。

1908年、ブルガリアが独立すると、オーストリアが管理下にあったボスニアとヘルツェゴヴィナを併合、ロシアは12年にオーストリアに反発を強めていたセルビアを中心に**バルカン同盟**を締結させて対抗しようとした。しかしロシアの意に反し、同盟諸国はイタリアと戦っていたオスマン帝国に戦争をしかけ（**第1次バルカン戦争**）、バルカン半島のオスマン帝国領のほとんどを奪った。さらに、獲得した領土の分配をめぐり、ブルガリアと周辺国との**第2次バルカン戦争**を起こした。この、ナショナリズムむき出しの領土争奪戦の結果、敗れたブルガリアがドイツ、オーストリアに接近するなど、バルカン半島は大国、小国の利害が複雑に絡み合う「**ヨーロッパの火薬庫**」となったのである。

世界大戦の始まりを告げたサライェヴォの銃声

1914年6月28日、オーストリア=ハンガリー帝国の帝位継承者夫妻が、陸軍演習の観閲に訪れていたボスニアのサライェヴォで、セルビア人の民族主義者に射殺された（**サライェヴォ事件**）。オーストリアはセルビア政府の責任を追及。ドイツの支持を得て、7月28日、セルビアに宣戦を布告した。セルビアを支持するロシアが総動員令を出してこれに応じると、ドイツがロシアとフランスに宣戦。ここに第一次世界大戦が始まった。

現在も続くバルカンの民族問題

「ヨーロッパの火薬庫」とよばれ、第一次世界大戦の震源地となったバルカン半島における国民国家形成の苦闘は、現在もなお続いている。1990年代の旧ユーゴスラヴィア内戦では大量虐殺《ぎゃくさつ》が発生し、その後もセルビアのコソヴォ自治州などで民族紛争が勃発《ぼっぱつ》した。また2006年にはモンテネグロが独立し、第一次世界大戦によって誕生した多民族国家ユーゴスラヴィアは完全に解体した。

WORD **パン=スラヴ主義**
スラヴ系諸民族の文化的一体性を強調し、その統合を目ざす運動。「パン」には、「すべて」といった意味がある。19世紀前半にスロヴァキアの詩人コラールが唱えた。クリミア戦争（P108参照）敗北後のロシアで、南下政策や東方進出の口実として政治的に利用され、ドイツのパン=ゲルマン主義に対抗するロシアの帝国主義イデオロギーとなった。

82 第一次世界大戦
ヨーロッパ中を巻き込んだ史上初の世界大戦

1914年～1918年

サライエヴォ事件をきっかけに勃発した第一次世界大戦は、史上初の総力戦となり、戦争当事国を消耗させた。

膠着する戦線と果てしない消耗戦

1914年6月に起きたサライェヴォ事件をきっかけにオーストリアがセルビアに宣戦すると、ドイツもロシア、フランスに宣戦、次いでイギリスもドイツに宣戦し、戦争は**三国同盟**諸国と**三国協商**諸国が全面衝突する**第一次世界大戦**へと発展した。

短期決戦を目論《もくろ》んでいたドイツは、西部戦線ではベルギーの中立を侵《おか》してフランスに攻め込み、パリ近郊まで迫ったが、9月のマルヌの戦いで進撃を阻止されると戦闘は塹壕戦《ざんごうせん》に突入した。一方、東部戦線では、ロシア軍の進撃をタンネンベルクの戦いで破ったドイツ軍がポーランドやリトアニアを占領したものの、やはり戦闘は膠着《こうちゃく》状態となった。

長期化した戦争は、女性や植民地の住民を含めた国民全体の協力体制を必要とする総力戦の様相を呈し、各国国内では、社会主義者の多くも戦争に賛成したことで、**挙国一致体制**《きょこくいっち》が成立した。しかし、果てしない消耗《しょうもう》戦が続くと、国民の間ではしだいに厭戦《えんせん》気運が高まりはじめ、特にイギリスの海上封鎖により物資の欠乏に苦しんだドイツでは、17年に戦争の継続に反対する一派が社会民主党から分かれて独立社会民主党を結成し、大規模なストライキを繰り返した。

ドイツ海軍の無差別攻撃でついにアメリカが参戦

膠着状態に陥った戦争が転機を迎えたのは1917年であった。同年、ドイツが中立の国の商船も攻撃対象とする**無制限潜水艦作戦**を宣言すると、これに反対したアメリカがドイツに宣戦。戦局は連合国優勢へと大きく傾くことになった。同年11月にロシアで革命が起こりドイツとソヴィエト=ロシアが単独講和を結ぶと、翌18年ドイツは西部戦線で最後の攻勢に出るが、戦局は打開できず、11月にはキール軍港で起きた水兵の反乱をきっかけに**ドイツ革命**が起こり、ヴィルヘルム2世が退位、休戦条約が結ばれた。

新兵器の導入と犠牲者の増大

戦車や飛行機、毒ガスなどの新兵器が登場し、戦い方が大きく変化したことも第一次世界大戦の特徴である。特に機関銃の発達は歩兵の突撃を困難にし、双方が塹壕を掘ってにらみ合う膠着状態をつくり出した。また、犠牲者の数も飛躍的に増大し、1916年のヴェルダン要塞攻防戦と、続くソンムの戦いでは、双方合わせて70万人以上ともいわれる戦死者を出した。

第一次世界大戦直前のヨーロッパ

3C政策
アフリカのケープタウンとカイロを鉄道で結び、さらにインドのカルカッタまでつなげるというイギリスの植民地政策。
三国協商
1891年の露仏同盟、1904年の英仏協商、07年の英露協商によって成立。三国同盟と対立した。
三国同盟
フランスの孤立を図る思惑から1882年に成立したが、領土問題でオーストリアと対立したイタリアは、事実上離脱。
1917年
アメリカの参戦
孤立主義をとるアメリカは当初中立の立場をとっていたが、ドイツが無制限潜水艦作戦の再開を決定したため、連合国側で参戦した。
イタリア、三国同盟離脱
イタリアは、領土をめぐって、オーストリアと対立するようになった。そしてロンドン密約を連合国と結び三国同盟から離脱、連合国側で参戦した。
ドイツ・オーストリアの同盟国側について参戦。
ドイツの3B政策
ベルリン－イスタンブル（ビザンティウム）－バグダードを結び、中東に進出しようとする政策。ドイツはバグダード鉄道の敷設権などを獲得した。
1914年6月
サライェヴォ事件
1914年7月
第一次世界大戦勃発
ノルウェー
スウェーデン
ペトログラード
北海
大西洋
イギリス
ロシア
オランダ
ロンドン
ベルリン
ドイツ
アメリカ
パリ
ウィーン
フランス
スイス
オーストリア=ハンガリー
ルーマニア
イタリア
サライェヴォ
セルビア
ブルガリア
黒海
カスピ海
ローマ
イスタンブル
マドリード
ポルトガル
スペイン
リスボン
オスマン帝国
ギリシア
地中海
バグダード
カイロ
連合国
同盟国
中立国

83 ロシア革命

ロシアで世界初の社会主義革命成功

1917年

1917年、第一次世界大戦で疲弊したロシアで、革命による史上初の社会主義国家が誕生した。

ロシア革命からソヴィエト政権樹立へ

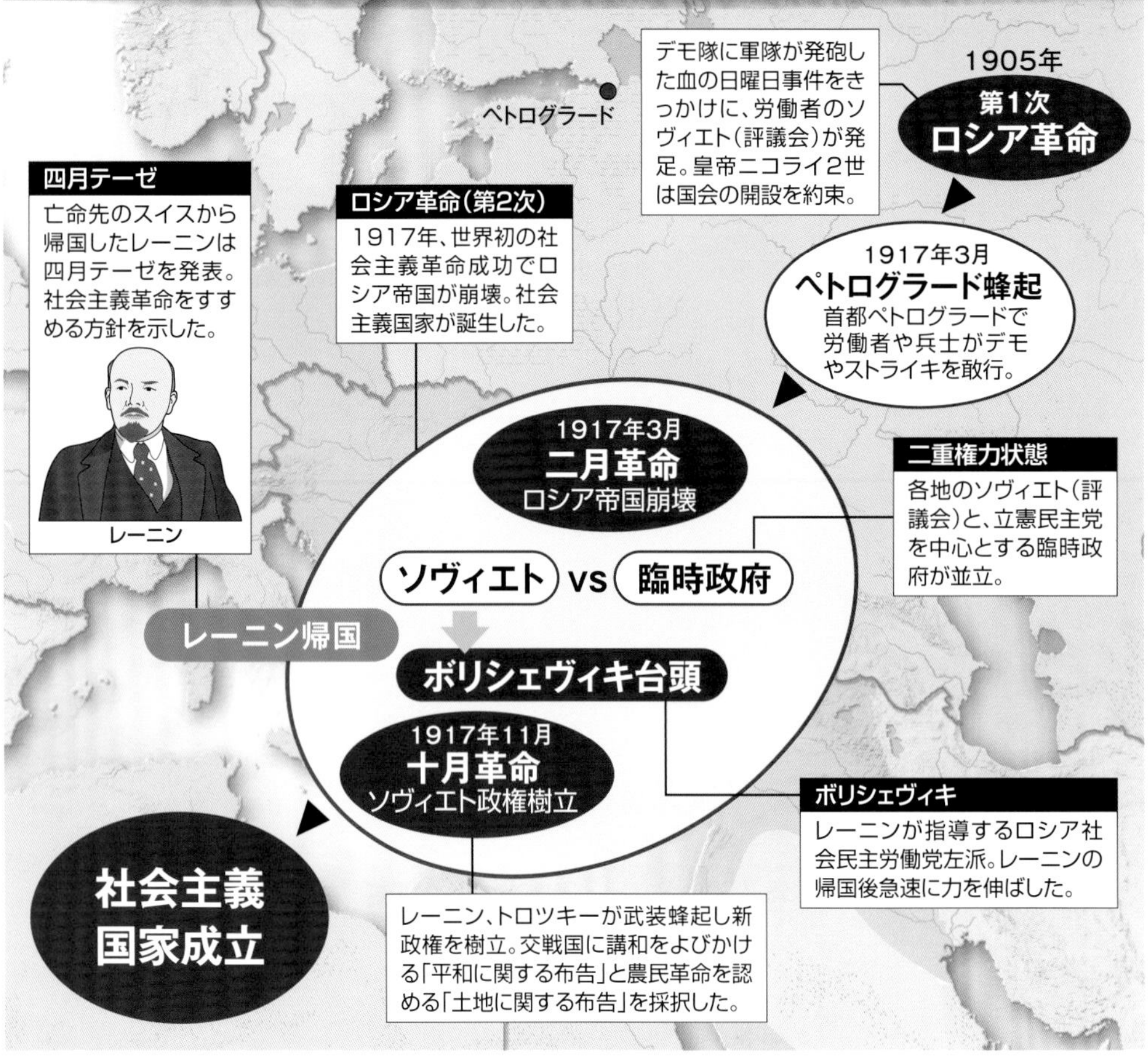
ペトログラード
デモ隊に軍隊が発砲した血の日曜日事件をきっかけに、労働者のソヴィエト（評議会）が発足。皇帝ニコライ2世は国会の開設を約束。
1905年 第1次ロシア革命
四月テーゼ
亡命先のスイスから帰国したレーニンは四月テーゼを発表。社会主義革命をすすめる方針を示した。
レーニン
ロシア革命（第2次）
1917年、世界初の社会主義革命成功でロシア帝国が崩壊。社会主義国家が誕生した。
1917年3月 ペトログラード蜂起
首都ペトログラードで労働者や兵士がデモやストライキを敢行。
1917年3月 二月革命 ロシア帝国崩壊
二重権力状態
各地のソヴィエト（評議会）と、立憲民主党を中心とする臨時政府が並立。
ソヴィエト vs 臨時政府
レーニン帰国
ボリシェヴィキ台頭
1917年11月 十月革命 ソヴィエト政権樹立
ボリシェヴィキ
レーニンが指導するロシア社会民主労働党左派。レーニンの帰国後急速に力を伸ばした。
社会主義国家成立
レーニン、トロツキーが武装蜂起し新政権を樹立。交戦国に講和をよびかける「平和に関する布告」と農民革命を認める「土地に関する布告」を採択した。

ロシア帝国を崩壊させた二月革命とソヴィエト

1914年に第一次世界大戦が始まると、もともと経済的基盤の弱かったロシア帝国は深刻な食糧不足に陥った。17年3月（ロシアのユリウス暦では2月）、窮《きゅう》状《じょう》に耐えかねた労働者が首都ペトログラードで大規模なデモやストライキを敢行、反乱兵士も合流した。ドゥーマ（国会）では立憲民主党を中心とした臨時政府が樹立された。

事態を収拾できなくなったニコライ2世は退位。この**二月革命**によりロシア帝国は崩壊した。ただし、各地で労働者・兵士による**ソヴィエト**（評議会）が設置されるなど、国内は臨時政府とソヴィエトが対立する二重権力状態にあった。4月になると亡命先のスイスから帰国した**レーニン**が「四月テーゼ」を発表。「すべての権力をソヴィエトへ」と訴え、臨時政府との対決姿勢を明らかにした。

臨時政府は革命後も戦争を継続することを決定、社会革命党やメンシェヴィキ（ロシア社会民主労働党右派）を入閣させ、社会革命党のケレンスキーが首相に就任した。しかし、戦局が好転しないことから臨時政府の威信は低下。各地のソヴィエトでは当初から戦争に反対していた**ボリシェヴィキ**（ロシア社会民主労働党左派）が勢力を伸ばしていった。

革命政権、大戦終結直前にドイツと単独講和締結

1917年11月（ユリウス暦では10月）には、ボリシェヴィキ派の労働者や兵士がペトログラードで蜂起《ほうき》して臨時政府を倒し、ボリシェヴィキと社会革命党左派からなる**ソヴィエト政権**を樹立した（**十月革命**）。レーニンを指導者とする新政府は、即時停戦と無併合・無賠償・民族自決の原則を訴えた「平和に関する布告」を出した。さらに続いて地主の土地を没収する「土地に関する布告」を発布。憲法制定議会の選挙を実施したが、農民を支持基盤とした社会革命党が第一党になるとレーニンは議会を解散、社会革命党左派をも政権から追放し、ボリシェヴィキによる一党独裁体制を確立した。またその間に、ドイツとの単独講和に踏みきり、18年3月にドイツへの多額の賠償支払い義務を負う**ブレスト=リトフスク条約**を締結《ていけつ》したが、同年11月に第一次世界大戦は終結した。

レーニンの後継者争い

1924年1月にレーニンが死ぬと、「一国社会主義」を主張するスターリンと、世界革命の必要性を説くトロツキーとの間で対立が表面化した。同年5月の党大会で書記長留任が決定したスターリンは、その後トロツキーの権威失墜《しっつい》を謀《はか》り、独裁体制を確立していった。

なお、存命中のレーニンは、スターリンの後継者としての資質に疑問を抱き、遺書となった書簡のなかで、書記長更迭《こうてつ》の必要性も述べていた。

WORD ブレスト=リトフスク条約　ロシア革命政権のドイツとの講和交渉は、当初はトロツキーが主張する交渉引き延ばし案が採用されたが、しだいに即時講和を求めるレーニンの案が優勢になり、18年3月、ポーランドやバルト海沿岸地域の放棄など、過酷な条件で講和を結んだ。しかし、その後ドイツが敗れたため講和は破棄されることとなった。

84 ソヴィエト連邦の成立

対ソ干渉戦争に「世界革命」で対抗

1922年

社会主義革命の波及を恐れた資本主義諸国の干渉に対抗して、ソヴィエト政権は「世界革命」の推進を目ざした。

資本主義諸国に衝撃 社会主義革命の発生

社会革命党を排除し一党独裁体制を確立したボリシェヴィキは1918年に**共産党**と改称し、首都をモスクワに移した。また、第一次世界大戦以来の食糧不足を解消するため、労働者を農村に送り込んで作物を強制的に徴発《ちょうはつ》したが、そのために各地で農民反乱が発生、反革命運動が各地で起こったため、誕生したばかりの社会主義国家は内戦状態に陥った。これに対しソヴィエト政府は、チェカ(非常委員会)や**赤軍**《せきぐん》を組織して反革命運動などの取り締まりにあたった。

一方、ロシア革命の影響で国内の労働運動や植民地の民族主義が高まり、革命が自国に波及することを恐れた資本主義諸国はソヴィエト政府を敵視した。

対ソ干渉戦争とコミンテルンの結成

1918年からは、ボリシェヴィキ軍と衝突したチェコ軍の救出を名目に、英・仏が北ロシアに軍隊を派遣、日本もアメリカなどとともにシベリアに出兵するなど、**対ソ干渉《かんしょう》戦争**が開始された。

外国軍とそれに呼応したロシア国内の反革命軍(**白軍**)は、一時国土の大部分を占領したが、外国軍の侵入はかえってロシア民衆の愛国心をよびさますこととなった。しだいに支持を拡大したソヴィエト政府は、全工業を国有化し、農民からは食糧を徴発するなど、徹底した**戦時共産主義**によって政治・経済の統制を図ったほか、赤軍を強化して反撃。また、19年3月には各国の革命勢力を結集して「世界革命」を実現するため**コミンテルン**(第3インターナショナル)を設立。これにより各国で共産党が誕生した。

こうして外国軍の干渉を排したソヴィエトは、中央アジアやカフカース地方の共和国を支配下におさめ、22年には**ソヴィエト社会主義共和国連邦**を形成した。

ドイツ革命の失敗と一国社会主義

世界革命を主張するソヴィエト政府は、1918年11月から始まったドイツ革命に期待をかけていた。水兵の反乱に端を発したドイツ革命は、その後各地に労兵レーテ(評議会)が結成されたが、社会民主党を中心とする臨時政府はスパルタクス団などの左派勢力を抑え込んだほか、労働者らによるベルリン蜂起《ほうき》なども鎮圧し、社会主義革命は成立しなかった。こうした革命の失敗により、ソヴィエトではしだいに一国だけで社会主義を建設する「一国社会主義」の考えが台頭するようになった。

世界へ広がるロシア革命の影響

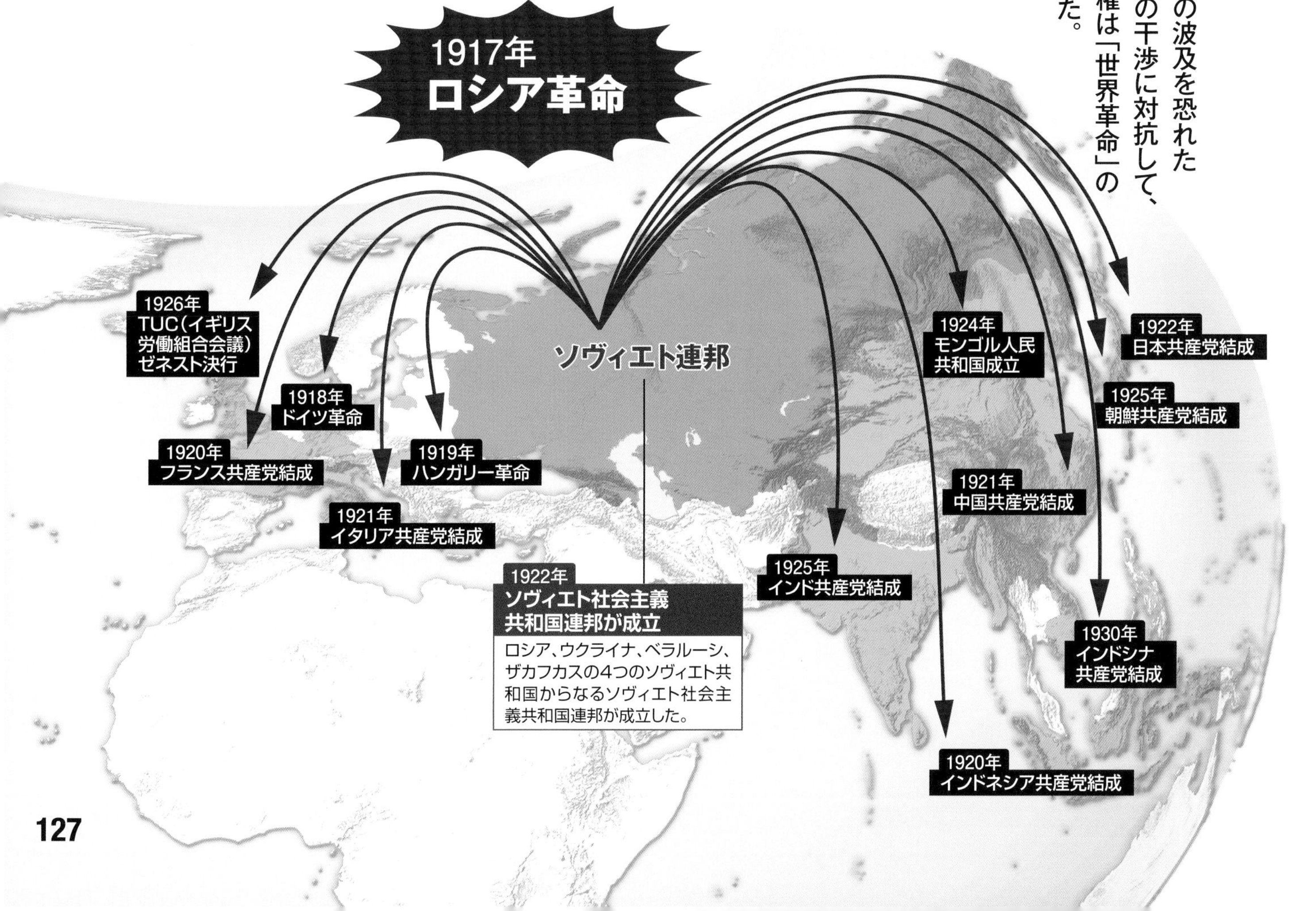
1917年
ロシア革命
ソヴィエト連邦
1926年
TUC(イギリス労働組合会議)ゼネスト決行
1918年
ドイツ革命
1920年
フランス共産党結成
1919年
ハンガリー革命
1921年
イタリア共産党結成
1922年
ソヴィエト社会主義共和国連邦が成立
ロシア、ウクライナ、ベラルーシ、ザカフカスの4つのソヴィエト共和国からなるソヴィエト社会主義共和国連邦が成立した。
1924年
モンゴル人民共和国成立
1922年
日本共産党結成
1925年
朝鮮共産党結成
1921年
中国共産党結成
1925年
インド共産党結成
1930年
インドシナ共産党結成
1920年
インドネシア共産党結成

83 ロシア革命　84 ソヴィエト連邦の成立

85 ヴェルサイユ体制

禍根を残した戦後国際体制

1919年〜1930年代

第一次世界大戦後、ヴェルサイユ体制が確立したが、植民地の独立要求などは宗主国から無視された。

ウィルソンの思惑に反したヴェルサイユ体制

第一次世界大戦後の混乱を収拾するため、1919年1月から連合国による**パリ講和会議**が開かれた。アメリカの**ウィルソン**大統領は、秘密外交の廃止や軍備縮小、民族自決、**国際連盟**の設立などを唱えた「**14か条の平和原則**」を講和の基礎にしようとしたが、ドイツへの報復を主張する英・仏に阻まれ、国際連盟の設立以外はほとんど実現されなかった。

19年6月に成立した**ヴェルサイユ条約**では、ドイツは全植民地を失ったほか、軍備の制限や1320億金マルクという巨額の賠償金を課せられるなど、厳しい条件を強いられ、のちに恨みを残すこととなった。ドイツ以外の同盟国も、それぞれ個別に連合国と講和条約を結び、**ヴェルサイユ体制**とよばれる戦後国際体制が確立した。

裏切られた民族自決と東欧国家の誕生

パリ講和会議には、自分たちの民族自決の要求が実現することを期待して、植民地の住民たちも注目した。しかし、列強は植民地の独立要求を無視。ドイツの旧植民地やオスマン帝国の領土などは国際連盟の委任統治として戦勝国の間で分配された。

独立要求を無視された植民地では、朝鮮半島での三《さん》・一《いち》運動や中国での五《ご》・四《し》運動、エジプトで起きたワフド党による反英運動やインドのガンディーによる非暴力抵抗運動など、各地で民族主義運動（**P130参照**）が起こった。

しかし結局、民族自決の原則が適用されたのは、ドイツ、オーストリア、ロシアの崩壊により誕生した、ポーランド、チェコスロヴァキア、バルト三国、ユーゴスラヴィアなどの東欧諸国に限られた。だが、もともと民族分布が複雑だった東欧地域において、民族自決を貫いた国民国家の形成は困難を極め、新しく誕生したこれらの国々も国内に少数民族を抱え、紛争が繰り返されることとなった。

ナチス台頭の遠因 ドイツの過酷な賠償金

ヴェルサイユ条約で過酷《かこく》な賠償金を課せられたドイツは、経済破綻《はたん》と天文学的なインフレに見舞われ、国民の間にヴェルサイユ体制への不満と連合国への恨みの感情が高まっていた。ヒトラー率いるナチスは、ヴェルサイユ体制打破を掲げて国民の不満に直接訴えかけ、急速に勢力を拡大させていった。

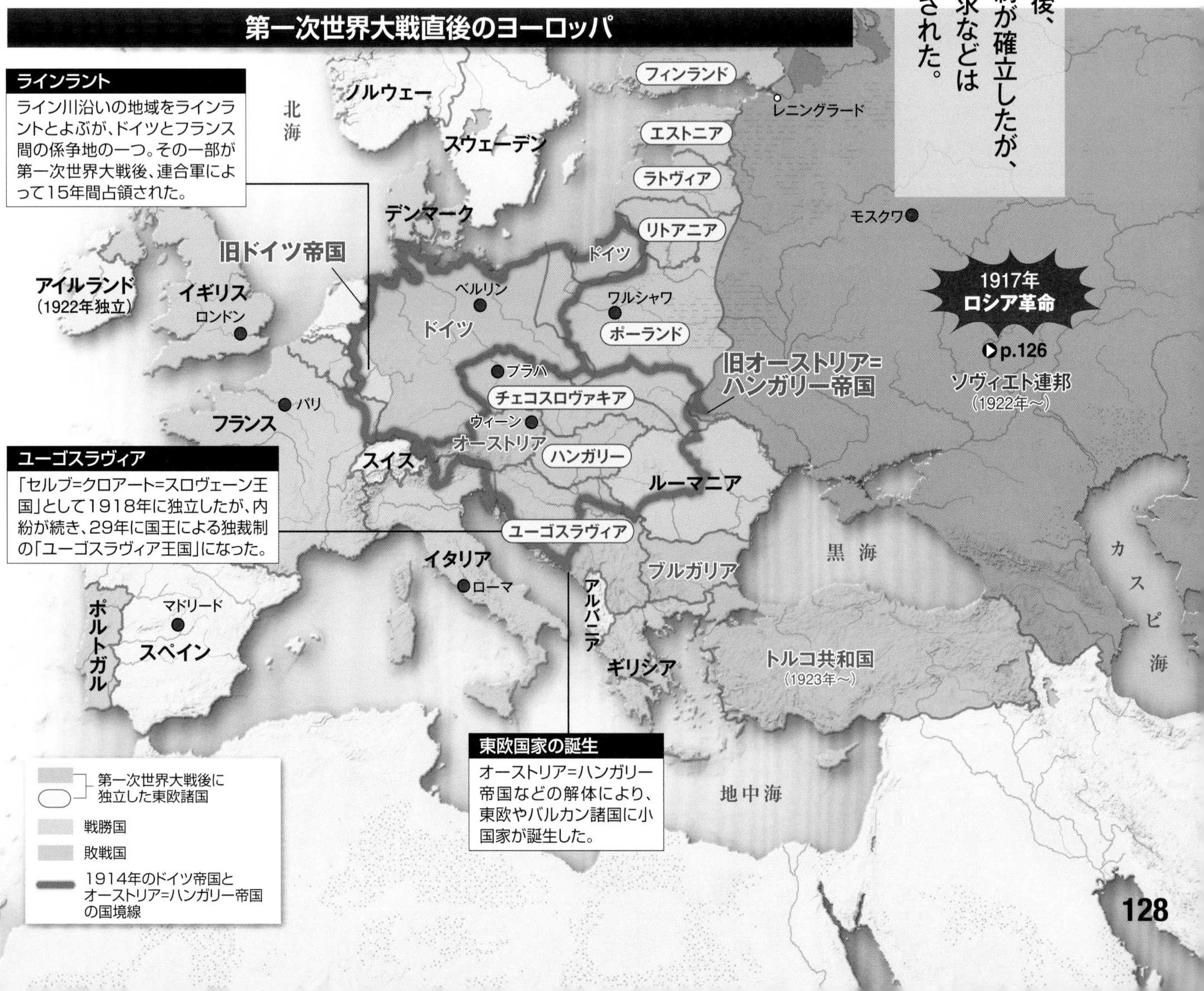

第一次世界大戦直後のヨーロッパ
ラインラント
ライン川沿いの地域をラインラントとよぶが、ドイツとフランス間の係争地の一つ。その一部が第一次世界大戦後、連合軍によって15年間占領された。
北海
ノルウェー
スウェーデン
フィンランド
レニングラード
エストニア
ラトヴィア
リトアニア
デンマーク
モスクワ
旧ドイツ帝国
ドイツ
アイルランド
(1922年独立)
イギリス
ロンドン
ベルリン
ドイツ
ワルシャワ
ポーランド
1917年
ロシア革命
p.126
ソヴィエト連邦
(1922年〜)
大西洋
プラハ
旧オーストリア=ハンガリー帝国
パリ
チェコスロヴァキア
フランス
ウィーン
オーストリア
ハンガリー
スイス
ユーゴスラヴィア
「セルブ=クロアート=スロヴェーン王国」として1918年に独立したが、内紛が続き、29年に国王による独裁制の「ユーゴスラヴィア王国」になった。
ルーマニア
ユーゴスラヴィア
黒海
カスピ海
イタリア
ローマ
ブルガリア
アルバニア
マドリード
ポルトガル
スペイン
ギリシア
トルコ共和国
(1923年〜)
東欧国家の誕生
オーストリア=ハンガリー帝国などの解体により、東欧やバルカン諸国に小国家が誕生した。
地中海
第一次世界大戦後に独立した東欧諸国
戦勝国
敗戦国
1914年のドイツ帝国とオーストリア=ハンガリー帝国の国境線

86 ワシントン体制

日本を牽制するアメリカの思惑

1922年～1930年代

第一次世界大戦中にアジア・太平洋地域で権益を拡大した日本に対し、アメリカは警戒感を示した。

大国のすきをついて権益を拡大した日本

ヴェルサイユ体制と並び、東アジアや太平洋地域での第一次世界大戦後の国際秩序を確立させたのが、1921～22年にかけて開かれた**ワシントン会議**で成立した一連の条約・決議によって形成された**ワシントン体制**であった。会議を主催したアメリカのねらいは、同地域で高まる民族主義への対処や、懸案だった中国の門戸《もんこ》開放と同時に、太平洋地域で台頭してきた日本を牽制《けんせい》することにあった。

14年に第一次世界大戦が始まると、日本はドイツの租借《そしゃく》地である中国山東《さんとう》省の膠州《こうしゅう》湾やドイツ領南洋諸島を占領したほか、中国の袁世凱《えんせいがい》政権に二十一カ条要求をつきつけるなど、ヨーロッパ戦線に忙殺されている大国のすきをついて権益を拡大させていた。さらに戦後は、国際連盟の常任理事国になるなど、列強の仲間入りを果たしていた。

日本の権益縮小に成功したアメリカの外交戦略

一方、アメリカは、第一次世界大戦で総力戦を展開した英・仏などとの貿易により強大な経済力を獲得。大戦で疲弊したヨーロッパとは対照的に、世界最大の債権国となっていた。また、アメリカの参戦が連合国の勝利に大きく貢献したこともあり、その国際的な発言力が高まっていた。

しかし、国内には**孤立主義**が根強く、ヴェルサイユ条約の批准《ひじゅん》も、自ら創設を主導した国際連盟の加盟も議会によって拒否されていた。

ワシントン会議の結果、アメリカは**海軍軍縮条約**によりイギリスと同等の海軍力を保有することが認められた。また、米・英・仏・日の間で太平洋諸島の現状維持を確認する**四カ国条約**が結ばれたほか、イタリアや中国などを加えた**九カ国条約**で、中国に対する門戸解放や機会均等を確認。四カ国条約の結果、1902年に成立した日英同盟は解消され、日本の外交的孤立化が進み、九か国条約では日本がドイツから奪った山東省の権益を返還することになった。

アメリカの孤立主義と対外進出

アメリカ合衆国は、独立以来長い間、ヨーロッパの争いごとにかかわらないことが自国の独立と繁栄を維持する最良の方策であるとの考えにもとづき、「孤立主義」を外交政策の柱に掲げてきた。しかし、それはあくまで「ヨーロッパからの孤立」であって、ほかの帝国主義列強と同様、対外進出は積極的に進めた。

アジア・太平洋地域に進出する日本とアメリカ

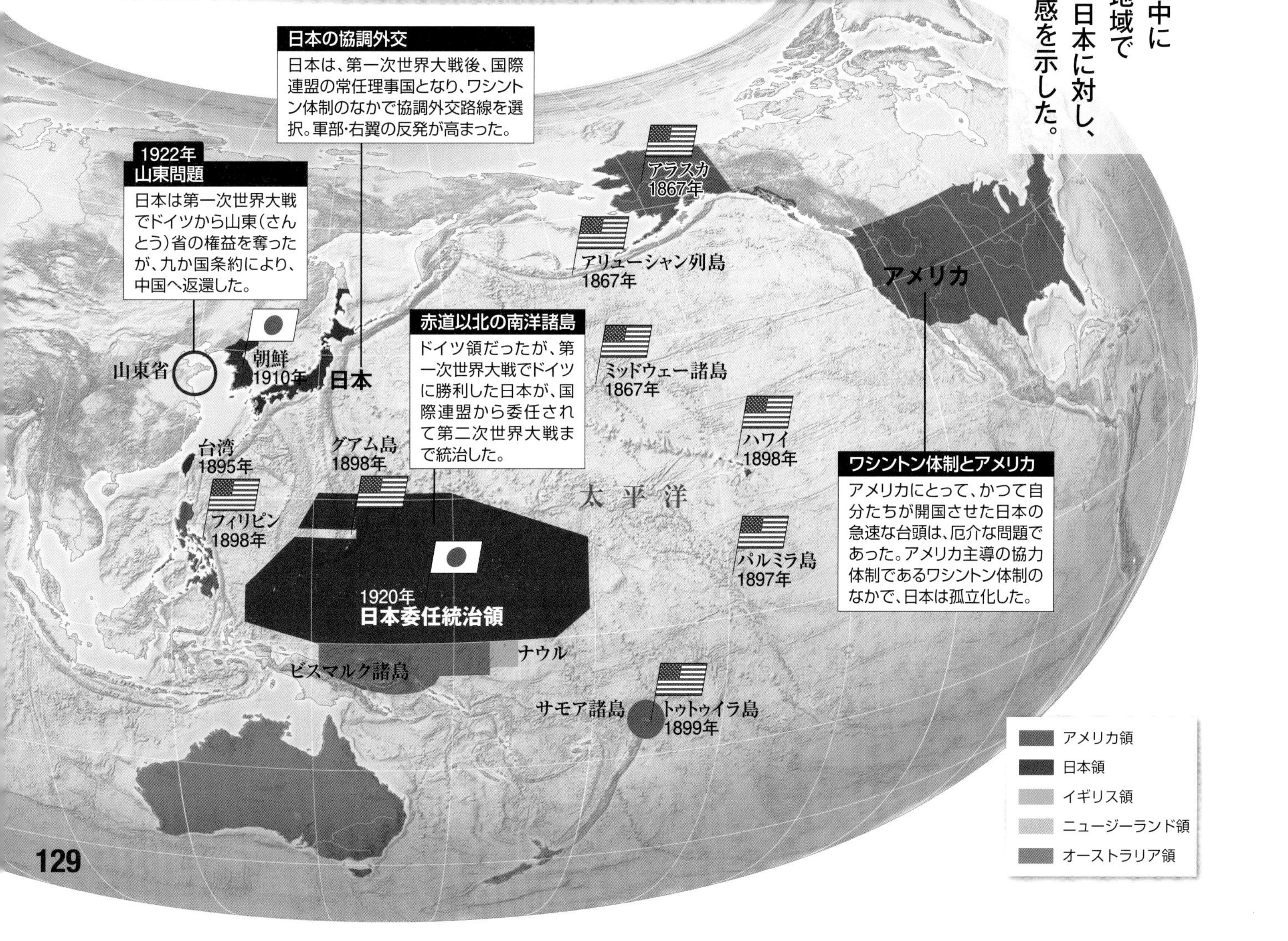

日本の協調外交
日本は、第一次世界大戦後、国際連盟の常任理事国となり、ワシントン体制のなかで協調外交路線を選択。軍部・右翼の反発が高まった。
1922年
山東問題
日本は第一次世界大戦でドイツから山東（さんとう）省の権益を奪ったが、九か国条約により、中国へ返還した。
赤道以北の南洋諸島
ドイツ領だったが、第一次世界大戦でドイツに勝利した日本が、国際連盟から委任されて第二次世界大戦まで統治した。
ワシントン体制とアメリカ
アメリカにとって、かつて自分たちが開国させた日本の急速な台頭は、厄介な問題であった。アメリカ主導の協力体制であるワシントン体制のなかで、日本は孤立化した。
アラスカ 1867年
アリューシャン列島 1867年
アメリカ
ミッドウェー諸島 1867年
ハワイ 1898年
パルミラ島 1897年
トゥトゥイラ島 1899年
サモア諸島
山東省
朝鮮 1910年
日本
台湾 1895年
グアム島 1898年
フィリピン 1898年
太平洋
1920年
日本委任統治領
ナウル
ビスマルク諸島
アメリカ領
日本領
イギリス領
ニュージーランド領
オーストラリア領

85 ヴェルサイユ体制
86 ワシントン体制

トルコの近代化とインドの独立運動

20世紀前半

第一次世界大戦後の各植民地では、民族主義の高まりを背景に国民国家建設のための独立運動が各地で行われるようになった。

植民地化の危機をはね返し、近代国家へ脱皮したトルコ

第一次世界大戦が終わると、世界各地で国民国家の建設を目ざす運動がさかんになり、民族自決の原則をふみにじるヴェルサイユ体制への抵抗が始まった。

トルコでは、大戦でのオスマン帝国の敗北により連合国の治外法権などを認めた**セーヴル条約**（１９２０年）が締結され、完全な植民地に陥ろうとしていた。この条約に反対した**ケマル＝パシャ**は反乱を起こし、国内の民族主義勢力を結集してアンカラに新政府を樹立。22年にはイギリスのあと押しで小アジアに侵入していたギリシア軍を撃退し、翌23年には連合国と新たに**ローザンヌ条約**を締結して治外法権などを撤廃させた。さらに同年にはスルタンを追放して**トルコ共和国**を建国、ケマルは大統領に就任した。政教分離や法律改革、女性解放など、西欧をモデルとした近代国家の建設を進めた。

インドで高まる非暴力の反英独立運動

また、第一次世界大戦中、インドに自治権を約束したイギリスは１９１９年にインド統治法を制定したが、これは形だけの自治を認めるものであったうえ、同年には令状なしの逮捕・投獄を認めた**ローラット法**を制定し、治安維持の強化を図った。これに対し、国民会議派の指導者**ガンディー**は非暴力・不服従の抵抗運動（**サティヤーグラハ**）を展開。その後、国民会議派の主導権が左派のネルーらに移ると、29年には単なる自治ではなく完全な独立（**プールナ＝スワラージ**）を要求するようになった。対するイギリスは、妥協点をみいだすために英印円卓会議を開催、35年には各州ごとにある程度の自治を認めた**新インド統治法**を制定した。

パレスチナをめぐるイギリスの矛盾外交

イギリスは、第一次世界大戦でユダヤ人とアラブ人の協力を得るため、双方にパレスチナでの国家建設を認める一方、列強とはオスマン帝国領分割の密約を結んだ。この矛盾した外交は、現在のパレスチナ問題の発端となった。

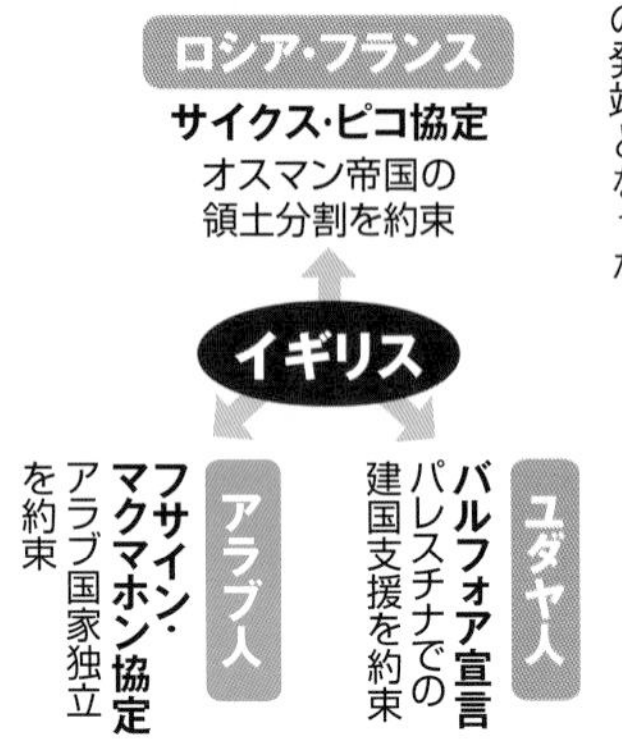
ロシア・フランス
サイクス・ピコ協定
オスマン帝国の領土分割を約束
イギリス
ユダヤ人
バルフォア宣言
パレスチナでの建国支援を約束
アラブ人
フサイン・マクマホン協定
アラブ国家独立を約束

第一次世界大戦後の西南アジア

ソヴィエト連邦
ケマル＝パシャのトルコ近代化
スルタン制を廃して政教分離を図ったほか、婦人のベール着用禁止など、西欧をモデルとした近代化を進めた。
イギリスの影響残る西アジア
イギリスは戦後、フサイン・マクマホン協定を無視し、旧オスマン帝国のアラブ諸地域を英仏の委任統治領として分割した。しかし、アラブ人の反発が強まり徐々に自治、独立を認めることとなった。
委任統治領パレスチナ
第一次世界大戦後、イギリスの委任統治領となったパレスチナにユダヤ人が入植しはじめ、アラブ人と対立するようになった。
1919年
アムリットサル虐殺《ぎゃくさつ》事件
形ばかりの自治と、治安維持強化のローラット法制定への反対運動にイギリス軍が発砲。多数の死傷者を出し、反英運動をさらに激化させた。
アンカラ
トルコ共和国
1923年建国
地中海
パレスチナ
イラク王国
1932年独立
パフレヴィー朝
(1935年にイランに改称)
アフガニスタン王国
1919年独立
アムリットサル
ラホール
チベット
エジプト王国
1922年独立
ペルシア湾
インダス川
デリー
ガンジス川
中華民国
英領インド
紅海
サウジアラビア王国
1932年独立
スエズ運河
1922年にエジプト王国が成立したあとも、スエズ運河の管理権はイギリスに残された。
仏領インドシナ
イエメン王国
1918年独立
ベンガル湾
ガンディー
ガンディー指導のインド独立運動
納税の拒否やイギリス商品の排斥による非暴力・不服従の抵抗運動を指導した。
英仏の委任統治領が独立した年

87 西南アジアの独立運動
88 中国の民族運動

88 中国の民族運動

国民党が軍閥を打倒し、中国を統一

20世紀前半

民衆運動が高まった中国では共産党が成立。さらに国民党を率いた蔣介石が北伐により軍閥を打倒して中国を統一した。

第一次世界大戦後の中国

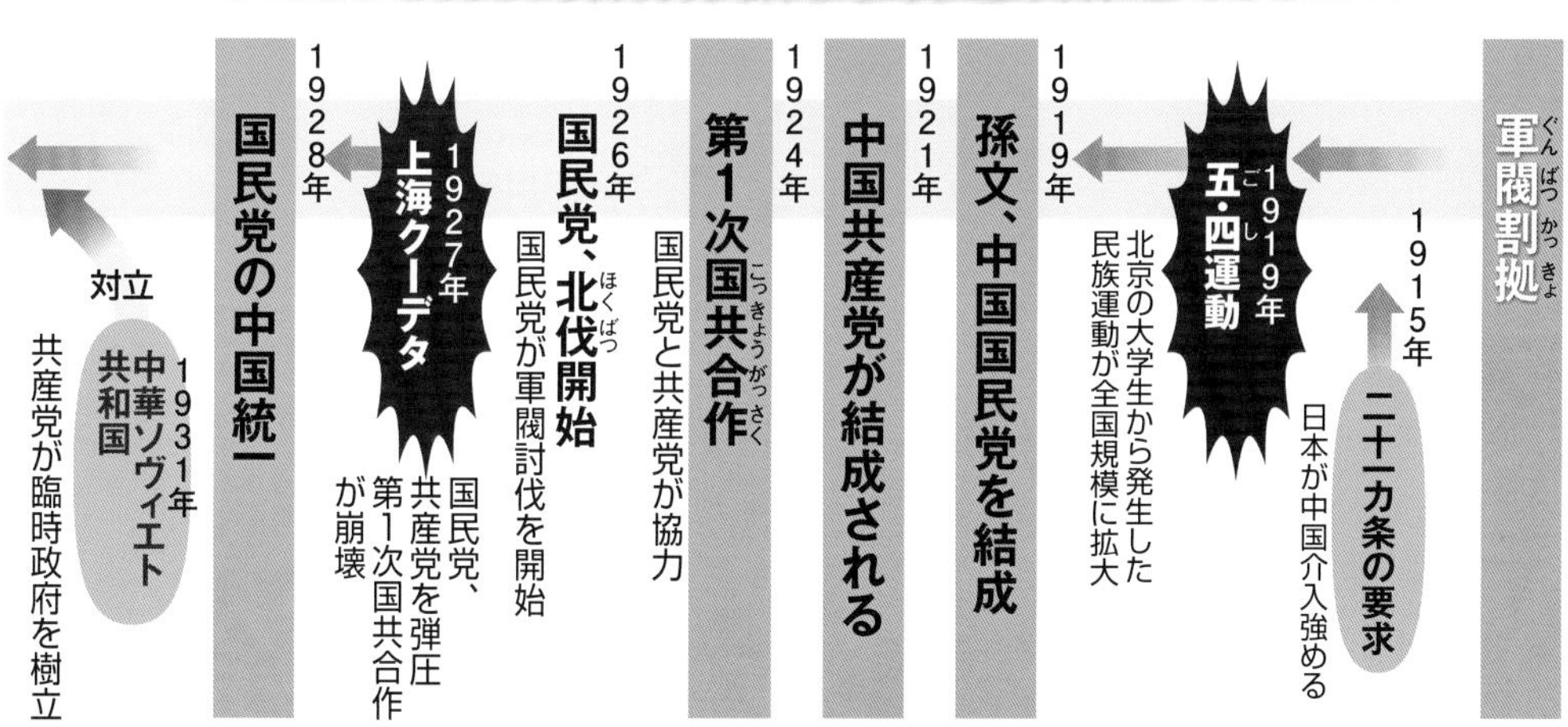
軍閥《ぐんばつ》割拠《かっきょ》
1915年
二十一カ条の要求
日本が中国介入強める
1919年
五《ご》・四《し》運動
北京の大学生から発生した民族運動が全国規模に拡大
1919年
孫文、中国国民党を結成
1921年
中国共産党が結成される
1924年
第1次国共合作《こっきょうがっさく》
国民党と共産党が協力
1926年
国民党、北伐《ほくばつ》開始
国民党が軍閥討伐を開始
1927年
上海クーデタ
国民党、共産党を弾圧
第1次国共合作が崩壊
1928年
国民党の中国統一
対立
1931年
中華ソヴィエト共和国
共産党が臨時政府を樹立

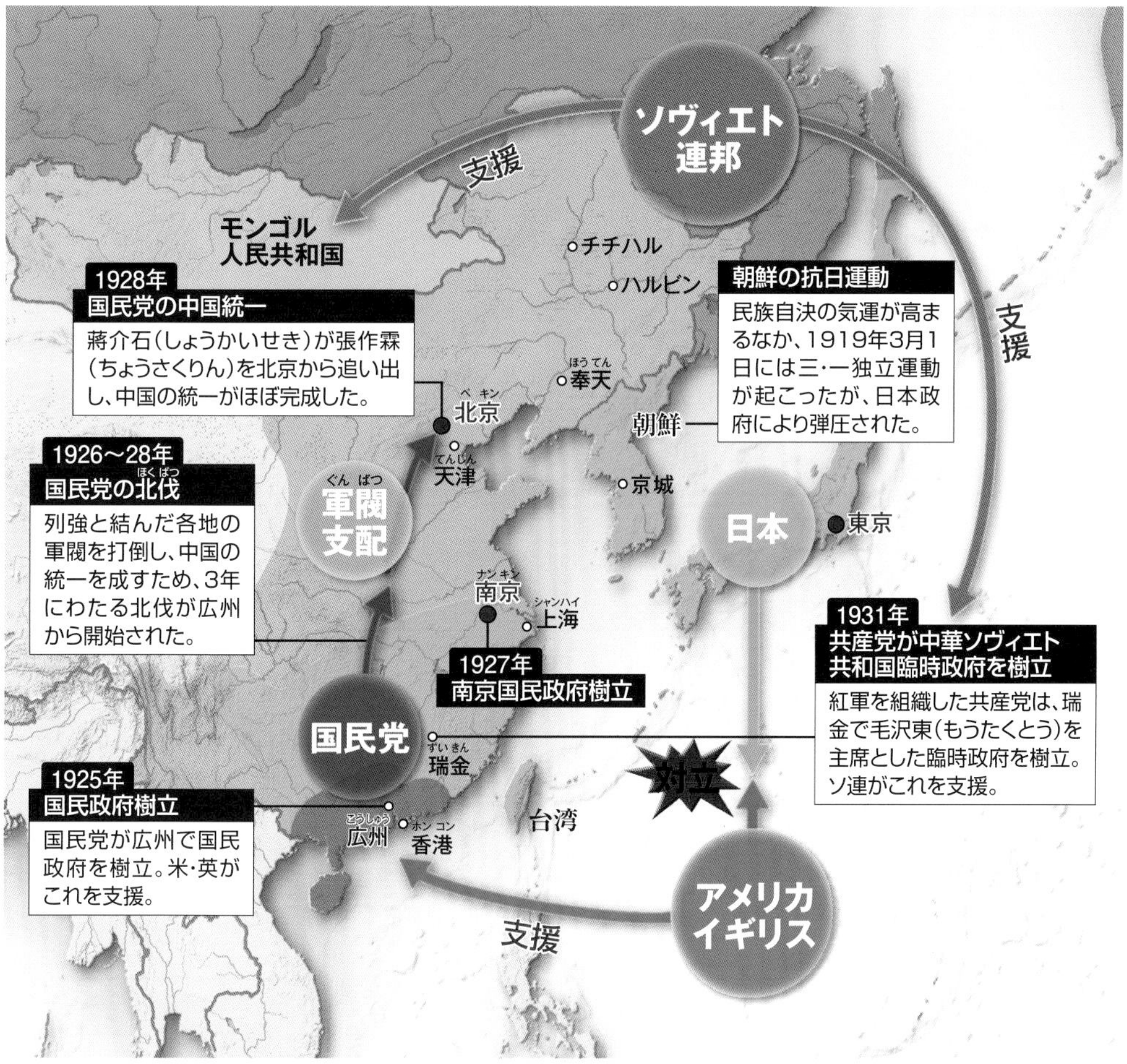
ソヴィエト連邦
支援
支援
モンゴル人民共和国
チチハル
ハルビン
奉天《ほうてん》
北京《ペキン》
天津《てんじん》
朝鮮
京城
東京
日本
軍閥《ぐんばつ》支配
南京《ナンキン》
上海《シャンハイ》
国民党
瑞金《ずいきん》
対立
台湾
広州《こうしゅう》
香港《ホンコン》
アメリカ イギリス
支援
1928年
国民党の中国統一
蔣介石（しょうかいせき）が張作霖（ちょうさくりん）を北京から追い出し、中国の統一がほぼ完成した。
朝鮮の抗日運動
民族自決の気運が高まるなか、1919年3月1日には三・一独立運動が起こったが、日本政府により弾圧された。
1926〜28年
国民党の北伐《ほくばつ》
列強と結んだ各地の軍閥を打倒し、中国の統一を成すため、3年にわたる北伐が広州から開始された。
1927年
南京国民政府樹立
1931年
共産党が中華ソヴィエト共和国臨時政府を樹立
紅軍を組織した共産党は、瑞金で毛沢東（もうたくとう）を主席とした臨時政府を樹立。ソ連がこれを支援。
1925年
国民政府樹立
国民党が広州で国民政府を樹立。米・英がこれを支援。

21カ条の要求への反対から高まった中国の民族主義運動

1915年、中国は日本から旅順《りょじゅん》、大連《だいれん》の租借《そしゃく》期限延長などからなる**二十一カ条の要求**を突きつけられたが、軍閥《ぐんばつ》が割拠《かっきょ》する中国にこの要求を退ける力はなかった。第一次世界大戦後、中国はパリ講和会議で二十一カ条の要求の撤回を求めたが、これが認められなかったため、19年5月4日、北京《ペキン》の大学生が抗議運動を開始。この**五《ご》・四《し》運動**は反帝国主義・反軍閥を掲げた全国的な民衆運動へと発展した。

これを機に、同年**孫文《そんぶん》**は**中国国民党**を組織した。また、雑誌『新青年』などを発行して新文化運動の中心的役割を果たしていた**陳独秀《ちんどくしゅう》**らは、21年にコミンテルンの指導下で**中国共産党**を結成している。ロシア革命を学んだ孫文は、革命勢力を結集させるため「連《れん》ソ、容共《ようきょう》、扶助工農《ふじょこうのう》」の路線を打ち出し、24年には共産党と協力する**第1次国共合作《こっきょうがっさく》**を実現した。25年3月の孫文死去後に、共産党員も加えた国民政府が広州《こうしゅう》に成立した。

翌26年から国民革命軍を率いた**蔣介石《しょうかいせき》**が**北伐《ほくばつ》**を開始。各地の軍閥を打倒するとともに、共産主義の台頭を恐れる浙江《せっこう》財閥らに支援された蔣介石は、27年に**上海《シャンハイ》クーデタ**を起こして共産党勢力を弾圧し、南京《ナンキン》に新たに**国民政府**を樹立した（**国共分裂**）。その後も北伐を続けた蔣介石は、28年に奉天《ほうてん》派軍閥の**張作霖《ちょうさくりん》**を退けて北京に入り、全国統一をほぼ達成した。

一方、国共分裂後、農村を根拠地とした共産党は、土地改革を進めながら紅軍《こうぐん》を組織して勢力を拡大。31年には瑞金《ずいきん》に**毛《もう》沢東《たくとう》**を主席とする**中華ソヴィエト共和国臨時政府**を樹立した。

WORD 二十一カ条の要求

第一次世界大戦中、日本の大隈重信内閣は中国の袁世凱（えんせいがい）政府に対し、山東省の権益や旅順（りょじゅん）、大連（だいれん）の租借期限延長などを要求したほか、台湾の対岸である福建省の外国への不割譲などを求めた。1921〜22年のワシントン会議の結果、日本の権益は縮小されたが、この21カ条の要求は中国の民族主義意識を高め、その後の日中関係を悪化させた。

世界恐慌で崩壊した戦後の国際協調体制

20世紀前半

アメリカから波及した世界恐慌により、ヴェルサイユ、ワシントン両体制による国際協調が崩れはじめた。

世界恐慌からファシズムへ

1929年
世界恐慌
米ニューヨークでの株価大暴落を機に世界的な大不況に陥る。

1932年～
英・仏・米のブロック経済
英・仏・米は、本国と植民地を中心に排他的な経済ブロックを形成。

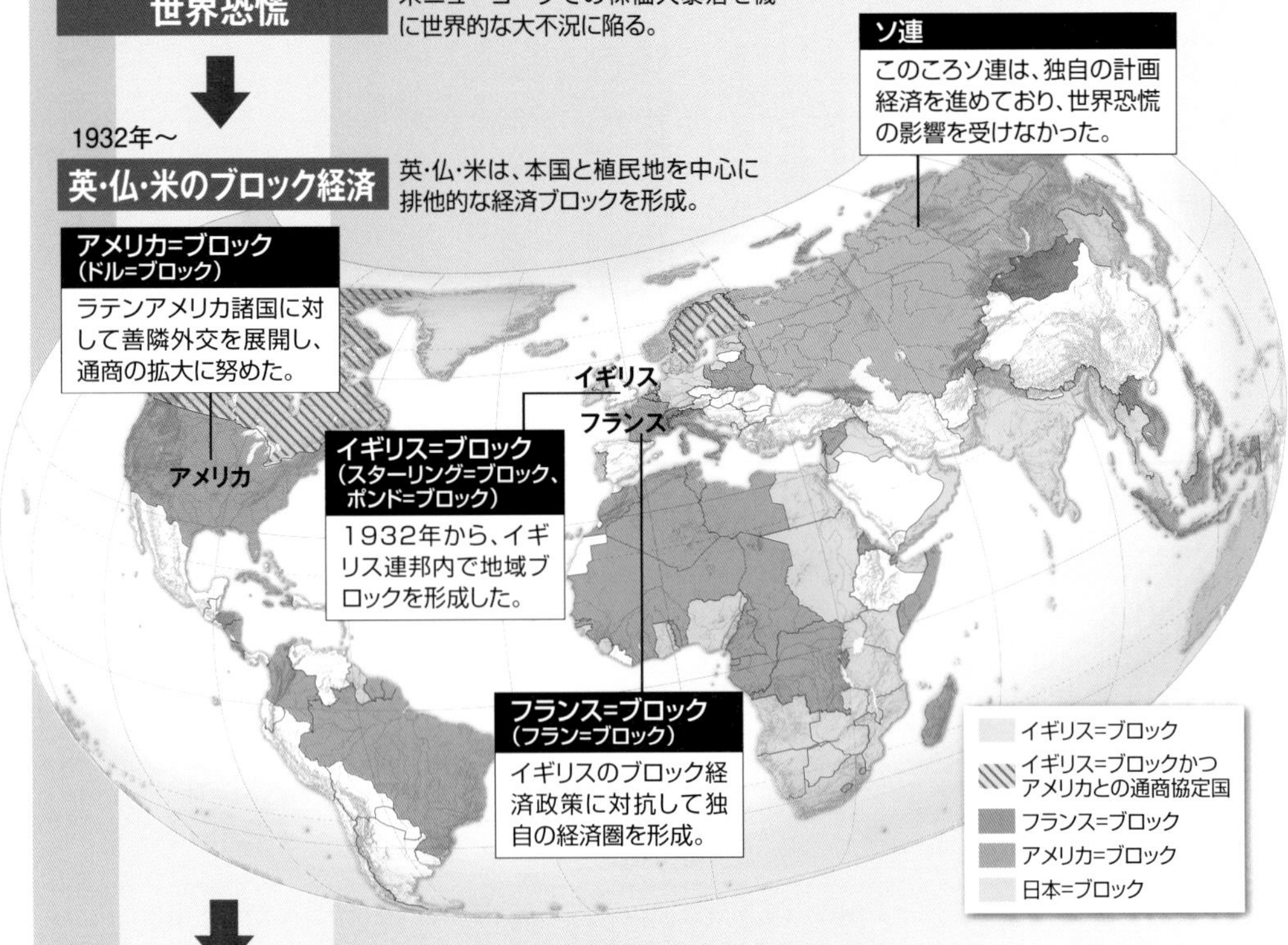

ソ連
このころソ連は、独自の計画経済を進めており、世界恐慌の影響を受けなかった。
アメリカ=ブロック（ドル=ブロック）
ラテンアメリカ諸国に対して善隣外交を展開し、通商の拡大に努めた。
アメリカ
イギリス
フランス
イギリス=ブロック（スターリング=ブロック、ポンド=ブロック）
1932年から、イギリス連邦内で地域ブロックを形成した。
フランス=ブロック（フラン=ブロック）
イギリスのブロック経済政策に対抗して独自の経済圏を形成。
イギリス=ブロック
イギリス=ブロックかつアメリカとの通商協定国
フランス=ブロック
アメリカ=ブロック
日本=ブロック

ファシズムの台頭
日・独・伊は、経済基盤の弱さから行き詰まり、国内の不満が高まり、ファシズム（全体主義）が台頭。

1937年
日独伊三国防共協定の成立
日・独・伊の3国は、1936年にベルリン=ローマ枢軸を結成。同年、日本とドイツが日独防共協定を結び、翌37年にイタリアが加わり、日独伊三国防共協定が成立した。

ドイツのナチス台頭
1933年、ナチスが一党独裁体制を確立し、国際連盟から脱退。34年、ヒトラーが総統に就任、35年には、再軍備宣言を出し、ヨーロッパの緊張が高まった。

ヒトラー

ムッソリーニ

イタリアのエチオピア併合
イタリアは、1926年からムッソリーニ率いる国民ファシスタ党政権による一党独裁体制にあった。世界恐慌後の国内不満をそらすため、36年にエチオピアを併合。これに対して国際的な批判が高まり、イタリアは、国際連盟を脱退した。

日本、満州国を建設
日本では、深刻な不況のなか、軍部や右翼が勢力を拡大。1932年、日本は満州国を建設するが、国連はこれを承認せず、33年に国際連盟を脱退。36年の二・二六事件で政党政治が崩壊し、軍部の発言力が高まり、軍国主義体制を強化した。

ニューヨークから始まった世界恐慌

1920年代に空前の繁栄期を迎えたアメリカだったが、29年10月にニューヨーク証券取引所で株価が大暴落すると、銀行や工場が次々と閉鎖される大恐慌《だいきょうこう》へと発展した。さらにアメリカの金融界が世界各国に投資していた資金を引き揚げたことなどから、アメリカの恐慌は世界へ波及した（**世界恐慌**）。特にドイツは深刻な打撃を受けたので、アメリカは賠償金などの支払い一時停止（フーヴァー=モラトリアム）を実施したが、事態は好転しなかった。

こうした状況のなか、アメリカは大規模公共事業による失業者対策など**ニューディール**とよばれる対策を講じた。また、関税引き上げなど保護主義的な政策をとったため、アメリカに刺激されたイギリス、フランスなどは植民地など自国の勢力圏で経済圏をつくり（**ブロック経済**）、域外からの輸入に高い関税をかけるなどの措置《そち》で世界恐慌を乗り切ろうとした。しかし、第一次世界大戦で植民地を失ったドイツや、経済基盤の弱かったイタリア、日本などでは危機が深刻化、軍需《ぐんじゅ》産業や対外侵略、国内統制の強化などでナショナリズムを高揚させ、危機を打開しようとする**ファシズム**が国内で台頭した。

こうして、第一次世界大戦後のヴェルサイユ、ワシントンの両国際協調体制は世界恐慌によって完全に消え去り、各国は自国中心主義の政策を推し進めた。その結果、米・英・仏など広大な植民地をもつ国々と、**ナチス**が政権を握ったドイツ、**国民ファシスタ党**のイタリア、軍国主義が台頭した日本の3国との対立が深まり、世界は再び大戦へと突入することとなった。

WORD **ニューディール**
1933年に大統領に就任したフランクリン=ローズヴェルトによる一連の経済改革。「新規まき直し」の意。全国産業復興法（NIRA）や農業調整法（AAA）で生産調整をしたほか、テネシー川流域開発公社（TVA）などの公共事業で失業対策を講じた。国家が経済に介入して景気回復を図る修正資本主義政策の端緒となり、のちにケインズによって理論づけられた。

90 日中戦争

満州事変をきっかけに日中全面戦争へ

1937年〜1945年

軍部が力をつけた日本は、中国東北部での権益のため満州国を建国。さらに日中全面戦争へ突入した。

日中戦争勃発と中国の状況

1939年5月
ノモンハン事件
モンゴルと満州国の国境紛争から、日本軍とソ連軍が衝突。日本軍は完敗した。
ソヴィエト連邦
1932年3月
満州国の建国
「日本の生命線」とまでいわれた満州を、辛亥(しんがい)革命で退位した清朝最後の皇帝溥儀(ふぎ)を迎えて独立させた。
1937年7月
盧溝橋《ろこうきょう》事件
北京郊外で日中両軍が衝突。現地の日本軍が事件を拡大したことで、戦闘は全中国に広がった。
モンゴル人民共和国
満州国《まんしゅうこく》
ハルビン
新京《しんきょう》
1931年9月
柳条湖《りゅうじょうこ》事件
関東軍が柳条湖で鉄道爆破事件を起こし、これを中国軍の仕業として戦闘を開始。
奉天《ほうてん》
1936年12月
西安《せいあん》事件
西安を訪れた蒋介石を張学良が軟禁。周恩来らとともに蒋を説得して国共内戦の停止、抗日戦の要求を承諾させた。
張家口《チャンチャコウ》
北京《ペキン》
日中戦争の前線
開戦当初(1937年12月)
大連《だいれん》
天津《てんしん》
朝鮮
日本
延安《えんあん》
青島《チンタオ》
西安《せいあん》
南京《ナンキン》
上海《シャンハイ》
第2次国共合作《こっきょうがっさく》
日中戦争開始にともない、国共が一致して抗日戦線を形成した。
重慶《じゅうけい》
1937年12月
南京占領
中華民国
1932年1月
上海《シャンハイ》事変
広州《こうしゅう》
瑞金《ずいきん》
台湾
香港《ホンコン》

満州国の建国で日本、国際連盟脱退へ

第一次世界大戦を機に急速な経済発展を遂げた日本だったが、戦後は一転して不況に陥り、1918年には**米騒動《こめそうどう》**が起こるなど、労働争議や農民運動が激化していた。27年に金融恐慌《きょうこう》が起こり、ついで世界恐慌**(P132参照)**が波及、社会不安の増大とともに、軍部や右翼《うよく》が勢力を伸ばしはじめた。

対外的にはワシントン体制を維持しながら中国東北部で権益を拡大していた日本だったが、蒋介石《しょうかいせき》による北伐《ほくばつ》**(P131参照)**が進むと、その影響が及ぶことを恐れた関東軍が軍閥の張作霖《ちょうさくりん》を列車ごと爆破して殺害し、31年に**柳条湖《りゅうじょうこ》事件**をきっかけに**満州《まんしゅう》事変**を起こし、東北部を占領した。さらに翌32年には清《しん》朝最後の皇帝(宣《せん》統帝《とうてい》)であった溥儀《ふぎ》を迎えて**満州国**を建国した。しかし、国際連盟はリットン調査団の報告にもとづき満州国を独立国とは認めず、日本は33年に国際連盟を脱退した。

第2次国共合作で日本に対抗する中国

一方、中国国内では、蒋介石が共産党への攻撃を続けていた。根拠地の瑞金《ずいきん》を追われた共産党軍は**長征《ちょうせい》**(大西遷《だいせいせん》)のすえに延安《えんあん》を新たな根拠地とし、党内では**毛沢東《もうたくとう》**の指導者としての地位が確立していた。共産党は1935年に、内戦の停止と抗日民族統一戦線の結成をよびかける**八《はち》・一《いち》宣言**を出したが、蒋はこれを無視した。しかし、内戦に反対する張学良《ちょうがくりょう》が西安《せいあん》で蒋を軟禁(**西安事件**)し内戦停止を迫り、37年9月、**第2次国共合作**が成立した。

この時期、日本では**二《に》・二六《にろく》事件**などでますます軍部の力が強まり、ドイツ、イタリアの枢軸国との関係を深めるとともに、中国での勢力拡大を急いでいた。そして第2次国共合作成立直前の37年7月、**盧《ろ》溝橋《こうきょう》事件**をきっかけとして中国との全面戦争(**日中戦争**)に突入した。

日本軍は上海《シャンハイ》、広州《こうしゅう》のほか、首都の南《ナン》京《キン》を占領したが、多数の捕虜や一般市民を殺害し、国際的な非難をあびた(南京事件)。中国国民政府は重慶《じゅうけい》に移って抗戦を続けたほか、共産党は農村や山岳地帯でゲリラ戦を展開。都市とそれを結ぶ鉄道という「点と線」の支配しかできなかった日本軍はしだいに行き詰まるようになっていった。

第2次国共合作の立役者張学良《ちょうがくりょう》

父の張作霖《ちょうさくりん》を爆殺されたのち国民党政府に合流し、陝西《せんせい》省北部で共産党軍を包囲していた張学良だが、共産党の一致抗日のよびかけに呼応し、西安を訪れた蒋介石を軟禁。周恩来《しゅうおんらい》らとともに蒋の説得にあたり(西安事件)、第2次国共合作を実現した。その後、張は事件の責任を問われて禁固刑を受け、戦後も台湾で軟禁状態におかれた。張の名誉が回復したのは1990年代になってからであった。

WORD **長征《ちょうせい》(大西遷《だいせいせん》)**
国内平定を唱えた蒋介石の率いる国民党軍はたびたび共産党を包囲した。1934年、根拠地の瑞金を放棄した共産党は延安を目ざして長征を開始。国民党軍との戦闘を繰り返しながら、1万2500kmにも及ぶ苦難の旅を続けた。長征途中に開かれた遵義会議(じゅんぎかいぎ)で、毛沢東の党内での指導権が確立した。

史上最大の犠牲者を出した第二次世界大戦

1939年～1945年

ドイツのポーランド侵攻によって始まった第二次世界大戦は、日米開戦によりヨーロッパとアジア・太平洋を主戦場とする、世界を巻き込む戦争となった。

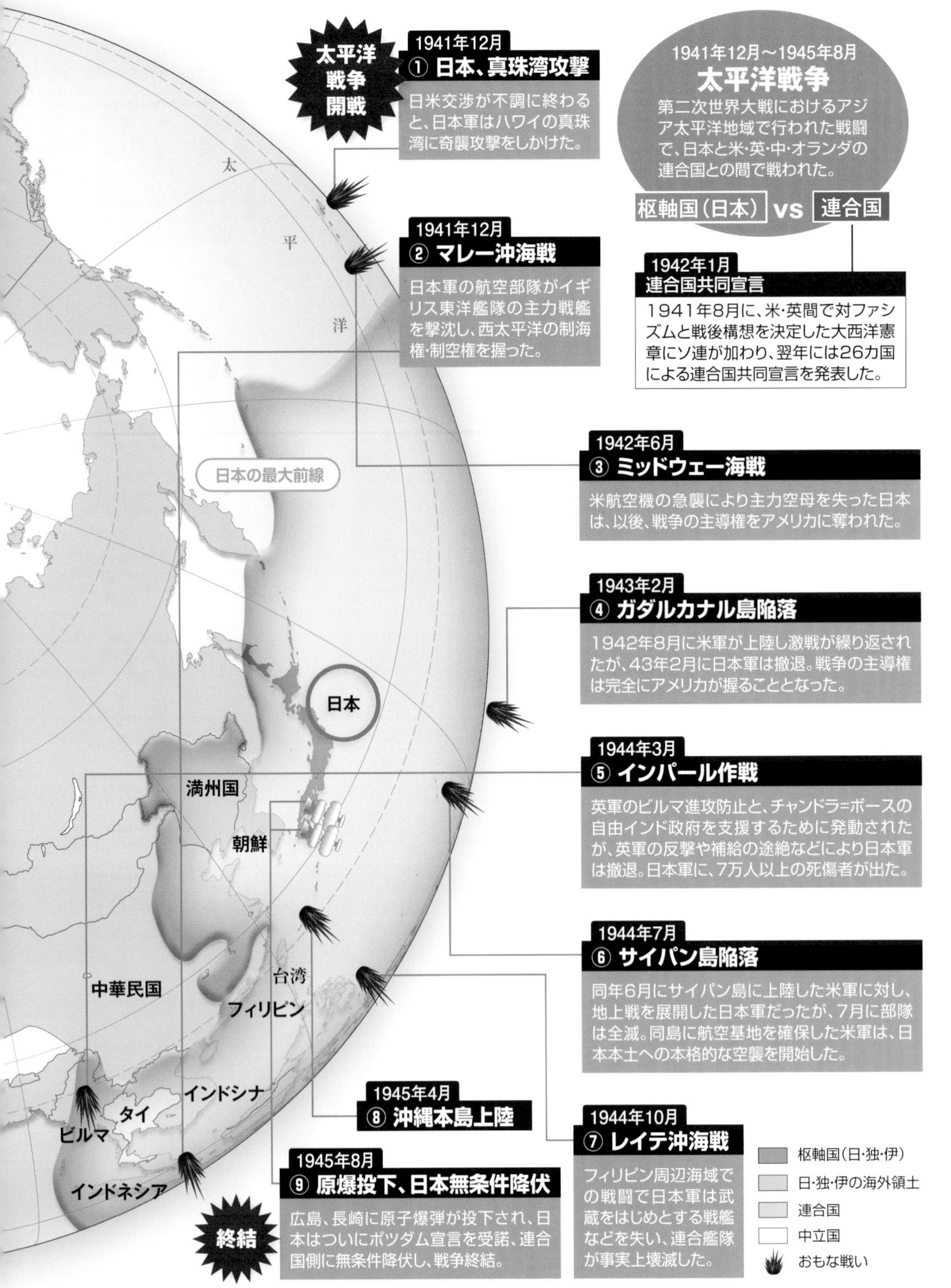
太平洋戦争開戦
1941年12月
① 日本、真珠湾攻撃
日米交渉が不調に終わると、日本軍はハワイの真珠湾に奇襲攻撃をしかけた。
1941年12月～1945年8月
太平洋戦争
第二次世界大戦におけるアジア太平洋地域で行われた戦闘で、日本と米・英・中・オランダの連合国との間で戦われた。
枢軸国（日本） vs 連合国
1942年1月
連合国共同宣言
1941年8月に、米・英間で対ファシズムと戦後構想を決定した大西洋憲章にソ連が加わり、翌年には26カ国による連合国共同宣言を発表した。
1941年12月
② マレー沖海戦
日本軍の航空部隊がイギリス東洋艦隊の主力戦艦を撃沈し、西太平洋の制海権・制空権を握った。
太
平
洋
日本の最大前線
1942年6月
③ ミッドウェー海戦
米航空機の急襲により主力空母を失った日本は、以後、戦争の主導権をアメリカに奪われた。

1943年2月
④ ガダルカナル島陥落
1942年8月に米軍が上陸し激戦が繰り返されたが、43年2月に日本軍は撤退。戦争の主導権は完全にアメリカが握ることとなった。
日本
満州国
朝鮮
1944年3月
⑤ インパール作戦
英軍のビルマ進攻防止と、チャンドラ=ボースの自由インド政府を支援するために発動されたが、英軍の反撃や補給の途絶などにより日本軍は撤退。日本軍に、7万人以上の死傷者が出た。

1944年7月
⑥ サイパン島陥落
同年6月にサイパン島に上陸した米軍に対し、地上戦を展開した日本軍だったが、7月に部隊は全滅。同島に航空基地を確保した米軍は、日本本土への本格的な空襲を開始した。
中華民国
台湾
フィリピン
インドシナ
タイ
ビルマ
インドネシア
1945年4月
⑧ 沖縄本島上陸
1944年10月
⑦ レイテ沖海戦
フィリピン周辺海域での戦闘で日本軍は武蔵をはじめとする戦艦などを失い、連合艦隊が事実上壊滅した。

1945年8月
⑨ 原爆投下、日本無条件降伏
終結
広島、長崎に原子爆弾が投下され、日本はついにポツダム宣言を受諾、連合国側に無条件降伏し、戦争終結。
枢軸国（日・独・伊）
日・独・伊の海外領土
連合国
中立国
おもな戦い

ヨーロッパと太平洋を舞台に世界を巻き込んだ激戦

1929年の世界恐慌によってヴェルサイユ体制をはじめとする国際協調体制は崩れ、世界は再び大戦へと突入していった。38年ごろから対外侵略政策を活発化させていたドイツの**ヒトラー**に対し、英・仏は反共産党政策を優先、ドイツはさらに侵略政策を推し進めた。39年8月に独ソ不可侵条約を結んで後方に備えると翌9月にポーランドへ侵攻、これに対抗して英・仏がついに宣戦し、**第二次世界大戦**が始まった。開戦後のドイツは次々と周辺国を占領し、40年5月には北フランスに進軍、6月にパリが陥落、フランスを降伏させた。このときドイツの勝利を確信したイタリアもドイツ側に立って参戦した。

そのころ日本は、日中戦争の長期化で、石油などの戦略物資を求めて東南アジアへ進出していた。40年9月に**日独伊三国同盟**を、また、41年4月に日ソ中立条約を結ぶと日本は東南アジア進出をさらに推し進めたが、この南進政策は米・英・オランダとの利害対立を深めた。そして、対日石油輸出禁止などの措置《そち》をとったアメリカとの交渉が行き詰まり、日本軍は12月にハワイの真珠湾《しんじゅわん》を奇襲攻撃し、**太平洋戦争**が勃発《ぼっぱつ》。戦争は全世界的な規模に発展した。

1939年9月～1945年5月

ヨーロッパ戦線

第二次世界大戦のヨーロッパ戦線は、ドイツのポーランド侵攻によって英・仏とドイツが開戦したことに始まる。1941年からは独ソ戦も開始された。

枢軸国（独、伊） vs 連合国

日独伊三国同盟の枢軸国

ヨーロッパでのドイツ軍の優勢を背景に、1940年9月にベルリンで日本、ドイツ、イタリアは三国同盟に調印した。

独、連合国の商船を攻撃

ドイツ軍は潜水艦による通商破壊戦を展開。連合国、中立国の船舶2500隻以上を沈めた。

真珠湾攻撃で参戦

国内の孤立主義世論を背景に中立を保っていたが、1941年3月には武器貸与法を制定して連合国を支援。12月の真珠湾攻撃を機に参戦した。

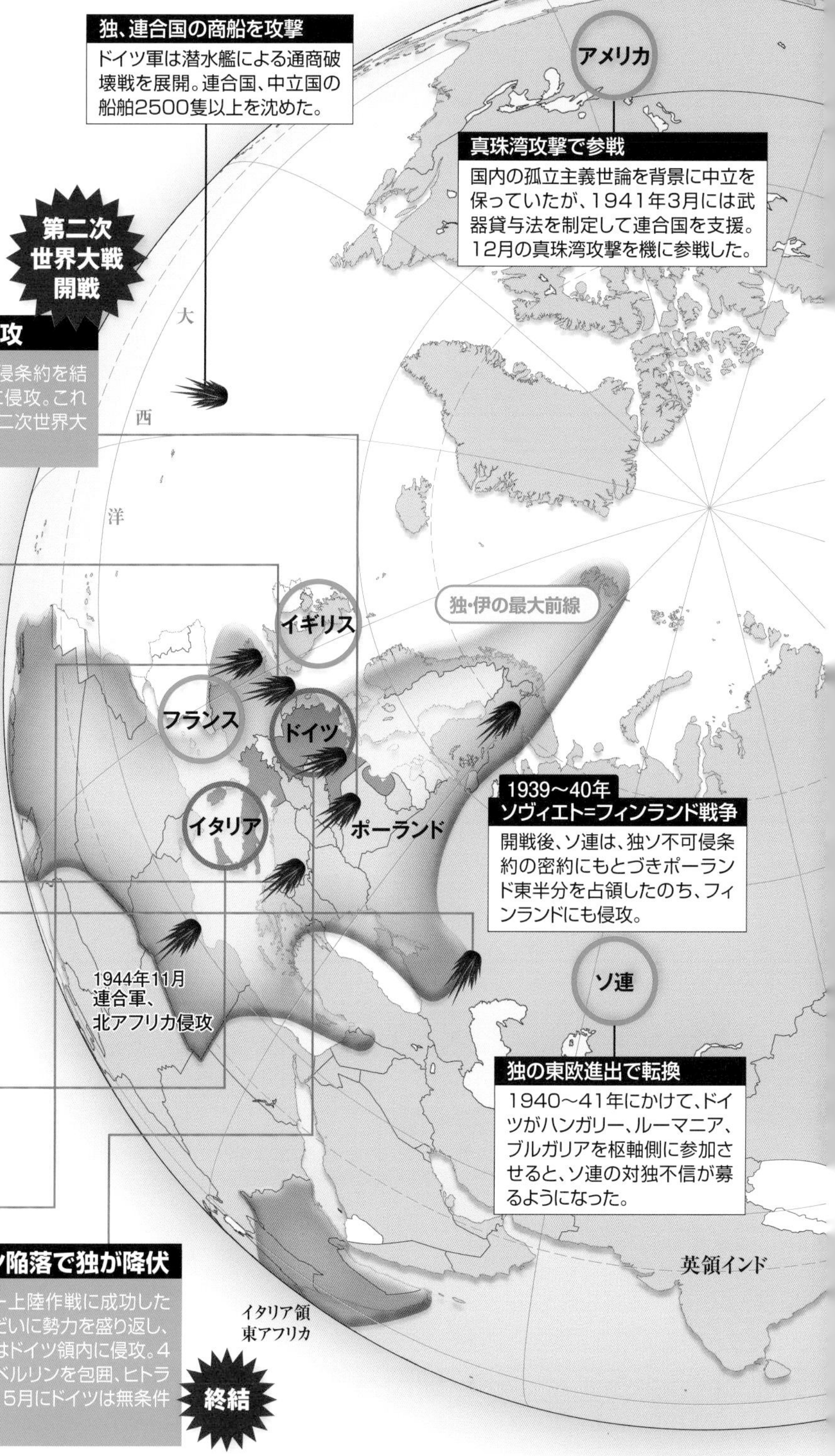
第二次世界大戦開戦
アメリカ
大
西
洋
イギリス
フランス
ドイツ
イタリア
ポーランド
独・伊の最大前線
ソ連
1944年11月
連合軍、
北アフリカ侵攻
英領インド
イタリア領
東アフリカ
終結

1939年9月
① 独、ポーランド侵攻

1939年8月に独ソ不可侵条約を結んだドイツはポーランドに侵攻。これに対し英・仏が宣戦して第二次世界大戦が始まった。

1940年6月
② 連合軍、ダンケルクから撤退

ドイツ軍が北フランスに侵攻すると、孤立した英・仏軍はダンケルクからイギリス本土に撤退。同月ドイツ軍がパリを占領した。

1941年4月
③ 独、バルカン半島へ侵攻

ドイツ軍がユーゴスラヴィア、ギリシアを制圧すると独ソ関係は緊迫。ドイツは6月にソ連への侵攻を開始した。

1942～1943年
④ スターリングラード攻防戦

ソ連第三の工業都市を奪うため、ドイツ軍はスターリングラード（現ヴォルゴグラード）に侵攻するが、ソ連軍の反抗で敗北。以後劣勢に転じる。

1943年9月
⑤ 伊、無条件降伏

英・米連合軍が北アフリカからシチリア島に侵攻すると、軍部や保守派がムッソリーニを逮捕。バドリオ政権を樹立し連合国に無条件降伏した。

1944年6月
⑥ 連合軍、ノルマンディー上陸

「史上最大の作戦」といわれ、第1波攻撃だけで約17万6000人の兵士が作戦に参加。その後約3カ月で連合軍はフランスの大部分を奪還した。

1945年5月
⑦ ベルリン陥落で独が降伏

ノルマンディー上陸作戦に成功した連合国側がしだいに勢力を盛り返し、1945年からはドイツ領内に侵攻。4月にソ連軍がベルリンを包囲、ヒトラー自殺ののち、5月にドイツは無条件降伏した。

1939～40年 ソヴィエト=フィンランド戦争

開戦後、ソ連は、独ソ不可侵条約の密約にもとづきポーランド東半分を占領したのち、フィンランドにも侵攻。

独の東欧進出で転換

1940～41年にかけて、ドイツがハンガリー、ルーマニア、ブルガリアを枢軸側に参加させると、ソ連の対独不信が募るようになった。

日・独・伊を中心とした**枢軸国**《すうじくこく》は緒戦《しょせん》は優勢だったが、物資や情報の面で勝る連合国側がしだいに戦局を有利に展開するようになった。イタリアは米・英軍がシチリア島に上陸すると**ムッソリーニ**が失脚、かわったバドリオ政権は43年9月に無条件降伏した。また、条約を破棄し、ソ連に侵攻したドイツは42～43年の**スターリングラード攻防戦**以後劣勢となり、各地で敗北を重ねた。45年にはソ連が加わった連合軍がドイツ領内に侵攻、4月にはヒトラーが自殺し翌5月に無条件降伏した。

日本は、42年の**ミッドウェー海戦**以後、劣勢に転じた。45年8月には広島と長崎に**原子爆弾**が投下され、さらに同年2月の**ヤルタ会談**で対日開戦の密約を結んでいたソ連が参戦すると、ついに**ポツダム宣言**を受諾《じゅだく》し、8月15日に無条件降伏した。

民間人の犠牲者が拡大した第一次世界大戦以上の総力戦

第二次世界大戦での死者は5000万人を超え、なかでも民間人の犠牲者数は3400万人に達したといわれている。第二次世界大戦は第一次世界大戦以上の総力戦となり、相手国の生産力や士気を奪うことが戦略上の重要事となったためであり、爆撃機による空襲などで多くの都市住民が犠牲となった。また、原子爆弾に代表される兵器の進化と破壊力の増大も犠牲者数を増した要因である。

さらに、ユダヤ人迫害政策をとっていたナチス・ドイツは、1942年以降アウシュヴィッツなどの「絶滅収容所」を建設し、「ユダヤ人絶滅」を図った。ナチスは、ユダヤ人だけでなく、ロマ人や性的少数者も含めた非戦闘員の大量虐殺を行った。

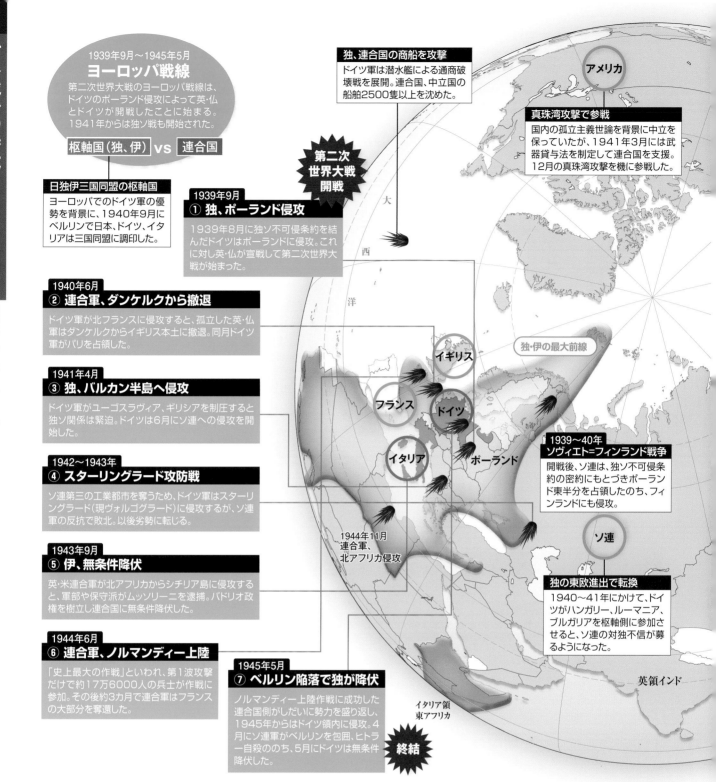

戦勝国による戦後処理と国際連合の設立

1945年

第二次世界大戦を避けられなかった反省から、国際連盟にかわって国際連合が設立された。

戦争中から構想されていた戦後の国際秩序

1945年に第二次世界大戦が終結すると、**連合国**は敗戦国の戦争指導者を処分する**国際軍事裁判**を開くなど、戦後処理を開始した。47年にはイタリア、ハンガリー、ルーマニア、ブルガリア、フィンランドの旧枢軸《すうじく》5カ国とパリ講和条約を結ぶ一方、ドイツ、オーストリア、日本の3国を軍事占領下においた。

アメリカを中心とする連合国は、大戦中から戦後の国際秩序構築を話し合っており、1941年8月に英・米の間で発表された**大西洋憲章**では、戦後の平和維持体制や国際連合の基礎となる国際秩序の構想が盛り込まれた。さらに42年1月には大西洋憲章の基本原理を取り入れた**連合国共同宣言**が出されたが、これには45年3月までに合計47カ国が署名し、これが国際連合の原加盟国となる資格の一つとなった。

戦勝5カ国、米・英・仏・ソ・中が国際連合の常任理事国へ

戦争の大勢《たいせい》が決した1943年以降は国際連合設立への動きも加速し、43年にモスクワで開かれた会議で米・英・ソ・中の4カ国によって平和機構設立が宣言されたほか、44年8月のダンバートン=オークス会議、45年2月のヤルタ会談などをへて、45年6月、サンフランシスコ会議で**国際連合憲章**が調印され、同年10月に原加盟国51カ国で**国際連合**が発足した。

国際連合は、国際連盟が枢軸国の侵略を止められなかったという反省に立ち、国際平和の維持をおもな目的とし、主要国の協調を重視した。加盟国が平等の権利をもつ国連総会に加え、総会以上の権限をもつ安全保障理事会が中心的機関として設置されたが、提案国である米・英・ソ・中とフランスには、**常任理事国**として拒否権という特権が与えられた。

戦後の経済秩序とブレトン=ウッズ体制

世界恐慌が国際秩序の安定を揺るがし、世界大戦を引き起こす大きな要因になったとの教訓から、経済面でも各国が協調し合う新しい体制づくりが求められた。国際通貨の安定を図る国際通貨基金（IMF）、戦後復興と開発のための国際復興開発銀行（世界銀行／IBRD）、「関税と貿易に関する一般協定」（GATT《ガット》）がそれぞれ発足し、戦後の国際経済を支えてゆくこととなる。この体制は、構想が練られた会議の開催地をとって、ブレトン=ウッズ体制とよばれている。

国際連合の誕生

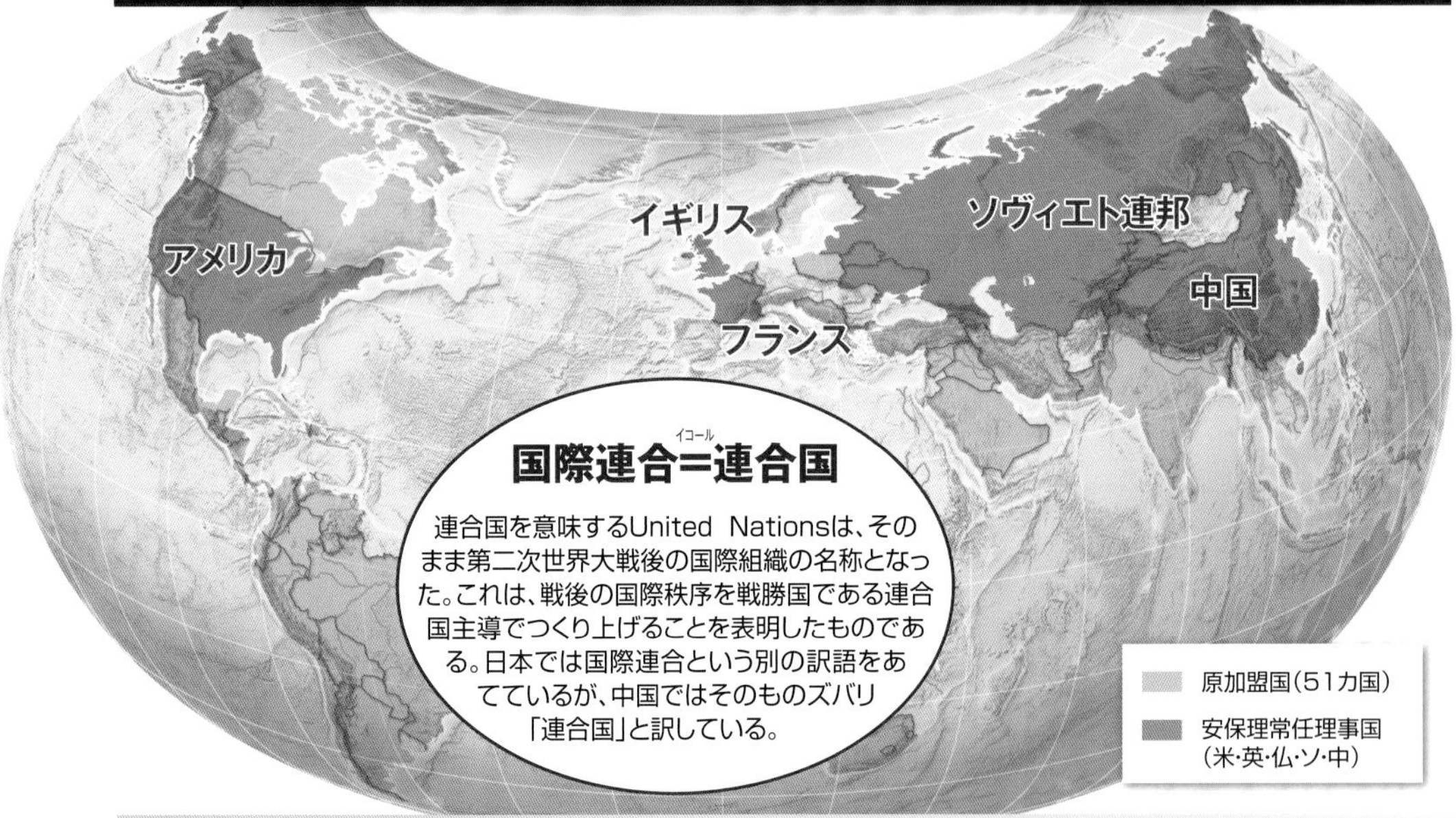
イギリス
ソヴィエト連邦
アメリカ
中国
フランス
国際連合＝《イコール》連合国
連合国を意味するUnited Nationsは、そのまま第二次世界大戦後の国際組織の名称となった。これは、戦後の国際秩序を戦勝国である連合国主導でつくり上げることを表明したものである。日本では国際連合という別の訳語をあてているが、中国ではそのものズバリ「連合国」と訳している。
原加盟国（51カ国）
安保理常任理事国（米・英・仏・ソ・中）

国際連合発足までの流れ

- 1939年9月 **第二次世界大戦勃発**
- 1941年8月 **大西洋憲章発表** 米・英の共同宣言。戦後の平和維持構想。
- 1941年12月 **太平洋戦争勃発**
- 1942年1月 **連合国共同宣言** 26カ国が発表。大西洋憲章再確認。
- 1943年9月 **イタリア降伏**
- 1945年2月 **ヤルタ会談** 安保理常任理事国（米・英・仏・ソ・中）への拒否権付与を決定。
- 1945年5月 **ドイツ降伏**
- 1945年6月 **国際連合憲章調印** 国連創設を定めた国際条約。
- 1945年8月 **日本降伏 第二次世界大戦終結**
- 1945年10月 **国際連合発足**

第14章

東西冷戦の時代

93 東西冷戦時代
94 第三世界の台頭
95 中東戦争
96 ドル=ショックとオイル=ショック
97 イラン革命
98 冷戦終結とソ連崩壊
99 中国の改革開放政策

米・ソを中心とした東西対立の時代

1945年〜1989年

第二次世界大戦後、世界は米・ソという二大国が中心となって「冷たい戦争（冷戦）」で世界の覇権を争った。

ヨーロッパを二分した冷戦体制の確立

ソ連軍の追撃でナチス・ドイツの支配から解放された東欧諸国では、第二次世界大戦後、ソ連の支持で次々と共産党政権が誕生した。共産主義の波及を恐れたアメリカは、1947年に**トルーマン=ドクトリン**を発表して共産主義勢力の封じ込め政策を開始。また、48年に米・英・仏が管理下の西ドイツで通貨改革を断行すると、これに反対するソ連は西ベルリンを封鎖《ふうさ》、両陣営間の緊張が高まった。翌49年にはアメリカを中心に西側12カ国が**北大西洋条約機構（NATO《ナトー》）**を結成し、強力な軍事力で牽制《けんせい》したため、ソ連はベルリン封鎖を解除したが、同年にドイツは東西に分裂。その後55年に西ドイツがNATOに加盟すると、ソ連と東欧7カ国は同年に**ワルシャワ条約機構**を結成。この両組織を中心に、20世紀末まで続くヨーロッパでの冷戦体制が確立した。

世界に波及した東西の冷戦体制

その後、冷戦体制はアジア・太平洋地域やアフリカなどにまで及ぶ、世界規模の対立構造となっていった。

1949年に成立した**中華人民共和国**が、50年にソ連と中ソ友好同盟相互援助↖

さらに、東南アジアの共産化を恐れたアメリカは65年に**ベトナム戦争**へ本格的な軍事介入を始め、泥沼化した。

一方ソ連も、親ソ政権維持の目的で79年から**アフガニスタン侵攻**を行い、この間互いに対抗する陣営へ援助を行う代理戦争の様相《ようそう》を呈《てい》していた。

アメリカ
西
1951年
太平洋安全保障条約(ANZUS)
アメリカ、ニュージーランド、オーストラリアの3国間相互安全保障条約。
1947年
トルーマン=ドクトリンの発表
トルーマン米大統領の反ソ反共政策。ヨーロッパ諸国の共産化を警戒し、米議会にトルコ、ギリシアへの援助を要請した。
太平洋
太平洋安全保障条約(ANZUS《アンザス》)
日米安全保障条約
1951年
日米安全保障条約
日・米間の軍事条約。アメリカのアジアにおける反共政策の一環で、米軍の駐留継続を目的として結ばれた。60年に新条約が結ばれる。
1955年
ワルシャワ条約機構
ソ連と東欧諸国の軍事機構。NATOに対抗して結成された。
1950年
中ソ友好同盟相互援助条約
中国共産党が中華人民共和国の成立を宣言すると、ソ連はいち早くそれを認め、条約を結んだ。中ソの関係悪化で、1980年に破棄。
ソヴィエト連邦
東
中ソ友好同盟相互援助条約
北朝鮮
日本
1950〜53年
朝鮮戦争
第二次世界大戦後、南北2つの国に分かれて独立した朝鮮半島で、北朝鮮が武力統一を目ざして起こした戦争。アメリカ軍を中心とした国連軍と中国の人民義勇軍が介入、1953年に休戦協定が結ばれた。
モンゴル
韓国
台湾海峡
台湾
(中華民国)
1949年
中華人民共和国の成立
第二次世界大戦後に再発した国民党との内戦を制した共産党が、中華人民共和国の成立を宣言。ソ連などの共産主義国は、ただちにこの国を承認した。
フィリピン
アフガニスタン
パキスタン
北ベトナム
1946〜54年
第1次インドシナ戦争
第二次世界大戦後、ベトナムはフランスからの独立を宣言。独立戦争へ発展した。
インド
ビルマ
タイ
南ベトナム
東南アジア条約機構
1954年
東南アジア条約機構
東南アジアおよびオセアニアにおける反共防衛のための軍事同盟。タイ、フィリピン、ANZUS3カ国など8カ国で結成。

1965〜1975年

ベトナム戦争
（第2次インドシナ戦争）

第1次インドシナ戦争後、ベトナムではアメリカと中・ソがそれぞれ支援する南北2つの政権が成立。1975年の統一まで、東西両陣営の介入のもと、両政権による戦争が続いた。

条約を締結すると、アメリカは台湾に逃れた中華民国政府を支持し、台湾海峡を挟んで東西両陣営がにらみ合う構図となった。また、朝鮮半島では北緯38度線を境に米・ソ両国が分割管理する状態が続いていたが、48年に親米派の大韓民国、親ソ派の朝鮮民主主義人民共和国が成立すると、50年には**朝鮮戦争**が勃発《ぼっぱつ》した。

キューバでは59年に**カストロ**率いる革命勢力が親米派のバティスタ政権を倒したのち、共産主義政権を樹立。62年にはソ連がキューバ国内にミサイル基地を建設したことをきっかけに、核戦争の危険をはらんだ**キューバ危機**が発生した。↘

冷戦時代のアメリカとソ連

アメリカ　ソ連

1945年 **第二次世界大戦の終結**

1947年 **トルーマン=ドクトリンの発表**
トルーマン大統領が提唱した反ソ反共政策。

1947年 **冷戦の開始**

1950年

1949年 **NATO《ナトー》発足**
米と西ヨーロッパの12カ国で結成した軍事機構。

冷戦体制の確立

1955年 **ワルシャワ条約機構の発足**
ソ連と東欧諸国が結成した軍事機構。

ケネディ大統領
(在1961～63年)
1962年、対キューバの海上封鎖を断行。在職中の63年に暗殺された。

フルシチョフ第一書記
(在1953～64年)
西側との平和共存を打ち出す。キューバ危機に際してミサイル撤去に応じる。

1960年

1962年 **キューバ危機**
ソ連がキューバにミサイルを配置。米・ソの緊張高まる。

1965年 **アメリカ、ベトナム戦争本格介入**
アジアの反共を掲げ直接介入。長期化し国内外から批判が高まる。

1968年 **チェコ事件**
チェコスロヴァキアの民主化運動「プラハの春」をワルシャワ条約機構軍が軍事介入。

1969年 **中ソ国境紛争**
ソ連が西側に対して平和共存政策をとると、中国がそれを批判。1969年、ついに国境での武力衝突が発生した。

1970年

1971年 **ドル=ショック**
ドルと金の兌換を停止。戦後ブレトン=ウッズ体制が終わる。

1972年 **ニクソン訪中**
ベトナムからの撤退の布石として、対立関係にあった中国へ接近。

ニクソン大統領
(在1969～74年)
対立関係にあった中国を訪問するなど、アメリカの対外戦略を再構築したほか、ソ連との戦略兵器制限交渉にも応じた。ウォーターゲート事件により、辞職。

1980年

1979～1989年 **アフガニスタン侵攻**
親ソ政権を維持するためアフガニスタンに派兵。泥沼化。

ゴルバチョフ書記長(在1985～91年)
書記長就任後、ペレストロイカ(立て直し)を掲げ政治改革を進めた。ブッシュ米大統領とのマルタ会談で冷戦の終結を宣言。

ブッシュ(父)大統領
(在1989～93年)

1989年 **マルタ会談 冷戦終結**

1990年

ソ連崩壊
▶p.145

1962年
核戦争勃発か!?
キューバ危機の発生
ソ連がキューバにミサイル基地を設置。これにアメリカが海上封鎖で対抗し、米・ソ全面核戦争の危機に直面したが、ソ連の譲歩で危機は避けられた。
大西洋
北大西洋条約機構《ナトー》(NATO)
1949年
北大西洋条約機構(NATO)
アメリカを中心とする軍事機構。東側陣営を軍事力でけん制する目的で、英・仏など西側12カ国で結成。
ポルトガル
イギリス
ノルウェー
フランス
西ドイツ
東ドイツ
ポーランド
イタリア
ルーマニア
1949年
ドイツの東西分裂
第二次世界大戦後、ドイツは連合国に分割占領されたが、米・ソの対立が表面化したため、米・英・仏とソ連の占領地域が別々に独立し、ドイツは東西に分裂した。
トルコ
中東条約機構
イラク
イラン
サウジアラビア
1955年
中東条約機構
トルコ、イラク、イラン、パキスタン、イギリスが結んだ反共防衛のための軍事同盟。

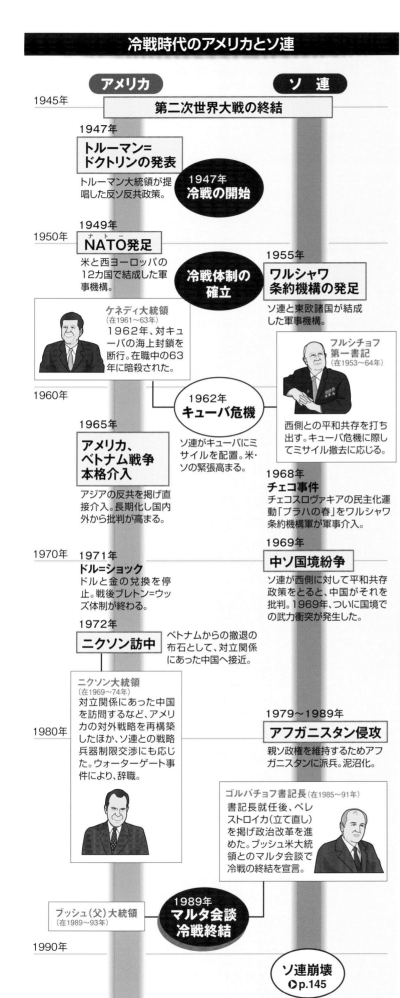

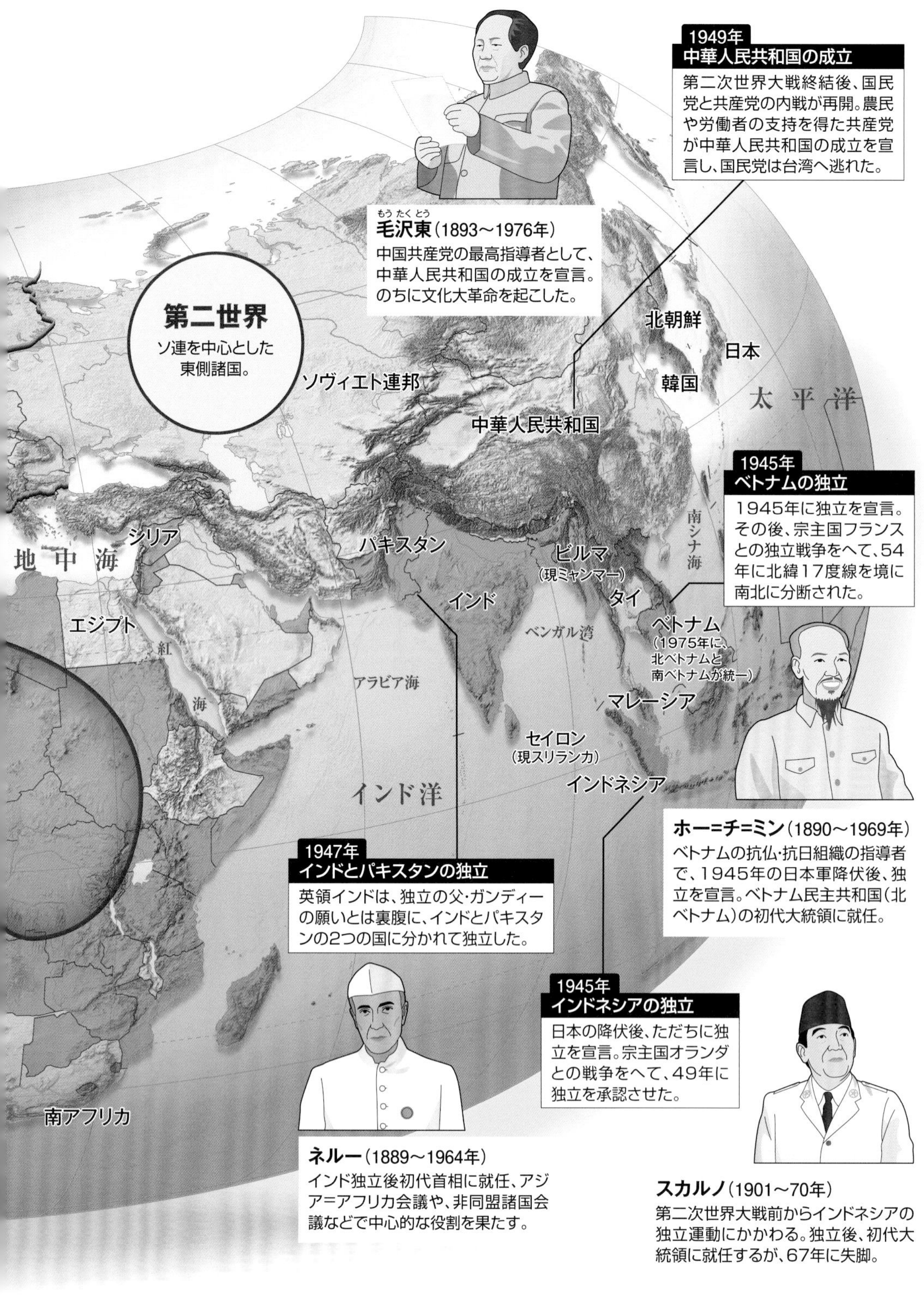

1949年
中華人民共和国の成立
第二次世界大戦終結後、国民党と共産党の内戦が再開。農民や労働者の支持を得た共産党が中華人民共和国の成立を宣言し、国民党は台湾へ逃れた。
毛沢東《もうたくとう》（1893～1976年）
中国共産党の最高指導者として、中華人民共和国の成立を宣言。のちに文化大革命を起こした。
第二世界
ソ連を中心とした東側諸国。
ソヴィエト連邦
北朝鮮
日本
韓国
太平洋
中華人民共和国
1945年
ベトナムの独立
1945年に独立を宣言。その後、宗主国フランスとの独立戦争をへて、54年に北緯17度線を境に南北に分断された。
南シナ海
シリア
地中海
パキスタン
ビルマ
（現ミャンマー）
インド
タイ
ベトナム
（1975年に、北ベトナムと南ベトナムが統一）
エジプト
ベンガル湾
紅海
アラビア海
マレーシア
セイロン
（現スリランカ）
インドネシア
インド洋
ホー＝チ＝ミン（1890～1969年）
ベトナムの抗仏・抗日組織の指導者で、1945年の日本軍降伏後、独立を宣言。ベトナム民主共和国（北ベトナム）の初代大統領に就任。
1947年
インドとパキスタンの独立
英領インドは、独立の父・ガンディーの願いとは裏腹に、インドとパキスタンの2つの国に分かれて独立した。
1945年
インドネシアの独立
日本の降伏後、ただちに独立を宣言。宗主国オランダとの戦争をへて、49年に独立を承認させた。
南アフリカ
ネルー（1889～1964年）
インド独立後初代首相に就任、アジア＝アフリカ会議や、非同盟諸国会議などで中心的な役割を果たす。
スカルノ（1901～70年）
第二次世界大戦前からインドネシアの独立運動にかかわる。独立後、初代大統領に就任するが、67年に失脚。

94 第三世界の台頭

植民地の独立ラッシュで登場した第三の世界

1945年～1960年代

第二次世界大戦後に独立を果たしたアジアやアフリカの国々は、東西冷戦のどちらの陣営にも属さない第三世界を形成した。

戦後相次いで独立を遂げたアジア・アフリカ諸国

第二次世界大戦が終結すると、列強による**植民地**支配体制は動揺をみせはじめた。とくに1940年代後半、民族主義運動を背景にアジア諸国が次々と独立を果たした。イギリスの支配下にあった南アジアで、インド、パキスタン、セイロン（現スリランカ）が分離独立したほか、大戦中日本軍が占領していた東南アジアでもベトナムやインドネシア、フィリピン、ビルマ（現ミャンマー）などが相次いで独立した。また、東アジアでは朝鮮半島が南北に分かれて国家を樹立したほか、戦後、国共内戦が再開していた中国では、農民や労働者の支持を得た共産党が49年に**中華人民共和国**の成立を宣言した。

一方、サハラ以南のアフリカ諸国では、57年にエンクルマ（ンクルマ）に率いられたガーナの独立をきっかけに、60年に17カ国が独立し、「アフリカの年」とよばれた。63年に、これらの国々を中心とした**アフリカ統一機構**（**OAU**。現在の**アフリカ連合**／**AU**）が誕生、アフリカ諸国の主権擁護や相互連帯の促進などを目ざした。

しかし、旧宗主国によって引かれた、民族分布とは一致しない人為的な国境線が民族紛争の一因となり内戦が続発したほか、植民地政策のなかで強制されたモノ

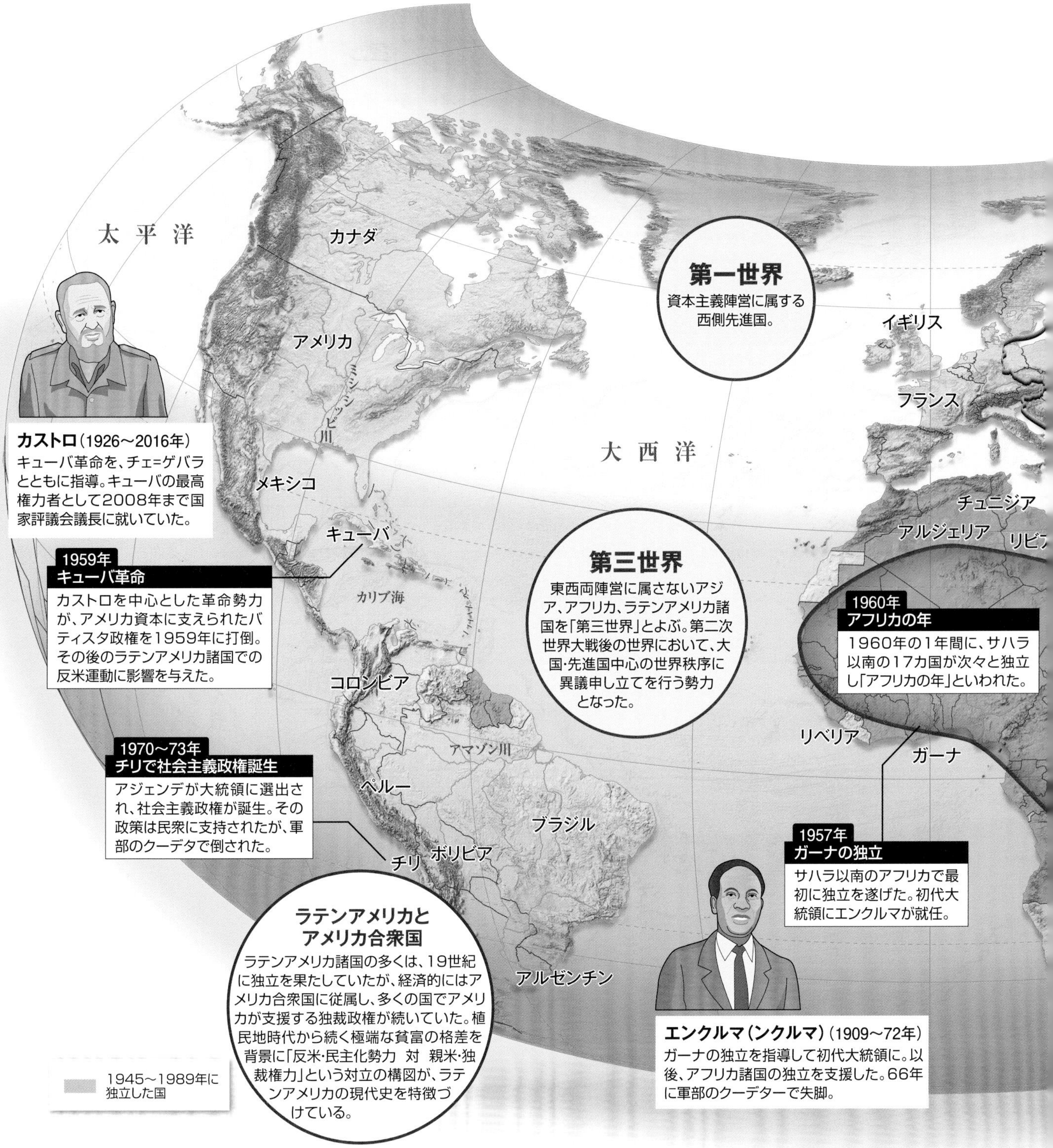
太平洋
カナダ
アメリカ
ミシシッピ川
メキシコ
キューバ
カリブ海
コロンビア
アマゾン川
ペルー
ブラジル
チリ
ボリビア
アルゼンチン
大西洋
イギリス
フランス
チュニジア
アルジェリア
リビア
リベリア
ガーナ
第一世界
資本主義陣営に属する西側先進国。
第三世界
東西両陣営に属さないアジア、アフリカ、ラテンアメリカ諸国を「第三世界」とよぶ。第二次世界大戦後の世界において、大国・先進国中心の世界秩序に異議申し立てを行う勢力となった。
カストロ（1926～2016年）
キューバ革命を、チェ=ゲバラとともに指導。キューバの最高権力者として2008年まで国家評議会議長に就いていた。
1959年 キューバ革命
カストロを中心とした革命勢力が、アメリカ資本に支えられたバティスタ政権を1959年に打倒。その後のラテンアメリカ諸国での反米運動に影響を与えた。
1970～73年 チリで社会主義政権誕生
アジェンデが大統領に選出され、社会主義政権が誕生。その政策は民衆に支持されたが、軍部のクーデタで倒された。
ラテンアメリカとアメリカ合衆国
ラテンアメリカ諸国の多くは、19世紀に独立を果たしていたが、経済的にはアメリカ合衆国に従属し、多くの国でアメリカが支援する独裁政権が続いていた。植民地時代から続く極端な貧富の格差を背景に「反米・民主化勢力 対 親米・独裁権力」という対立の構図が、ラテンアメリカの現代史を特徴づけている。
1960年 アフリカの年
1960年の1年間に、サハラ以南の17カ国が次々と独立し「アフリカの年」といわれた。
1957年 ガーナの独立
サハラ以南のアフリカで最初に独立を遂げた。初代大統領にエンクルマが就任。
エンクルマ（ンクルマ）（1909～72年）
ガーナの独立を指導して初代大統領に。以後、アフリカ諸国の独立を支援した。66年に軍部のクーデターで失脚。
1945～1989年に独立した国

カルチャー経済が残る地域も多かった。

東西冷戦下で生まれた三つめの勢力

1950年代になると、東西冷戦の対立構造が確立した。そしてその東西の陣営に属さない、アジア・アフリカ・ラテンアメリカ諸国をさして、**第三世界**とよぶようになった。実際にそれらの国のなかには、相互の連帯を強めるとともに、東西冷戦からの中立を保つ、第三の勢力形成の動きをみせる国もあった。

54年インドのネルー首相と中国の**周恩《しゅうおん》来《らい》**首相が会談し、領土と主権の相互尊重や内政不干渉《ふかんしょう》などからなる**平和五原則**を発表、翌55年には29カ国が参加して**アジア=アフリカ会議（バンドン会議）**が開かれ、平和五原則を拡大した**平和十原則**が採択《さいたく》された。しかし、開催予定国の政情不安などで第2回会議は延期された。だが、このときの精神は**非同盟主義**に受け継がれ、61年に、ネルー首相、ユーゴスラヴィアのティトー大統領、エジプトのナセル大統領の提唱により25カ国が参加する**非同盟諸国首脳会議**が開かれた。

「第三世界」の由来「第三身分」

「第三世界」という呼称は、「第三身分」という言葉に由来している。フランス革命（**P100参照**）の立役者となった「第三身分」は、貴族・聖職者など特権階級に搾取《さくしゅ》される平民のことをさした。植民地から独立した「第三世界」も、政治的、経済的自立を目ざす国々が連携を進め、国際社会でしだいに影響力を強めていった。

95

中東戦争

ユダヤ人の国が生まれアラブとの対立が激化

1947年〜1973年

中東パレスチナではユダヤ人とアラブ人の対立が4度の戦争に発展し現在も続いている。

イスラエル建国とパレスチナ問題

1948〜49年

第1次中東戦争（パレスチナ戦争）

1947年の国際連合のパレスチナ分割決議を受け、48年にイスラエル建国を宣言した。直ちにアラブ連盟諸国が宣戦布告し、イスラエルとの戦闘に突入。アラブ軍は各国の思惑の違いから統制を欠き、士気の高いイスラエル軍が勝利。独立を確保した。

第1次中東戦争後のパレスチナ

イスラエルは分割決議よりも広い領土を獲得。これが現在国際的に認められているイスラエル領土である。ヨルダン川西岸地区はヨルダン領、ガザ地区はエジプト領となった。

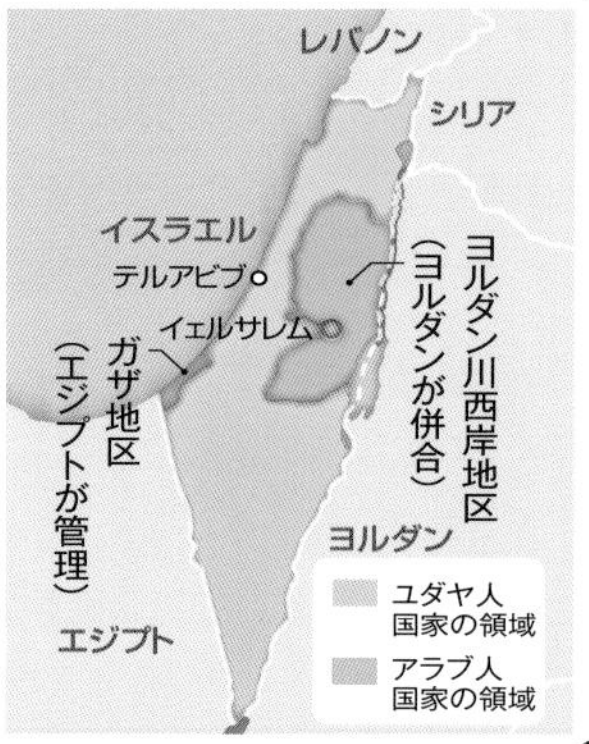

レバノン
シリア
イスラエル
テルアビブ
イェルサレム
ヨルダン川西岸地区（ヨルダンが併合）
ガザ地区（エジプトが管理）
ヨルダン
エジプト
ユダヤ人国家の領域
アラブ人国家の領域

1956〜57年

第2次中東戦争（スエズ戦争）

クーデターで王政を倒し大統領となったナセルが、スエズ運河国有化を宣言。これをきっかけに、英・仏とイスラエルが軍事行動を開始したが、国際的な非難を浴びて撤退した。ナセルが掲げるアラブ民族主義の影響が拡大した。

1967年

第3次中東戦争（六日戦争）

6日間の戦闘で圧勝したイスラエルは占領地を一気に拡大した。

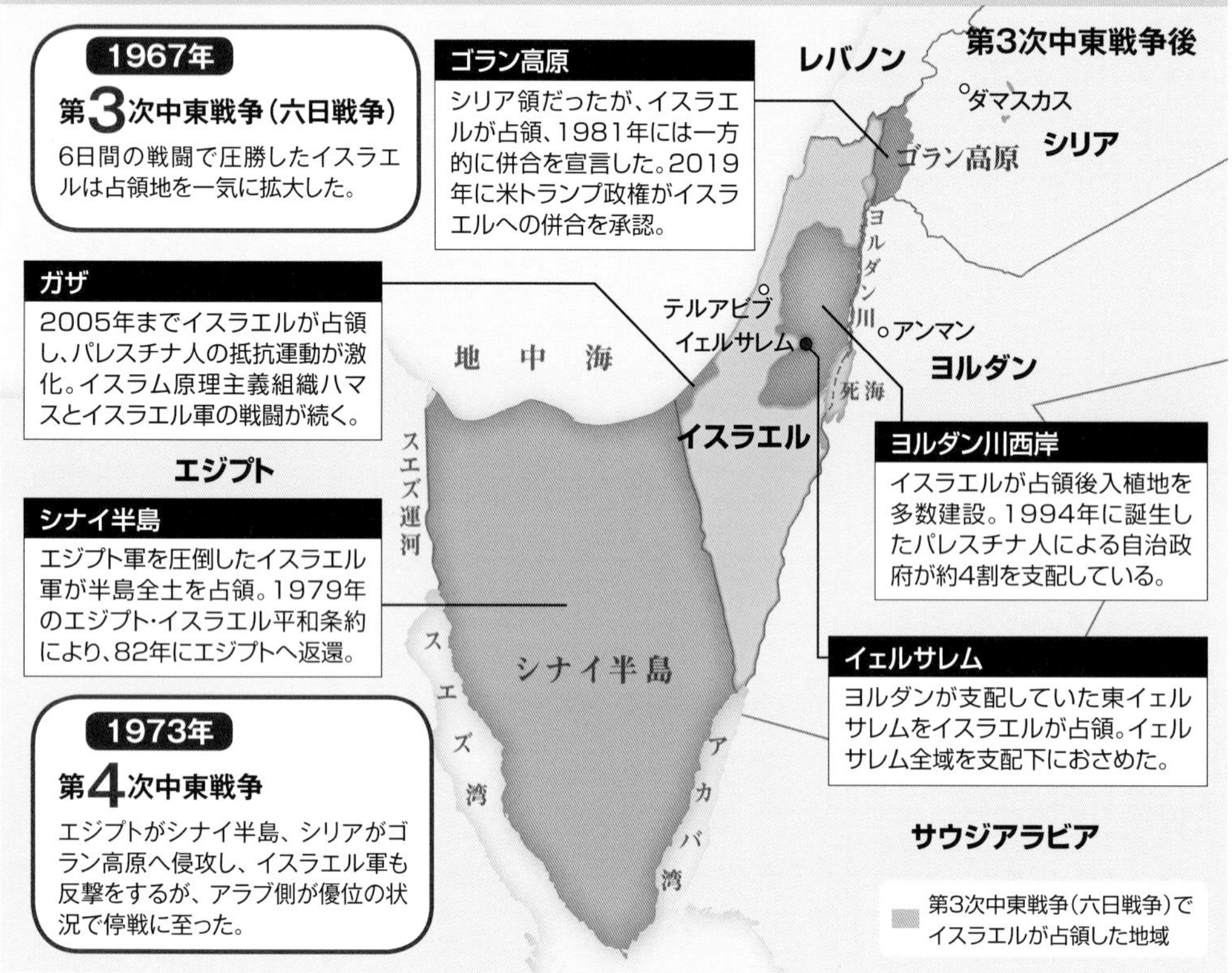

第3次中東戦争後
レバノン
ダマスカス
ゴラン高原
シリア
ヨルダン川
テルアビブ
イェルサレム
アンマン
ヨルダン
地中海
死海
イスラエル
エジプト
スエズ運河
シナイ半島
スエズ湾
アカバ湾
サウジアラビア
第3次中東戦争（六日戦争）でイスラエルが占領した地域

ゴラン高原

シリア領だったが、イスラエルが占領、1981年には一方的に併合を宣言した。2019年に米トランプ政権がイスラエルへの併合を承認。

ガザ

2005年までイスラエルが占領し、パレスチナ人の抵抗運動が激化。イスラム原理主義組織ハマスとイスラエル軍の戦闘が続く。

シナイ半島

エジプト軍を圧倒したイスラエル軍が半島全土を占領。1979年のエジプト・イスラエル平和条約により、82年にエジプトへ返還。

ヨルダン川西岸

イスラエルが占領後入植地を多数建設。1994年に誕生したパレスチナ人による自治政府が約4割を支配している。

イェルサレム

ヨルダンが支配していた東イェルサレムをイスラエルが占領。イェルサレム全域を支配下におさめた。

1973年

第4次中東戦争

エジプトがシナイ半島、シリアがゴラン高原へ侵攻し、イスラエル軍も反撃をするが、アラブ側が優位の状況で停戦に至った。

イギリスが解決を放棄し、激化したユダヤとアラブの紛争

イギリスが委任統治していた**パレスチナ**では、ヨーロッパでの迫害を逃れて流入するユダヤ人と現地のアラブ人の対立が激しくなった。そのためイギリスは問題を国際連合に預け、1947年にパレスチナをアラブ人とユダヤ人の国家に分割する国連決議が採択された。ユダヤ人はこれを受け入れたが、アラブ人は拒否。48年にユダヤ人国家イスラエルが建国を宣言すると、アラブ連盟諸国がイスラエルに侵攻して戦争となった（**第1次中東戦争＝パレスチナ戦争**）。イスラエルが軍事的勝利をおさめ、独立を確固たるものにしたが、多くのパレスチナ人が故郷を追われ難民となった。パレスチナ難民は64年に**パレスチナ解放機構**（PLO）を結成し、イスラエルへの抵抗運動を強化した。

急増したパレスチナ難民と、今も続く厳しい対立

イスラエルとアラブ諸国の中東戦争は4回発生したが、67年の**第3次中東戦争**ではイスラエルが一方的な勝利をおさめ、占領地を大きく拡大。一部では今も占領を続けている。また、この戦争でパレスチナ難民が急増し、その多くが現在も故郷に帰還できずにいる。

87年にはパレスチナ人民衆による抵抗運動「**インティファーダ**」が発生。93年にアメリカが仲介したイスラエルとPLOの**オスロ合意**が成立して、パレスチナ人の暫定自治政府が生まれたものの、その後もイスラム原理主義組織**ハマス**とイスラエル軍の戦闘が続くなど、現在も厳しい対立が続いている。

WORD **パレスチナ解放機構**

略称PLO。「イスラエルの支配下にあるパレスチナの解放」を目ざす武装組織として1964年に結成された。アラファト議長の指導のもと、対イスラエルの武装闘争を展開したが、80年代にはパレスチナ国家の樹立によるイスラエルとの平和共存路線に転換。これに不満をもつ人々の支持を集めたイスラム原理主義組織「ハマス」が台頭した。94年から国際連合総会にオブザーバーとして参加。

95 中東戦争　96 ドル=ショックとオイル=ショック

96 ドル=ショックとオイル=ショック

世界経済をかえた2つの危機

1971年〜1973年

第二次世界大戦後の世界経済はアメリカ発のドル=ショックと中東発の石油危機（オイル=ショック）で大きく揺らぐこととなる。

アメリカに支えられた戦後の経済に激震が走る

第二次世界大戦後の世界経済は超大国となったアメリカが支えたが、西ヨーロッパ諸国や日本が経済復興を遂げると、これらの国々の対米輸出が急増した。また、**ベトナム戦争**の激化による軍事支出の増大などにより、アメリカの国際収支は悪化。ドルの海外流出が進んだ。戦後のドルは**ブレトン=ウッズ体制**（金・ドル本位制にもとづく固定為替相場制）のもとで、アメリカが保有する大量の金と交換できることによって価値を保証されていたから、ドルの流出は金保有量（金準備）の急速な減少をもたらした。アメリカの金準備の減少によって、戦後の基軸通貨としてのドルの信用は大きく低下し、金・ドル本位制の維持は困難になった。

アメリカの金保有量の減少

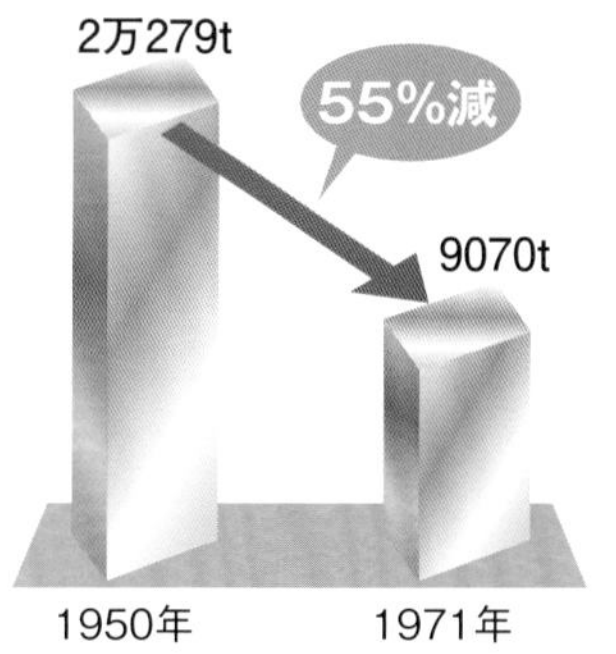
2万279t
55%減
9070t
1950年
1971年

（World Gold Council「Central Bank Gold Reserves」）

1971年8月、アメリカのニクソン大統領はドル防衛のため、世界に向けて金とドルの交換停止を宣言（**ドル=ショック**。**ニクソン=ショック**ともいう）。世界経済に大きな衝撃を与えた。これによりブレトン=ウッズ体制は崩壊。金の価値の裏づけを失ったドルは切り下げられ、固定為替相場制から変動為替相場制へ移行することになった。

産油国の石油戦略で先進国の繁栄に急ブレーキ

イスラエルとアラブ諸国の第4次中東戦争が勃発した1973年10月、**アラブ石油輸出国機構**（**OAPEC**《オアペック》）はアメリカなど親イスラエル諸国への原油輸出を停止する石油戦略を発動。**石油輸出国機構**（**OPEC**《オペック》）も原油価格の大幅引き上げを決定し、石油の値段は急騰した。これにより、安い石油で経済成長を謳歌《おうか》してきた先進諸国の経済は深刻な打撃を受け、日本の高度経済成長も終わった。

石油危機を境に、OPECは原油価格の決定権を欧米の国際石油資本（**メジャー**）から奪い、潤沢な石油収入を得ることになったが、その天下も長くは続かず、非OPEC諸国の産油量増加や原油先物市場の登場などにより、価格決定権は市場へ移った。こうして原油価格は投機的な売買などで乱高下するようにもなった。

原油価格と生産量の推移

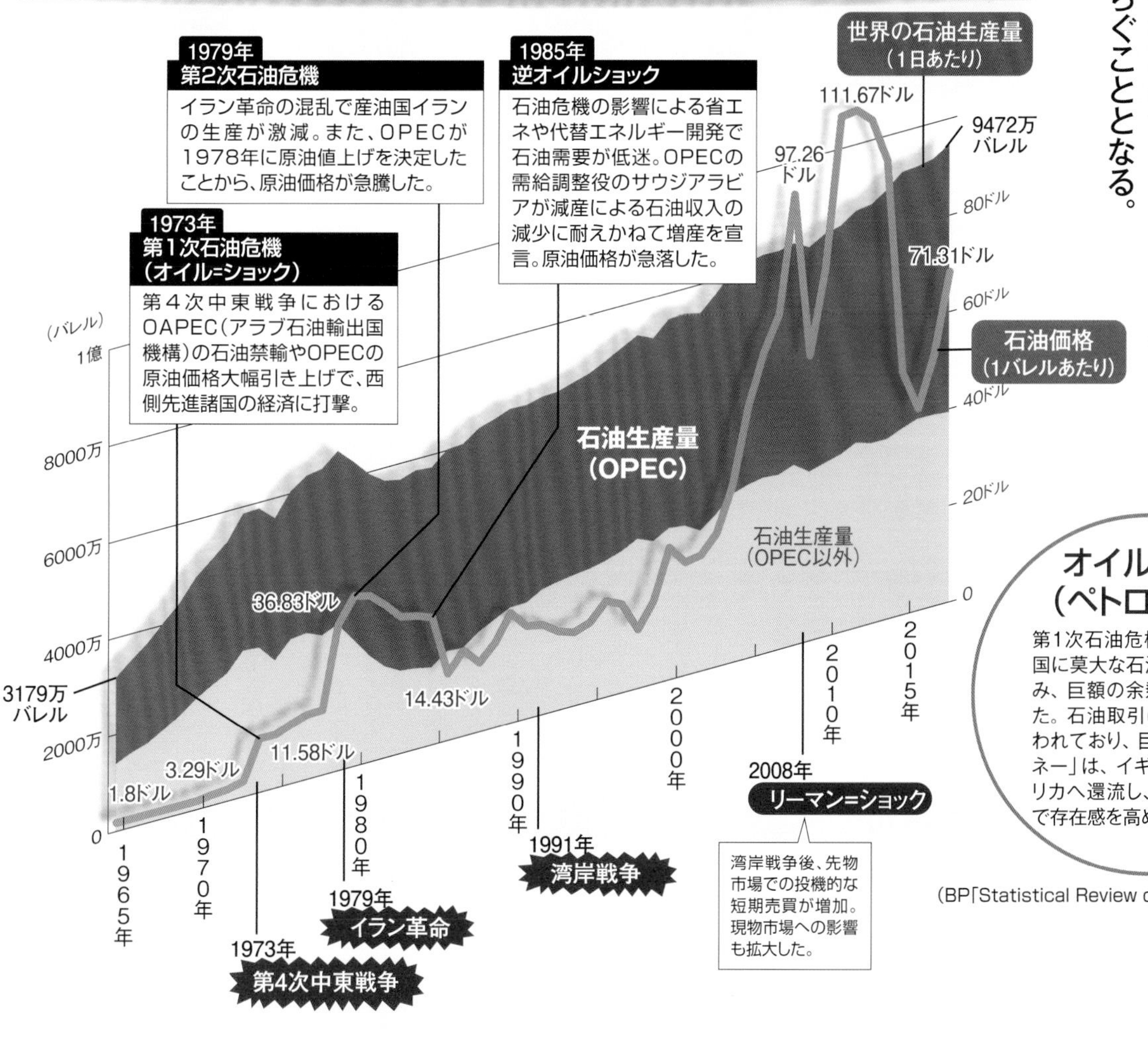
1979年
第2次石油危機
イラン革命の混乱で産油国イランの生産が激減。また、OPECが1978年に原油値上げを決定したことから、原油価格が急騰した。
1985年
逆オイルショック
石油危機の影響による省エネや代替エネルギー開発で石油需要が低迷。OPECの需給調整役のサウジアラビアが減産による石油収入の減少に耐えかねて増産を宣言。原油価格が急落した。
1973年
第1次石油危機
(オイル=ショック)
第4次中東戦争におけるOAPEC（アラブ石油輸出国機構）の石油禁輸やOPECの原油価格大幅引き上げで、西側先進諸国の経済に打撃。
世界の石油生産量
(1日あたり)
111.67ドル
9472万
バレル
97.26
ドル
71.31ドル
石油価格
(1バレルあたり)
石油生産量
(OPEC)
石油生産量
(OPEC以外)
(バレル)
1億
8000万
6000万
4000万
3179万
バレル
2000万
0
80ドル
60ドル
40ドル
20ドル
0
36.83ドル
14.43ドル
11.58ドル
3.29ドル
1.8ドル
1965年
1970年
1980年
1990年
2000年
2010年
2015年
2008年
リーマン=ショック
湾岸戦争後、先物市場での投機的な短期売買が増加。現物市場への影響も拡大した。
1991年
湾岸戦争
1979年
イラン革命
1973年
第4次中東戦争

（BP「Statistical Review of World Energy」）

オイルマネー（ペトロダラー）

第1次石油危機後、石油輸出国に莫大な石油収入が流れ込み、巨額の余剰資金が生まれた。石油取引はドル建てで行われており、巨額の「オイルマネー」は、イギリスをへてアメリカへ還流し、国際金融市場で存在感を高めた。

97 イラン革命

世界に衝撃を与えたイスラーム教による革命

1978年～1979年

アメリカに支援された王制を倒したイラン革命はイスラーム革命として世界を大きく揺るがした。

イラン革命とソ連のアフガニスタン侵攻

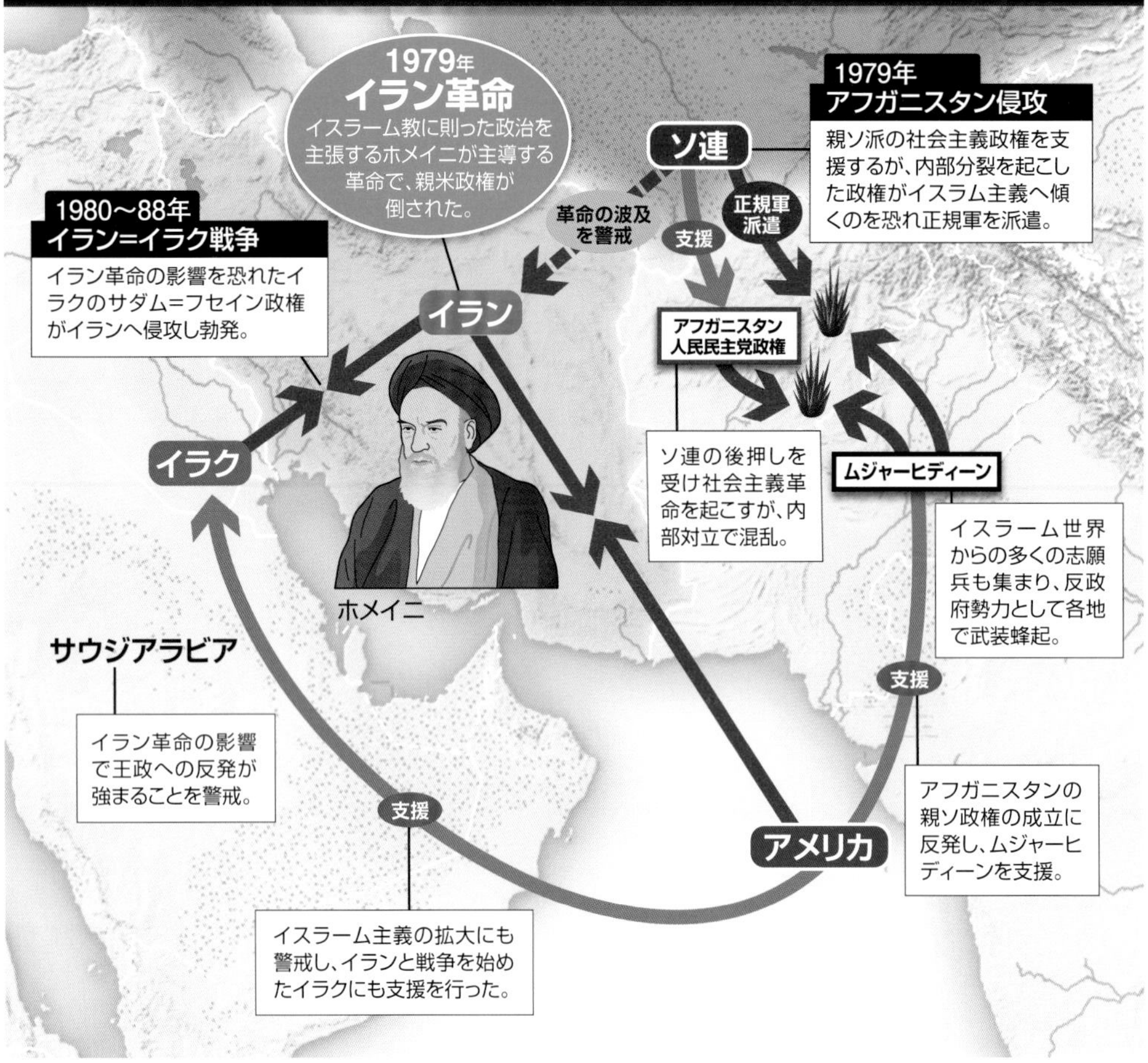
1979年
イラン革命
イスラーム教に則った政治を主張するホメイニが主導する革命で、親米政権が倒された。
1979年
アフガニスタン侵攻
親ソ派の社会主義政権を支援するが、内部分裂を起こした政権がイスラム主義へ傾くのを恐れ正規軍を派遣。
ソ連
革命の波及を警戒
支援
正規軍派遣
1980～88年
イラン=イラク戦争
イラン革命の影響を恐れたイラクのサダム=フセイン政権がイランへ侵攻し勃発。
イラン
アフガニスタン人民民主党政権
ソ連の後押しを受け社会主義革命を起こすが、内部対立で混乱。
ムジャーヒディーン
イスラーム世界からの多くの志願兵も集まり、反政府勢力として各地で武装蜂起。
イラク
ホメイニ
サウジアラビア
イラン革命の影響で王政への反発が強まることを警戒。
支援
アフガニスタンの親ソ政権の成立に反発し、ムジャーヒディーンを支援。
支援
アメリカ
イスラーム主義の拡大にも警戒し、イランと戦争を始めたイラクにも支援を行った。

近代化による人々の不満をイスラーム教が革命に転化

中東の産油国イランでは1951年に首相の座に就いた**モサデグ**が、イギリス資本に独占されていた石油資源の国有化を断行。これに反発したイギリスはアメリカと組み、アメリカ中央情報局(CIA)を使った工作でクーデターを起こさせ、モサデグ政権を打倒した。かわって親欧米の国王**モハンマド=レザー=パフレヴィー**(**パフレヴィー2世**)による親政が始まり、アメリカの援助を受けた近代化政策が進められた。「**白色革命**《はくしょく》」とよばれたこの政策は農地改革や女性参政権の付与、識字率向上などを柱とした「上からの革命」だったが、一方で秘密警察を使った反対派への人権弾圧が行われた。

近代化は経済発展をもたらしたが、同時に貧富の格差が拡大し、伝統的な手工業者やバザール商人が没落。政権内部の腐敗も進行し、国民の不満が高まった。

この不満を受け止めたのが、イラン国民の多くが信仰するイスラーム教シーア派だった。その指導者**ホメイニ**はイスラーム教の教義に則った政治を唱え、弾圧を受けたが、亡命先から王制打倒を唱えた。そして78年、シーア派の聖地で起きたデモを発火点に反王制デモが拡大。翌79年1月にパフレヴィー2世は国外に脱出した。入れ替わるようにホメイニが帰国し、**イラン=イスラーム共和国**が成立した。**イラン革命**はイスラーム教による革命として世界に大きな衝撃を与えた。革命後のイランは反米国家となり、アメリカと激しく対立することになる。

イラン革命の波及を恐れたソ連のアフガニスタン侵攻

イランの隣国**アフガニスタン**では、78年に人民民主党による革命が起き、社会主義政権が誕生したが、これに反発する**ムジャーヒディーン**とよばれるイスラーム主義勢力が武装闘争を開始した。イラン革命がアフガニスタンに波及するのを恐れたソ連は79年に軍を侵攻させ、ソ連と距離をおこうとしたアミン政権を倒し、ソ連に忠実なカルマルを政権に据えた。

このアフガニスタン侵攻に西側諸国は激しく反発。80年のモスクワ五輪をボイコットした。また、アメリカに支援されたムジャーヒディーンのゲリラ戦でアフガニスタンの戦闘は泥沼化。疲弊したソ連軍はついに撤退に追い込まれた。

アメリカがアフガンで育てたイスラム過激派

アフガニスタンに侵攻したソ連軍にゲリラ戦で抵抗したムジャーヒディーンには、イスラーム世界の各地から多くの義勇兵が集まった。アメリカは彼らに武器や資金を提供し、援助した。その目論見通り、ソ連軍は撤退したが、アフガンの戦闘で鍛えられたムジャーヒディーンが、のちにイスラーム過激派となってアメリカに襲いかかることになった。2001年のアメリカ同時多発テロの首謀者ウサマ=ビン=ラーディンはその一人である。

WORD **ホメイニ** [1902～89年]
イスラーム教シーア派の指導者の家に生まれ、聖地コムの神学校で学ぶ。シーア派の高位法学者であるアヤトッラーの称号を得て、イスラーム的な正義の立場からパフレヴィー国王の独裁体制を批判し、国外追放される。イラン革命で亡命先から帰国。革命政権の最高指導者となり、イスラーム教に則った統治体制を築いた。反ソ・反米を唱え、周辺のイスラーム主義勢力に影響を与えた。

98 冷戦終結とソ連崩壊

東西対立が終わり 超大国ソ連が消えた

1989年〜1991年

ゴルバチョフが始めたソ連の改革はアメリカとの冷戦を終わらせ、東欧の社会主義国を自由化しついにはソ連自体を解体させた。

ソ連の停滞打破の改革が冷戦終結をもたらす

１９７０年代のソ連は改革に後ろ向きな**ブレジネフ**政権のもとで経済が停滞。加えて79年に始まったアフガニスタン侵攻は泥沼化し、ソ連を「悪の帝国」とよぶアメリカの**レーガン**政権との核軍拡競争も激化して財政や経済を圧迫した。

85年に共産党書記長に就任した**ゴルバチョフ**は、停滞を打開すべく**ペレストロイカ**(立て直し)をスローガンに掲げ、政治・経済の改革に着手。86年に**チェルノブイリ原発事故**が発生すると**グラスノスチ**(情報公開)を推進して、共産党独裁のもとで抑圧されていた言論の自由も認めるようになった。

外交面でも西側諸国との協調路線に転換。アメリカとの核軍縮交渉を推進し、88年にはアフガニスタンからのソ連軍撤退を開始した。そして89年12月、地中海のマルタ島沖でブッシュ(父)米大統領と首脳会談を行い(**マルタ会談**)、東西冷戦終結の共同宣言を発表した。

急速に進んだ東欧の自由化とソ連解体

社会主義国家の本家・ソ連の自由化の動きは、ソ連の影響下で社会主義一党独裁体制を続けてきた東ヨーロッパ諸国に及び、複数政党制や市場経済の導入などの民主化・自由化改革の動きが急速に広がった。89年にはポーランド、ハンガリー、ルーマニアなどで次々に独裁政権が倒され、同年11月には東西冷戦の象徴だった**ベルリンの壁**が崩壊。90年には東西ドイツが再統一を果たした。

ソ連では改革に反対する保守派が強く、一方で急進的な改革を求める勢力も拡大するなど、国内は不安定化した。91年8月、この状況に危機感を募らせた保守派がクーデタを起こしたが失敗。これを機にソ連は一気に解体へ向かい、同年12月にロシアやウクライナなどがソ連の消滅を宣言。バルト三国を除く旧ソ連構成12共和国からなる**独立国家共同体**(**CIS**)が創設された。

東西冷戦終結とソ連の崩壊

1990年 東西ドイツの統一
89年、ベルリン市内を東西に分断していた「ベルリンの壁」が市民の力で崩壊。翌年、東ドイツが西ドイツへ加入する形で統一へ。
1989年 東欧革命
ポーランドで非共産系の労働組合「連帯」が選挙で躍進し民主化。以後東欧各国が次々と民主化。
ソヴィエト連邦
ベルリン
1989年 東ドイツ
1989年 ポーランド
1989年 チェコスロヴァキア
西ドイツ
オーストリア
1989年 ハンガリー
1989年 ルーマニア
イタリア
鉄のカーテン
1991年 ユーゴスラビア
1989年 ブルガリア
1990年 アルバニア
ギリシア
1989年 民主化の政変が起きた年（ユーゴスラヴィアは内戦が勃発した年）
1991年 ソ連の崩壊
保守派によるクーデタでゴルバチョフ書記長は事実上失脚、ソ連共産党は解党。ロシアやウクライナなど、ソ連内の共和国がソ連の消滅を宣言、独立国家共同体（CIS）を創設した。同年、ワルシャワ条約機構とコメコン（経済相互援助会議）も解散した。
ソ連
バルト三国
ベラルーシ
ロシア
ウクライナ
モルドヴァ
カザフスタン
モンゴル
グルジア
マルタ島
ウズベキスタン
アルメニア
キルギス
日本
アゼルバイジャン
中国
トルクメニスタン
タジキスタン
1989年 マルタ会談で東西冷戦終結
マルタ会談でブッシュ（父）米大統領とソ連のゴルバチョフ書記長が冷戦終結の共同宣言を発表。
ソ連（1991年）
東側諸国
西側諸国
ロシア ソ連崩壊で誕生した国
ブッシュ（父）米大統領
ソ連のゴルバチョフ書記長

97 イラン革命
98 冷戦終結とソ連崩壊

共産主義から転換し急成長した中国

1949年〜1992年

毛沢東の共産主義から転換した中国は鄧小平の改革開放政策で経済成長の波にのった。

毛沢東に振り回された中華人民共和国の経済建設

国共内戦に勝利して建国した**中華人民共和国**では、最高指導者**毛沢東**《もうたくとう》の共産主義思想を反映した経済建設が進められた。土地改革ですべての農民に土地を付与する一方、社会主義国の先輩ソ連を模倣した計画経済で重工業の発展を図った。

理念優先の毛沢東は、強引な増産政策で先進国に一気に追いつこうと、**大躍進**《だいやくしん》**政策**を実施したが、現実無視の無理な政策は数千万人ともいわれる餓死者を出して失敗に終わった。大躍進の失敗後、毛沢東は権力の座を降り、かわって国家主席となった**劉少奇**《りゅうしょうき》は**鄧小平**《とうしょうへい》とともに、市場経済を部分的にとり入れる経済の調整政策を実施。余剰農産物の自由販売を認めるなどして人々の労働意欲を高めたことで、生産は回復した。

しかし、これを資本主義の復活とみなした毛沢東は、自身の権力回復のため紅《こう》衛兵《えいへい》など学生や大衆を動員し、劉少奇らに「走資《そうし》派」のレッテルを張って政権から追放。中国国内は政治混乱と経済停滞に陥った（**プロレタリア文化大革命**）。

「社会主義市場経済」で高度経済成長へ突入

1976年に毛沢東が世を去ると、文化大革命を実行した四人組が失脚し、現実主義者の鄧小平が実権を握った。鄧は78年に**改革開放**を打ち出し、市場経済を大胆にとり入れて近代化・経済成長を目ざす路線に舵を切る。84年には沿海部に4つの経済特区と14の対外開放都市を設置し、先進国から外資を呼び込んで工業化と技術導入を進めた。89年には民主化運動を武力弾圧する**天安門**《てんあんもん》**事件**（第2次）が発生し、西側諸国の制裁によって一時経済が停滞したが、92年に鄧小平は**南巡**《なんじゅん》**講話**を発表し、「社会主義市場経済」という、その後の中国の急速な経済発展を方向づける原則を打ち出した。これは共産党独裁のもとで市場経済による発展を目ざすというもので、経済は自由化しても政治の自由化・民主化は許さないという、中国共産党の統治の大原則を示したものである。

1990年代以降の中国は政治的安定のもとで「世界の工場」として高度経済成長の軌道にのり、新興国として躍進。21世紀に入るとGDP（国内総生産）で日本を追い抜いて世界第2位の経済大国となり、アメリカを脅かす存在にまで成長するのである。

中華人民共和国の経済の歩み

1949年

中華人民共和国成立

1953〜57年にかけて、ソ連型の計画経済である第1次五カ年計画を実施、重工業を中心に投資を進めた。

1958〜61年

大躍進《だいやくしん》政策

毛沢東の独裁的指導による大増産政策。「人民公社」による農業集団化など。15年でイギリス経済を追い抜くと宣言。

1962年

毛沢東失脚

毛沢東の大躍進政策が、膨大な数の餓死者を出して失敗。劉少奇（りゅうしょうき）が資本主義的要素をとり入れた改革を実施。

1966〜77年

プロレタリア文化大革命　毛沢東復権

毛沢東による権力闘争。劉少奇を追放。

1976年

毛沢東死去

1978年

「改革開放」路線へ転換　鄧小平《とうしょうへい》時代へ

鄧小平が実権を握り、近代化・経済成長路線へ転換する。1979年にはアメリカと国交回復。その5年後に外資呼び込みをはかり、経済特区と対外開放都市を設置した。

1989年

天安門事件

民主化運動弾圧で西側諸国から制裁を受け、経済が一時停滞。

1992年

鄧小平の南巡《なんじゅん》講話

共産党独裁体制のもとでの市場経済で発展を目ざす「社会主義市場経済」を打ち出す。

1990〜2000年代

「世界の工場」として中国経済急成長へ

アジアの社会主義国の自由化

ベトナム

1986年に「ドイモイ（刷新）」政策が打ち出され、市場経済の導入と対外開放が進められた。中国と同じく、共産党の一党支配は堅持された。

ラオス

1986年にベトナムより早く「チンタナカーン＝マイ（新思考）」政策を導入、経済開放と政治、外交、社会の自由化を進めた。

カンボジア

1991年に内戦が終結。ポル＝ポト政権の大虐殺をともなう極端な共産主義政策と、その後の内戦で荒廃した経済の復興が進められた。

モンゴル

ソ連のペレストロイカをまねた改革「シネチレル（刷新）」で市場経済の導入など自由化を進めた。1992年に社会主義体制を放棄した。

WORD **鄧小平**《とうしょうへい》［1904〜97年］

四川省に生まれ、フランス留学中の1922年に中国共産党に入党する（24年説もあり）。毛沢東の大躍進政策の失敗後、劉少奇とともに経済立て直しに取り組むが、文化大革命で失脚。その後復活と失脚を繰り返し、77年に復活後、実権を掌握した。78年には中国首脳として初めて来日。改革開放政策を軌道にのせ、中国に高度経済成長をもたらした。

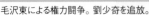

第15章

ポスト冷戦体制とグローバル化

100 ポスト冷戦のはじまり
101 地域統合
102 インターネットの拡大
103 アメリカの一極支配
104 核問題

超大国の「冷たい戦争」から世界各地で噴出する紛争の時代へ

1989年〜

米ソによる核戦争の危機が去ると重石を失った世界は逆に不安定化し、解き放たれた民族の感情が解決困難な紛争を次々に発生させた。

冷戦終結で「力の空白」が生まれ民族紛争を誘発

米ソ両超大国による冷戦が終結して核戦争の危機が遠のいたとき、つかの間、自由と平和を謳歌《おうか》する楽観的な空気が生まれた。しかし、世界の現実はそれとは逆の方向に動き始めたことを、すぐに思い知らされることになる。

冷戦時代、世界は人類滅亡につながる核戦争を避けたいアメリカとソ連によって「管理」され、地域紛争も米ソの代理戦争として、破局的な全面対決にならないようある程度コントロールされていた。しかし、冷戦終結で超大国の重石がなくなると、抑えられていた民族感情が世界各地で噴き出し、内戦などの紛争が次々に発生することとなった。

特に、ソ連の崩壊と社会主義圏の消滅は、東ヨーロッパなど各地に「力の空白」を生み、民族紛争を誘発した。6つの共和国からなる連邦国家だった**ユーゴスラヴィア**では、1980年にカリスマ的指導者の**ティトー大統領**が死去すると国家の求心力が急速に低下。東欧諸国の民主化を機に各共和国が民族自決を掲げて独立に動き、その過程で内戦が発生した。特にボスニア＝ヘルツェゴビナではセルビア人、クロアチア人、ムスリムが三つ巴《みつどもえ》の戦いを繰り広げ、**民族浄化**とよばれる大量虐殺《ぎゃくさつ》も発生した。

また、ソ連を構成していた**カフカース**は民族と宗教の分布がきわめて複雑で、紛争の火種を抱えていたが、ソ連崩壊とともにそれが噴き出した。**ナゴルノカラバフ紛争**では歴史的に対立するアルメニア人とアゼルバイジャン人が武力衝突。ロシア連邦内のチェチェン共和国ではイスラーム系住民が多く、独立派の武装グループが蜂起。**チェチェン紛争**はロシア軍との激しい内戦となり、テロも頻発した。

泥沼化する紛争が深刻な人道危機を生む

政情が不安定で経済基盤が脆弱《ぜいじゃく》な発展途上国のなかには、冷戦後に国内の民族対立がエスカレートし、虐殺や強姦《ごうかん》など深刻な人道上の危機が発生した国も少なくない。アフリカの**ルワンダ内戦**やコンゴ民主共和国内戦はその典型である。また、ソマリアやイエメンなどのように、内戦の泥沼化で中央政府が統治能力を失い、**破綻《はたん》国家**の状態に陥った国もある。

冷戦終結後の紛争は、民族のアイデンティティである宗教や、長い時間をかけて形成された民族感情などと絡むことが多く、非妥協的で激しくなりやすい傾向がある。国際平和の構築・維持を担う国連も、このような紛争に対して有効な解決策を見いだせずにいる。

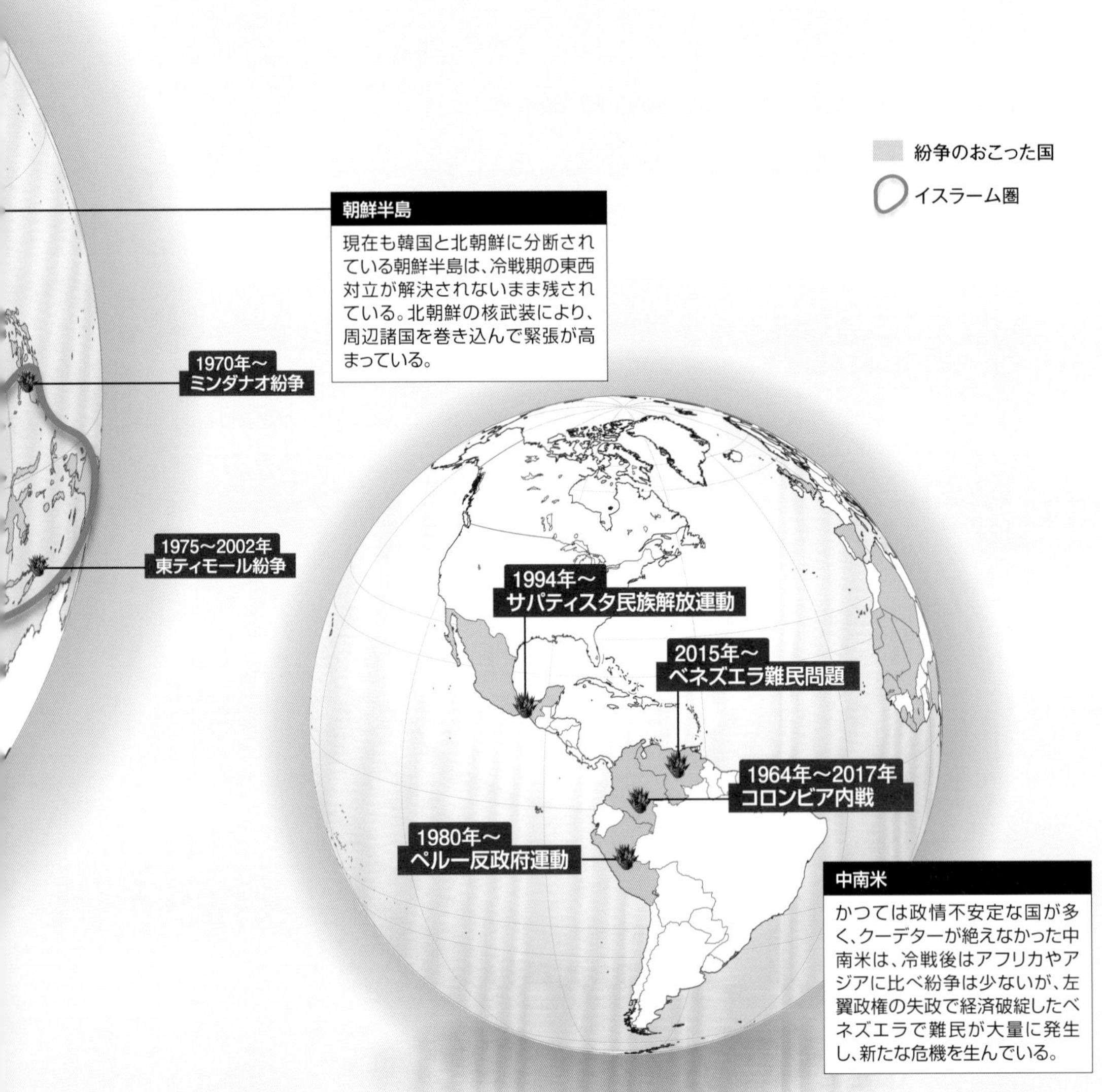
紛争のおこった国
イスラーム圏
朝鮮半島
現在も韓国と北朝鮮に分断されている朝鮮半島は、冷戦期の東西対立が解決されないまま残されている。北朝鮮の核武装により、周辺諸国を巻き込んで緊張が高まっている。
1970年〜
ミンダナオ紛争
1975〜2002年
東ティモール紛争
1994年〜
サパティスタ民族解放運動
2015年〜
ベネズエラ難民問題
1964年〜2017年
コロンビア内戦
1980年〜
ペルー反政府運動
中南米
かつては政情不安定な国が多く、クーデターが絶えなかった中南米は、冷戦後はアフリカやアジアに比べ紛争は少ないが、左翼政権の失政で経済破綻したベネズエラで難民が大量に発生し、新たな危機を生んでいる。

冷戦終結後のおもな紛争

ユーゴスラヴィア紛争

第二次世界大戦後に社会主義体制へと移行したユーゴスラヴィア連邦の6つの構成共和国が、東欧の民主化、ソヴィエト連邦の崩壊を受け独立。この過程で起こった5つの紛争はユーゴスラヴィア紛争と総称される。

1991年
スロヴェニア十日間戦争
1991～95年
クロアチア内戦
オーストリア
ハンガリー
スロヴェニア
イタリア
リュブリャナ
ザグレブ
クロアチア
ボスニア=ヘルツェゴビナ
ベオグラード
セルビア
ルーマニア
1992～95年
ボスニア内戦
サライェヴォ
ドナウ川
ブルガリア
1998～99年
コソボ紛争
アドリア海
モンテネグロ
プリシュティナ
ポドゴリツァ
コソヴォ
ユーゴスラヴィア連邦の国境
スコピエ
マケドニア（北マケドニア）
アルバニア
ギリシア
2001年
マケドニア紛争

カフカース地方の紛争

カフカース地方は、ロシア帝国の南下政策により19世紀にオスマン帝国からロシア帝国の版図に組み込まれた地域だ。ソヴィエト連邦の崩壊後、複雑な民族構成が火種となり、独立紛争が起こった。

カスピ海
1989～94年
アブハジア紛争
1994～2009年
チェチェン紛争
ロシア
1990～92年
南オセアチア紛争
2008年
ロシア=グルジア戦争
2008年
南オセアチア戦争
（ロシア=グルジア戦争）
黒海
グルジア
（ジョージア）
トビリシ
アルメニア
アゼルバイジャン
エレヴァン
バクー
トルコ
イラン
1988～94年
ナゴルノカラバフ紛争

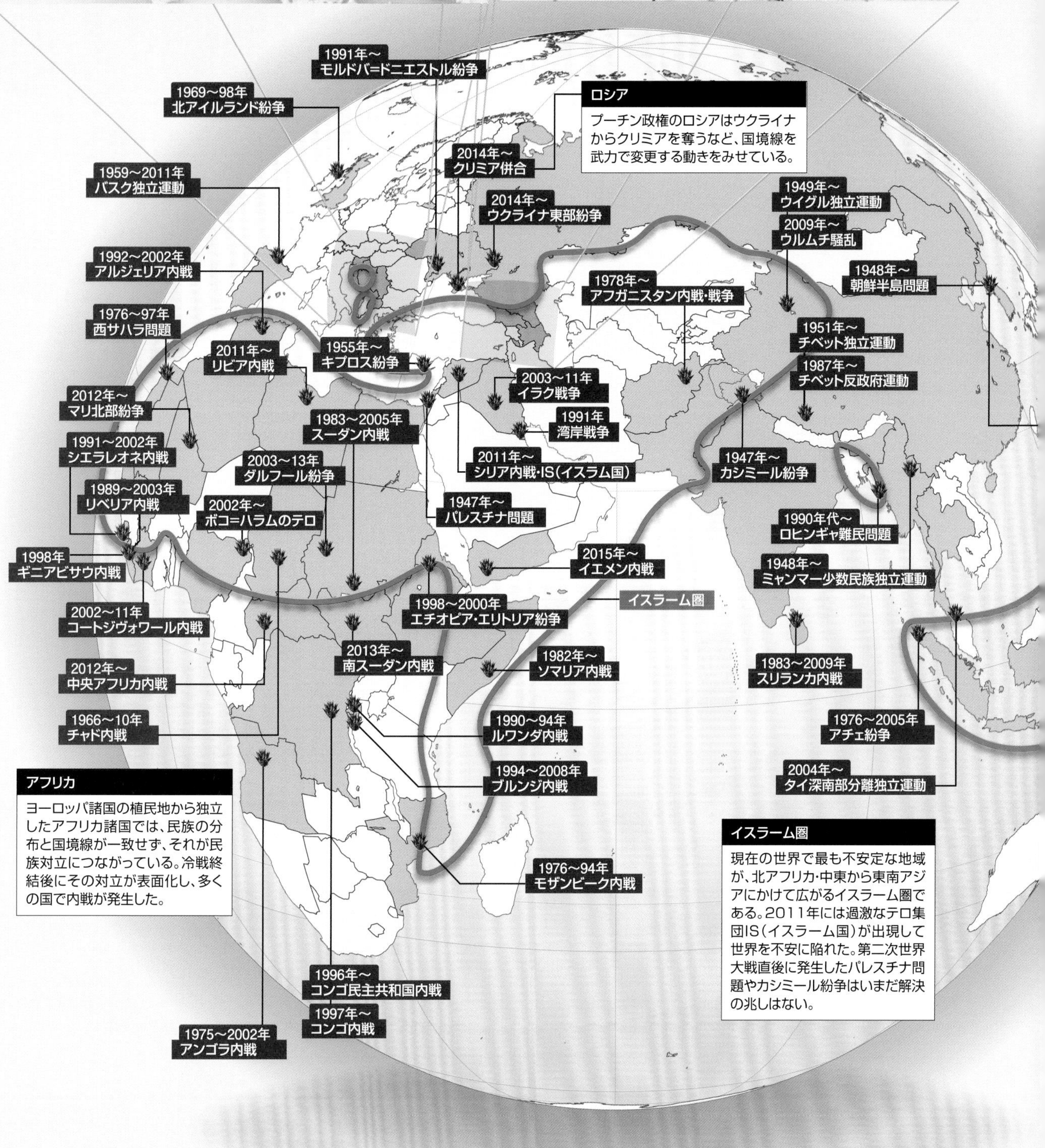
1991年～
モルドバ=ドニエストル紛争
1969～98年
北アイルランド紛争
ロシア
2014年～
クリミア併合
1959～2011年
バスク独立運動
2014年～
ウクライナ東部紛争
1949年～
ウイグル独立運動
2009年～
ウルムチ騒乱
1992～2002年
アルジェリア内戦
1948年～
朝鮮半島問題
1978年～
アフガニスタン内戦・戦争
1976～97年
西サハラ問題
1951年～
チベット独立運動
2011年～
リビア内戦
1955年～
キプロス紛争
2003～11年
イラク戦争
1987年～
チベット反政府運動
2012年～
マリ北部紛争
1991年
湾岸戦争
1983～2005年
スーダン内戦
1991～2002年
シエラレオネ内戦
2011年～
シリア内戦・IS（イスラム国）
1947年～
カシミール紛争
2003～13年
ダルフール紛争
1989～2003年
リベリア内戦
2002年～
ボコ=ハラムのテロ
1947年～
パレスチナ問題
1990年代～
ロヒンギャ難民問題
1998年
ギニアビサウ内戦
2015年～
イエメン内戦
1948年～
ミャンマー少数民族独立運動
2002～11年
コートジヴォワール内戦
1998～2000年
エチオピア・エリトリア紛争
イスラーム圏
2013年～
南スーダン内戦
2012年～
中央アフリカ内戦
1982年～
ソマリア内戦
1983～2009年
スリランカ内戦
1966～10年
チャド内戦
1990～94年
ルワンダ内戦
1976～2005年
アチェ紛争
1994～2008年
ブルンジ内戦
2004年～
タイ深南部分離独立運動
1976～94年
モザンビーク内戦
1996年～
コンゴ民主共和国内戦
1997年～
コンゴ内戦
1975～2002年
アンゴラ内戦

ロシア

プーチン政権のロシアはウクライナからクリミアを奪うなど、国境線を武力で変更する動きをみせている。

アフリカ

ヨーロッパ諸国の植民地から独立したアフリカ諸国では、民族の分布と国境線が一致せず、それが民族対立につながっている。冷戦終結後にその対立が表面化し、多くの国で内戦が発生した。

イスラーム圏

現在の世界で最も不安定な地域が、北アフリカ・中東から東南アジアにかけて広がるイスラーム圏である。2011年には過激なテロ集団IS（イスラーム国）が出現して世界を不安に陥れた。第二次世界大戦直後に発生したパレスチナ問題やカシミール紛争はいまだ解決の兆しはない。

101 地域統合

地域ごとに集まって安定と発展を目ざす

1960年代～

ヨーロッパを統合する欧州連合（EU）を筆頭に、政治的安定と経済発展を目ざす地域統合の動きが広がった。

西ヨーロッパで始まった地域が一つに結集する動き

冷戦によって世界が資本主義と社会主義の両陣営に分かれる一方、GATT《ガット》およびそれを発展させた**世界貿易機関**（WTO）を中心に、世界経済を一体化させる動きが強まった。それに対して、地域ごとに結集して政治的安定や経済発展を目ざす動きも活発化した。

西ヨーロッパでは、戦後低下した国際社会への影響力を取り戻し、2度の世界大戦の要因となったフランスとドイツの対立を解消するため、欧州統合が推し進められた。1967年にフランスや西ドイツなど6カ国で誕生した**ヨーロッパ共同体**（EC）は、93年の**マーストリヒト条約**で政治的な統合を目ざす**欧州連合**（EU）へ発展。99年には単一通貨**ユーロ**を導入し、通貨統合を達成した。

冷戦終結後に自由化した東欧諸国も統合してEUは大きく拡大したが、加盟国間の経済格差が拡大し、2010年にはギリシア発の**欧州債務危機**が発生。移民の急増などでEUに批判的な勢力が拡大し、20年1月にはイギリスが脱退した。

ASEANをはじめとして世界各地で活発化する地域統合

東南アジアでは1967年に結成された**東南アジア諸国連合**（ASEAN《アセアン》）が統合を深化させている。2015年には**ASEAN経済共同体**（AEC）を発足させ、高度に自由化された単一市場として世界経済の成長センターになることを目ざしている。また、北米ではEUに対抗してアメリカ主導の**北米自由貿易協定**（NAFTA《ナフタ》）が成立。これらをより広範囲に包括する**アジア太平洋経済協力会議**（APEC《エーペック》）も生まれるなど、地域統合の動きが活発化した。

世界のおもな地域統合

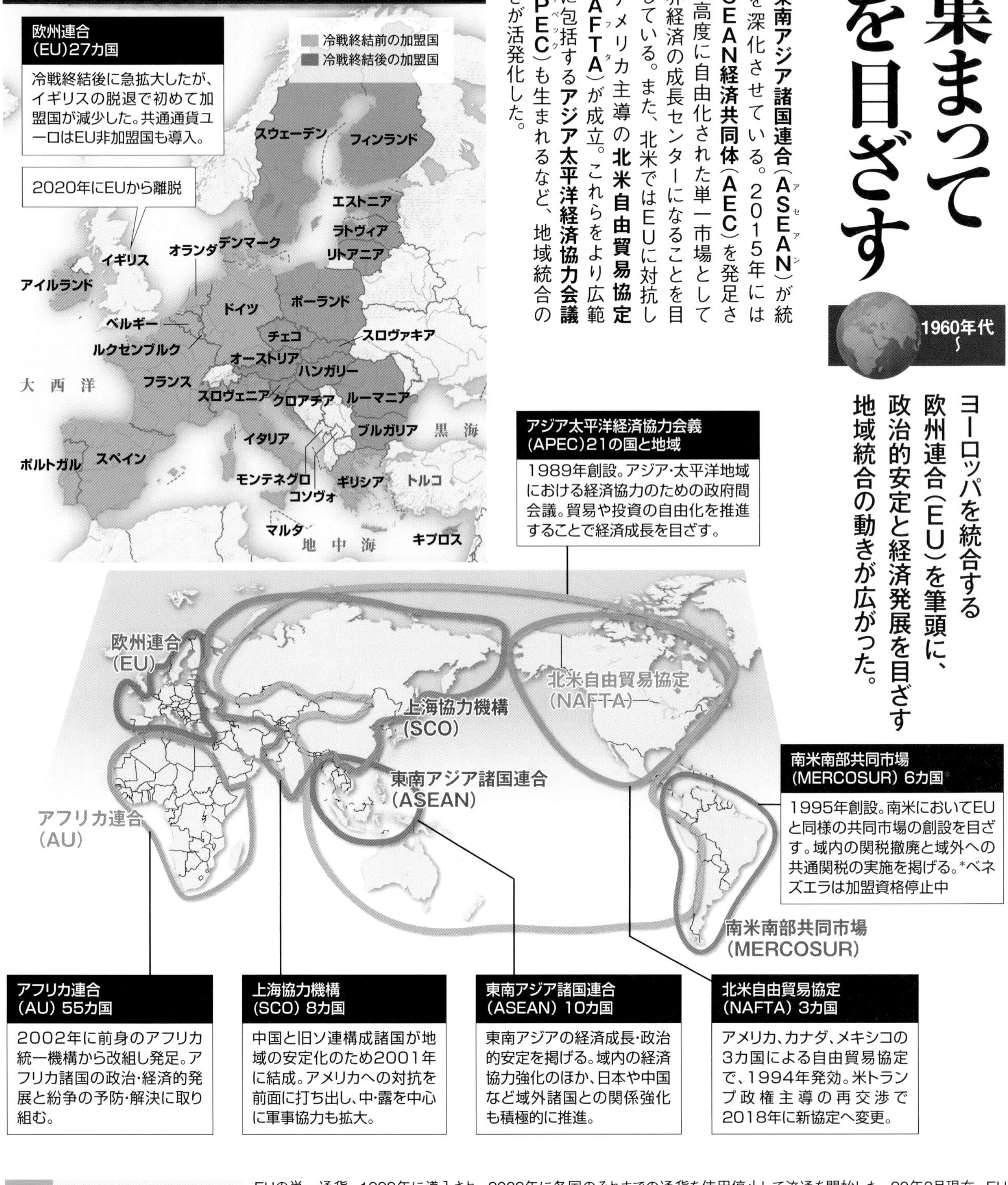

欧州連合（EU）27カ国
冷戦終結後に急拡大したが、イギリスの脱退で初めて加盟国が減少した。共通通貨ユーロはEU非加盟国も導入。
冷戦終結前の加盟国
冷戦終結後の加盟国
2020年にEUから離脱
スウェーデン
フィンランド
エストニア
ラトヴィア
リトアニア
デンマーク
オランダ
イギリス
アイルランド
ドイツ
ポーランド
ベルギー
チェコ
スロヴァキア
ルクセンブルク
オーストリア
ハンガリー
大西洋
フランス
スロヴェニア
クロアチア
ルーマニア
ブルガリア
黒海
イタリア
ポルトガル
スペイン
モンテネグロ
コソヴォ
ギリシア
トルコ
マルタ
地中海
キプロス
アジア太平洋経済協力会議（APEC）21の国と地域
1989年創設。アジア・太平洋地域における経済協力のための政府間会議。貿易や投資の自由化を推進することで経済成長を目ざす。
欧州連合（EU）
北米自由貿易協定（NAFTA）
上海協力機構（SCO）
東南アジア諸国連合（ASEAN）
アフリカ連合（AU）
南米南部共同市場（MERCOSUR）6カ国*
1995年創設。南米においてEUと同様の共同市場の創設を目ざす。域内の関税撤廃と域外への共通関税の実施を掲げる。*ベネズエラは加盟資格停止中
南米南部共同市場（MERCOSUR）
アフリカ連合（AU）55カ国
2002年に前身のアフリカ統一機構から改組し発足。アフリカ諸国の政治・経済的発展と紛争の予防・解決に取り組む。
上海協力機構（SCO）8カ国
中国と旧ソ連構成諸国が地域の安定化のため2001年に結成。アメリカへの対抗を前面に打ち出し、中・露を中心に軍事協力も拡大。
東南アジア諸国連合（ASEAN）10カ国
東南アジアの経済成長・政治的安定を掲げる。域内の経済協力強化のほか、日本や中国など域外諸国との関係強化も積極的に推進。
北米自由貿易協定（NAFTA）3カ国
アメリカ、カナダ、メキシコの3カ国による自由貿易協定で、1994年発効。米トランプ政権主導の再交渉で2018年に新協定へ変更。

WORD **ユーロ**

EUの単一通貨。1999年に導入され、2002年に各国のそれまでの通貨を使用停止して流通を開始した。20年3月現在、EU加盟27カ国中19カ国が導入し、EUに加盟していない6カ国（アンドラ、モナコ、サンマリノ、バチカン、モンテネグロ、コソヴォ）も法定通貨として使用している。ユーロに関する政策は欧州中央銀行（ECB）が担う。

102 インターネットの拡大

世界を大きく変えたインターネットの力

1990年代～

冷戦終結とともに始まったインターネット利用は、あらゆる分野に変革をもたらし人々の生活を一変させた。

インターネットがもたらした社会・経済の革命

今、私たちの生活に必要不可欠な**インターネット**は、1960年代のアメリカで開発が始まった。世界中のコンピュータを接続してネットワーク化し、情報を共有するという構想のもと、69年に米国防総省高等研究計画局（DARPA《ダーパ》）が開発した**ARPAnet**《アーパネット》が世界初のインターネットとされている。これはその後、全米科学財団（NSF）が構築したNSFnetと接続して現在のインターネットの原型となった。当初はおもに軍事用で、商業利用や私的な利用はできなかったが、冷戦が終わった89年にアメリカで初めて商用プロバイダーがインターネットに接続し、一般の人もパソコンから利用できるようになった。

商用利用が可能となったインターネットは90年代以降急速に発展する。アメリカでは**ヤフー!**、**アマゾン**、**グーグル**などの有力なIT企業が生まれ、企業活動から個人生活まで社会・経済のあらゆる場面に変革をもたらす**IT革命**をリードした。また、国境を越えて情報を瞬時に移動させるインターネットは、経済のグローバル化を強力に推進した。

2007年にはアップルが**スマートフォン**iPhone《アイフォン》を発売。ポケットに入る大きさで日常生活に必要なほとんどの機能をカバーできるスマホの登場で、発展途上国を含む世界のほとんどの場所でインターネットの利便性を享受できるようになった。さらに、スマホとともに普及した**ソーシャルネットワーキングサービス（SNS）**は、人々のコミュニケーションのあり方を大きく変え、社会や国家を動かす力をも発揮している。

一方、インターネット犯罪など新たな問題も生まれ、人々の安全が脅かされる事態も発生している。またアメリカ、中国、ロシアなどによるサイバー空間をめぐる覇権争いが激しさを増している。

インターネットと第4次産業革命

現在では、買物や移動といったヒトの行動から、家電製品、自動車などのモノまで、人間生活のあらゆるものがインターネットに接続している。これをIoT（モノのインターネット）とよび、日々膨大なデータが蓄積されている。蓄積された巨大なデータをビッグデータといい、この解析・管理に活躍が期待されているのが人工知能（AI）である。このIoT、ビッグデータ、AIを機能的に結びつけ、新たな技術革新と産業発展を目ざす第4次産業革命が注目されている。

インターネットの進化と拡大

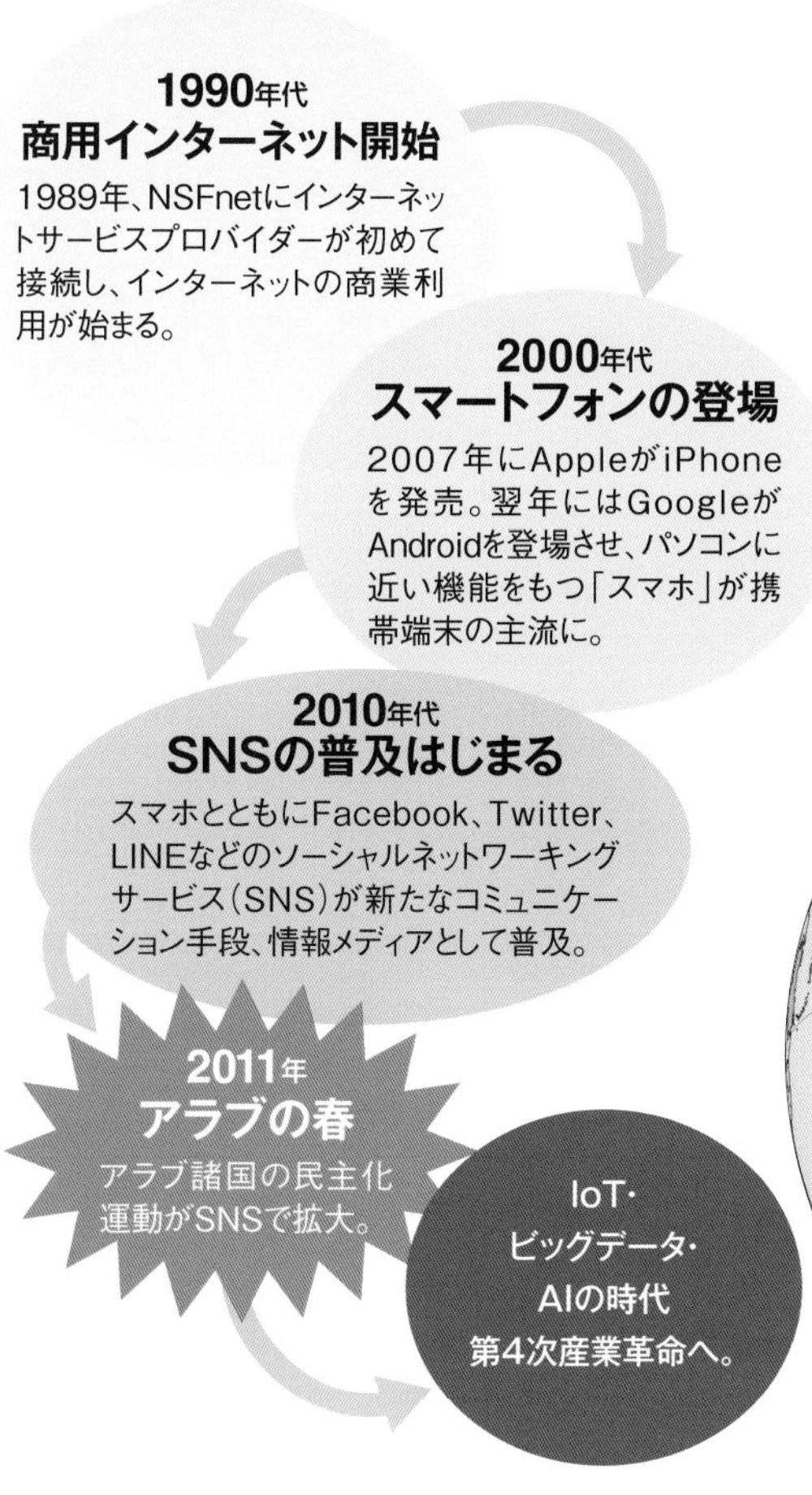
1990年代
商用インターネット開始
1989年、NSFnetにインターネットサービスプロバイダーが初めて接続し、インターネットの商業利用が始まる。
2000年代
スマートフォンの登場
2007年にAppleがiPhoneを発売。翌年にはGoogleがAndroidを登場させ、パソコンに近い機能をもつ「スマホ」が携帯端末の主流に。
2010年代
SNSの普及はじまる
スマホとともにFacebook、Twitter、LINEなどのソーシャルネットワーキングサービス（SNS）が新たなコミュニケーション手段、情報メディアとして普及。
2011年
アラブの春
アラブ諸国の民主化運動がSNSで拡大。
IoT・
ビッグデータ・
AIの時代
第4次産業革命へ。

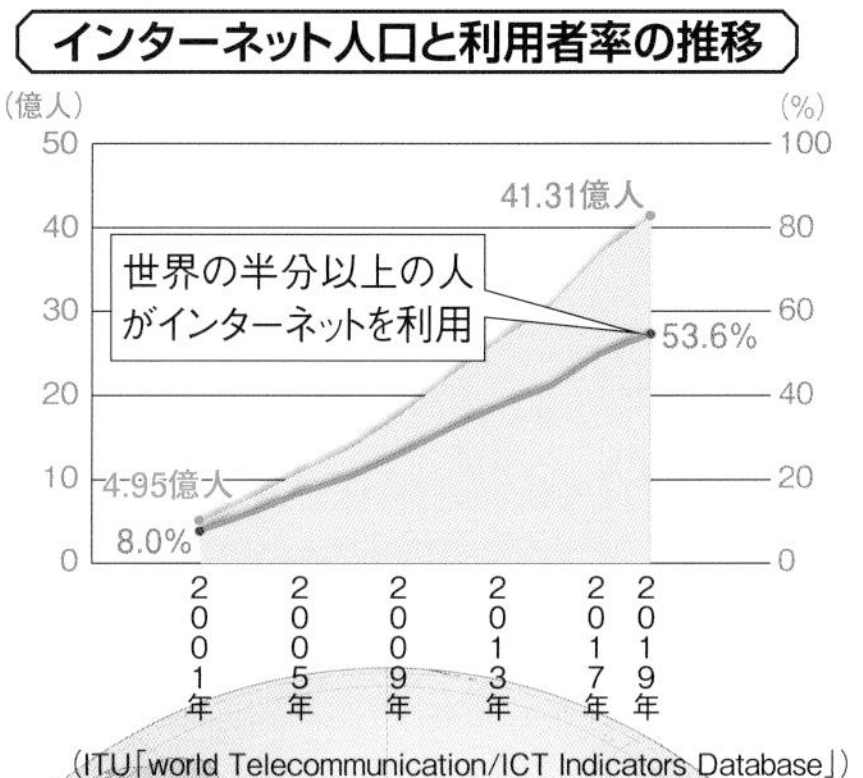
インターネット人口と利用者率の推移
（億人）
50
40
30
20
10
0
（%）
100
80
60
40
20
0
41.31億人
世界の半分以上の人がインターネットを利用
53.6%
4.95億人
8.0%
2001年
2005年
2009年
2013年
2017年
2019年

（ITU「world Telecommunication/ICT Indicators Database」）

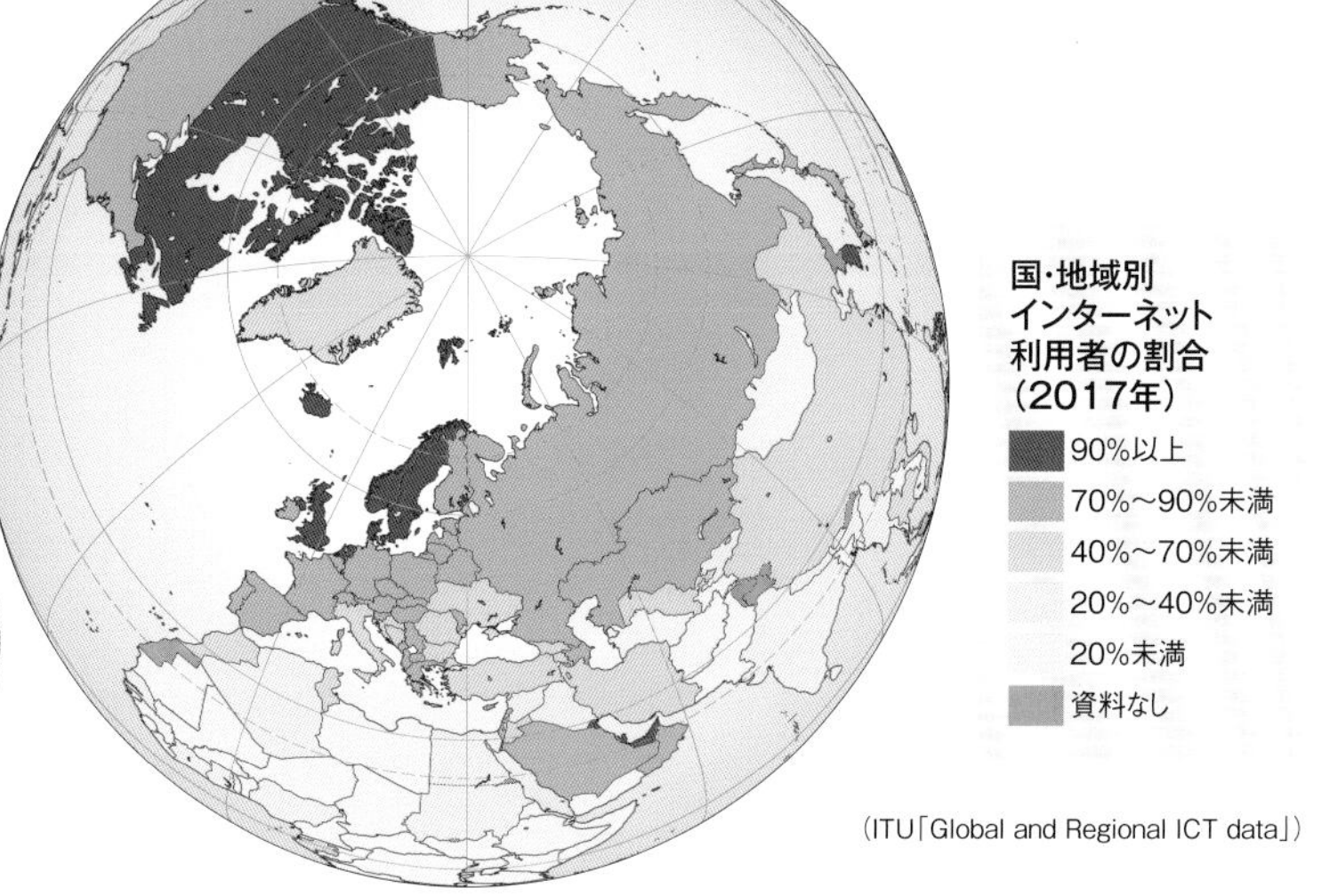
国・地域別
インターネット
利用者の割合
（2017年）
90%以上
70%～90%未満
40%～70%未満
20%～40%未満
20%未満
資料なし

（ITU「Global and Regional ICT data」）

WORD **アラブの春**
2010～11年に中東・北アフリカ諸国でおこった反政府運動。チュニジアで失業中の若者が地方政府への抗議の焼身自殺を図り、これがfacebookやTwitterで拡散されたことをきっかけに広まった。SNSによる情報拡散が大規模な民衆の動員をもたらし、チュニジアやエジプトなどで長期独裁政権の打倒につながった。

冷戦後に最強国家となり世界を振り回したアメリカ

1990年代～

冷戦終結後、軍事と経済の両面で並ぶ者のない存在となったアメリカはＩＴ革命で金融資本主義をリードし、やがて世界経済の危機を招いた。

金融立国へ転換し世界経済でひとり勝ち

冷戦の終結とソ連の崩壊により、統制経済を旨とした社会主義圏が消滅し、世界は唯一の超大国となったアメリカがリードする市場経済化の波に飲み込まれてゆく。アメリカはまた、冷戦終結後の「力の空白」をついてクウェートに侵攻したイラクのフセイン政権を圧倒的な軍事力でねじ伏せ（**湾岸戦争**）、軍事面でも世界の「一強」になったことを示した。

１９９３年に成立したアメリカの**クリントン**政権は「強いドルはアメリカの国益」とするドル高政策を推進。高金利によるドル高で世界中から投資資金をアメリカに流入させ、好景気を演出した。それを支えたのが90年代のアメリカでいち早く進んだ**ＩＴ革命**で、インターネットをインフラとする**金融グローバル化**を強力に牽引した。

こうしてアメリカは製造業中心の従来型の経済構造から、金融取引を経済の柱とする金融立国へ転換し、インフレのない理想的な経済成長を実現。高失業率にあえぐヨーロッパ諸国やバブル崩壊後の不況に苦しむ日本を尻目に、世界経済における「ひとり勝ち」を成し遂げた。

また、軍事的にも突出した存在になり、２００１年のアメリカ同時多発テロ後の「**テロとの戦い**」においては、国連にしばられないアメリカ主導の有志連合で軍事行動を行うようになった。

リーマン＝ショックを招き一極支配の終焉へ

１９９９年、アメリカで銀行と証券の兼業を解禁する**グラム＝リーチ＝ブライリー法**が成立し、金融自由化が加速。競争の激化は金融派生商品（デリバティブ）など、高度な金融工学を駆使した商品を次々に生み出し、これらは信用力の低い低所得者にも販売された。こうして、金融取引による利益を至上とする**金融資本主義**が経済を席巻するようになり、それはアメリカが主導するグローバル化にのって世界全体に広がったのである。

そして、拡大する金融資本主義は突然、破局を迎えた。２００７年夏、サブプライム＝ローンとよばれる低所得者向け住宅ローンが急激に不良債権化し、危機が表面化。08年9月には米証券大手リーマン＝ブラザーズが倒産して、危機は世界中に波及した（**リーマン＝ショック**）。

世界的な金融危機に対し、先進国は回復が遅れる一方で、中国は巨額の国内景気策でいち早く回復、世界経済のなかで大きく影響力を拡大した。一時のようなアメリカ一極支配は陰りをみせるが、アメリカへの資金流入は増加を続けている。

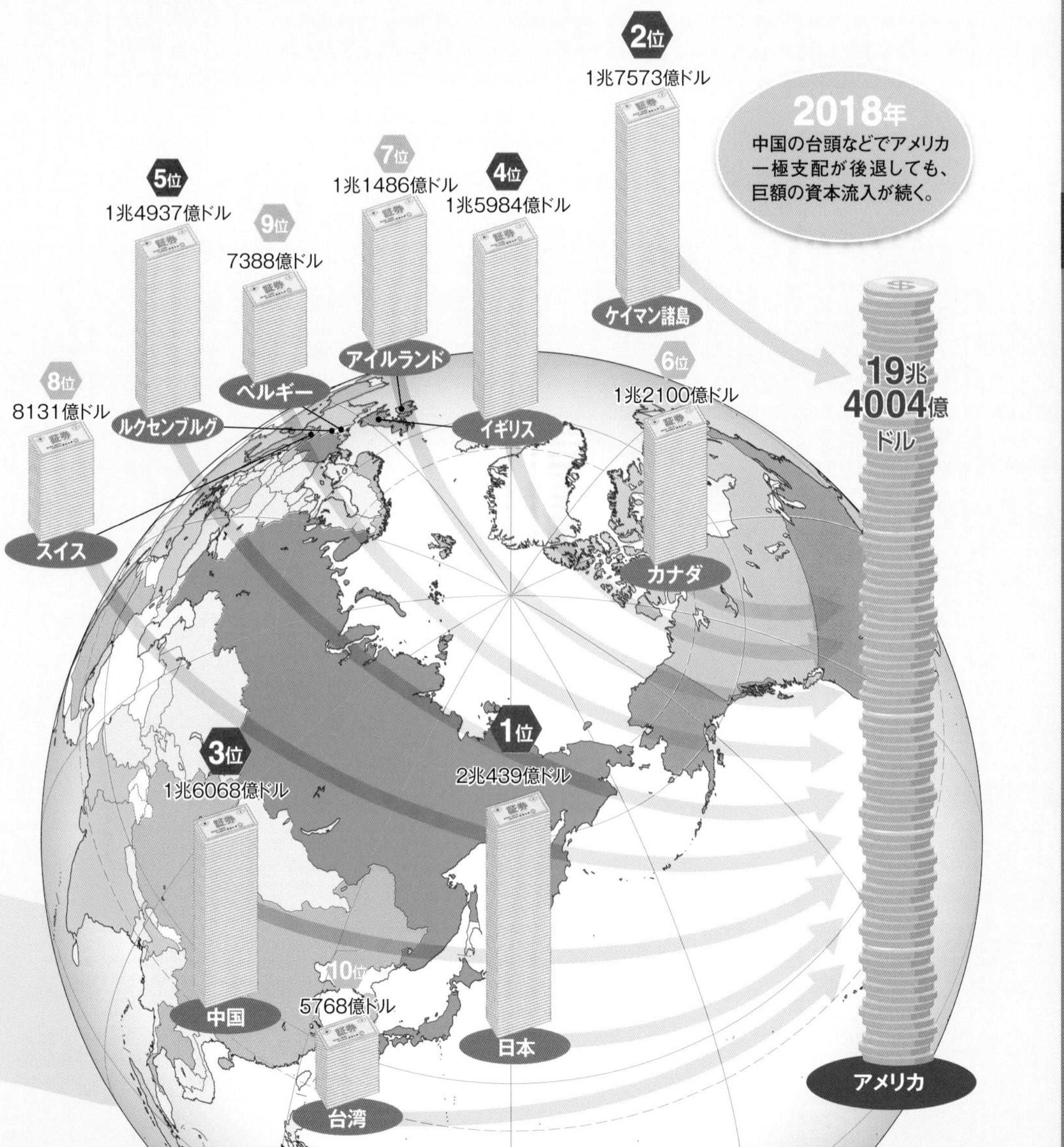
2018年
中国の台頭などでアメリカ一極支配が後退しても、巨額の資本流入が続く。
1位 2兆439億ドル 日本
2位 1兆7573億ドル ケイマン諸島
3位 1兆6068億ドル 中国
4位 1兆5984億ドル イギリス
5位 1兆4937億ドル ルクセンブルク
6位 1兆2100億ドル カナダ
7位 1兆1486億ドル アイルランド
8位 8131億ドル スイス
9位 7388億ドル ベルギー
10位 5768億ドル 台湾
19兆4004億ドル
アメリカ

アメリカの突出した経済力で冷戦後の一極化が進む

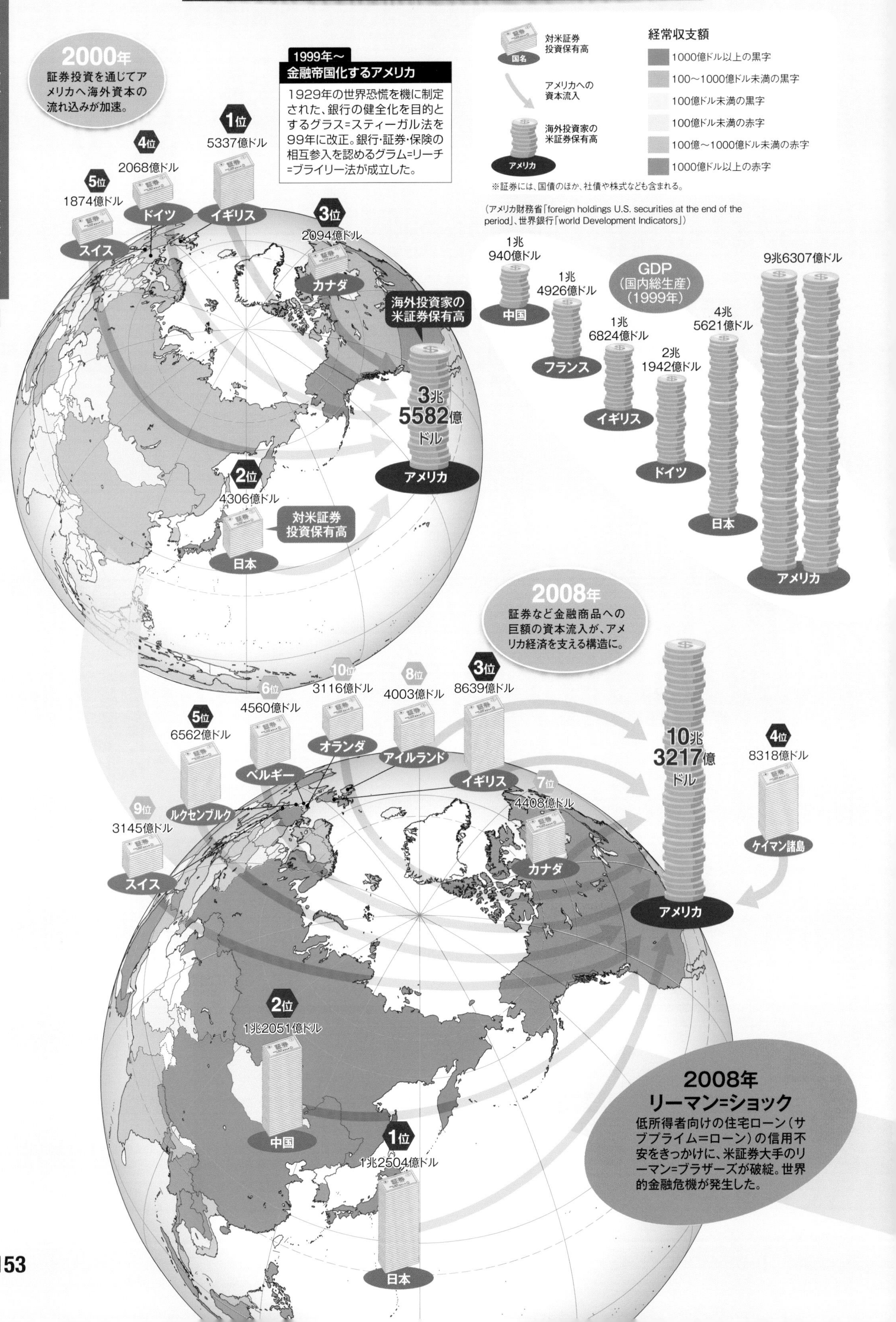

2000年
証券投資を通じてアメリカへ海外資本の流れ込みが加速。
1999年〜
金融帝国化するアメリカ
1929年の世界恐慌を機に制定された、銀行の健全化を目的とするグラス=スティーガル法を99年に改正。銀行・証券・保険の相互参入を認めるグラム=リーチ=ブライリー法が成立した。
対米証券投資保有高
国名
アメリカへの資本流入
海外投資家の米証券保有高
アメリカ
経常収支額
1000億ドル以上の黒字
100〜1000億ドル未満の黒字
100億ドル未満の黒字
100億ドル未満の赤字
100億〜1000億ドル未満の赤字
1000億ドル以上の赤字
※証券には、国債のほか、社債や株式なども含まれる。
(アメリカ財務省「foreign holdings U.S. securities at the end of the period」、世界銀行「world Development Indicators」)
1位 5337億ドル イギリス
4位 2068億ドル ドイツ
5位 1874億ドル スイス
3位 2094億ドル カナダ
2位 4306億ドル 日本
海外投資家の米証券保有高
3兆5582億ドル
アメリカ
対米証券投資保有高
GDP(国内総生産)(1999年)
1兆940億ドル 中国
1兆4926億ドル フランス
1兆6824億ドル イギリス
2兆1942億ドル ドイツ
4兆5621億ドル 日本
9兆6307億ドル アメリカ
2008年
証券など金融商品への巨額の資本流入が、アメリカ経済を支える構造に。
3位 8639億ドル イギリス
8位 4003億ドル アイルランド
10位 3116億ドル オランダ
6位 4560億ドル ベルギー
5位 6562億ドル ルクセンブルク
9位 3145億ドル スイス
7位 4408億ドル カナダ
4位 8318億ドル ケイマン諸島
10兆3217億ドル
アメリカ
2位 1兆2051億ドル 中国
1位 1兆2504億ドル 日本
2008年
リーマン=ショック
低所得者向けの住宅ローン(サブプライム=ローン)の信用不安をきっかけに、米証券大手のリーマン=ブラザーズが破綻。世界的金融危機が発生した。

104 核問題

エスカレートする核兵器の開発競争

1945年～

第二次世界大戦後の世界は核兵器の開発競争が激化し、人類滅亡の危険をはらむ核戦争の危機が訪れた。

始まった核軍拡と核戦争回避の努力

第二次世界大戦後、軍事力の競争は核兵器という、それまでとは異次元の段階に進んだ。広島・長崎で初めて**原子爆弾**を実戦使用したアメリカに続き、ソ連も核実験に成功。その後イギリス、フランス、中国が相次いで核実験に成功して核保有国となった。アメリカが水素爆弾の実験を行うと、ソ連もすぐさま水爆を保有するなど、米ソの核軍拡競争が激化。1962年には両国の核戦争寸前にまで緊張が高まる**キューバ危機**が発生した。

人類滅亡にもつながる核戦争の危機を回避するため、63年に**部分的核実験禁止条約**、68年には**核拡散防止条約**（ＮＰＴ）が調印され、核保有は米・ソ・英・仏・中の5カ国のみに認められる核不拡散体制が成立した。また、米ソ間で**第1次戦略兵器制限交渉**（ＳＡＬＴ《ソルト》Ⅰ）が始まるなど、核軍縮の努力も始まった。

独自に核開発する国が現れ核兵器の拡散が始まった

1980年代にはタカ派の米レーガン政権が核軍拡を進め、米ソ間の緊張が一時高まったが、ソ連がゴルバチョフ書記長のもとでアメリカとの対話路線に転換すると、**中距離核戦力**（ＩＮＦ）**全廃条約**に合意するなど米ソの核軍縮が本格化。東西冷戦の終結で核戦争の危機は去ったかにみえた。

しかし、74年にインドが核実験に成功し、イスラエルも核保有を噂《うわさ》されるなど、ＮＰＴに加盟せず独自に核兵器をもとうとする国が現れた。98年にはパキスタンが、２００６年には北朝鮮が核実験を行い、イランで核開発疑惑が高まるなど、「**核の拡散**」が現実のものとなった。

21世紀に入るとアメリカと中国・ロシアの対立が深まり、これらの大国同士による核軍拡競争が激化の様相をみせ、核戦争の危険が再び高まっている。

世界の核兵器

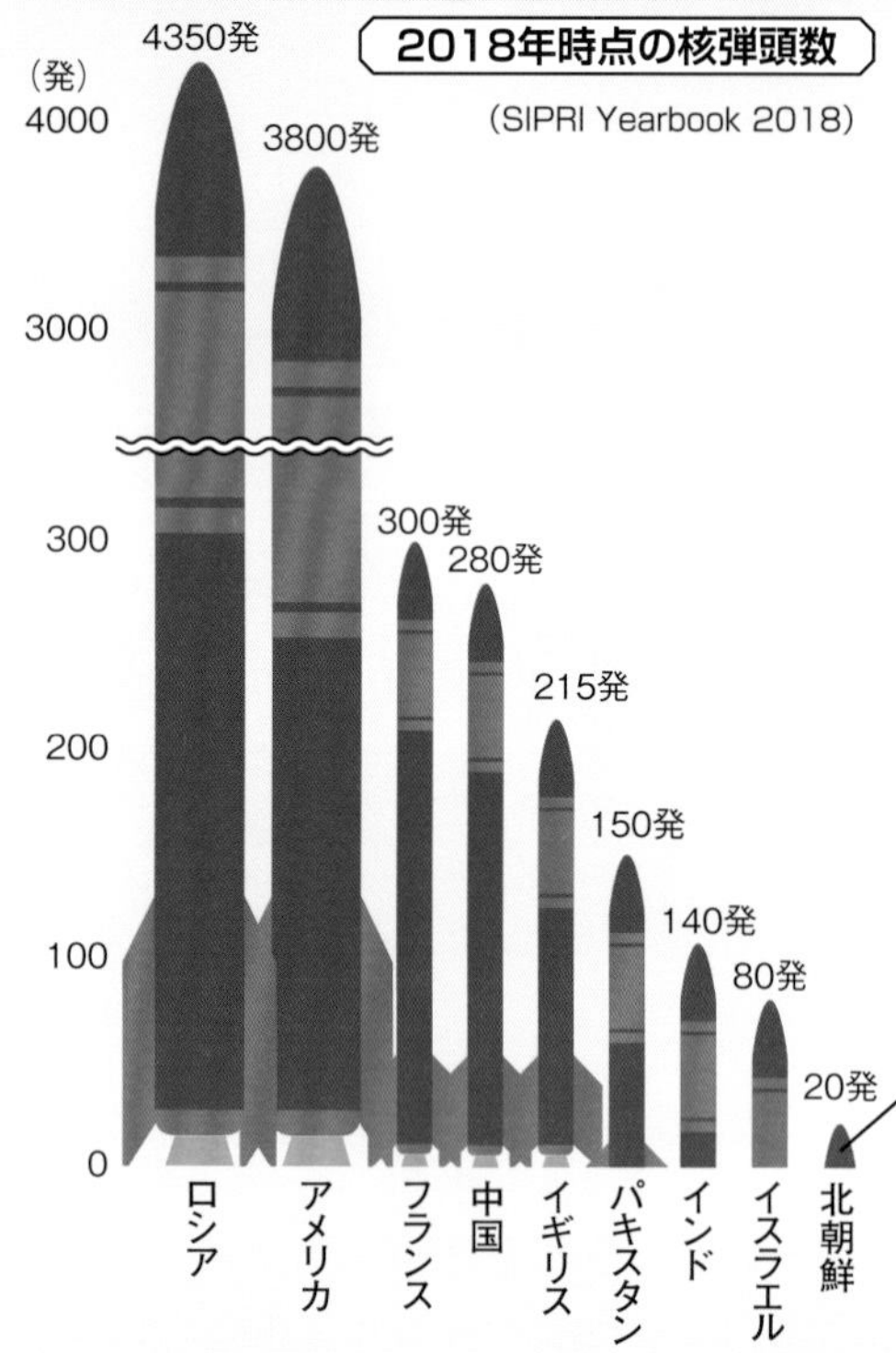

2018年時点の核弾頭数
(SIPRI Yearbook 2018)
（発）
4000
3000
300
200
100
0
4350発
3800発
300発
280発
215発
150発
140発
80発
20発
ロシア
アメリカ
フランス
中国
イギリス
パキスタン
インド
イスラエル
北朝鮮

北朝鮮核問題

北朝鮮は2006年以降、6回の核実験を行い、弾道ミサイルの発射実験を繰り返してきた。アメリカ本土を射程に収める大陸間弾道ミサイル（ICBM）の開発を進め、アメリカなどが求める非核化には応じていない。

オランダ
ドイツ
ベルギー
イギリス
フランス
イタリア
シリア
イスラエル
イラン
イラク
パキスタン
インド
ロシア
北朝鮮
中国
アメリカ

逆回転する核軍縮

米ロの間で結ばれた中距離核戦力（INF）全廃条約が2019年に失効した。トランプ米大統領は中国を加えた新たな核軍縮枠組みを主張するが、交渉は進んでいない。冷戦後の核軍縮の流れが止まり、再び核軍拡時代へ戻る懸念が高まっている。

- 核兵器の保有が認められている5カ国＊1
- 上記5カ国以外の核兵器保有国
- 核兵器を共有する国＊2
- 核兵器開発の疑惑がある国

＊1 1970年に発効した核拡散防止条約（NPT）で核兵器保有国と規定された国（国連安全保障理事会常任理事国5カ国）。
＊2 自前の核兵器をもたない北大西洋条約機構（NATO）加盟国で、アメリカから核兵器の提供を受けて核攻撃に参加する国。
（SIPRI「SIPRI Yearbook 2018」ほか）

イラク

1980年代から核の自主開発を模索、2002年に核開発施設の存在が明らかになった。

インド／パキスタン

パキスタンがインドへの核兵器の先制使用を検討し、インドでも同様の議論が起こるなど、両国の間で核戦争の危険性が高まっている。

WORD 核拡散防止条約
英語の頭文字を取ってNPTともよばれる。アメリカ、ソ連（ロシア）、イギリス、フランス、中国の5カ国以外の国が核兵器をもつことを禁止する条約で、1968年に調印。70年に発効した。5カ国による核兵器独占を認める条約との批判があり、独自に核を保有したインド、イスラエル、パキスタンは条約に加盟せず、北朝鮮は脱退を宣言した。

第16章

不安定化する21世紀

105 アメリカ同時多発テロ
106 経済大国中国の誕生
107 宗教の再登場
108 多極化する世界
109 グローバル=リスク
110 気候変動

アメリカを襲ったテロという新たな敵

2001年

超大国アメリカを突如襲った未曾有の大規模テロは、「テロとの戦い」という新しい戦争の勃発を告げた。

「ひとり勝ち」アメリカの前に国際テロという敵が出現

2001年9月11日、世界経済の中心地ニューヨークにそびえる2棟の超高層ビル・世界貿易センタービルに、ハイジャックされた2機の旅客機が相次いで激突した。地上110階建ての巨大ビルはその衝撃で崩壊。2700人以上が死亡した。その直後、ワシントンの米国防総省ビル（通称ペンタゴン）にもハイジャック旅客機が激突。約190人が死亡した。

この**アメリカ同時多発テロ**は、超高層ビルに航空機が突入する場面が全世界に実況中継されて衝撃を与えた。同時に、冷戦終結後の世界において軍事・経済両面で「ひとり勝ち」を達成したアメリカの前に、急進的なイスラーム教で結束した国際テロリズムという、新たな敵が出現したことを人々に知らしめた。

アメリカ政府はテロをウサマ＝ビン＝ラーディン率いる国際テロ組織**アル＝カーイダ**の犯行と断定した。翌10月には首謀者ビン＝ラーディンをかくまうアフガニスタンのターリバーン政権への軍事攻撃を開始し、これを崩壊させた。

アメリカの「テロとの戦い」が新たなテロ組織を生み出す

ブッシュ（子）米大統領は02年の一般教書演説でイラク、イラン、北朝鮮の3国を、テロを支援する「悪の枢軸」とよび、「テロとの戦い」を本格化させる。翌03年にはイラクのフセイン政権が大量破壊兵器を保有していると決めつけて攻撃を開始（**イラク戦争**）。フセイン政権を崩壊させたものの、大量破壊兵器は結局見つからなかった。

その後のイラクではイスラーム教シーア派とスンニ派の宗派対立が激化。テロが多発し、その混乱のなかからのちに「**イスラーム国（IS）**」となるテロ組織が生まれた。11年に始まったシリア内戦で「イスラーム国」は急速に勢力を拡大。イラクとシリアにまたがる地域で「建国」を宣言し、奴隷制復活などの恐怖支配を行った。14年にかけて世界のテロ発生件数は過去最大となった。

9.11アメリカ同時多発テロと「テロとの戦い」

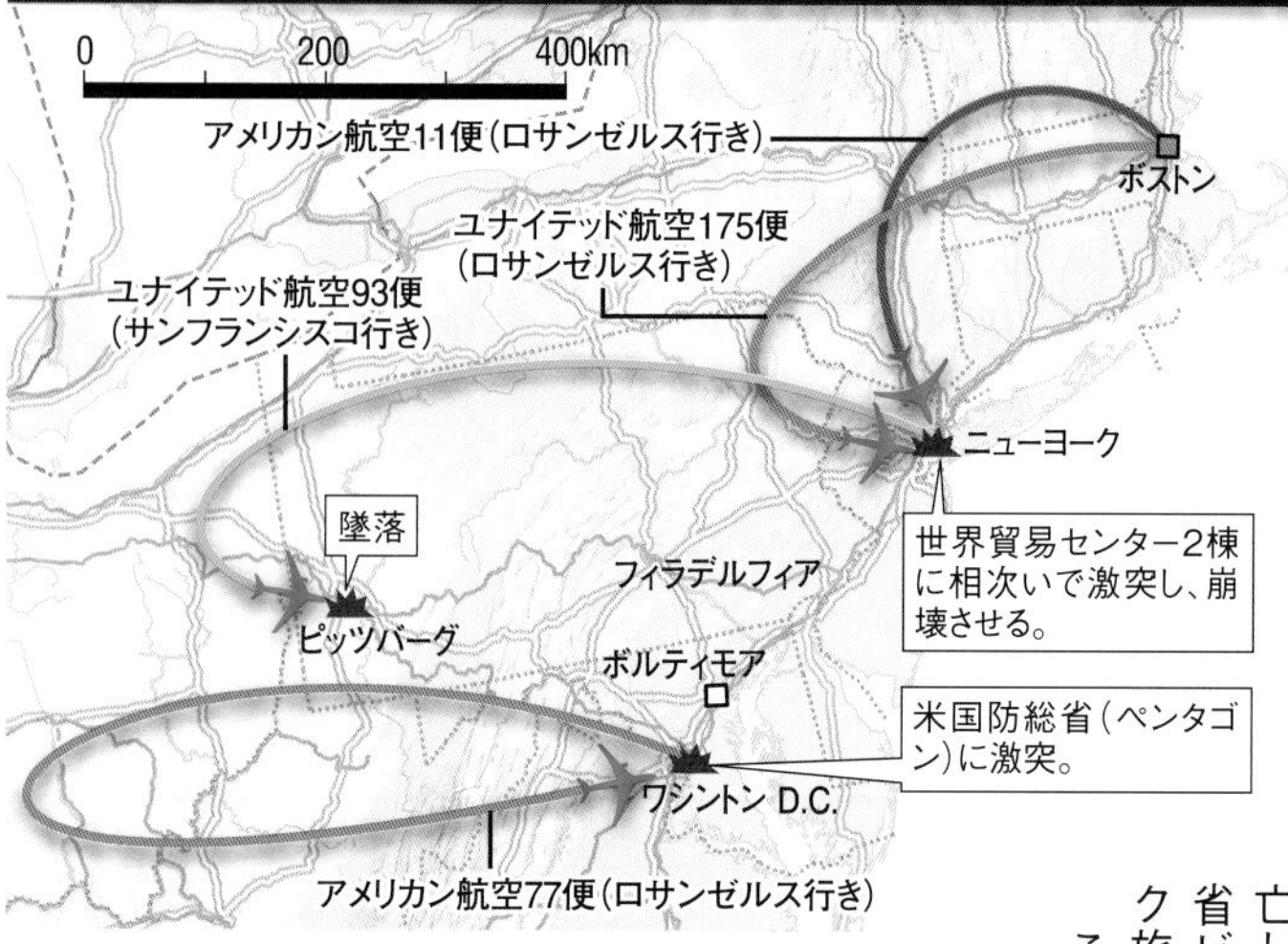
0
200
400km
アメリカン航空11便（ロサンゼルス行き）
ボストン
ユナイテッド航空175便（ロサンゼルス行き）
ユナイテッド航空93便（サンフランシスコ行き）
ニューヨーク
墜落
世界貿易センター2棟に相次いで激突し、崩壊させる。
フィラデルフィア
ピッツバーグ
ボルティモア
米国防総省（ペンタゴン）に激突。
ワシントン D.C.
アメリカン航空77便（ロサンゼルス行き）

2001年9月11日

アメリカ同時多発テロ発生

2001年9月11日朝、ボストンなどを離陸した4機の旅客機がほぼ同時にハイジャックされた。犯人はパイロットを殺害して自ら操縦し、3機が目的どおり世界貿易センタービルと米国防総省に激突した。1機（ユナイテッド航空93便）はホワイトハウス（米大統領官邸）へ向かったとみられるが、乗客が旅客機を奪還すべく犯人と格闘したため、墜落した。

テロとの戦いが始まる

9.11アメリカ同時多発テロはウサマ＝ビン＝ラーディン率いるテロ組織アルカーイダの犯行と断定。

2001年10〜12月

アフガニスタン戦争

テロの首謀者ウサマ＝ビン＝ラーディンの引き渡しを拒否したアフガニスタンのターリバーン政権を米英軍が攻撃。ターリバーン政権は崩壊。アメリカはこの戦争を、国際テロを防ぐ「テロとの戦い」に位置づけ、「不朽の自由作戦」と命名した。

2002年1月

米ブッシュ（子）大統領「悪の枢軸」批判演説

イラク、イラン、北朝鮮の3国を、テロを支援する「悪の枢軸」と非難。

2003年3〜5月

イラク戦争

イラクのフセイン政権が大量破壊兵器を保有していると断定し、米・英が開戦。フセイン政権崩壊。しかし大量破壊兵器は見つからず。

2006年10月

イスラーム過激派組織「イラク・イスラーム国」（のちのイスラーム国（IS））結成

イスラーム教スンニ派の過激派組織

▼

イラクでテロ激化

2011年〜

シリア内戦

内戦の混乱でイスラーム過激派組織が台頭。

2011年5月

米軍、ウサマ＝ビン＝ラーディンを殺害

2014年6月

「イスラーム国（IS）」建国を宣言

ISは支配地域で奴隷制復活などの恐怖支配を行う。米・欧のほかロシアなどもIS掃討作戦を展開。

2015年〜

アフガニスタンでもテロ激化

アフガニスタン国内の治安維持が多国籍軍からアフガニスタン政府に移譲。

2019年3月

ISの支配地域消滅

10月

米軍、ISの最高指導者バグダーディーを殺害

WORD **アル＝カーイダ**

アフガニスタンでソ連軍と戦ったサウジアラビア出身のウサマ＝ビン＝ラーディンらによって結成された国際テロ組織。アル＝カーイダとはアラビア語で基地の意。思想的には急進的・復古的なイスラーム教の立場から反欧米や反西洋文明などを掲げた。とりわけ湾岸戦争でサウジアラビアに駐留したアメリカを敵視し、テロを繰り返した。

106
経済大国中国の誕生

世界の覇権に挑む大国・中国

1990年代〜

猛烈なスピードで成長を続け経済大国へ変貌した中国は、巨大な経済圏を主導してアメリカの覇権に挑む。

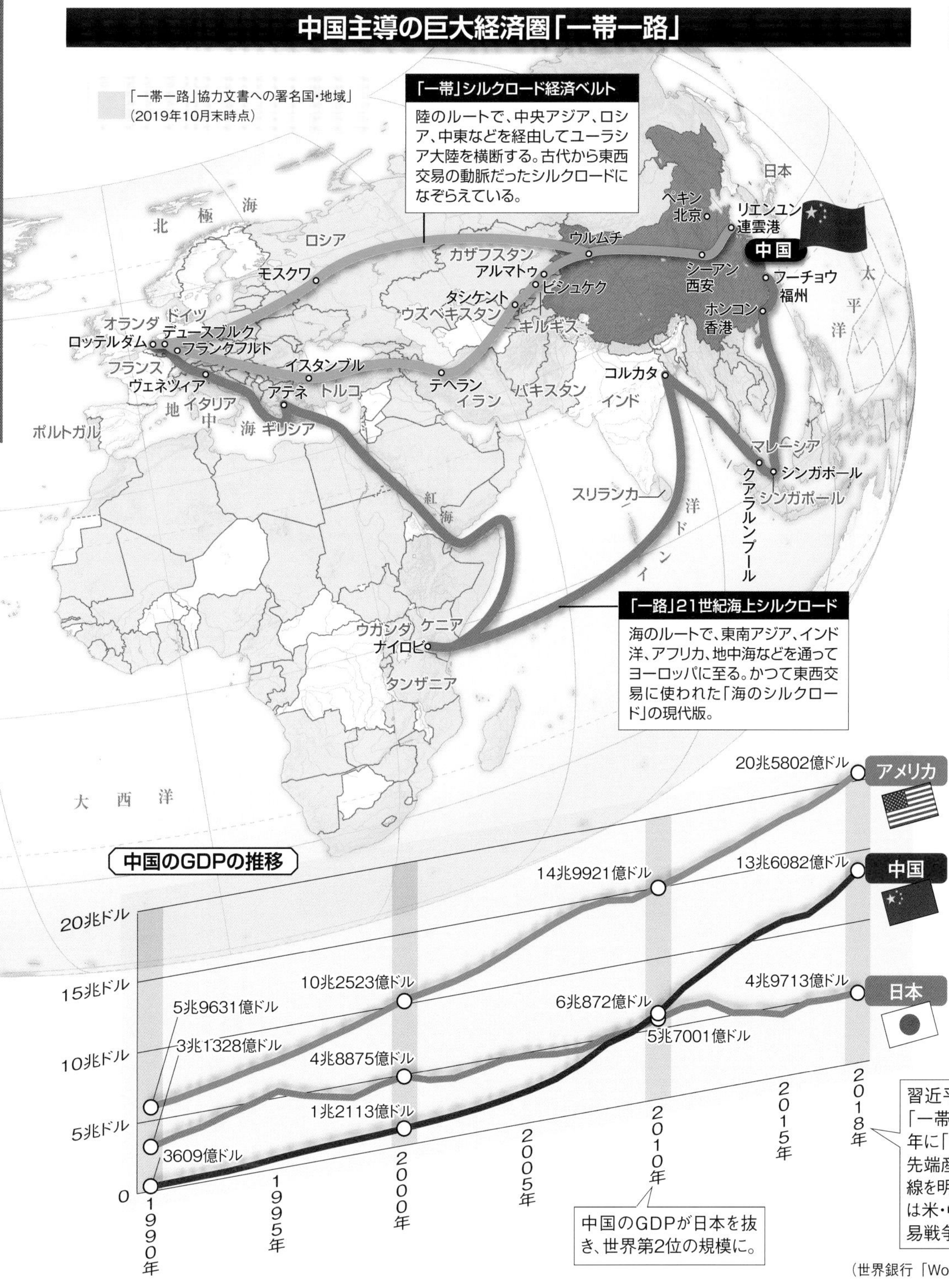
中国主導の巨大経済圏「一帯一路」
「一帯一路」協力文書への署名国・地域（2019年10月末時点）
「一帯」シルクロード経済ベルト
陸のルートで、中央アジア、ロシア、中東などを経由してユーラシア大陸を横断する。古代から東西交易の動脈だったシルクロードになぞらえている。
「一路」21世紀海上シルクロード
海のルートで、東南アジア、インド洋、アフリカ、地中海などを通ってヨーロッパに至る。かつて東西交易に使われた「海のシルクロード」の現代版。
北極海
ロシア
モスクワ
カザフスタン
ウルムチ
アルマトウ
ビシュケク
タシケント
ウズベキスタン
キルギス
ペキン 北京
リエンユン 連雲港
中国
日本
シーアン 西安
フーチョウ 福州
ホンコン 香港
太平洋
オランダ
ドイツ
ロッテルダム
デュースブルク
フランクフルト
フランス
ヴェネツィア
イタリア
イスタンブル
トルコ
アテネ
ギリシア
テヘラン
イラン
パキスタン
コルカタ
インド
ポルトガル
地中海
紅海
スリランカ
インド洋
マレーシア
クアラルンプール
シンガポール
ウガンダ
ケニア
ナイロビ
タンザニア
大西洋
中国のGDPの推移
アメリカ
中国
日本
20兆ドル
15兆ドル
10兆ドル
5兆ドル
0
1990年
1995年
2000年
2005年
2010年
2015年
2018年
20兆5802億ドル
14兆9921億ドル
13兆6082億ドル
10兆2523億ドル
5兆9631億ドル
3兆1328億ドル
4兆8875億ドル
6兆872億ドル
5兆7001億ドル
4兆9713億ドル
1兆2113億ドル
3609億ドル
中国のGDPが日本を抜き、世界第2位の規模に。

習近平国家主席が2014年に「一帯一路」を提唱し、さらに15年に「中国製造2025」を発表。先端産業の国際競争力拡大路線を明らかにしたことで、18年には米・中の緊張関係が、米中貿易戦争として表面化した。

（世界銀行「World Development Indicators」）

高度成長の軌道にのり世界2位へ躍進した中国経済

中国は**鄧小平**《とうしょうへい》が掲げた社会主義市場経済の導入で、1990年代以降「世界の工場」として高度経済成長の軌道にのった。2007年には年平均14・2％の経済成長率を達成。翌08年には北京《ペキン》で中国初の夏季オリンピックを開催して、その発展ぶりを世界に示した。同年発生したリーマン＝ショックも、アメリカやヨーロッパ、日本が深刻な景気後退に苦しむのを横目に、いち早く成長軌道に回復し、10年には国内総生産（GDP）で日本を追い抜いて世界2位の経済大国に躍進。世界経済の成長エンジンとして揺るぎない存在になった。

「一帯一路」を提唱しアメリカの経済覇権に挑戦

世界経済を動かす大国に成長した中国は、最大の経済大国アメリカの覇権に挑戦する動きをみせはじめる。14年11月のアジア太平洋経済協力（APEC《エーペック》）首脳会議で、習近平《しゅうきんぺい》国家主席は広域経済圏構想「**一帯一路**《いったいいちろ》」を提唱。ユーラシア大陸とアフリカ大陸を含む地球の東半球の大半を、中国を起点に陸路（一帯）と海路（一路）で結ぶ巨大な経済圏にするという、野心的な構想を打ち出した。そして、一帯一路を金融面で支える**アジアインフラ投資銀行**（**AIIB**）を16年に開業。途上国のインフラ整備などへの援助を加速させたが、過重な債務に苦しむ国が出はじめ、中国に対する警戒感が生まれた。

一方アメリカは、トランプ政権が米中貿易戦争を仕掛けて、中国の経済覇権拡大を阻止する姿勢を鮮明にしている。

WORD アジアインフラ投資銀行
略称はAIIB。増大するアジアなどの途上国のインフラ整備に必要な資金を賄うことをおもな目的に、中国の主導で設立された投資銀行。イギリス、フランス、ドイツなど欧州諸国を含む57カ国が創設メンバーとして参加したが、アメリカや日本は中国の覇権拡大に対する警戒感から参加していない。

107 宗教の再登場

対立か融和か存在感を増す宗教

1990年代〜

グローバル化の進行とともに宗教がテロや紛争を起こす大きな動因になる一方、宗教間の融和の努力も続く。

欧米中心のグローバル化にイスラーム教が強く抵抗

冷戦終結とともに資本主義対社会主義のイデオロギー対立が終わり、経済を中心にあらゆる分野で**グローバル化**が加速した。一方で、グローバル化は伝統的な地域経済の破壊による貧富の格差拡大や、コミュニティの衰退といった負の側面ももたらし、これに反発する動きが生まれた。この動きは**イスラーム世界**において強く現れ、ときに暴力的な形で噴出した。21世紀の冒頭に急進的なイスラーム教徒が引き起こした**アメリカ同時多発テロ**（**P156参照**）は、その象徴的な事件である。

世界各地でテロを起こした急進派のイスラーム教徒は、信教の自由や男女平等といった、現代社会の常識ともなっている欧米キリスト教文明の価値観を敵視している。テロを生む背景としては、発展途上国の多いイスラーム世界で貧困が拡大し、若者を中心に失業者が増加していることがあげられ、その困難な状況を自分たちの文化的ルーツであるイスラーム教に回帰することで克服しようと考える者が、欧米文明を貧困と退廃を生み出す元凶として憎み、過激なテロリズムに流れているとみられる。

一方、テロの脅威にさらされた欧米社会では反イスラームの感情が高まり、移民排斥などの**排外的なナショナリズム**が強まった。これは地域統合の代表ともいうべき欧州連合（EU）を足元から揺さぶっている。

また、世界各地で起きている民族独立をめぐる紛争の多くにも、宗教がからんでいる。宗教は民族のアイデンティティを構成する重要な要素であり、現在、世界的に高揚するナショナリズムを支える力にもなっている。

非妥協的な宗教対立を克服する努力

古くから、人類は宗教を動因とする紛争を経験してきた。宗教がからむ争いでは人々が徹底的に憎しみ合い、大量虐殺《ぎゃくさつ》などの非人道的な行為も発生する。16〜17世紀に、宗教改革に起因する凄惨な**宗教戦争**を経験したヨーロッパでは、近代化の過程で、政教分離や宗教的中立化が進んだ。現代では多様な宗教観をもった人々が構成する社会の安定が改めて求められている。

反グローバリズムの高まりとともに非妥協的な宗教紛争が起きつつある現在、これを克服しようとする動きが宗教界に生まれつつある。２０１６年にカトリック教会の教皇フランシスコとロシア正教会のキリル総主教が会談し、約１０００年にわたり続いた対立関係の解消に向けて動き出したのはその一つである。

現代の宗教分布

凡例　宗教分布
●キリスト教
カトリック
東方正教会
プロテスタント
●イスラーム教
スンナ派
シーア派
イバード派
●仏教
上座部仏教
大乗仏教と道教、儒教など
大乗仏教と神道
チベット仏教
ヒンドゥー教
ユダヤ教
シク教
土着の宗教ほか

（「Alexander Whltatlas」ほか）

世界の宗教の人口比（2016年）

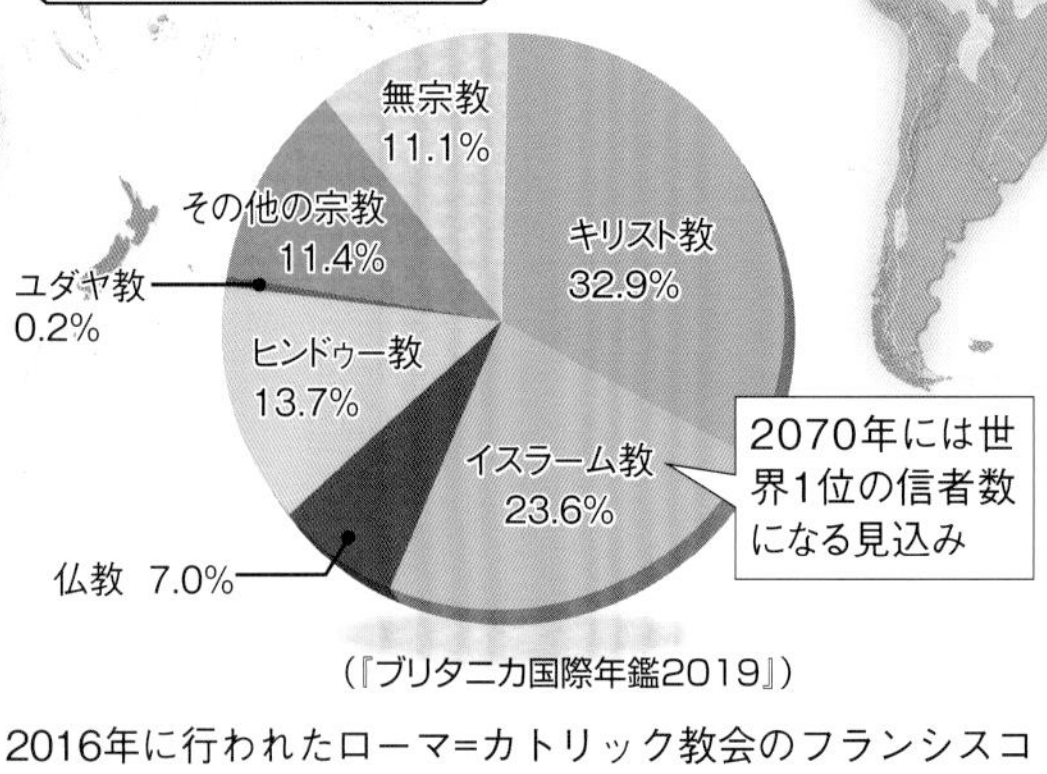
無宗教 11.1%
その他の宗教 11.4%
ユダヤ教 0.2%
キリスト教 32.9%
ヒンドゥー教 13.7%
イスラーム教 23.6%
仏教 7.0%
2070年には世界1位の信者数になる見込み

（『ブリタニカ国際年鑑2019』）

2016年に行われたローマ=カトリック教会のフランシスコ教皇と、ロシア正教会のキリル総主教の会談。1054年のキリスト教の東西教会分裂後、初となるカトリックとロシア正教のトップ会談は、テロや迫害への国際社会の対処をよびかける共同宣言に署名した。

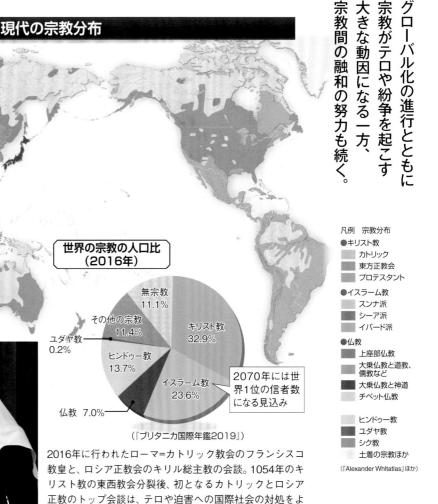

揺らぐ最強国アメリカと混迷化する世界

21世紀〜

アメリカの一極支配は短期間で終わり、圧倒的な強者がいなくなった世界はさまざまな価値観をもった大国同士がぶつかり合う空間になった。

アメリカの影響力が衰え 中・露や地域大国が台頭

冷戦終結後の1990年代、世界はアメリカの圧倒的な一極支配に服したかにみえたが、21世紀に入るとイスラーム教という異なる価値観がそれに異を唱え、軍事・経済両面で急速に成長する中国がアメリカの覇権に挑戦状を突きつけた。一度は衰退したロシアも再び勢力圏拡大に動きはじめ、アメリカの影響力に明らかな陰りがみえはじめた。

2009年に成立した米**オバマ**政権は「アメリカは世界の警察官ではない」と明言。海外の紛争への積極的な介入をやめる政策へと転換し、03年のイラク戦争でフセイン政権を倒しながらその後の混乱状況を収拾できない米軍を撤退させた。しかし、アメリカという重石が外れた中東では、「イスラーム国（IS）」などの過激なテロ集団や、イランやサウジアラビアなどの**地域大国**が台頭。この状況を勢力拡大の好機とみたロシアがシリア内戦に軍事介入するなど、混迷が深まった。

中東に隣接するヨーロッパでは、10年にギリシアから発生した**欧州債務危機**をきっかけに、欧州連合（EU）加盟国間の経済格差が表面化。その後、膨大な数の難民流入に見舞われたことで、難民保護や移動の自由を理念に掲げるEUへの懐疑論が急速に台頭した。

エスカレートする米中対立と無力化する国連

中国は共産党一党独裁体制のもとで市場経済化を進める手法で高度経済成長を実現。世界第2位の経済大国に躍進したが、経済発展とともに生まれる国民の自由への要求は力で押さえつけた。**習近平**《しゅうきんぺい》政権になるとそれは一段と強化される一方、独裁的手法で経済発展を成し遂げた自国の姿を、民主主義よりも優れた発展モデルとして誇示するようになった。

アメリカの**トランプ**政権はそのような中国の覇権拡大を阻止するべく、通信機器大手ファーウェイの市場からの締め出しなど、**米中貿易戦争**を仕掛けた。両国の対立は「**新冷戦**」とよばれるほどに激しくなりつつある。

21世紀の世界では、欧米流の自由・民主主義に依拠した発展モデルが経済格差の拡大などで魅力を失い、中国やロシアなどの独裁的な体制が存在感を増している。世界を制圧できる国はなくなり、さまざまな価値観が対等の権利を主張して衝突する時代になっている。そして、国際問題の解決機関としての国際連合も、このような現実に対して有効な対応をとれず、無力化をさらけ出す事態となっている。

アメリカ一強の「ポスト冷戦期」の終わり

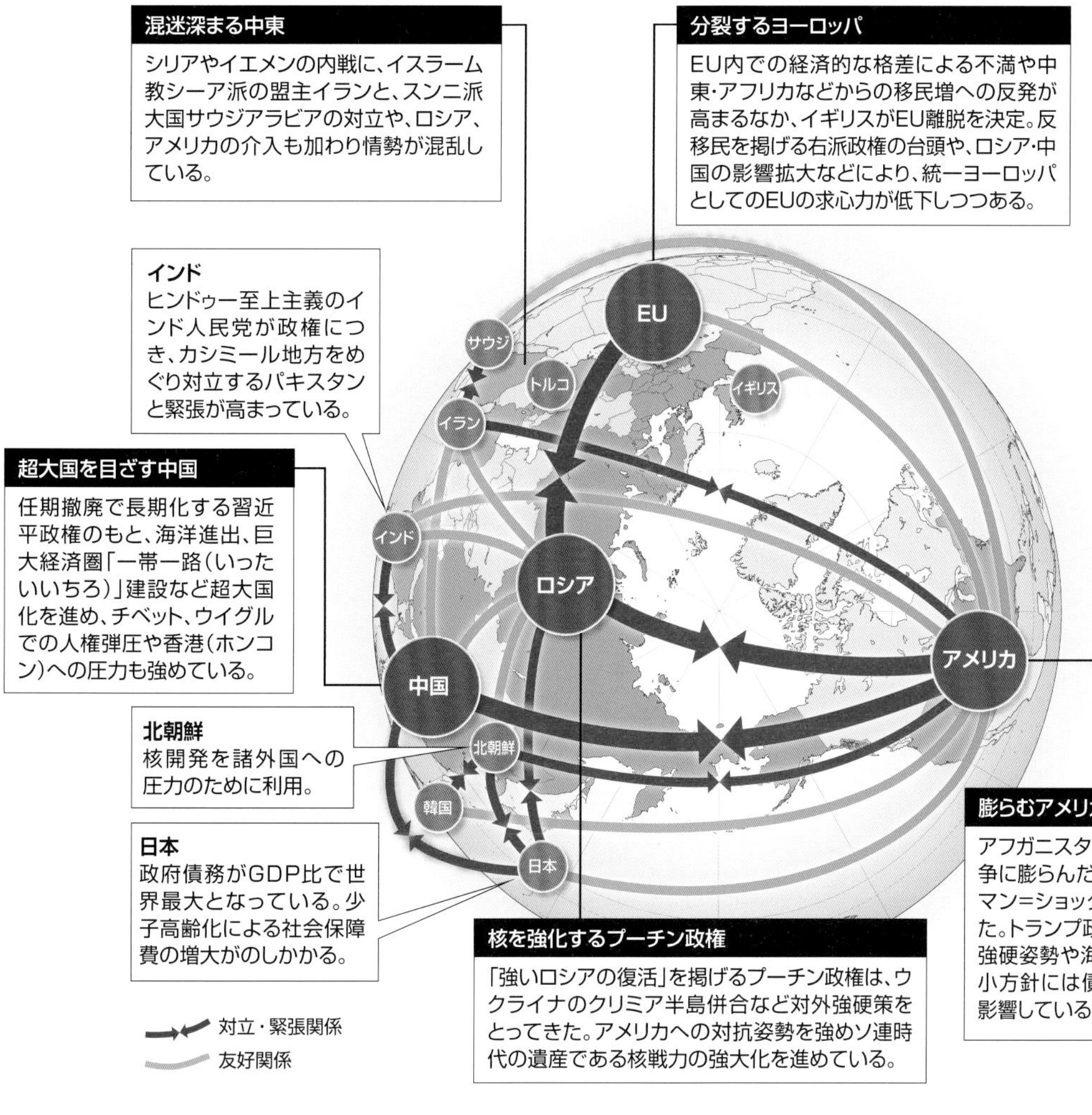
混迷深まる中東
シリアやイエメンの内戦に、イスラーム教シーア派の盟主イランと、スンニ派大国サウジアラビアの対立や、ロシア、アメリカの介入も加わり情勢が混乱している。
分裂するヨーロッパ
EU内での経済的な格差による不満や中東・アフリカなどからの移民増への反発が高まるなか、イギリスがEU離脱を決定。反移民を掲げる右派政権の台頭や、ロシア・中国の影響拡大などにより、統一ヨーロッパとしてのEUの求心力が低下しつつある。
インド
ヒンドゥー至上主義のインド人民党が政権につき、カシミール地方をめぐり対立するパキスタンと緊張が高まっている。
超大国を目ざす中国
任期撤廃で長期化する習近平政権のもと、海洋進出、巨大経済圏「一帯一路（いったいいちろ）」建設など超大国化を進め、チベット、ウイグルでの人権弾圧や香港（ホンコン）への圧力も強めている。
北朝鮮
核開発を諸外国への圧力のために利用。
日本
政府債務がGDP比で世界最大となっている。少子高齢化による社会保障費の増大がのしかかる。
EU
サウジ
トルコ
イギリス
イラン
インド
ロシア
アメリカ
中国
北朝鮮
韓国
日本
膨らむアメリカの債務
アフガニスタンやイラクでの戦争に膨らんだ連邦債務が、リーマン=ショック後さらに増加した。トランプ政権誕生後の対中強硬姿勢や海外駐留米軍の縮小方針には債務問題も大きく影響している。
核を強化するプーチン政権
「強いロシアの復活」を掲げるプーチン政権は、ウクライナのクリミア半島併合など対外強硬策をとってきた。アメリカへの対抗姿勢を強めソ連時代の遺産である核戦力の強大化を進めている。
対立・緊張関係
友好関係

16 不安定化する21世紀
107 宗教の再登場 108 多極化する世界

109 グローバル=リスク

地球規模で急速に広がる21世紀の危機

21世紀

人や物が国境を越えて世界中を移動する現在、疫病、難民、自然災害などの危機も世界全体に広がる。

新型コロナが見せつけた世界規模の危機拡大

2019年、中国の武漢《ぶかん》で**新型コロナウイルス**による肺炎患者が発生。翌20年にはウイルス感染が急速に世界全体に拡大し、**パンデミック**となった。肺炎などによる多数の死者を出し、感染拡大阻止のための移動制限で世界経済がかつてない停滞に落ち込むなど、深刻な影響が出た。

グローバル化の進行でヒト、モノ、カネの国境を越えた移動が増大し、どの国も一国だけで経済活動を完結できない今、ある場所で発生した危機は容易に世界規模に拡大するという現実を、まざまざと見せつける形となった。

進行する移民・難民問題と予測される環境危機

21世紀の世界における最重要問題の一つが**移民・難民**で、多くの国がこの問題の当事者になることを求められている。15年には中東やアフリカなどから大量の難民がヨーロッパに殺到し、危機的状況が発生した。受け入れ能力を超えた難民の流入で、欧州諸国では社会不安が増大。イスラーム系のテロ集団によるテロも続発して、移民・難民の排斥を主張する**極右勢力**が台頭した。欧州連合（EU）が掲げる「国境なきヨーロッパ」の理念も揺らぎ、

おもな人の移動（2017年）

移民
2.7億人
海外送金額
6433億ドル
➡1165万人
1096万人➡
ロシア
327万人
256万人
133万人
331万人
➡1255万人
ドイツ
ポーランド
ウクライナ
ルーマニア
241万人
115万人
カザフスタン
ウズベキスタン
102万人
49万人
イタリア
トルコ
1006万人➡
中国
日本
116万人
134万人
104万人
➡1219万人
サウジアラビア
アラブ首長国連邦
パキスタン
780万人➡
バングラデシュ
140万人
110万人
227万人
331万人
314万人
116万人
クウェート
オマーン
1644万人➡
インド
マレーシア
フィリピン
155万人
116万人
116万人
109万人
120万人
シンガポール
インドネシア
➡689万人
オーストラリア

危機の前で各国が再び国境のなかに閉じこもる方向に向かいつつある。

また、地球温暖化をはじめとする**気候変動**も、今後予想されるグローバル=リスクとして懸念されている。大雨や熱波などの異常気象や生態系の崩壊などが想定され、人類がこれまで経験したことのない環境危機の発生も予測されている。そして、現在進行する地政学的な危機と多国間協調の後退が、**グローバル=リスク**を破局的なレベルに高める危険性があるとの指摘も出ている。

激増する難民

不安定化する世界で、難民は急激に増え続けている。2018年の難民は全世界で7080万人に達し、過去最多となった。11年からのわずか8年間で3000万人近くも増加しており、地域紛争の泥沼化などで新たな難民の発生に歯止めがかからない状況が続いている。シリアをはじめ大量の難民を出している国は、内戦などによって政府の統治が十分に行き届いていない国である。

世界の難民数

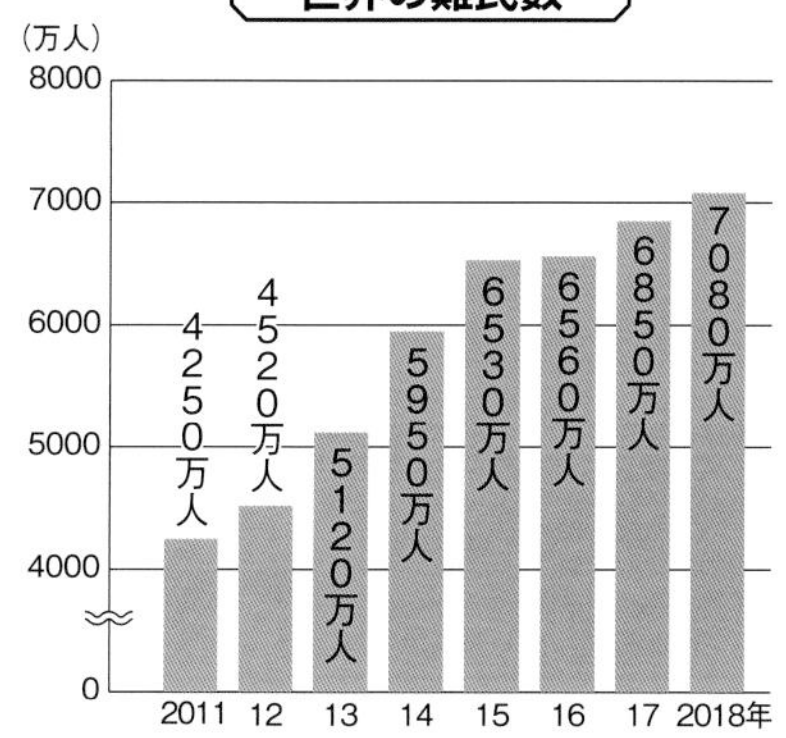
(万人)
8000
7000
6000
5000
4000
0
4250万人
4520万人
5120万人
5950万人
6530万人
6560万人
6850万人
7080万人
2011
12
13
14
15
16
17
2018年

(UNHCR「Global Trends 2018」)

難民の内訳(2018年)

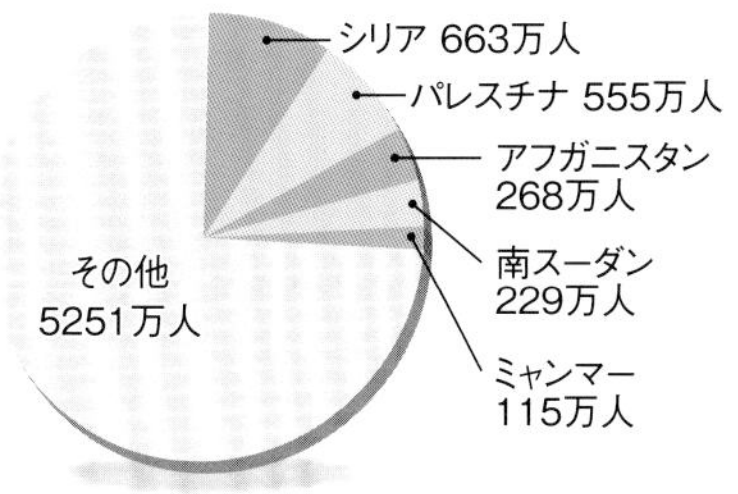
シリア 663万人
パレスチナ 555万人
アフガニスタン 268万人
南スーダン 229万人
ミャンマー 115万人
その他 5251万人

(UNHCR「Global Trends 2018」)

移民の海外送金

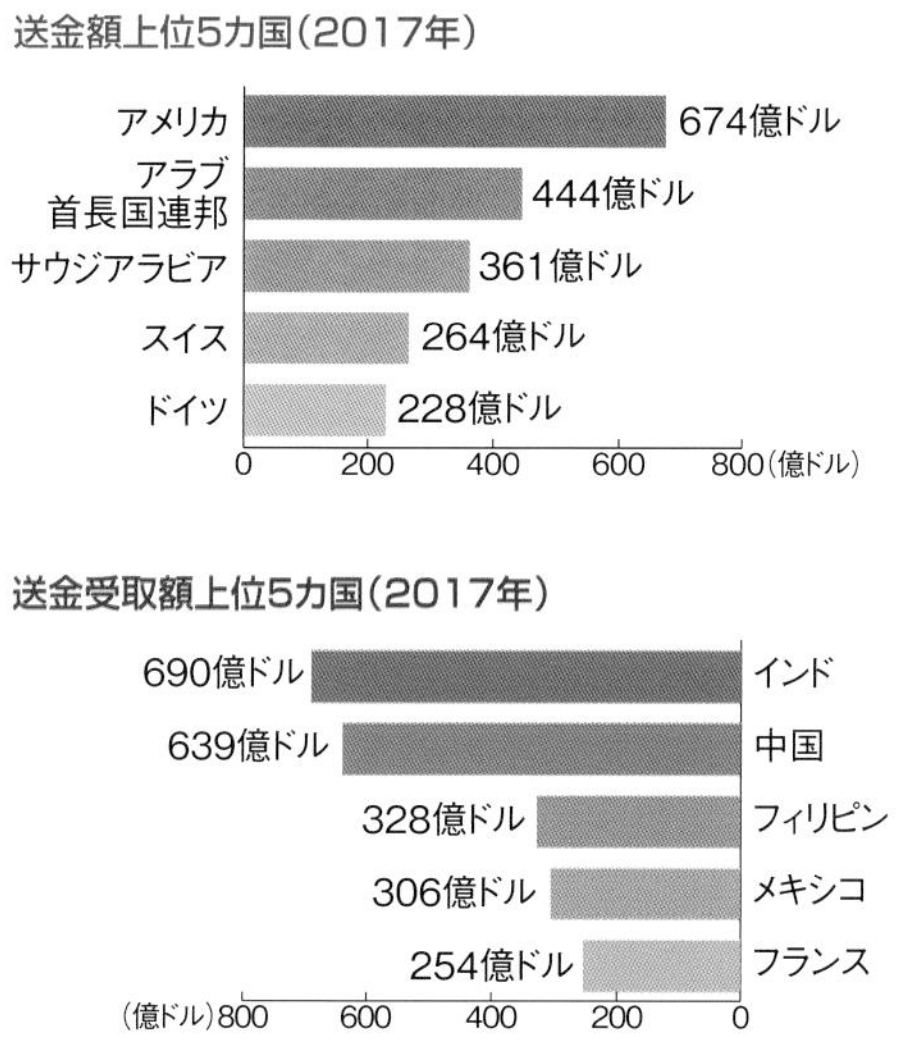
送金額上位5カ国(2017年)
アメリカ 674億ドル
アラブ首長国連邦 444億ドル
サウジアラビア 361億ドル
スイス 264億ドル
ドイツ 228億ドル
0
200
400
600
800(億ドル)
送金受取額上位5カ国(2017年)
690億ドル インド
639億ドル 中国
328億ドル フィリピン
306億ドル メキシコ
254億ドル フランス
(億ドル)800
600
400
200
0

(世界銀行「Migration and Remittances Data」)

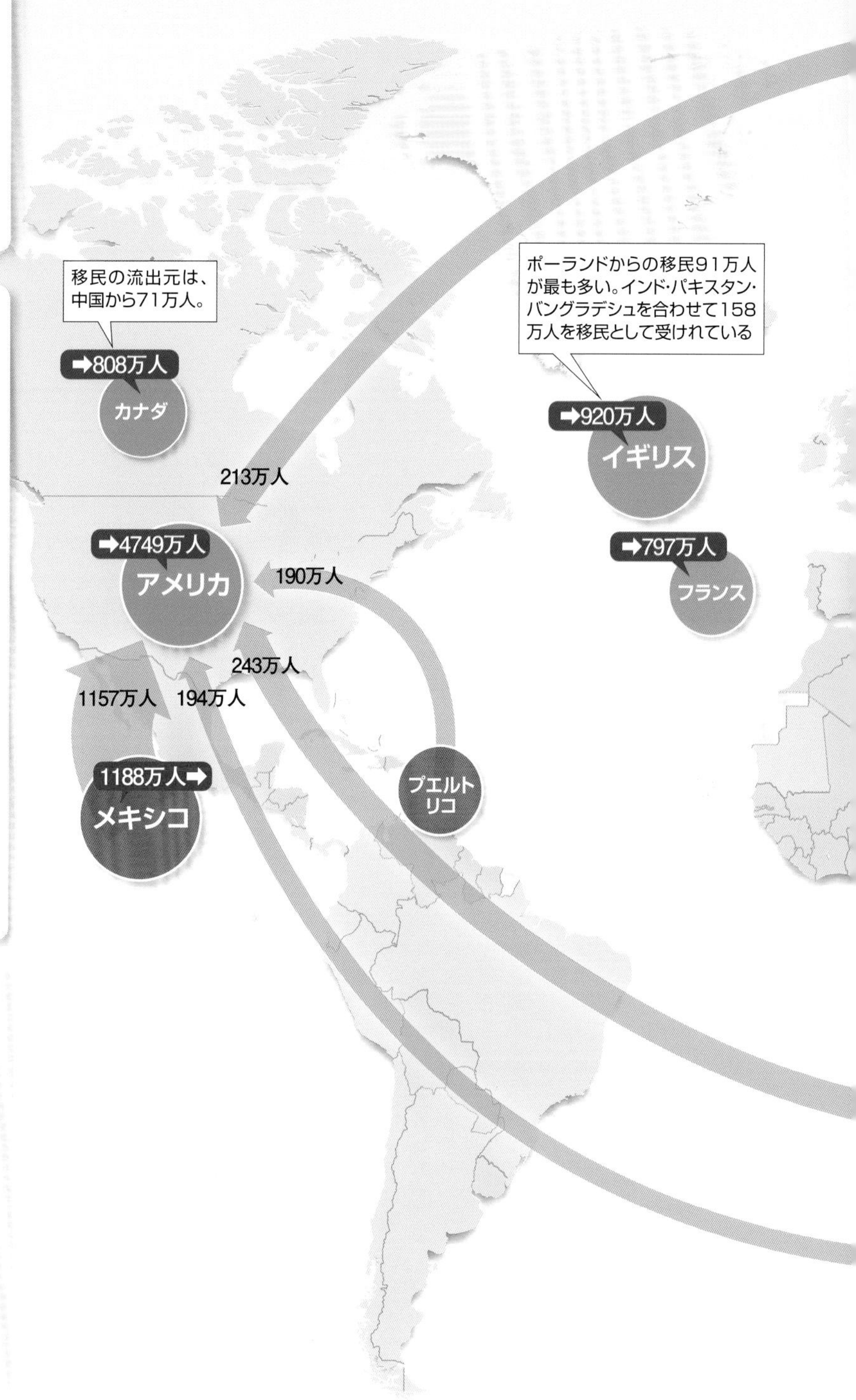
移民の流出元は、中国から71万人。
➡808万人
カナダ
ポーランドからの移民91万人が最も多い。インド・パキスタン・バングラデシュを合わせて158万人を移民として受けれている
➡920万人
イギリス
➡797万人
フランス
213万人
➡4749万人
アメリカ
190万人
243万人
1157万人
194万人
1188万人➡
メキシコ
プエルトリコ
移民の受入人数と自国民の移民数の差(2017年)
移民の流入超過の国
移民の流出超過の国
2017年時点で流入・流出している移民数
➡0000万人 移民流入人数
0000万人➡ 移民流出人数
2国間のおもな移民の動き
※移民の多い国・地域のなかから100万人以上の2国間の移動がある国で、おもに低所得国と中所得国から高所得国への動きをもとに作成した。

(世界銀行「Migration and Remittances Data」)

WORD パンデミック
感染症の世界的な大流行で、感染爆発とも訳される。語源はギリシャ語で「すべての人々」を意味するパンデミア。世界保健機関(WHO)は流行の状況などに応じて6つの段階を設定し、最も深刻な段階をパンデミックとしている。歴史上有名なパンデミックとして、14世紀のペスト大流行や1918〜19年に発生したインフルエンザの大流行(スペインかぜ)がある。

全人類が向き合う課題 地球温暖化

1980年代〜

人類が追求する経済発展が温室効果ガスの増大をもたらし、それが引き起こす地球温暖化が人類共通の課題になった。

地球温暖化

平均気温の変化と異常気象

1951〜80年代と2014〜19年の5年間の平均気温を比較すると、地球上のほとんどの場所で上昇している。とくにユーラシア大陸から北極にかけての気温上昇が著しい。異常気象も近年は大雨、高温、干ばつなどが多発している。

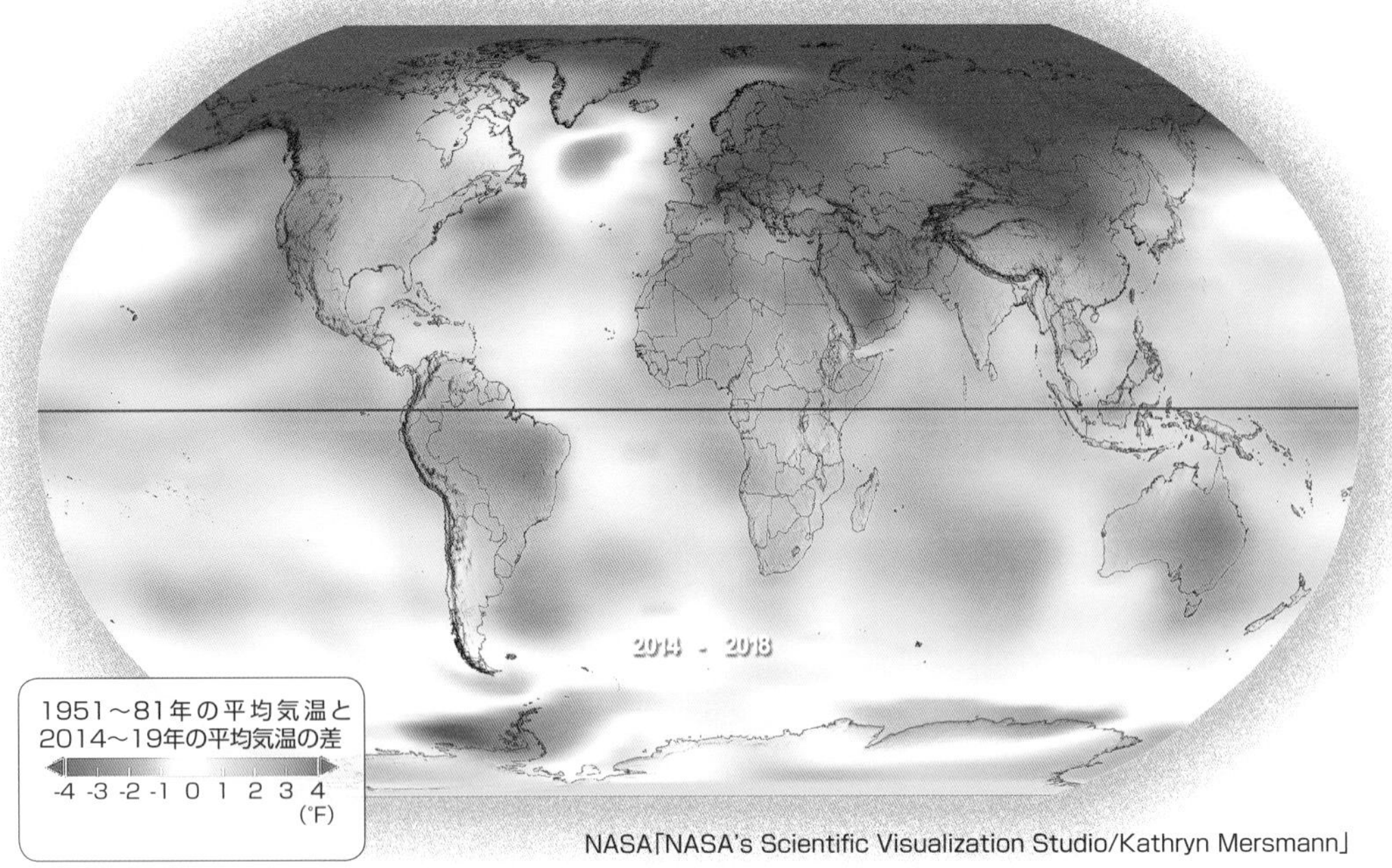
2014 - 2018
1951〜81年の平均気温と
2014〜19年の平均気温の差
-4 -3 -2 -1 0 1 2 3 4
(°F)

NASA「NASA's Scientific Visualization Studio/Kathryn Mersmann」

CO_2排出量の地域別推移

1965年時点ではアメリカ、ヨーロッパ、日本の西側先進諸国が世界のCO_2の半分以上を排出していた。中国は経済発展とともにCO_2排出量が大きく増加し、とりわけ2000年代以降の急激な増加で世界最大のCO_2排出国になった。

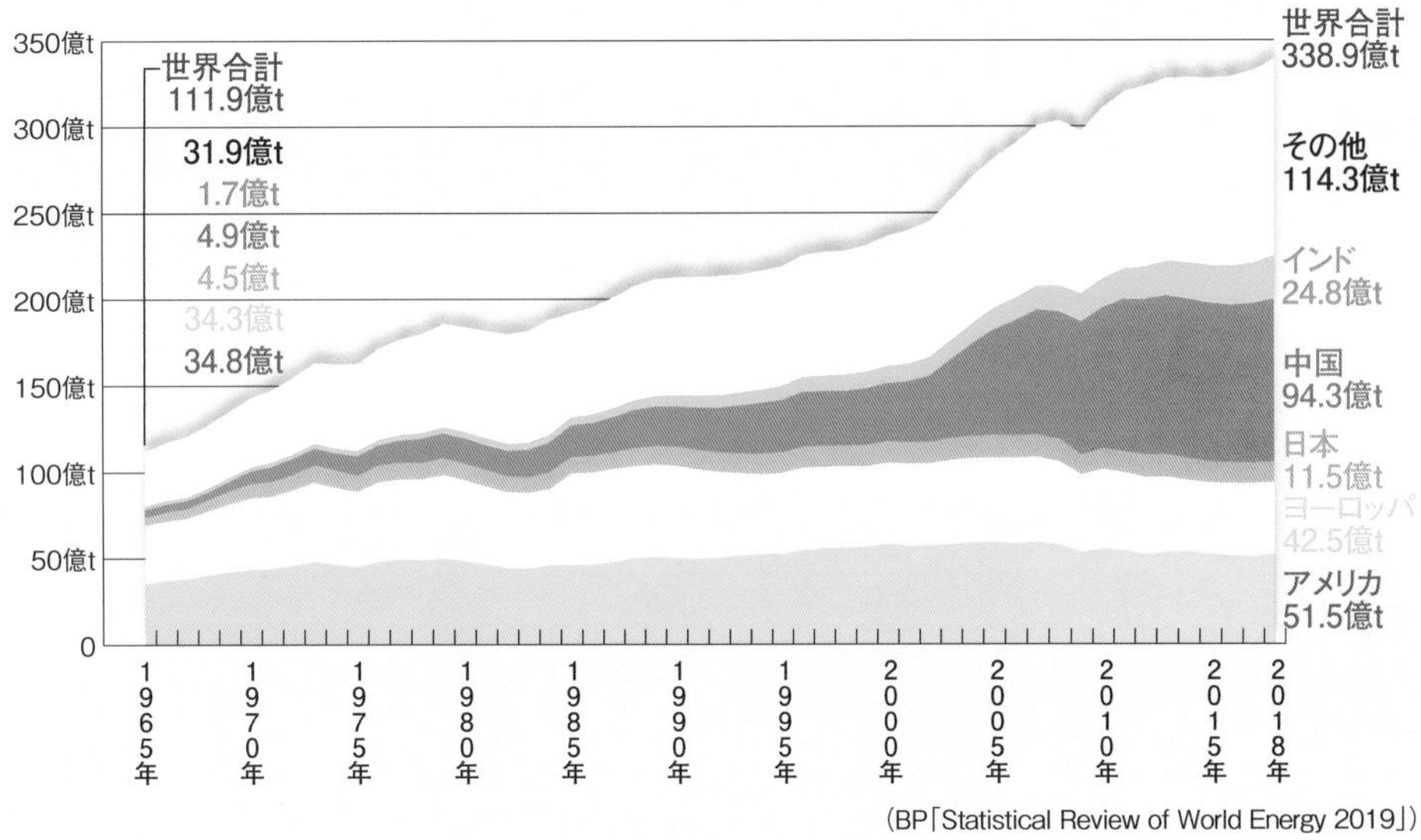
350億t
300億t
250億t
200億t
150億t
100億t
50億t
0
世界合計
111.9億t
31.9億t
1.7億t
4.9億t
4.5億t
34.3億t
34.8億t
世界合計
338.9億t
その他
114.3億t
インド
24.8億t
中国
94.3億t
日本
11.5億t
ヨーロッパ
42.5億t
アメリカ
51.5億t
1965年
1970年
1975年
1980年
1985年
1990年
1995年
2000年
2005年
2010年
2015年
2018年

（BP「Statistical Review of World Energy 2019」）

国際常識となった地球温暖化問題

現在常識となっている地球温暖化の問題が、明確に認知されたのは1980年代である。

85年にオーストリアで行われた学術会議で、温室効果ガスによる**地球温暖化**が進行していることが科学的データにもとづいて発表された。88年に設立された気候変動に関する政府間パネル（IPCC）は、21世紀末までに地球の平均気温が約3℃、海面が約65㎝上昇するとの具体的な予測を公表。92年には環境と開発に関する国連会議（地球サミット）で**気候変動枠組条約**が採択されて、温暖化の原因である二酸化炭素（CO_2）などの温室効果ガスの排出を抑制する必要性で各国が合意した。そして95年から毎年、**気候変動枠組条約締約国会議**（**COP**《コップ》）が開催され、97年に京都で開かれたCOP3で先進国の温室効果ガスの削減目標を定めた**京都議定書**が採択された。

国家の利益と衝突する温室効果ガスの削減

温室効果ガスの削減に対しては、経済発展の途上にある新興国・途上国から「地球温暖化はこれまで大量のガスを排出してきた先進国の責任であり、削減の義務は先進国が追うべきだ」という反発の声が上がった。また、アメリカが京都議定書を批准しないなど、地球温暖化対策は当初から国益と衝突した。

2015年のCOP21では気候変動枠組条約に加盟するすべての国・地域に削減義務を課す**パリ協定**が採択されたが、アメリカのトランプ政権は協定から離脱した。

WORD **パリ協定**

2020年以降の地球温暖化対策の枠組み協定。16年11月発効。気候変動枠組条約に加盟する196の国・地域すべてが参加する初めての協定で、締約国は温室効果ガスの削減目標を申告し、維持する義務を負う。21世紀後半に人為的な排出量と森林などによる吸収量を均衡させることが目標。米トランプ政権は「国内産業の競争力を守るため」として協定から離脱した。

用語索引

ホルテンシス法……28
ホンタイジ(太宗)……68
ポンペイウス……29

マ

マーストリヒト条約……150
マウリヤ朝……35
マグナ=カルタ(大憲章)……77
マケドニア……25、26
マザラン……94
マゼラン……85、87
マニ教……22
マニュファクチュア……94
『マヌ法典』……36
『マハーバーラタ』……36
マムルーク……58、60
マヤ文明……82
マラトンの戦い……25
マリア=テレジア……94
マルクス= アウレリウス……43
マルコ=ポーロ……65
マルタ会談……139、145
マルティン=ルター……91
マレー沖海戦……134
満漢併用制……68
マンジケルトの戦い……60、74
満州国……133
ミケーネ文明……24
ミケランジェロ……90
ミッドウェー海戦……134
ミッレト……61
ミドハト憲法……110
南アフリカ戦争(ブール戦争)……116
身分制議会……77
ミラノ勅令……32
明……66
閔氏……115
民族浄化……148
ムアーウィヤ……57
六日戦争……142
ムガル帝国……62、111
ムジャーヒディーン……144
ムスリム商人……46
無制限潜水艦作戦……125
ムッソリーニ……132、135
無敵艦隊……92
ムハンマド……56
ムハンマド=アリー……110
明治維新……114
名誉革命……96
メシア……21
メソアメリカ文明……82
メソポタミア文明……18
メッテルニヒ……104
メディチ家……90
メルセン条約……71
毛沢東……140、146
モーセ……21
モサデグ……144
モスクワ大公国……79
モハーチの戦い……61
模範議会……77
モヘンジョ=ダロ……34
モンケ=ハン……64
モンゴル……53、66
モンゴル帝国……64
モンフォール議会……77

ヤ

耶律阿保機……53
ヤルタ会談……135
邑……38
ユーゴスラヴィア……128
ユーゴスラヴィア紛争……149
ユスティニアヌス帝……72
ユダヤ教……21、32
ユトレヒト同盟……93
ユンカー……95
楊貴妃……51
雍正帝……68
煬帝(隋)……50
洋務運動……113
陽明学……66
ヨーク家……78
ヨーロッパ共同体……150
「ヨーロッパの火薬庫」……124
四カ国条約……129

ラ

ラージプート……36
『ラーマーヤナ』……36
ライン同盟……102
ラインラント……128
羅針盤……90
ラティフンディア……29
ラテン帝国……75
ランカスター家……78
リーマン=ショック……152
李淵(高祖)……51
リキニウス=セクスティス法……28
『リグ=ヴェーダ』……34
六朝文化……49
李鴻章……113
李自成……68
リシュリュー……94
立法議会……100
律令……50
琉球処分……114
竜山文化……38
柳条湖事件……133
劉少奇……146
劉備……48
劉邦(高祖)……40
遼……52、53
リンカン……122
林則徐……112
ルイ13世……94
ルイ14世……94
ルイ16世……100
ルイ=フィリップ……105
ルネサンス……84、90
ルワンダ内戦……148
冷戦終結……145
レイテ沖海戦……134
レーガン……145
レーニン……126
レオナルド=ダ=ヴィンチ……90
レオポルド2世……117
レオン3世……72
レコンキスタ……86
レパントの海戦……61
レピドゥス……29
連合国共同宣言……136
老子……39
ローザンヌ条約……130
ローマ……28、29、30、32、43、46
ローマ=カトリック……72
ローマ教皇……73
ローマ法……72
ローラット法……130
六信五行……56
盧溝橋事件……133
ロシア革命……126
ロシア帝国……79
ロシア=トルコ戦争……108、110

ワ

ワーテルローの戦い……102
ワールシュタットの戦い……65
倭寇……67
ワシントン……99
ワシントン会議……129
ワシントン体制……129
ワット=タイラーの乱……76
ワッハーブ王国……110
ワルシャワ条約機構……138
湾岸戦争……152

欧文

AIIB……157
ASEAN……150
AU……140、150
CIS……145
EC……150
EU……150
GATT……150
IS……156
MERCOSUR……150
NAFTA……150
NATO……138
NPT……154
OAPEC……143
OAU……140
OPEC……143
PLO……142
SALT……154
SCO……150
SNS……151
WTO……150

南北朝……49
二月革命(フランス)……105
二月革命(ロシア)……126
ニクソン=ショック……143
ニクソン訪中……139
ニケーア公会議……31
西ゴート人……70
二十一カ条の要求……131
西ローマ帝国……31
日英同盟……118
日独伊三国同盟……134
日米修好通商条約……114
日米和親条約……114
日露戦争……118
日清戦争……115
日宋貿易……52、53
日中戦争……133
日朝修好条規……115
二·二六事件……133
ニハーヴァンドの戦い……22、57
ニューディール……132
ヌルハチ……68
ネーデルラント……93
ネーデルランド連邦共和国(オランダ)……93
ネルー……140
ネルチンスク条約……68
農業革命……16
ノヴゴロド国……79
農奴……76
農奴解放令……108
ノモンハン事件……133
ノルマン人……79
ノルマンディー上陸……135

ハ

バーブル……62
ハールーン=アッラシード……58
ハイチ……101
バイロン……110
馬韓……54
白軍……127
白村江の戦い……54
バグダード遷都……58
破綻国家……148
八旗……68
パックス=ブリタニカ……98
パックス=ロマーナ(ローマの平和)……30
ハッティンの戦い……74
バビロン捕囚……21
ハプスブルク家……92
パフレヴィー2世……144
ハマス……142
バラ戦争……78
バラモン教……34、36
パリ協定……162
パリ講和会議……128
パリ条約……99
バルカン戦争……124
バルカン同盟……124
パルティア王国……22
バルトロメウ=ディアス……84、86
バルフォア宣言……130
パレスチナ……130
パレスチナ解放機構……142
反グローバリズム……158
パン=ゲルマン主義……124
パン=スラヴ主義……108、124
班超……43
パンデミック……160
バンドン会議……141
ハンニバル……28
ハンムラビ王……18
万里の長城……40
ヒエログリフ……19
東インド会社……111
東インド会社(オランダ)……93
東ゴート人……70
東ローマ帝国……31、72
ピサロ……82、87
ビザンツ帝国……31、59、72
ヒジュラ(聖遷)……56、57
ヒッタイト……18
非同盟主義……141
ヒトラー……132、134
百済……54
百日天下……102
百年戦争……78
白蓮教徒の乱……112
ピューリタン革命……96
ピョートル1世(大帝)……94、95
ピラミッド……19
ヒンドゥー教……35、36、62
ファーティマ朝……59、60
ファシズム……132
ファショダ事件……117
プーチン……159
フェリペ2世……92、93
普墺戦争(プロイセン=オーストリア戦争)……107
プガチョフの農民反乱……95
フサイン·マクマホン協定……130
仏教……35、36
武帝(漢)……41
プトレマイオス朝エジプト……26
フビライ=ハン……64
普仏戦争(プロイセン=フランス戦争)……107
部分的核実験禁止条約……154
フベルトゥスブルクの和約……95
プラッシーの戦い……111
フランク王国……59、71
フランス革命……100
プランタジネット朝……77
プランテーション……88
フリードリヒ2世……95
ブルボン家……104
プレヴェザの海戦……61
ブレジネフ……145
ブレスト=リトフスク条約……126
ブレトン=ウッズ体制……136
フレンチ=インディアン戦争……99
プロイセン……95
プロイセン王国……107
ブロック経済……132
プロテスタント……91
プロレタリア文化大革命……146
ブワイフ朝……60
文永の役……64
分割統治……28
焚書·坑儒……40、42
フン人……70
文治主義……52
文帝(隋)……50
文禄の役……67
米西戦争(アメリカ=スペイン戦争)……117
米中貿易戦争……159
平民会……29
ヘイロータイ……24
平和五原則……141
平和十原則……141
北京条約……113
ペスト(黒死病)……76
ベトナム戦争……138
ベニン王国……88
ヘブライ人……21
ヘラクレイオス1世……72
ペリー……114
ペリオリコイ……24
ベルリン陥落……135
ペルシア戦争……20、25
ベルリン会議……108
ベルリンの壁……145
ペレストロイカ……145
ヘレニズム文明……26
ペロポネソス戦争……25
ペロポネソス同盟……25
弁韓……54
辮髪……113
ヘンリ8世……91、94
ホイッグ党……96
法家……39
望厦条約……112
封建制(中国)……38、42
ポエニ戦争……28
ホー=チ=ミン……140
ポーツマス条約……118
ポーランド侵攻……134
ポーランド分割……95
北魏……49
北魏様式……27
墨子……39
北伐……131
北米自由貿易協定……150
北虜南倭……66
保護貿易……116
保守党(イギリス)……106
ボストン茶会事件……99
ホスロー1世……22
墨家……39
渤海……54
ポツダム宣言……135
北方戦争……95
ポトシ銀山……87
ホメイニ……144
ボリシェヴィキ……126
ポリス……24

用語索引

新インド統治法……130
辛亥革命……119
辰韓……54
真珠湾攻撃……134
神聖同盟……104
神聖ローマ帝国……73
『新約聖書』……32
新羅……54
新冷戦……159
隋……49、50
枢軸国……135
スエズ運河　106、110、130
スエズ戦争……142
スカルノ……140
スターリングラード攻防戦……135
スパルタ……24、25
スペイン継承戦争……92
スマートフォン……151
スルタン……61
スレイマン１世……61
スンナ（言行）……56
スンナ派……56、57
西安事件……133
西夏……52
靖康の変……52、53
聖職叙任権闘争……73
正統カリフ時代……57
青銅器……16
靖難の役……66
青年イタリア……107
セーヴル条約……130
セオドア＝ローズヴェルト……117
世界恐慌……132
世界宗教……21
世界周航……85、87
世界貿易機関……150
赤軍……127
責任内閣制……96
石油危機……143
石油輸出国機構……143
セシル＝ローズ……116
絶対王政……94
絶対主義……94
節度使……51
セルジューク朝……60
セレウコス朝シリア……26
澶淵の盟……52
戦国時代……39
戦国の七雄……39
戦時共産主義……127
僭主……24
宣統帝（溥儀）……119
鮮卑……48、53
宋……52
ソヴィエト……126
ソヴィエト社会主義共和国連邦……127
宋学……52
曽国藩……113
荘子……39
曹操……48
則天武后……51
ゾロアスター教……22
孫権……48
孫文……119、131

タ

タージ＝マハル……62
第一次世界大戦……125
第１次戦略兵器制限交渉……154
大航海時代……82、84
対抗宗教改革……91
第三世界……140
大乗仏教……35
大西洋憲章……136
対ソ干渉戦争……127
第二共和政……105
第二次世界大戦……134
大日本帝国憲法……114
大ブリテン王国……96
太平天国……113
太平洋戦争……134
大躍進政策……146
太陽暦……19
産業革命（第4次）……151
大陸横断鉄道……122
大陸会議……99
大陸封鎖令……102
ダウ船……46
「タタールのくびき」……79
タラス河畔の戦い……51、57、58
ダレイオス１世……20
タンジマート……110
チェチェン紛争……148
チェルノブイリ原発事故……145
地球温暖化……162
チベット仏教……35
チャールキヤ朝……36
チャールズ１世……96
チャガタイ＝ハン……64
チャビン文化……82
チャルディランの戦い……61
チャンドラグプタ２世……36
中華人民共和国……140
中華ソヴィエト共和国臨時政府……131
中華民国……119
中距離核戦力（INF）全廃条約……154
中国共産党……131
中国同盟会……119
中東戦争……142
長安……51
張学良……133
朝貢……68
張作霖……131
長征（大西遷）……133
朝鮮（王朝）……67
朝鮮戦争……138
チンギス＝ハン……64
陳勝・呉広の乱……40
陳独秀……131
ツァーリ……79、95
ディアドコイ……26
ディオクレティアヌス帝……31
帝国主義……106、116
ディズレーリ……106
帝政ローマ……29
ティトー大統領……148
ティムール帝国……62
鄭和……66
ティワナク文化……82
大院君……115
テオティワカン文明……82
テオドシウス帝……31
鉄血政策……107
テューダー朝……78
デリー＝スルタン朝……62
テルミドールの反動……100
デロス同盟……25
天安門事件（第2次）……146
天津条約……113
纏足……113
天然痘……87
テンプル騎士団……75
ドイツ革命……125、127
ドイツ帝国……107
唐……51
トゥール・ポワティエ間の戦い……57、71
東欧革命……145
道家……39
東西冷戦……138
鄧小平……146、157
東晋……48、49
東清鉄道……115
東南アジア諸国連合……150
東方遠征……26
トーリー党……96
独立国家共同体……145
突厥……50、53
土木の変……66
豊臣秀吉……67
トラファルガー沖の海戦……102
トラヤヌス帝……30
トランプ……159
トリエント（トレント）公会議……91
トルーマン＝ドクトリン……138
トルコ共和国……130
ドル＝ショック……143
奴隷解放宣言……122
奴隷貿易……88

ナ

ナーガールジュナ……35
ナイティンゲール……108
ナゴルノカラバフ紛争……148
ナショナリズム……104
ナチス……128、132
ナポレオン３世……105
ナポレオン戦争……102
ナポレオン法典……102
ナポレオン＝ボナパルト……100、102
ナロードニキ運動……108
南下政策（ロシア）……108
南京条約……112
南巡講話……146
南宋……53
南米南部共同市場……150
南北戦争……122

気候変動 161、162
騎士 78
徽宗(宋) 53
北大西洋条約機構 138
契丹 52
キプチャク=ハン 64、79
喜望峰 84、86
金玉均 115
キャフタ条約 68
九カ国条約 129
95か条の論題 91
キューバ危機 139、154
『旧約聖書』 21
教皇のバビロン捕囚 73
共産党 127
仰韶文化 38
匈奴 48、53
郷勇 113
共和政(フランス) 100
共和政ローマ 28
挙国一致体制 125
ギリシア正教 72
ギリシア文明 24、27
キリスト教 21、31、32
義和団事件 118
金 53
金角湾 61
楔形文字 18
クシャーナ朝 35
グプタ朝 36
グラスノスチ 145
グラックス兄弟 29
クラッスス 29
グラム=リーチ=ブライリー法 152
クリオーリョ 101
クリコヴォの戦い 79
クリミア戦争 108
クリントン 152
クレオパトラ 29
グレゴリウス7世 73
クレルモン教会会議 74
グローバル化 158
クロムウェル 96
軍人皇帝時代 30
軍閥 119
慶長の役 67
ケマル=パシャ 130
ケルト人 70
『ゲルマニア』 70
ゲルマン人 70
元 64、66
玄宗(唐) 51
原爆 134
権利請願 96
権利の章典 96
乾隆帝 68
元老院 28
呉 48、49
弘安の役 64
項羽 40
後ウマイヤ朝 59
「航海王子」 84、86
黄河文明 38
康熙帝 68
紅巾の乱 66
高句麗 50
甲骨文字 38
甲午農民戦争 115
孔子 39
港市国家 46
洪秀全 113
甲申政変 115
香辛料 86
高祖(漢) 42
高宗(唐) 51
高宗(南宋) 53
黄巣の乱 51
紅茶 112
交通革命 98
光武帝 43
洪武帝 66
高麗 54、64
『コーラン(クルアーン)』 56
後漢 43
国際軍事裁判 136
国際連合 136
国際連盟 128
国民議会 100
国民公会 100
国民政府 131
国民党 119
国民ファシスタ党 132
五賢帝時代 30
五胡十六国 48
五・四運動 131
古代ギリシア語(コイネー) 26
国共合作(第1次) 131
国共合作(第2次) 133
古バビロニア王国 18
護民官 28
コミンテルン 127
虎門寨追加条約 112
孤立主義 129
コルテス 82、87
ゴルバチョフ 145
コルベール 94
コロンブス 85、87
コンスタンティヌス帝 31
コンスル 28
棍棒外交 117

サ

サータヴァーハナ朝 46
サーマン朝 58
サイクス・ピコ協定 130
サイパン島陥落 134
ササン朝ペルシア 22
サティヤーグラハ 130
サラーフ=アッディーン 74
サライェヴォ事件 124、125
サラミスの海戦 25
サルディニア王国 107
三角貿易 88
産業革命 98
産業革命(第2次) 116
三国干渉 115
三国協商 125
『三国志演義』 48
三国時代 48
三国同盟 125
三十年戦争 92
三頭政治 29
山東問題 129
三部会 77
三圃制農法 76
三位一体説 32
三民主義 119
シーア派 56、57、60
ジェームズ1世 96
ジェントリ 96
『史記』 42
シク教 62
シク戦争 111
始皇帝 40、42
四国同盟 104
『死者の書』 19
ジズヤ 57
七月革命(フランス) 105
ジッグラト 18
シパーヒーの反乱 111
市舶司 46
下関条約 115
シモン=ボリバル 101
シャープール1世 22
社会主義思想 98
ジャックリーの乱 76
ジャンヌ=ダルク 78
上海協力機構 150
上海クーデタ 131
周 38
周恩来 141
十月革命(ロシア) 126
宗教改革 91
習近平 159
衆愚政治 25
十字軍 74
重商主義 94
自由党(イギリス) 106
十二表法 28
「14か条の平和原則」 128
儒家 39
朱元璋 66
朱子学 52
出エジプト 21
シュメール人 18
シュリーマン 24
順治帝 68
春秋時代 39
春秋の五覇 39
荘園制 76
蔣介石 131
貞観の治 51
蒸気機関 98
上座部仏教 35
常任理事国 136
蜀 48、49
植民地 116
贖宥状(免罪符) 91
諸子百家 39
女真 53、68
シルクロード 22、43
ジロンド派 100
秦 40、42
新 41
晋(西晋) 48
清 68

用語索引

本書に登場するおもな事項や人名、地名などを50音順に配列しました。
なお、複数箇所に登場する項目については、おもな説明があるページをあげています。

ア

アーヘンの和約……95
アーリヤ人……34
IT革命……151、152
アイルランド征服……96
アウグストゥス……29
アウクスブルクの宗教和議……91
アウラングゼーブ……62
アクスム王国……46
アクティウムの海戦……29
アクバル……62
アケメネス朝ペルシア……20、25
アジア=アフリカ会議……141
アジアインフラ投資銀行 157
アジア太平洋経済協力会議……150
アショーカ王……35
アフガニスタン侵攻……138
飛鳥·白鳳文化……27
アステカ王国……82
アタナシウス派……32
アッシリア王国……20
アッバース朝……57、58
アテネ……24、25
アナーニ事件……73
アフガニスタン侵攻……144
アフガニスタン戦争……156
アフリカ統一機構……140
アフリカ連合……140、150
アヘン戦争……112
アムリットサル虐殺事件 130
アメリカ=イギリス戦争……122
アメリカ同時多発テロ……152、156、158
アメリカ独立宣言……99
アメリカ独立戦争……99
アラブ石油輸出国機構……143
アラブ帝国……57
アラブの春……151
アリウス派……32
アル=カイーダ……156
アルベラの戦い……26
アレクサンドル2世……108
アレクサンドロス大王……20、26
アロー戦争……113
安史の乱……51
アンティゴノス朝マケドニア……26
アントニウス……29
安禄山……51
イヴァン3世……79
イヴァン4世……79、94
イエス……32
イェニチェリ……61
イェルサレム……21
イェルサレム王国……74
イギリス領インド……111
イクター制……60
イザベル女王……85、87
イスラーム教……21、56
「イスラーム国(IS)」……156
イスラーム帝国……58
イスラーム法……56
イスラーム暦……56
李舜臣……67
李成桂……67
イタリア王国……107
イッソスの戦い……26
「一帯一路」……157
イドリース朝……59
移民……160
イラク戦争……156
イラン=イラク戦争……144
イラン革命……144
イル=ハン……64
殷……38、42
インカ帝国……82
インターネット……151
インダス文明……34
インティファーダ……142
インド=イスラーム文化……62
インド帝国……106
インノケンティウス3世……73
インパール作戦……134
ヴァスコ=ダ=ガマ……84、86
ヴァルダナ朝……36
ヴァルナ制……34
ヴァロア朝……78
ウィーン会議……104
ウィーン体制……104
ウィーン包囲……61
ウィーン包囲(第2次)……110
ヴィクトリア女王……106、111
ヴィットーリオ=エマヌエーレ2世……107
ヴィルヘルム1世……107
ウェストファリア条約……93
ヴェルサイユ条約……128
ヴェルサイユ体制……128
ヴェルダン条約……71
ヴォルムス協約……73
ウサマ=ビン=ラーディン……156
ウマイヤ朝……57
厩戸王(聖徳太子)……50
海のシルクロード……46
ウンマ……56
衛氏朝鮮……54
永楽帝……66
エーゲ文明……24
エカチェリーナ2世……94、95
易姓革命……38
エジプト=トルコ戦争……110
エジプト文明……19
エチオピア併合……132
江戸幕府……114
エフタル……22、36
エリザベス1世……94
エンクルマ(ンクルマ)……141
エンコミエンダ制……87
袁世凱……119
エンリケ(航海王子)……84、86
オアシス……43
オアシスの道……43
オイル=ショック……143
オイルマネー……143
王安石……53
王権神授説……94
欧州債務危機……159
欧州連合……150
王の道……20
王莽……41
オーストリア継承戦争……95
オクタウィアヌス……29、30
オゴタイ……64
オスマン帝国……61、110
オスロ合意……142
オドアケル……70
オバマ……159
オランダ独立戦争……92
オリエント文明……27
オルメカ文明……82

カ

カースト(ジャーティ)制度……34、36
カールの戴冠……71
開元の治……51
垓山の戦い……64
カイロネイアの戦い……25
ガウタマ=シッダールタ……35
カウディーリョ……101
カエサル……29
科挙……52、66
核拡散防止条約……154
囲い込み……98
カストロ……139、141
ガダルカナル島陥落……134
活版印刷……90
カノッサの屈辱……73
カフカース……148
カペー朝……78
火薬……90
カラハン朝……60
樺太·千島交換条約……114
カリフ……57
カルヴァン……91
カルヴァン派……93
カルタゴ……28
カロリング朝……71
カロリング=ルネサンス……71
漢……40、42
勘合貿易……66
韓国併合……118
韓国保護条約……118
『漢書』……42
ガンダーラ美術……27
ガンディー……130
韓非……39
江華島事件……115
魏……48

■参考資料
『イスラム辞典』（平凡社）
『角川世界史辞典』（角川書店）
『山川世界史小辞典』（山川出版社）
『日本大百科全書』（小学館）

■監修　東京都歴史教育研究会
（新版）　前田達見
（初版）　風間睦子
佐々木巧
塚原直人

■編集制作
イラスト　倉本ヒデキ
本文デザイン
イグシナッツ
地図図版制作・DTP
竹内直美
ジェイ・マップ
校正　高梨恵一
編集・執筆
小学館クリエイティブ
渡辺真史
大島善徳（大悠社）
田邊忠彦
堀内仁

■写真協力
アフロ
毎日新聞社
NASA

※本書は、SEIBIDO MOOK『一冊でわかるイラストでわかる図解世界史』（2006年初版発行）の内容を2020年6月時点の情報にもとづき修正・再構成し、表紙を変更したものです。

本書の内容についてのお問合せは、
小学館クリエイティブ（電話 03-3288-1344）まで
ご連絡ください。

新版 一冊でわかるイラストでわかる図解世界史

編　者　成美堂出版編集部
発行者　深見公子
発行所　成美堂出版
〒162-8445　東京都新宿区新小川町1-7
電話(03)5206-8151 FAX(03)5206-8159
印　刷　大日本印刷株式会社

ISBN978-4-415-32838-6
落丁・乱丁などの不良本はお取り替えします
定価はカバーに表示してあります

新版 一冊でわかるイラストでわかる

図解 世界史

4-004

新版 一冊でわかるイラストでわかる図解世界史

発　行	2021年９月20日
定　価	本体1500円+税
編　者	成美堂出版編集部
印　刷	大日本印刷株式会社
発行所	成美堂出版 〒162-8445　東京都新宿区新小川町1-7 ☎(03)5206-8151　FAX(03)5206-8159

9784415328386
ISBN978-4-415-32838-6
C2022 ¥1500E

1922022015000
定価：本体1500円＋税

新版 一冊でわかるイラストでわかる

図解 世界史